本书为教育部"新世纪优秀人才支持计划"（2007）和教育部
人文社会科学重点研究基地重大项目"理性、信仰与和谐文化建设"
（项目号07JJD720037）的成果。

俄罗斯哲学研究丛书

主编◎张百春 陈树林

风随着意思吹

——别尔嘉耶夫宗教哲学研究

Дух дышит,где хочет
—Изучение религиозной философии Н.А.Бердяева

张百春◎著

黑龙江大学出版社
HEILONGJIANG UNIVERSITY PRESS

图书在版编目(CIP)数据

风随着意思吹：别尔嘉耶夫宗教哲学研究／张百春
著. －－哈尔滨：黑龙江大学出版社，2011.12（2021.8重印）
（俄罗斯哲学研究丛书／张百春,陈树林主编）
ISBN 978 - 7 - 81129 - 404 - 0

Ⅰ. ①风… Ⅱ. ①张… Ⅲ. ①别尔嘉耶夫(1874 ~
1948) - 宗教哲学 - 研究 Ⅳ. ①B512.59②B920

中国版本图书馆 CIP 数据核字(2011)第 057269 号

风随着意思吹——别尔嘉耶夫宗教哲学研究
FENG SUIZHE YISI CHUI——BIEERJIAYEFU ZONGJIAO ZHEXUE YANJIU

张百春　著

责任编辑　李小娟　梁　秋　付天松
出版发行　黑龙江大学出版社
地　　址　哈尔滨市南岗区学府三道街 36 号
印　　刷　三河市春园印刷有限公司
开　　本　720 毫米 ×1000 毫米　1/16
印　　张　22.25
字　　数　290 千
版　　次　2011 年 12 月第 1 版
印　　次　2022 年 1 月第 2 次印刷
书　　号　ISBN 978-7-81129-404-0
定　　价　59.00 元

俄罗斯哲学研究丛书
总 序

在世界哲学史上,俄国哲学不具有古希腊哲学和近现代西方哲学那样的经典地位,也不具有中国哲学和印度哲学那样的独特风格。但是,俄国哲学作为俄罗斯精神文化的集中体现,具有其浓厚的民族特色,而且在 19 世纪以后取得了丰硕成果,对世界现代哲学思想产生了深远影响。如果不是按照西方模式的纯粹哲学标准来取舍,而是按照广义的哲学观点来看待俄国哲学,我们就会发现,俄国哲学有其自己的思想传统和独特的表达方式,俄国哲学史中也蕴藏着丰富的思想资源和启发意义。

俄国哲学在不同时期出现了不同的思想流派。早在公元 10 世纪古罗斯接受东正教以后,某些俄罗斯主教、大公对基督教思想的解释中,就包含着俄罗斯历史哲学的开端。都主教伊拉里昂的《论律法与恩典》(11 世纪)虽然从形式上看是写《圣经·旧约》(律法)和《圣经·新约》(恩典)之关系的,但作者没有局限于传统的教会学说和教义,而是从基督教历史哲学的观点论述了世界历史的进程和倾向。在 12 世纪基辅大公莫诺马赫的晚年著作《训言》中,则可以看到古代俄罗斯社会道德观念的转变:从野蛮的强权统治,到接受基督教道德标准、旧约和新约诫命。

15—16 世纪俄罗斯东正教内部的约瑟夫派和禁欲派的斗争在俄罗斯精神生活中占有重要地位。按照尼尔·索尔斯基的学说，苦修的意义不是恪守外部行为诫令，不是在生理上同肉体作斗争。苦修是内心的修行，是精神向内集中，把守心灵不受外来的或从人的不良本性中产生的杂念和欲望的侵扰。这一学说中包含着心灵哲学、心理分析学思想。

18 世纪彼得大帝改革时期，俄国改变了从前以东正教会为主导的宗教文化占统治地位的状况，加强了与西欧文化的交流，上层社会更多地了解和接受了西方当时的世俗文化，特别是法国启蒙主义思想。这一时期的俄国哲学也不仅限于基督教－东正教世界观，而出现了对世界、自然和历史的唯物主义认识，出现了知识分子对个人自由和社会平等的理想追求。

到了 19 世纪，随着俄国的对外战争和国内政治斗争，俄国思想界更加复杂和多元化，各种思潮进行着激烈交锋，终于引发了西方主义与斯拉夫主义两大思想派别的持久争论。恰达耶夫的《哲学书简》成为这场争论的导火索。恰达耶夫对俄罗斯历史和精神文化的严厉批评，必然招致持对立观点者的反驳，后者强调俄罗斯宗教－历史和民族－文化的独特性，主张俄罗斯走不同于西方的发展道路。这种观点在 19 世纪三四十年代形成了俄罗斯社会思想的重要派别——斯拉夫主义。斯拉夫主义既是一种社会政治哲学，也是一种历史观和文化学说。斯拉夫主义与西方主义的分歧可以分为两个层面。首先是两种社会政治观点的分歧。前者主张俄罗斯未来的社会发展是应当以本民族传统宗教和道德为基础，走自己的独特道路；后者认为西方精神文化更具有先进性，西方历史和文化的发展代表着人类文化的先进成果，因此俄罗斯民族的未来发展必然要走西方民族所走过的道路。其次,在社会政治观点分歧的背后,斯拉夫主义与西方主义之间还存在着历史－文化观的分歧。西方主义者坚持理性主义的历史观和文化观,认为文化和历史是人类的自觉创造,是以社会精英为代表的人类理性自我设计、创造和实行的过程。这接近于黑格尔在法哲学和社会哲学中所主张的观点。斯拉夫主义则坚持有机论的世界观和文化观,认为真正的文化是民族精神生活的有机整体,它是在民众中自发地成长起来的,具有其自身的价值和意义。这方面思想后来也发展成为俄罗斯民粹主义。

19 世纪中后期到 20 世纪初是俄国社会政治、文学、艺术、哲学等领域各思想流派斗争激烈的时期。斯拉夫派与西方派的论战进一步加剧,一方面出现了具有激进民族主义情绪的新斯拉夫派(斯特拉霍夫),拒绝一切外来文化;另一方面也有哲学家从基督教普遍主义观点对这一思潮的批判(索洛维约夫)。一方面有无神论的个人主义,强调个性的价值与尊严,反抗来自各个方面的对个性自由的压抑;另一方面也有宗教哲学,证明宇宙存在的万物统一,在信仰中寻求生命的价值与意义。一方面有主张个人内在修养和人格完善的道德哲学,另一方面也有坚持在社会物质生产基础上实现理想社会目标的马克思主义哲学。

俄罗斯思想固有村社传统的集体主义和道德主义精神,同时也具有为个人的完整生命和个性自由进行辩护的鲜明特点。这里所说的"个人主义"不是非道德的、个人至上的、反社会的利己主义,而是在现代思想和社会生活中,当个性受到来自各方面侵犯和压迫的时候,思想家力图反抗这些侵犯和压迫,维护个人自由。不同的哲学家具有不同的反抗路向。别林斯基维护个人自由,反抗理性的普遍性;赫尔岑维护个人自由,反抗抽象的自然和社会秩序;巴枯宁维护个人自由,反抗虚幻的上帝信仰和国家强制;皮萨列夫维护个人自由,反抗唯心主义的天真梦想。

津科夫斯基在《俄国哲学史》中认为,俄国哲学与宗教世界观的联系不仅是俄国哲学之特点的主要根源,而且是俄国哲学思想探索的动因。俄国哲学家力图以东正教价值为基础来解决西方世俗思想所难以解决的问题。这里的"宗教哲学"一词不是指以宗教为对象的哲学思考,而是从宗教世界观原则出发对人与世界进行哲学认识和解释,这与西方近代理性主义哲学的思想原则大不相同。如果说西方哲学家习惯于在知识和文化反映中思考问题,那么,俄国哲学家则常常直接"站在存在的奥秘前面",这使得"俄罗斯思想更鲜活,更率真"(别尔嘉耶夫语)。当然,俄国宗教哲学家不是教会神学家,他们没有局限于宗教内部,不是依据基督教 – 东正教的教义信条和教会传统来思考,而是从自己的宗教体验和信仰出发,利用基督教的思想资源,来建立关于世界与人生的形而上学和认识论。因此,俄国宗教哲学也具有一般哲学意义和现代思想价值。

马克思主义哲学思想在俄国的传播和发展是与马克思主义的社会政治思想和俄国社会革命运动联系在一起的。普列汉诺夫、列宁、波格丹诺夫和布哈林都是社会活动家和革命者。他们在积极传播和维护马克思主义,反对民粹主义、合法马克思主义、经济主义、孟什维克主义等思潮的过程中,也对马克思主义的一般唯物论、辩证法、认识论和历史唯物主义进行了系统化和进一步发展。

19 世纪下半叶的俄国知识分子最关心的问题是推翻专制制度和建立人民政权的政治问题,以及各种经济问题和社会问题。到 19 世纪末和 20 世纪初,大多数俄国知识分子发生了思想目光和价值重心的转变:从外部转向内部,从表面转向深处。于是,在宗教和哲学领域出现了"新宗教意识"和"宗教哲学复兴"。

"新宗教意识"是 20 世纪初在俄国自由知识分子中产生的宗教哲

学思潮,以罗扎诺夫、梅列日科夫斯基、别尔嘉耶夫、吉皮乌斯等人为代表。这一思潮具有两个特点:第一,它不是宗教内部的神学思潮,而是关于人性与文化的新思想探索。"新宗教意识"思想家具有深切的人文关怀和社会关怀,他们力图克服和超越在个性自由、生活社会、道德文化等方面的传统价值观念,寻求确立新观念,实现新理想。为此,他们与无神论、旧唯物主义、实证主义、虚无主义、传统理性主义作斗争,赞同和运用基督教的基本观念和价值。第二,由于传统基督教某些观念也不能满足新理想的需要,因此"新宗教意识"思想家力图对基督教加以更新和改造,力图建立新的宗教,在"新基督教"基础上建立"新文化"和"新社会性"。这些思想家不仅继承了俄罗斯宗教思想传统,而且借鉴了现代西方哲学家叔本华、尼采、克尔凯郭尔等人的思想。

俄国哲学往往因对人的问题、宗教问题、道德问题、历史问题的特别关注,而与西方经典哲学论题有一定差异。但在 20 世纪的俄国哲学中有这样一个"纯粹哲学"流派,它所研究解决的问题正是传统的哲学认识论问题——这就是俄国直觉主义,即以对认识对象的直觉为基础的认识论学说,主要代表人物是洛斯基和弗兰克。

存在哲学是 20 世纪上半期西方哲学的主流之一。但与此同时,在俄罗斯宗教哲学中也有哲学家阐述了存在哲学思想,而且具有不同于西方哲学家的思想特点。西方存在哲学与西方古典哲学的区别在于,古典哲学只看到了世界的合理性和存在的意义,现代存在哲学家看到了世界与人生的非理性、荒诞和无意义。但他们断言这种荒诞和无意义就是客观真理,无可置疑,不可动摇,人被抛入其中便孤苦无望了。而俄国哲学家则在存在与完满存在或绝对存在的关系中考察存在,他们也深刻地揭露世界的荒诞与虚无,人的奴役与悲剧,但并不把这作为客观的终极实在,而是诉诸生命与存在的终极本原——最高创造者,不是传统意义上的上帝,而是现代性语境中的人的精神深处的上帝,力图通过这样的创造与斗争,来超越荒诞与悲剧,走向生命的完满。

20 世纪头 20 年,与东正教"耶稣祈祷"的灵修实践有关,在俄罗斯东正教神学内部产生了关于"赞名论"的争论,即在呼唤耶稣基督之名的时候,这个名称仅仅意味着一个人为的名词,还是意味着神的真正临在。这一争论后来引起了宗教哲学家的关注,于是争论扩展到哲学领域,成为对名称和语言本身的哲学研究。弗洛连斯基认为,在语言与现实之间存在着的不是主观的联系,而是本质的联系。事物的名称不是被主体偶然给定的,在名称中表现了事物的本质。唯名论观点认为,事物的名称只不过是人想出来的,名称里不体现事物的本质属性。与此不同,在弗洛连斯基看来,名称和词语是存在的能量的承载者。它们不是别的,正是向人显现的存在本身,是存在的象征。词语是人的能量,既是个人的,也是人类的,是通过个人而展开的人类的能量。词语作为认识活动,把思维能力带到了主观性的范围之外,与世界相连接,这已在我们自己心理状态的彼岸了。布尔加科夫认为他的《名称哲学》是自己最有哲学性的书,其核心问题是探讨词语-名称的产生及其与它的载体之间的关系问题。与弗洛连斯基一样,布尔加科夫也属于语言的实在论者。他强调语言的本体论本质,语言与存在结构的共生,语言也具有宇宙性、身体性、索非亚性。词语不仅属于它在其中发生的意识,而且属于存在,在存在中人是世界舞台,微观宇宙,因为世界在人身上和通过人来说话。

十月革命以后的前苏联哲学以马克思主义哲学为主导,这是我国思想界曾经相当熟悉的。这种哲学研究和教学模式曾深刻地影响了我国哲学界。当时中苏两国的相似国情使得中国的俄国哲学研究长期以来一直集中于马克思主义哲学领域。然而 20 世纪 90 年代以来,俄罗斯哲学状况发生了重大转变,各种哲学思潮、流派纷纷涌现,特别是原来被排斥的唯心主义哲学、宗教哲学等得到更为充分的展现。我国的俄国哲学研究也随这种变化而转变。除了一部分人继续关注前苏联哲学之外,更多的人开始关注 19 世纪末到 20 世纪初的俄国宗教哲学以及后苏联时期俄国哲学研究。

目前我国学界专门从事俄国哲学研究的学者圈子很小,但是,这支队伍一直没有间断对俄国哲学的经典研究和跟踪研究。由老一辈学者于 1985 年开创的每两年举行一次的"全国俄罗斯哲学研讨会"传统一直保持至今。2009 年 7 月,"第 12 届全国俄罗斯哲学研讨会"在黑龙江大学成功举办,有多位俄罗斯著名哲学家出席会议。

我国的俄国哲学研究近年来出现了一个很好的趋势,这就是专业研究者与国内相关的学术研究机构和学术平台开展了广泛交流与合作,促进了俄罗斯文学、历史学、文化学、政治学、社会学等领域的研究的开展和深化,使得国内的俄罗斯哲学研究呈现出跨学科交叉研究的局面。

多年来,在俄国哲学的专业研究者和非专业研究者的共同努力下,我国的俄国哲学研究已从对一些经典哲学著作的翻译,到对一些哲学问题的研究,并积累了一些学术成果。而且这种研究在不断深入,可以说,目前已从文献的翻译介绍上升到了对重要哲学家思想的专门研究阶段。我们在黑龙江大学出版社的大力支持下推出的第一批《俄罗斯哲学研究丛书》,就是这种专门研究的成果。我们希望有更多的专题研究成果不断问世。

编者
2010 年 7 月

目录
Contents

引言:别尔嘉耶夫的生平与著述

1874 年 3 月 6 日(俄历 3 月 18 日),别尔嘉耶夫出生在一个军人贵族家庭,18 天后在东正教堂接受洗礼。这个家族属于俄罗斯上层社会,从 15 世纪下半叶开始,成为南部俄罗斯知名家族。他父亲是个军官。父母都希望儿子也成为军人,因此,把他送到基辅武备学校学习。与大部分青年不同,别尔嘉耶夫不喜欢军人以及与军事有关的一切。在武备学校期间,他开始迷恋哲学,很早就表现出哲学的天赋,14 岁就能阅读叔本华、康德和黑格尔的著作。

别尔嘉耶夫最终没有从事军人的职业,而是进入基辅的圣弗拉基米尔大学学习(1894—1898 年),起初在自然科学系,一年后转入法律系。在大学期间,他开始接触马克思主义小组,并迷恋上马克思的学说,甚至成为一个马克思主义者,尽管时间不长。在 19 世纪和 20 世纪之交,即所谓的俄罗斯文化"白银时代",马克思的学说在俄罗斯青年人中间很受欢迎,俄罗斯宗教哲学家中有很多人都曾经迷恋过他的学说。列维茨基说过:"俄罗斯文艺复兴的大多数创造者都经历了对两位'敌基督'的预备性的迷恋,即马克思和尼采。俄罗斯文艺复兴的开端是'罪恶的'。"①和许多其他俄罗斯宗教哲学家一样,别尔嘉耶夫也受到尼采的巨大影响。别尔嘉耶夫不但在理论上迷恋马克思,而且还积极参加当时的马克思主义小组的社会活动,1897 年因参加大学生

---

① Левицкй С. А. Очерки по истории русской философии. Москва: Канон. 1996. С. 254.

1

游行被捕,1898 年因参与反政府组织和传播非法读物而再次被捕,并被大学开除。在父亲缴纳保证金后,别尔嘉耶夫在被关押 20 多天后被释放回家等候审判结果,案子审理持续了两年,最后他被判流放到沃洛格达三年。别尔嘉耶夫认为,被流放之前的这两年时间是其一生当中最好的时期之一,他经历了思想的高涨。正是在这期间,他的内心世界发生转变,开始思考彼岸世界的问题,形而上学类的问题,自然地疏远马克思主义圈子。他阅读易卜生、尼采的著作,深深被他们所吸引,还阅读象征主义流派的著作。在等待流放期间,别尔嘉耶夫结识了舍斯托夫(1866—1938 年),他们成为终生的朋友。舍斯托夫也是基辅人,当时已经出版了关于尼采和陀思妥耶夫斯基的研究著作。此外,别尔嘉耶夫还研究民粹主义运动,特别是其著名代表米哈伊洛夫斯基的思想。他的第一次公开讲演的内容就是关于米哈伊洛夫斯基的,这是未来一部著作的一章,讲演获得很大成功。

出身于贵族家庭的别尔嘉耶夫却轻易地走上了革命道路,并因此而中断大学学业。对此他晚年解释道:"我出身于贵族环境,但后来与之决裂。与周围环境决裂,从贵族世界走向革命的世界——这是我生平中的基本事实,不但是外部生平,而且是内在生平的基本事实。这个事实包含在我为自己的自由思想和创造思想的权利而进行的斗争之中。"[1]这个转变历程也体现了他好斗的性格。好在最后这种好斗的秉性转移到了哲学探索领域。"就气质而言,我是个斗士,但我没有把自己的斗争进行到底,对哲学直观的渴望取代了斗争。"[2]所以,别尔嘉耶夫最终没有成为职业的社会革命家,而是成了一位宗教哲学家,精神自由的斗士。他大量阅读马克思主义文献,很快就弄清楚了其中的问题。他发现,"在马克思主义里有这样一些因素,它们应该导致专制和对自由的否定。……在马克思主义时期,我不止一次地感到

---

① Бердяев Н. А. Самопознание. Москва:Книга. 1991. С. 40.
② Бердяев Н. А. Самопознание. Москва:Книга. 1991. С. 41.

忧郁。这是一种窒息、缺乏空气、缺乏呼吸自由的感觉"①。因此,别尔嘉耶夫最后离开马克思主义圈子不是偶然的。他从来不是严格意义上的、正统的马克思主义者。那么,他成为马克思主义者的动机是什么呢?

　　我不能追随当时所谓的民粹派社会主义者或革命的社会主义者。我与旧俄罗斯革命者的心理类型格格不入。就自己的观点而言,我不是民粹派。此外,(在民粹派里)令我反感的是我永远否定的恐怖活动。马克思主义标志着完全新的思想形态,它是俄罗斯知识分子的危机。在 19 世纪 90年代末形成了马克思主义流派,其文化水平远高于革命知识分子的其他流派。这个类型的马克思主义不同于后来从中产生布尔什维克的那个类型。我成为一名批判的马克思主义者,这使得我有可能在哲学上仍然是一名唯心主义者。对前几代俄罗斯革命者而言,革命就是宗教。对我来说,革命不是宗教。这里发生了各领域的分化和精神文化领域的解放。当时的马克思主义促进了这一过程。在马克思主义里最吸引我的是其历史哲学的规模,广阔的世界远景。与马克思主义相比,我觉得旧的俄罗斯社会主义是地方的现象。无疑,19 世纪 90 年代末的马克思主义是俄罗斯知识分子欧化的过程,是其与西方思想流派的接触,是走向广阔的空间。我具有非常强烈的反民族主义情绪,非常看重西方。我认为马克思是个天才人物,现在也这样看。我完全接受马克思对资本主义的批判。马克思主义揭示了革命胜利的可能性,与此同时,旧革命流派却失败了。我需要在生活里实现自己的观念,我不愿意成为抽象的思想家。所有这一切共同促使我

---

　　① 别尔嘉耶夫此时接触的马克思主义文献大多都是第二国际的马克思主义。参见 Бердяев Н. А. Самопознание. Москва:Книга. 1991. С. 40,118。

偏向马克思主义,但我从来不能融入其中。①

在流放期间(1900—1903年),别尔嘉耶夫在马克思主义圈子里很有名气。在流放地(沃洛格达),他遇到了被流放到这里的波格丹诺夫和卢那察尔斯基等。在流放者中间,他们属于"民主派",别尔嘉耶夫属于"贵族派"。他参与到无休止的争论之中,他是个出色的辩手。1899年,别尔嘉耶夫在考茨基主编的权威杂志上用德文发表了自己的第一篇文章《朗格和批判哲学及其与社会主义的关系》。1901年,他的第一部著作《社会哲学中的主观主义和个人主义:关于米哈伊洛夫斯基的批判评论》在圣彼得堡出版,该书的前言是当时著名的马克思主义者斯特卢威(1870—1944年)写的。这本书在流放地引起了激烈的争论。作者企图把马克思主义的社会一元论与康德哲学结合起来。不过,其中还有很多马克思主义的痕迹。这部著作的出版正值别尔嘉耶夫的哲学思想非常活跃的时期。当他拿到这本书时,已经开始对它不满意了,特别是对自己在这部著作里把马克思主义的社会真理(如对资本主义的批判)与哲学唯心主义进行调和的尝试感到不满。随即离开马克思主义,转向唯心主义,转向形而上学,开始关注精神问题。其标志是同年发表在《神的世界》(1901年第六期)上的文章《为唯心主义而战》,从题目上就可以判断,作者在这里捍卫的是唯心主义立场。这个转向在当时的俄罗斯思想界不是孤立的事件。除了他之外,还有一批马克思主义者都转向了唯心主义,最著名的有布尔加科夫(1874—1944年)、斯特卢威、弗兰克(1877—1950年)等。他们一起组织出版一部具有里程碑意义的文集《唯心主义问题》(1902年),别尔嘉耶夫在其中发表的文章是《从哲学唯心主义看伦理问题》。在这篇文章里,他明确坚持道德唯心主义立场,认为道德规律不依赖于任何社会条件,它们自身具有绝对性和永恒性。这两篇文章表明,别尔嘉

---

① Бердяев Н. А. Самопознание. Москва:Книга. 1991. С. 118.

耶夫彻底离开了马克思主义,转向唯心主义。其实,在这两篇文章发表之前,流放地的"民主派"就曾把别尔嘉耶夫看做是唯心主义者,看来不是没有根据的。1903 年,布尔加科夫出版一部名为《从马克思主义到唯心主义》的文集,表明他从马克思主义的经济唯物主义转向了唯心主义和东正教。《唯心主义问题》和《从马克思主义到唯心主义》这两部文集见证了一个运动的诞生,其名称就是:"从马克思主义到唯心主义的运动",主要代表有布尔加科夫、别尔嘉耶夫、斯特卢威、弗兰克等。这个思想运动为俄罗斯宗教哲学的复兴奠定了基础。

别尔嘉耶夫利用流放期间回家探亲的机会,于 1901 年在基辅与布尔加科夫相识,后者当时是基辅工学院政治经济学教授。尽管他们在很多方面是不同的,但在从马克思主义向唯心主义的转向上,他们是一致的。当时,他们共同经历了思想危机转向了唯心主义,只是布尔加科夫后来进一步转向东正教,并于 1918 年接受神职。他们之间就宗教问题的谈话对别尔嘉耶夫产生了重要影响,唤起了他对宗教的兴趣,尤其是对东正教的兴趣。

1903 年春天,别尔嘉耶夫结束了流放生活。1904 年,他与丽季娅(Лидии Трушевая)相识并结婚。丽季娅的前夫姓拉普(Рапп),她也曾经参加过革命运动,后皈依东正教,不久,大约在 1917 年之后转向天主教。1904 年秋天,别尔嘉耶夫移居圣彼得堡,和布尔加科夫一起主持《新路》杂志(第 10—12 期)。他们的到来为该杂志注入新鲜血液,杂志的文学部分依然由原来梅列日科夫斯基的人负责,哲学和政治部分由别尔嘉耶夫和布尔加科夫负责。这种折中形式很难维持下去,出版几期后,杂志被迫停刊。1905 年,别尔嘉耶夫和布尔加科夫创办并主持另外一个杂志《生命问题》,这份杂志也只是艰难地持续了一年时间。围绕这两本杂志,有两伙人相遇了:一伙人刚从马克思主义转向唯心主义,以布尔加科夫和别尔嘉耶夫为代表,哲学是他们的优势,他们也关注宗教问题;另一伙人是文学界代表,他们正在经历积极的宗教探索,寻找"新宗教意识",主要代表是梅列日科夫斯基和吉皮乌斯夫妇以及罗赞诺夫。这两本杂志把"白银时代"宗教哲学复兴运动中以文学家和哲学家为主的几乎所有主要思想家聚集到一起。

20世纪初的圣彼得堡,思想界异常活跃。别尔嘉耶夫积极参加圣彼得堡学术界的各种活动。除了与梅列日科夫斯基夫妇、罗赞诺夫等人的交往外,值得一提的还有每个星期三在伊万诺夫(1866—1949年)家里的聚会,即所谓的"塔楼"聚会。伊万诺夫是个诗人、文学家、希腊学家,他是个个性鲜明的思想家。在他家里举行的聚会吸引了当时整个圣彼得堡的知识精英参加,包括文学圈子的人,哲学家,还有艺术家和演员,等等。别尔嘉耶夫是聚会的常客,而且在三年的时间里一直担任聚会的主席。然而,"在'塔楼'里,当最具天赋的文化上层进行着优雅的交谈时,革命却在下面涌动"①。的确,在整个圣彼得堡都是如此,思想的活跃只发生在少数文化精英中间,仅仅局限于一个狭小的圈子里,但却远离广泛的社会运动。

在与20世纪初的圣彼得堡文化圈子的接触中,别尔嘉耶夫获得了很多东西,写了大量的文章,出版了两部文集,即《新宗教意识与社会性》(1907年),《永恒的相下:哲学、社会和文学简论(1900—1906)》(1907年)。不过,别尔嘉耶夫很快就感觉到,在当时圣彼得堡的空气中弥漫着毒气。

> 我在圣彼得堡的那几年,生活在与文化复兴的创造者们交往之中,但这却是我相对较少创造性的几年。我还没有完全找到自己,还没有完全确定我生命的主题。我的视野扩展了,我为自己了解到很多新东西,积累了新的情感。尽管我写了很多东西,但是在这几年我没有能够写出任何现在我认为是有稳定意义的东西。很不完善的《新宗教意识与社会性》一书表达了我的宗教无政府主义倾向。然而,在我身上

---

① Бердяев Н. А. Самопознание. Москва:Книга. 1991. С. 156.

发生一个隐秘的过程,在当时它还不能充分表达自己。这首
先是内在的宗教过程,它在很大程度上与对当时文学诸流派
的精神反抗有关。对文学界的深刻失望以及离开它的愿望
在我身上增长。我觉得圣彼得堡已经被毒害了。①

以梅列日科夫斯基夫妇和罗赞诺夫为代表的圣彼得堡文学圈子
大大地丰富了别尔嘉耶夫的视野,他从中获得了很多东西,但这些东
西并没有激发他的创造潜力,没有触及他内心深处,这里正在发生一
个宗教过程。毫无疑问,这个宗教过程的发生与梅列日科夫斯基以及
罗赞诺夫有密切关系。不过,别尔嘉耶夫无法继续留在圣彼得堡,因
为他需要新环境,以便继续自己内心的宗教过程。在圣彼得堡时,他
就曾经拜访过莫斯科的纪念索洛维约夫宗教哲学协会(1905 年成立,
1918 年终止),回来后积极倡议成立圣彼得堡宗教哲学协会(1908 年
成立)。1907 年冬天,别尔嘉耶夫在巴黎度过,在这里与梅列日科夫
斯基夫妇频繁交往,但经常发生激烈争吵,最后双方决裂。

在与梅列日科夫斯基夫妇决裂之后,别尔嘉耶夫决定彻底离开
圣彼得堡,移居莫斯科(1909 年)。在这里,他积极参加各类学术活
动,与哲学界接触,与宗教界(特别是民间宗教界)接触。他为 1909 年
出版的著名文集《路标》撰写了《哲学真理(истина)与知识分子真理
(правда)》,对俄罗斯知识分子进行了谴责,指责其过分崇拜人民,轻
蔑永恒真理,指责知识分子不理解哲学,歪曲哲学真理,迷恋庸俗的哲
学。他呼吁知识分子应该彻底改变自己的意识,探索永恒的真理。
1910 年,他把自己多年来关于知识分子的文章结集出版,即《知识分
子的精神危机:社会和宗教心理学方面的论文》(1907—1909 年)。

别尔嘉耶夫的第一部哲学著作是 1911 年出版的《自由的哲学》。
在这本书里,他对当时流行的一些哲学流派进行了批判,尝试建立自

---

① Бердяев Н. А. Самопознание. Москва:Книга. 1991. С. 157.

己的基督教本体论(后来他放弃了本体论)。他的自由的直觉在这里获得一定表达,但是这本书不是关于自由的,也没有充分表达他的哲学观点。此外,别尔嘉耶夫关于新宗教意识方面的主要观点在这里也获得了相对系统的表述。尽管来到莫斯科后,别尔嘉耶夫与东正教界有过密切接触,但却没有发生实质性的接近,在对待官方东正教会的态度上也没有实质性改变。特别是在"赞名派"①事件之后,1913 年 8月,他在《俄罗斯传闻报》上发表《精神的毁灭者》一文,对主教公会进行猛烈批判。他对赞名派没有什么好感,但是,他反对主教公会在与这个流派斗争时所采取的粗暴手段,反对精神生活中的暴力。按照当时的法律,别尔嘉耶夫为此应该被判终身流放西伯利亚。幸运的是,俄国正处在混乱年代,案件的审理工作没有结束,一直拖到 1917 年的二月革命,接着发生十月革命,这个案子最后不了了之。

去莫斯科不久,别尔嘉耶夫独特的哲学开始形成。1911 年秋天,他去意大利,在这里着手撰写一部新的哲学著作,即《创造的意义:为人辩护的尝试》,并完成个别章节的写作。这部著作最后于 1914 年写完,1916 年出版。他在《自由的哲学》里所揭示的自由主题在《创造的意义:为人辩护的尝试》里被创造及其不可避免的悲剧的主题所补充。创造是人的使命,人类借助于创造可以走向幸福的终点,即克服恶,获得自由。末世论问题在《创造的意义:为人辩护的尝试》里已经占据了核心地位,任何创造行为都不是为了文化自身的积累,而是对终结的接近。终结就是对世界的改变,是新天新地的出现。《创造的意义:为人辩护的尝试》进一步完善了别尔嘉耶夫对新宗教意识的理解,同时勾勒出其宗教哲学的基本轮廓。他自己也对这本书评价很高。

别尔嘉耶夫并不是一个书斋式学者,他非常关注动荡的社会现

---

① 赞名派(Имяславие):20 世纪初,在俄罗斯东正教神学界发生一场围绕神的名的争论。赞名派主张崇拜神的名,反赞名派认为不能赋予神的名以过多的意义,也不能崇拜神的名。参见张百春:《当代东正教神学思想》,上海三联书店 2000 年版,第 515~519 页。

实,并积极地作出反应。在第一次世界大战期间,他撰写了一系列文章,讨论俄罗斯的命运,俄罗斯民族的心智、性格。这些文章后来结集出版,即《俄罗斯的命运》(1918年)。战争震惊了世界,也震惊了别尔嘉耶夫,使他的思想更加敏锐,更加深刻。在这些文章里充满了他对俄罗斯民族命运、世界命运的担忧。十月革命发生时,别尔嘉耶夫正在莫斯科。他认为俄罗斯的沙皇制度已经腐朽,因此革命是正义的。但是,获得胜利的革命却令他深思。1918年初,别尔嘉耶夫完成了《不平等的哲学:就社会哲学问题给敌人的信》(1923年在德国柏林出版)。他自己不太喜欢这本书,认为它没有能够表达出自己的思想。不过,这本书毕竟表达了他一生都在坚持的"不平等原则",精神贵族的原则。文化创造的基础就是不平等原则,强行的平等将破坏宇宙的等级和谐。别尔嘉耶夫拒绝民主和社会主义,将它们看做是"强迫的美德和强迫的联合"。尽管他认可社会主义的一些基本观念,但始终反对布尔什维克的统治。1918年,别尔嘉耶夫组建自由的精神文化研究院,别雷、伊万诺夫、弗兰克、斯捷蓬等人都在这里作过公开讲演。他经常参加各类讲演,甚至在自己家里举办报告会,因此,他成了非布尔什维克界的公认领袖人物。世界大战和革命强化了他对历史哲学的探讨。1919年冬天,他在自由的精神文化研究院举办系列讲座,这些讲座就是后来出版的《历史的意义》(1923年)的基础,这是一部历史哲学著作,用他的说法是"历史的宗教哲学(религиозная философия история)"。在出版时,他增加了一篇写于1922年的文章《生命的意志和文化的意志》,因为这篇文章对他的历史哲学观念而言具有实质性意义。

十月革命后在俄罗斯社会生活中的一个重要事件是文集《从深处》(1918年)的出版。别尔嘉耶夫在文集中发表的文章是《俄罗斯革命的灵魂》。他认为,俄罗斯三位著名作家陀思妥耶夫斯基、托尔斯泰和果戈理,在自己的文学作品里揭示了俄罗斯灵魂的秘密和俄罗斯革命的秘密。1920年,别尔嘉耶夫被选为莫斯科大学教授,他给历史语文系的学生讲授陀思妥耶夫斯基的世界观和历史哲学课程。这时,他经常公开露面,就各类题目进行讲演,成为当时莫斯科的公众人物。

1920 年,别尔嘉耶夫因地下组织"策略中心(Тактический центр)"的案子而被捕,捷尔任斯基亲自审问他。但在这次审问过程中,他给捷尔任斯基上了"一堂课"(大约有 45 分钟),陈述了自己的观点。捷尔任斯基认真听了他的讲演后,决定释放他,并派人用摩托车把他送到家。

1922 年夏天,别尔嘉耶夫再次被捕,并被驱赶出国,与一批文化界精英一起。在这一年的秋天乘坐著名的"哲学家之船"离开圣彼得堡去了德国。在德国,他组织宗教哲学研究院,参加俄罗斯科学研究所的建立,促进俄罗斯大学生基督教运动的形成,并积极参加该组织的活动。他在柏林居住了两年,于 1924 年去法国,住在巴黎附近的克拉玛尔。在这里,他还仿照莫斯科的自由精神文化研究院建立了宗教哲学研究院,举办各种讲座。1925 年,他创办并主持一本俄文杂志《路》(1925—1940 年),这是俄罗斯流亡圈子里最重要的哲学机关刊物。他在欧洲的知名度来自他在 1923 年完成、1924 年在柏林出版的小册子《新的中世纪:关于俄罗斯和欧洲的命运的思考》,在这本书中,他主张返回和复兴中世纪的一些基本价值,特别是其宗教价值。从此,他很快融入西方文化界和学术界,并成为俄罗斯文化与西方文化之间的中介性质的思想家,这是很独特的一个角色。他结识当时西方重要思想家,如马克斯·舍勒、马塞尔等,他参加天主教徒、新教徒和东正教徒之间的见面(1926—1928 年),定期与天主教哲学家会谈(19 世纪30 年代上半叶),参加各种国际哲学会议。

二战期间,别尔嘉耶夫在被德军占领的法国度过。他痛恨德国侵略者,为俄罗斯的命运担忧,希望俄罗斯获得胜利。有一段时间,他曾想到要回国,但碍于当时的国内形势,他放弃了这个想法。1948 年 3月 23 日,别尔嘉耶夫在克拉玛尔家中坐在书桌前去世。除前面提到的那些著作外,别尔嘉耶夫其他主要著作有:《霍米亚科夫》(1912

年),《康斯坦丁·列昂季耶夫》(1926 年),《自由精神的哲学:基督教的问题及其辩护》(两卷,1927—1928 年),《马克思主义与宗教》(1929年),《论人的使命:悖论伦理学体验》(1931 年),《基督教与阶级斗争》(1931 年),《我与客体世界:论孤独与交往的哲学》(1934 年),《人在当代世界中的命运:对我们时代的理解》(1934 年),《精神与实在:神人精神性基础》(1937 年),《论人的奴役与自由:人格主义哲学体验》(1939 年),《俄罗斯共产主义的起源与意义》(1937 年德文和法文版,1955 年俄文版),《俄罗斯理念:19 世纪和 20 世纪初俄罗斯思想的基本问题》(1946 年),《神与人的生存辩证法》(1947 年),《末世论形而上学:创造与客体化》(1947 年),《精神的王国与恺撒的王国》(1949年),《自我认识:哲学自传》(1949 年),《真理与启示:启示批判导论》(1953 年)等等。

别尔嘉耶夫一生写了 40 多本书,450 多篇文章。他的大部分主要著作都被译成多种语言。然而,他对自己的任何一本书都不满意。

> 我完全不是这样的作家,他们非常满意自己的书,而且很愿意重读它们。相反,我不喜欢翻阅自己的旧书,不喜欢引用它们。我所珍重的是自己所体验到的创造高潮,而不是这个创作高潮向外抛所形成的成果。我非常希望重新写每一本书。①

就是说,在任何一本书里,包括在任何一篇文章里,都不可能完全表达别尔嘉耶夫最原初的东西,就是他想要说的东西,即他的创造高潮。所以,每当写完一本书,别尔嘉耶夫随即开始构思下一部著作。在每部著作里,他都希望彻底地表达自己的主要思想。在不断重新写的过程中,重复是不可避免的,所以,阅读别尔嘉耶夫著作给人的表面印象就是重复。关于他哲学的一些基本主题,比如自由、创造、个性、

---

① Бердяев Н. А. Самопознание. Москва:Книга. 1991. C. 102.

客体化、精神、俄罗斯问题等等,他不断地重复,个别想法和语句甚至逐字逐句地重复。然而,如果联系上下文,我们会发现,在重复中有很多新意。在谈到别尔嘉耶夫及其著作时,津科夫斯基说道:"宏大的智慧,渊博的知识,毫无疑问的哲学天赋决定了他的内心世界,但在一定意义上,他的所有著作都是关于自己,关于自己的怀疑和悲剧冲突的叙事。"①这个说法比较符合事实。在晚年为《论人的奴役与自由》一书所写的"代前言"里,别尔嘉耶夫说道:"只有转向哲学家对世界的最初感受,转向他对世界的原初认识,才能解释其业已形成的世界观的内在动因。哲学认识的基础是具体的体验,这个基础不可能依赖于概念的抽象组合,逻辑推理式的思想,它们只是工具。自我认识是哲学认识的主要根源之一……"②这就决定了他的写作方式不可能是推理的、逻辑的和思辨的,而是格言式的,甚至是悖论式的。当然,别尔嘉耶夫独特的写作方式也给其思想的研究带来诸多不便,也是人们对他误解的重要原因。

1937 年,别尔嘉耶夫为德国《哲学家词典》写了一篇文章介绍自己的哲学思想,该文于 1952 年才有俄文版(发表在《俄罗斯大学生基督教运动通讯》上),名称是《我的哲学世界观》。在这里,他明确提出自己哲学的核心是人的问题,与人的问题相关的是自由、创造、个性、精神和历史问题。据此,他把自己的哲学划分为:宗教哲学、历史哲学、社会哲学和伦理学四大领域。但在行文中,他围绕认识、人学、创造的学说、宗教哲学、历史哲学、文化哲学、社会哲学、伦理学等领域来揭示自己的哲学思想。③ 这是别尔嘉耶夫对自己的哲学进行系统介绍

---

① Зеньковский В. В. История русской философии. В двух томах. Т. 2. Часть 2. Ленинград:ЭГО. 1991. C. 63.

② 别尔嘉耶夫:《论人的奴役与自由》,张百春译,中国城市出版社 2002 年版,第 4~5 页。

③ 参见 Бердяев Н. А. Мое философское миросозерцание. //Н. А. Бердяев о русской философии. В двух томах. Т. 2. Свердловск:Уральский университет. 1991. Cc. 19 - 25.

的尝试,但这个尝试显然是有问题的。比如,尽管客体化问题在该文里有所涉及,但没有被单独列出来介绍,更没有后来赋予的那个重要地位。别尔嘉耶夫在自己的哲学创造生涯里,围绕这里所列举的哲学领域的确表达了很多精彩的观点。但是,他几乎没有能够就其中的任何一个领域进行系统的阐述。比如,《论人的奴役与自由》是一部社会哲学著作,但别尔嘉耶夫在其中尝试表达其"完整的哲学世界观"。他自己承认,"我很少相信建立哲学体系的可能性和必要性"①。在别尔嘉耶夫的著作里,到处都是闪光的思想,但很难对其进行规范的表述和转达。因此,重构他的哲学思想体系是件非常困难的事。

在别尔嘉耶夫的大量著作里,我们还是可以勾勒出一条线索。从马克思主义转向唯心主义后,别尔嘉耶夫很快就走向了宗教探索的道路。但是,他没有走向正统的教会,而是走向了自己所追求的基督教,成为"新宗教意识运动"的最著名代表之一。"新宗教意识运动"的发起人和代表是梅列日科夫斯基夫妇和罗赞诺夫,他们来自文学界。与他们不同,别尔嘉耶夫从哲学立场出发论证新宗教意识的诉求。他把"新宗教运动"引向哲学的轨道。他的整个宗教哲学就是在新宗教意识的背景下创立的。因此,他的宗教哲学就是一种新宗教意识,准确地说,是一种新基督教意识。别尔嘉耶夫宗教哲学的核心观念是自由、个性、客体化、创造和精神。他的历史哲学是历史的宗教哲学,其明显特征是末世论指向。俄罗斯的主题是其历史哲学中最独特的部分。

---

① 别尔嘉耶夫:《论人的奴役与自由》,张百春译,中国城市出版社2002年版,第3页。

第一章　新宗教意识运动

19世纪末至20世纪初,面对历史上的基督教,面对强大的世俗化进程,在俄罗斯文学圈子里兴起一场宗教探索的运动,即所谓的新宗教意识运动。这场宗教探索运动不但针对东正教,而且也针对天主教和新教。新宗教意识的主题来自梅列日科夫斯基和罗赞诺夫。别尔嘉耶夫的参与使得这场运动有了哲学的维度,他为新宗教意识奠定了哲学基础。别尔嘉耶夫的宗教探索与哲学探索密切相关。他的哲学既不是纯粹的宗教学说,也不是传统意义上的纯粹的哲学,而是一种独特的宗教哲学,这种宗教哲学是典型的俄罗斯思想的产物。

第一节　问题的提出

一、梅列日科夫斯基

梅列日科夫斯基(Мережковский Д. С. , 1865—1941)是俄罗斯象征主义流派重要理论家之一,他于1893年发表的《论俄罗斯文学衰落的原因及其新流派》被认为是俄罗斯象征主义最早的一篇文学宣言。1900—1901年首次发表在《艺术世界》上的《托尔斯泰与陀思妥耶夫斯基》一文给他带来了巨大的名声,引起学术界的强烈反响。在这里,俄罗斯伟大文学家们的宗教主题已经进入梅列日科夫斯基的视野,从此宗教主题在他的创作中从未消失。围绕这个主题,他出版一部庞大的历史小说"基督与敌基督"三部曲:《诸神之死:叛教者朱利安》(1895 年)、《复活的诸神:莱昂纳多·达芬奇》(1900 年)、《敌基督:彼得与阿列克塞》(1904 年)。在揭示陀思妥耶夫斯基和托尔斯泰的宗教思想过程中,梅列日科夫斯基指出历史基督教的主要缺陷,即片面的唯灵主义和对肉体的压抑与贬低。

> 历史上的基督教强化了神圣性的两个神秘之极中的一个,却损害了另外一个,即强化否定的一极而损害肯定的一极,强化灵的神圣性而损害肉的神圣性。灵是这样被理解的,即它并不是某种与肉体直接对立的东西,因此毕竟还肯定肉体,而是某种完全否定肉体的东西,无肉体的东西。对历史上的基督教而言,无肉体的东西就是精神的,同时就是"纯洁的"、"善的"、"神圣的"、"神的",而肉体的东西则是"不纯洁的"、"恶的"、"有罪的"、"魔鬼的"。这就形成了灵与肉之间无限的分裂,没有出路的矛盾,这就是前基督教世界灭亡的原因,区别只在于,在前基督教世界里,在多神教里,宗教企图通过肯定肉体而损害灵来走出这一矛盾,那么在这里,在基督教里,相反,摆脱这一矛盾的途径是肯定灵而损害肉体。①

19 世纪末至 20 世纪初,对历史基督教的不满,抵抗世俗化运动(世俗化运动与教会的消极作用有密切关系)在俄罗斯思想界已经不是新鲜事物了。教会与世俗知识分子之间相互不了解甚至是紧张对立越来越尖锐。梅列日科夫斯基尝试在实践上解决这个问题。圣彼得堡宗教哲学聚会就是这样一种尝试。聚会的倡议者是梅列日科夫斯基夫妇、罗赞诺夫和费洛索福夫。参加聚会的主要是两类人,一类是世俗知识分子,另外一类就是来自教会的代表。在双方之间建立沟

---

① 梅列日科夫斯基:《托尔斯泰与陀思妥耶夫斯基》,卷二,杨德友译,华夏出版社 2009 年版,第 9 页。译文略有改动。

通的桥梁和渠道是聚会的主要目的。第一次聚会于 1901 年 11 月 29
日举行,由捷尔纳夫采夫作题为《面临伟大任务的俄罗斯教会》的报
告。其主要观点可以概括为:俄罗斯的复兴只能以真正的基督教为土
壤,但是,俄罗斯教会自身没有足够的教育力量来完成这个任务。宗
教界和知识分子之间处在深刻的分裂之中,知识分子渴望信仰,但正
在经历道德危机,教会应该回应知识分子的宗教渴望。与教会信仰的
虚假交易是危险的,因此,唯一的解决方案是教会方面应该揭示其中
所包含的"关于大地的真理",揭示关于基督教国家和世俗政权的宗教
使命的学说。① 报告呼吁俄罗斯东正教会积极迎接新的挑战,但宗教
界对此置若罔闻。报告中的这些主题决定了以后聚会的基本调子,并
成为未来的新宗教意识运动的基本主题。

　　1902 年 4 月 18 日,在第十次宗教哲学聚会上,梅列日科夫斯基作
了一个非常有趣的报告,题目是《果戈理与马特维神甫》。果戈理代表
世俗文化,马特维神甫代表教会保守势力。马特维神甫在果戈理生命
最后阶段发挥了决定性作用,甚至是致命的作用。马特维神甫的基本
立场是:"世界是对神的否定,神是对世界的否定——不是对世界的某
个部分的否定,而是对作为整体的世界的否定,就是对作为绝对实质
的世界的否定。在基督的学说里只是两个原则中的一个,两个极中的
一个,却成了唯一的原则,吞噬一切,否定另外一个原则的原则。"②在
果戈理生命的最后一段时间里,马特维神甫利用果戈理对自己(即对
纯粹的东正教)的信任,把这个立场强加给果戈理,致使果戈理经历一
次致命的精神危机。果戈理不但烧掉了《死魂灵》第二卷,而且也烧毁
了自己的生命。梅列日科夫斯基认为,果戈理的死因不是严格的斋
戒,而是马特维神甫逼的。马特维神甫逼迫果戈理放弃一切世俗的东

① 参见 Записки петербургских религиозно-философских собраний 1901 - 1903. Москва:Республика. 2005. С. 19。

② Записки петербургских религиозно-философских собраний 1901 - 1903. Москва: Республика. С. 176.

西,包括文学创作,以拯救灵魂,但果戈理在内心深处认为,文学创作始终是自己的生命。这就是果戈理生命悲剧的根源。在这场悲剧冲突里,梅列日科夫斯基再次突出了历史基督教与世俗文化之间的对立。在这篇报告里,梅列日科夫斯基向宗教界提出挑战,让教会回答:如何对待果戈理,如何对待世俗文化?

宗教界保守派不理解,更不能接受知识分子提出的挑战。在举行了 22 次聚会之后,1903 年 4 月 19 日,宗教哲学聚会被禁止了。宗教界和知识分子之间的接触是短暂的,实质性的沟通也没有发生。但聚会的主题和精神得以延续,特别是 1907 年在圣彼得堡成立的宗教哲学协会的会议上,继续讨论这些主题。因此,知识分子的宗教探索自身没有停止。梅列日科夫斯基本人更加集中精力阐述自己的新宗教意识,主要体现在如下作品里:《未来的小人》(1906 年)、《不是和平,而是剑:对基督教的未来批判》(1908 年)、《在寂静的深渊里》(1908年)、《病态的俄罗斯》(1910 年)。在一系列涉及宗教和历史方面的著作中,他继续深化"新宗教意识"的主题。

在果戈理的悲剧中体现了灵与肉的冲突。马特维神甫认为,果戈理必须放弃自己的文学创作,才能获得他所渴望的灵魂拯救。似乎文学艺术妨碍灵魂得救。获得拯救的灵魂是没有肉体的。历史的基督教就是这样宣传的,必须消灭肉体,才能获得灵魂的拯救。肉体自身是不可能神圣的,文学、艺术等也不可能是神圣的。在梅列日科夫斯基看来,禁欲主义以及对肉体的压制仅仅是一种手段,其目的是洁净肉体,最后使肉体复活。历史上的基督教竟然用作为手段的禁欲生活取代了肉体复活,手段变成唯一的目的。灵似乎就是对肉体的否定,为了否定而否定,这是单纯的否定,没有任何肯定。压制肉体似乎就等于复活。历史基督教的这套东西根本不符合《圣经·福音书》的教导,不符合基督教的教义。灵与肉之间的关系应该是辩证的:"正题——肉体,反题——灵,合题——'有灵的肉体',但是在历史的基督教里只有僵化的逻辑同一——无肉体的神圣性取代了有灵的肉体,无肉体的灵性取代了灵性的肉体。"①从历史的基督教对待肉体的态度中可以看出,它没有实现基督教的完满,没有揭示肉体的圣化,因此,历史的基督教不是真正的基督教。真正的基督教承认神圣的灵,也承认神圣的肉,并将神圣的灵和神圣的肉统一起来。这种统一在基督教的历史上曾经实现过,比如,"在开端的时刻,借助于圣诞和化身的秘密——'道成了肉身';在下面的时刻,借助于圣餐的秘密,借助于圣体和圣血的圣礼;在终结的时刻,借助于肉体的复活"②。现在就到了最后的时刻,必须解决肉体问题。在旧的宗教意识里,这个问题无法解决。梅列日科夫斯基认为,在对待肉体的态度上,基督教甚至不如多神教。这不是偶然的,而是基督教历史发展的必然结果。因此,必须建立新的宗教意识,只有新宗教意识才能彻底解决肉体的圣化问题。

与肉体问题密切相关的就是由罗赞诺夫提出来的性的问题。梅列日科夫斯基同样反对任何形式的对性的压抑和贬低。在他看来,性是人与先验世界的接触点,"性是唯一的活生生的、有血有肉的、与'另一个世界的接触',是从自己的肉体走向他者的肉体,从我走向你,是从一的秘密走向圣灵秘密的唯一途径"③。梅列日科夫斯基从精神审美角度来解决性的问题,这与罗赞诺夫有明显不同,后者对性的理解带有明显的自然主义特征。

历史基督教在压制肉体方面表现出某种虚伪。梅列日科夫斯基认为,在托尔斯泰与俄罗斯东正教会的冲突中,托尔斯泰保卫肉体的真理,反对"禁欲主义的基督教",反对教会的虚伪。但是,托尔斯泰只发现了"多神教的"真理。陀思妥耶夫斯基预言了一种新的基督教,它

---

① 梅列日科夫斯基:《托尔斯泰与陀思妥耶夫斯基》,卷二,杨德友译,华夏出版社2009年版,第10页。译文略有改动。

② 梅列日科夫斯基:《托尔斯泰与陀思妥耶夫斯基》,卷二,杨德友译,华夏出版社2009年版,第11页。译文略有改动。

③ Мережковский Д. С. Атлантида-Европа. Тайна Запада. Москва: Русская книга. 1992. С. 174.

能把灵与肉结合起来,不再贬低肉体,而是肯定肉体的神圣性。"陀思妥耶夫斯基预言了这个必然的转变,即旧的、黄昏的、西方的、昏暗的、修道院式的、殡葬的基督教转变成新的、清晨的、东方的、光明的、婚姻的、筵席的基督教。"①梅列日科夫斯基接受了陀思妥耶夫斯基关于新基督教的预言。不过,梅列日科夫斯基倡导新基督教还有其实践上的动机——与拥有小市民意识的卑鄙小人对抗。小市民是一个没有文化和虔诚信仰的阶层,落入这些人手里的未来世界是可想而知的。赫尔岑在 19 世纪 60 年代就曾警告说,欧洲的未来是小市民的天下。梅列日科夫斯基也发现,基督教在欧洲已经丧失了统治地位,"当代欧洲的宗教不是基督教,而是小市民意识"②。在欧洲,账本取代了《圣经》,货摊取代了祭坛。这种小市民意识随着俄罗斯的欧洲化进程而在俄罗斯大行其道。梅列日科夫斯基警告说,一定要注意"奴性,以及奴性中最糟糕的东西——小市民意识,小市民意识中最坏的就是卑鄙。当家做主的奴隶就是卑鄙小人,掌权的卑鄙小人就是魔鬼,这已经不是从前的幻想中的魔鬼,而是新的、实在的魔鬼,它确实可怕,比人们所描绘的还要可怕,它是未来的魔鬼,是未来的卑鄙小人"③。为了战胜未来卑鄙小人的统治,必须靠一种新的宗教意识,这个意识将把知识分子、教会和人民联合起来,共同抵御卑鄙小人。如果卑鄙小人在未来获得胜利,那么,教会有不可推卸的责任。梅列日科夫斯基指责旧基督教(历史基督教)远离社会,把自己封闭起来。他认为,新宗教意识的实质恰好就在于它的社会性,在于其社会的维度,即宗教应该参与到社会中去,发挥其应有的社会功能。宗教的社会性直接针

---

①　梅列日科夫斯基:《托尔斯泰与陀思妥耶夫斯基》,卷二,杨德友译,华夏出版社 2009 年版,第 459 页。译文略有改动。

②　Мережковский Д. С. Грядущий Хам. //Больная Россия. Ленинград: Изд. Ленинградского университета. 1991. Cc. 29 – 30.

③　Мережковский Д. С. Грядущий Хам. //Больная Россия. Ленинград: Изд. Ленинградского университета. 1991. Cc. 42 – 43.

对宗教个人主义。传统基督教就陷入到宗教个人主义,即宗教仅仅是个人的事情,只强调个人的灵魂拯救。除了个人灵魂之外,其余都交给了魔鬼的力量去角逐。在俄罗斯,东正教会躲避社会现实,不参与任何社会运动,也不鼓励信徒参与其中,甚至不为文化创造祝福,尤其是对社会上泛滥的世俗化过程、无神论运动等等,更是视而不见。然而,"无论是没有社会的宗教,还是没有宗教的社会,都不能拯救俄罗斯,只有宗教的社会性才能拯救俄罗斯"①。因此,旧的宗教意识,俄罗斯东正教会根本无法担当起拯救俄罗斯的任务。梅列日科夫斯基认为,把个性与社会对立起来是传统宗教意识的致命缺陷,是其不完满的表现。"新宗教意识"应该克服个性与社会的对立。"个性是基督教教义的一半,另一半就是社会。"②个性与社会性在宗教的意义上的确构成对立,但这个对立是可以克服的。传统基督教意识有完整的个体学说,但被其个人主义给歪曲了。关于社会性的学说在基督教里是很不完善的,需要进一步发展,这是"新宗教意识"的主要内容和任务。

梅列日科夫斯基认为,以历史基督教为代表的旧宗教意识没有能够克服灵与肉的对立,个性与社会的对立,基督与敌基督的对立,这个任务应该由新宗教意识来完成。基督教是三位一体的宗教,但是,三位一体的全部内涵在历史的基督教里并没有获得彻底揭示,特别是圣灵的意义始终被掩盖着。新宗教意识在很大程度上就是对圣灵启示的揭示。"在第一个圣父的王国里,在《圣经·旧约》里,已经启示的是作为真理的神的权力,在第二个圣子的王国里,在《圣经·新约》里,正在启示的是作为爱的真理;在第三个和最后一个圣灵的王国里,在

---

① Мережковский Д. С. Грядущий Хам.//Больная Россия. Ленинград: Изд. Ленинградского университета. 1991. С. 44.

② Мережковский Д. С. Зачем воскрес? Религиозная личность и общественность.// Русская философия (конец XIX-начало XX века). Санкт-Петербург: Изд. С. -Петербургского университета. 1993. С. 154.

未来的约里,将要启示的是作为自由的爱。"①承认启示的阶段性是新宗教意识与旧宗教意识之间最实质的区别之一。《圣经·旧约》里启示的神远离人,人遭到贬低,在《圣经·新约》的启示里,神和人在基督耶稣身上完满结合了,人身上神的原则获得承认。但在实践上,在历史的基督教里,以肉体为标志的,与人相关的世界却遭到了拒绝。第一约和第二约的启示都是片面的,完满的基督教启示应该由第三约来完成。基于此,梅列日科夫斯基把"新宗教意识"的任务寄托在第三约的启示上。"也许,在由第二个位格,即圣子所提供的启示范围内没有解决的问题,将在第三个位格,即圣灵的启示中获得解决?"②这个学说与中世纪神学家约阿希姆(1130/1135—1201年)的三位一体论(三个时代的神秘学说)非常类似,但梅列日科夫斯基的"三约论"也有其独特之处,即把圣母的因素考虑进去了。"为了理解三位一体的教义,必须记住,圣母-圣灵和主的母亲圣母玛利亚之间的区别,与神和人之间、造物主和被造物之间的区别是一样的。这一点常常被忘记,如果不是在基督教的教义里,也是在基督教的宗教经验中。被人的面孔掩盖的神的第三个位格始终是看不见的,没有被认识的和没有发挥作用的。然而,对我们来说,只有圣母-圣灵才能结束三位一体,或者说在某个时候将结束三位一体。"③圣父和圣子都没有完成拯救人类的任务,拯救的希望在与圣灵结合的圣母身上。梅列日科夫斯基断定,"如果按照陀思妥耶夫斯基的说法,'美拯救世界',那么这就意味着拯救世界的是圣母"④。在梅列日科夫斯基的这个说法里有明显的东

---

① Мережковский Д. С. Грядущий Хам.//Больная Россия. Ленинград:Изд. Ленинградского университета. 1991. С. 27.

② Мережковский Д. С. Грядущий Хам .//Больная Россия. Ленинград:Изд. Ленинградского университета. 1991. С. 104.

③ Мережковский Д. С. Атлантида-Европа. Тайна Запада. Москва:Русскакнига. 1992. Сс. 288 – 289.

④ Мережковский Д. С. Атлантида-Европа. Тайна Запада. Москва:Русская книга. 1992. С. 293.

正教圣母崇拜的痕迹。梅列日科夫斯基自己把圣母拯救世界的思想具体化在俄罗斯的命运上,认为基督和圣母一起将拯救俄罗斯。[①]

梅列日科夫斯基的"新宗教意识"思想主要是在文学圈子里形成和发展的。参加宗教哲学聚会的来自世俗方面的学者主要是一些关注宗教问题的文学家。每次宗教哲学聚会都作了记录,为发表这些记录,梅列日科夫斯基及其夫人吉皮乌斯于1902年底共同创办了一本杂志《新路》,除了聚会的记录外,杂志主要发表文学方面的作品。宗教哲学聚会被禁止后,宗教部门的审查变得更加严格,杂志处境非常艰难。为了继续办下去,梅列日科夫斯基开始寻找新人。

二、罗赞诺夫

1878—1882年,罗赞诺夫(Розанов В. В. ,1856—1919)在莫斯科大学历史语文系学习。在大学最后一年,他开始构思自己的哲学著作,即1886年出版的《论理解:对作为完整知识的科学的本质、界限和内在结构的研究》(总计737页)。这部著作的立场是明显的绝对唯心主义。当时,实证主义占统治地位的俄罗斯哲学界对此书反应冷淡,几乎没有人阅读它,至少在报纸杂志上,没有人谈及这部著作。哲学著作失败后,罗赞诺夫开始转入文学界、政论界,其聪明才智在这里得到充分的发挥。

哲学探讨的是永恒而玄妙的宏大问题,哲学家总是面向永恒。就这一点而言,罗赞诺夫的确不像个哲学家,他所关注的问题都是非常具体的,甚至是琐碎的。他不追求永恒,而是在琐碎事物中寻找意义。在他看来,"意义不在永恒里;意义在瞬间里"[②]。在罗赞诺夫的著作里,性、婚姻和家庭等成了最主要的问题。就是在对这些问题的探讨

---

① 参见 Мережковский Д. С. 12 декабря. //Мережковский Д. С. Собрание сочинений в четырех томах. Т. IV. Москва:Правда. 1990. С. 258。

② Розанов В. В. Опавшие листья. Короб второй. //Розанов В. В. Собрание сочитений в двух томах. Т. 2. Москва:Правда. 1990. С. 628.

中,他表述了自己独特的哲学思想,这个独特性首先表现在他所探讨的主题的宗教性。他把性、婚姻和家庭这些主题放在宗教背景下进行处理。津科夫斯基认为,从《论理解:对作为完整知识的科学的本质界限和内在结构的研究》开始,罗赞诺夫就是一个"宗教思想家",一生没有离开过宗教主题。① 罗赞诺夫的早期作品《论宗教大法官的传说》(1894 年)是俄罗斯思想界最早挖掘陀思妥耶夫斯基宗教思想的著作之一。② 当"进步"思想充斥俄罗斯思想界时,罗赞诺夫却关注宗教的问题,神与性的关系问题。

　　1898 年,罗赞诺夫在《论人的本质之谜》一文里对性作过非常独特的界定。他认为,存在之谜就是生育的存在之谜,即生育的性的谜。那么什么是性呢? 性"首先是被愚昧和恐惧,美丽与厌恶所掩盖的一个点。我们甚至不敢对这个点直呼其名,在专门著作里,我们用拉丁语的术语来称呼它,而那是一种死的,我们感觉不到活力的语言"③。性与羞耻相关,因此人们尽力掩盖和回避性以及与之相关的问题。但是,在罗赞诺夫看来,性是谜,是难以测度的秘密,与性有关的问题都非常重要,其中有太多不清楚的东西,不能对其掩盖,而是要挖掘其深刻的内涵。性不是低级、庸俗的领域,不是可耻、肮脏的现象,更不是罪恶。同时,"性不是功能,不是器官"④。不能仅仅把性看做是人的

---

① Зеньковский В. В. История русской философии. В двух томах. Т. I, часть 2. Ленинград:ЭГО. 1991. С. 268.

② 这部著作于 1891 年在《俄罗斯通讯》第 1—4 期上连载,1894 年出版单行本,1901年再版,1906 年第三版问世。汉译本的《陀思妥耶夫斯基的"大法官"》,由张百春翻译,华夏出版社 2002 年出版,2007 年修订版时改名为《论宗教大法官的传说》。应该指出,在罗赞诺夫这部著作问世之前,索洛维约夫于 1881—1883 年连续三年发表纪念陀思妥耶夫斯基的文章,他在其中已经探讨了陀思妥耶夫斯基的宗教思想及其普世意义。见索洛维约夫:《关于陀思妥耶夫斯基的三篇讲话》,载《神人类讲座》,张百春译,华夏出版社 1999 年版,附录三,第 212~244 页。

③ Розанов В. В. Из загадок человеческой природы. //Розанов В. В. В мире неясного и нерешенного. Москва:Республика. 1995. С. 25.

④ Розанов В. В. Религия и культура. //Розанов В. В. Религия. Философия. Культура. Москва:Республика. 1992. С. 165.

肉体和生理的现象,性具有形而上学的意义,具有宗教的意义。"只有把宗教与性结合在一起,才有最幸福的诞生。"①在罗赞诺夫那里,性不再是禁忌的对象,而是生命的神秘基础。因此,他把宗教问题和性问题联系在一起考察。在他看来,性是个原则。对人的个性而言,性的原则具有综合意义,它渗透在人的活动的所有领域。人生的一切都与性有关。在灵与肉的关系中,性显然与肉的关系更近。罗赞诺夫正是通过性来理解灵与肉的关系的。他认为,灵与肉是不可分割的,性就是它们结合的基础,因为性是综合的原则。甚至性行为也不仅仅是生理现象,它也是精神现象。一般的男女之间关系根本不是性问题的全部。任何人身上都有男性和女性因素,只有在性的行为里才能达到存在的完满,尽管这个完满也是暂时的,而非永恒的。在这里,性被灵化、理想化和精神化了,甚至被神化了。

与性相关的爱、婚姻和家庭问题也是罗赞诺夫经常讨论的话题。在他看来,爱是婚姻和家庭的基础,维持没有爱的婚姻和家庭是不道德的。爱与性有关,男女之间爱的吸引也包括性吸引。他把家庭看得很神圣,认为家庭是人类得以延续的基础。在这里,生育占有重要地位。人的死亡是自然和必然的,但是,人的命运不仅仅局限于死亡的范围内,人还可以生育。生育的后代可以延续父辈的生命,因此,生育可以克服死亡。有鉴于此,他把家庭神化,甚至认为家庭是一种宗教,"没有比家庭宗教更高的宗教之美"②。在这个问题上,罗赞诺夫表现出明显的自然主义倾向,这个倾向与基督教以及任何宗教都具有的唯灵主义对立。别尔嘉耶夫就此评价道,"罗赞诺夫不是用永恒生命、不是用复活来和死亡对立,而是用生育、另外的新生命的产生来和死亡

---

① Розанов В. В. Из загадок человеческой природы. // Розанов В. В. В мире неясного и нерешенного. Москва:Республика. 1995. С. 26.

② Розанов В. В. Семья как религия. // Розанов В. В. В мире неясного и нерешенного. Москва:Республика. 1995. С. 79.

对立"①。与基督教强调灵魂永生不同,靠生育来达到的永生实际上是一种自然主义的无限,即哲学上所谓的恶无限,而不是宗教所追求的永恒。罗赞诺夫与历史上的基督教的冲突就在这里。

在自己创作的早期阶段,罗赞诺夫曾经受到斯拉夫派的影响。在创作《论宗教大法官的传说》时,他明显地倾向于东正教,对西方天主教会进行批判:"正如天主教是对基督教的罗曼人的理解,新教是对基督教的日耳曼人的理解一样,东正教是对基督教的斯拉夫人的理解。尽管东正教的根源在希腊的土壤里,其教义也是在这个土壤上形成的,但是,它在历史上闪烁的整个独特精神在自身中却活生生地反映着斯拉夫种族的特征。"②在这里,罗赞诺夫高度评价东正教在斯拉夫民族历史发展中所发挥的重要作用。在他看来,天主教会完全是"彼世的教会",不顾人间现实,对人类历史的作用不如东正教会。在1892年发表的《古罗斯性格特征》一文里,罗赞诺夫指出,天主教教会的精神是"旧约的",而东方教会的精神是"新约的"③。然而,在《不清楚和不明确的世界里》(1901年版,其中收入了1898—1899年的文章)中,他已经开始怀疑历史上的基督教,认为有一个真正的基督教。历史上的基督教会,无论是天主教还是东正教的教会,都不能代表真正的基督教。此后直到晚年,他对自己认为的假基督教的揭露和批判从未停止,这个批判和揭露在《我们的时代的启示录》(1917—1918年)里达到顶峰。对历史上的基督教会,罗赞诺夫最不能满意的地方就是回避和压制性,把性当做禁忌的对象。在他看来,犹太教和基督教共同经典《圣经·旧约》关于性、婚姻和家庭的论述比《圣经·新约》多。犹太教强调生育,基督教强调死亡。因此,基督教是死亡的宗教,犹太教

①　Бердяев Н. А. Христос и мир(Ответ В. В. Розанову) .//Собрание сочинений Н. Бердяева. Т. 3. Типы религиозной мысли в России. Paris:YMCA-PRESS. 1989. C. 336.

②　罗赞诺夫:《论宗教大法官的传说》,张百春译,华夏出版社2007年版,第165页。

③　Розанов В. В. Религия и культура .//Розанов В. В. Религия. Философия. Культура. Москва:Республика. 1992. C. 71.

才是生命的宗教。但是,基督教自身并没有完全集中于死亡,基督死在了各各他,但是,基督生在伯利恒。历史上的基督教过分强调基督的死亡,而忘记了基督教的诞生。① 罗赞诺夫指出,死亡带来的是忧郁,而不是喜乐。历史的基督教痛恨喜乐,把人生变成痛苦。禁欲主义生活和修道生活在历史的基督教里占有非常重要的地位。在罗赞诺夫看来,这甚至是历史基督教的主要特征。这样的基督教当然极力压制性,鼓励人们过禁欲生活,甚至提倡独身生活。在这方面,不但犹太教与基督教对立,而且多神教也与基督教对立。"多神教是早晨,而基督教则是晚上。"②在罗赞诺夫看来,基督教到了日落西山的地步,它只关注抽象的神学和教义,完全忘记了人们的生活现实。

罗赞诺夫对历史上的基督教进行了无情的批判。然而,无论如何他不是个无神论者。他是个拥有非常深刻的信仰的人,是个宗教信徒。他是个没有神就无法生存的人。他曾经说过:"我可以放弃才华,放弃文学,放弃'自我'的未来,放弃荣誉和名声,这太容易了;放弃幸福,放弃安宁,放弃……我不知道我能否做到。但是我永远也不能放弃神。神对于我来说是'温暖的'。与神在一起我觉得最温暖。与神在一起我永远也不觉得寂寞,不觉寒冷。归根结底,神是我的生命。我只为他,并通过他而活着。在神之外,没有我。"③这是罗赞诺夫的信仰表白,神在他心里不是可有可无的,神就是他的生命和生命的意义。与此同时,他也经常体验到被神遗弃的感觉,这是经历了世俗化之后的知识分子常有的体验。他曾经记载过自己的这种体验:"神,

———

① 关于伯利恒与各各他的对立,参见 Розанов В. В. Семья как религия. //Розанов В. В. В мире неясного и нерешенного. Москва:Республика. 1995. Сс. 67 – 81。

② Розанов В. В. Опавшие листья. Короб первый. //Розанов В. В. Собрание сочинений в двух томах. Т. 2. Москва:Правда. 1990. С. 315.

③ Розанов В. В. Уединенное. //Розанов В. В. Собрание сочинений в двух томах. Т. 2. Москва:Правда. 1990. С. 229.

神,你为什么忘记了我? 难道你不知道,每当你忘记我,我就会失魂落魄。"①被神遗弃的感觉成了罗赞诺夫宗教探索的动力,这也是他作为宗教思想家的一个独特之处。然而,他所需要的神不是耶稣基督,耶稣基督离他所信的神非常遥远。基督教的神——耶稣基督成为罗赞诺夫攻击的对象。

1907 年 11 月 21 日,罗赞诺夫在"宗教哲学协会"的一次会议上作了题为《关于最甜蜜的耶稣和世界的苦果》的报告,似乎是在延续梅列日科夫斯基当年在宗教哲学聚会上的报告《果戈理和马特维神甫》的主题,其中对基督教贬低世俗世界的禁欲主义倾向进行了猛烈的批判。不过,即使从题目上看也是一目了然的是,在这里,罗赞诺夫攻击的目标已经不仅仅是官方教会代表的东正教,而是基督教的核心——耶稣基督。他提出一个"个人的小小推测",即把基督与世界直接对立起来。

> 耶稣确实比世界上的一切,甚至比世界自身更加美好。当他出现时,就像太阳一样掩盖了众星。众星只是在夜晚才需要。在这里,众星就是指艺术、科学、家庭。不容争论的是,《圣经·福音书》里所描绘的基督的面貌就是我们所接受的,就是我们在书上读到的那个样子,比家庭、国家、权力、财富都更加"甜蜜",更加吸引人,相对于《圣经·福音书》作者的头脑而言,果戈理就是一根稻草……随着基督的诞生,随着《圣经·福音书》光芒的出现,所有世界的果实突然都变苦了。在基督里,世界变质发霉了,那正是因为他的甜蜜……这就是随着基督的到来而发生的主要事件。②

① Розанов В. В. Уединенное.//Розанов В. В. Собрание сочинений в двух томах. Т. 2. Москва:Правда. 1990. С. 236.

② Розанов В. В. О Сладчайшем Иисусе и горьких плодах мира.//Розанов В. В В темных религиозных лучах. Москва:Руспублика. 1994. Сс. 424 – 425.

罗赞诺夫认为,品尝到天上的面包后,人们就会丧失对地上面包的兴趣。基督败坏了人们的口味,基督教如同大洪水,世间的一切都被他淹没。基督教是个理想,但这个理想离世人太远。在这个甜蜜的理想面前,世界变得苦涩了,不可爱了。罗赞诺夫不接受《圣经·福音书》和历史基督教所宣传的基督,因为这个基督的形象与神的形象相差太远,他给世界带来的是忧郁和悲伤。从《圣经·福音书》里可以看到,基督自己似乎从来没笑过,他是非婚生子,是通常的男女关系之外的产物,而且他自己也没有建立家庭,没有留下后代。[①] 这个基督远离世人的真实生活,不食人间烟火。但基督教会宣称,这个基督就是神,世界则是魔鬼,因此,这个世界注定要毁灭。世人所作的一切,无论是文学、艺术、家庭等等,都是多余的,妨碍人的拯救。罗赞诺夫指责《圣经·福音书》不是给世人写的,而是天上的书,其格调是阴郁的、痛苦的、临终前的。

有人称罗赞诺夫的这个报告是"所有反基督教演说中最鲜明的一个"[②]。他在这篇报告里说了太多亵渎基督的话。然而,基督自己曾经说过:"所以我告诉你们:人一切的罪和亵渎的话,都可得赦免;唯独亵渎圣灵,总不得赦免。凡说话干犯人子的,还可得赦免;唯独说话干犯圣灵的,今世来世总不得赦免。"[③]罗赞诺夫干犯了人子(基督),但他对圣灵没有任何冒犯,因此他还有被赦免的可能。尽管如此,他与东正教会的关系始终非常紧张和复杂。作为一个宗教信徒,他始终没有对教会彻底失望。1912 年,他曾经这样写道:"我越来越多地思考教会。越来越经常。我开始需要教会了。以前我曾欣赏过它,赞叹过它,琢磨过它,评价它的好处。这完全是另外一码事。我需要教

① См. Гулыга Арсений. Русская идея и ее творцы. Москва:Алгоритм. 2003. С. 219.

② См. Ермичёв А. А. Религиозно-философское общество в Петербурге (1907 – 1917):Хроника заседаний. Санкт-Петербург:Изд. С. -Петербургского университета. 2007. С. 24.

③ 《圣经·马太福音》12:31 – 32。

会——一切都从此开始。在这之前，实际上什么都没有过。"①教会对于罗赞诺夫来说，是一种"需要"，他把"需要"看做是教会的基石。不过，他对教会的怀疑也时刻没有终止过。就在这一年的稍晚些时候，他记录了自己的一个想法："相信永生的人不怕死亡。怎么相信永生呢？是基督让人相信永生的。但是，我怎么才能相信基督呢？就是说，在我的惊恐里，主要的是对基督的不信仰。我的痛苦就在于我离基督很远。谁能把我引向基督？教会把我引向基督，但我没有跟随教会。"②这里表露了罗赞诺夫赤裸裸的怀疑精神，早年的理性主义经验在其宗教信仰里留下了深刻的痕迹。罗赞诺夫是个矛盾的人物。在生命最后，他返回到自己曾经猛烈攻击的教会怀抱，与俄罗斯东正教会和解。1919 年 1 月 23 日（俄历 2 月 5 日），他在教会的怀抱里（莫斯科郊外谢尔基修道院）离开人世。

罗赞诺夫的宗教思想非常复杂，其在俄罗斯思想史上的地位很难确定。但是有一点是公认的，那就是他所提出的主题，即灵与肉的关系，基督教与多神教的关系，对历史基督教的批判，新宗教意识等等。他对其同时代人（如梅列日科夫斯基和别尔嘉耶夫等）的影响是非常深刻的。他曾经非常自信地说："我自己是个平庸的人，但我的主题却是天才的。"③的确，在他之前，在俄罗斯思想界，还没有人如此尖锐地提出这些问题。

三、别尔嘉耶夫

在去圣彼得堡之前，别尔嘉耶夫成功地实现了思想的转变，即由

① Розанов В. В. Опавшие листья. Короб второй.//Розанов В. В. Собрание сочинений в двух томах. Т. 2. Москва：Правда. 1990. C. 575.

② Розанов В. В. Опавшие листья. Короб второй.//Розанов В. В. Собрание сочинений в двух томах. Т. 2. Москва：Правда. 1990. C. 590.

③ Бердяев Н. А. Русская идея：Основные проблемы русской мысли XIX века и начала XX века.//Бердяев Н. А. Русская идея. Судьба России. Москва：СВАРОГ и К. 1997. C. 195.

批判的马克思主义转到唯心主义。然而,唯心主义只是其思想转变的中间站。在与当时俄罗斯思想界占统治地位的实证主义(大部分左派知识分子的世界观)的斗争中,唯心主义并不占优势。别尔嘉耶夫仍在继续寻找,努力克服当时流行的实证主义。在布尔加科夫的影响下,他已经对宗教问题发生兴趣。但是,在宗教立场上,他依然很模糊,无论对待自己的宗教信仰,还是对待历史上的宗教(基督教),态度都不确定。正是和梅列日科夫斯基等人组成的文学圈子的接触,促使他走上了新宗教意识之路。所以在出版《新宗教意识与社会性》(1907年)一书时,别尔嘉耶夫在前言的最后特别感谢了梅列日科夫斯基、吉皮乌斯、费洛索福夫、卡尔塔绍夫,认为从与他们的交往中获得了很多东西。[1] 尽管这里没有提到罗赞诺夫,但是,他对别尔嘉耶夫的影响并不亚于其他人。梅列日科夫斯基是"新宗教意识"或"新基督教"这一流派的核心人物,整个流派都带有他的色彩。但是,在确定"新宗教意识"运动的主题、术语方面,罗赞诺夫的作用是不可替代的。到圣彼得堡后,别尔嘉耶夫立即被文学圈子里的这种宗教探索吸引,加入这个"寻神派"运动中。他高度评价罗赞诺夫和梅列日科夫斯基所提出的问题,认为他们俩都是很有天赋的人,他们提出的问题更是天才的。因此,他接受了他们的宗教主题,甚至也成了"新宗教意识"的表达者。在晚年他回忆道:"我也认为自己是'新宗教意识'的表达者,在某种意义上至今依然是。"[2]然而,别尔嘉耶夫并不认为自己完全融入到了圣彼得堡的文学圈子,在他看来,这个圈子里弥漫着"毒气"。"新宗教意识"的三位著名代表之间的分歧和鸿沟是非常深刻的,主要集中在对"新宗教意识"的理解,对新启示的理解。

罗赞诺夫很早就开始文学创作,挖掘陀思妥耶夫斯基的宗教思

① Бердяев Н. А. Новое религиозное сознание и общественность. Москва: Канон. 1999. С. 6.

② Бердяев Н. А. Самопознание. Москва: Книга. 1991. С. 180.

想。他对历史基督教的批判,对基督教在婚姻和性等问题上的谎言的批判,对别尔嘉耶夫产生了深刻影响。他们之间的私交也不错,罗赞诺夫是很少有的几个能够和别尔嘉耶夫保持终生友谊的俄罗斯思想家之一。别尔嘉耶夫同情罗赞诺夫通过性的问题对历史基督教的缺陷和不足进行的无情揭露,但却认为自己与罗赞诺夫在世界观和人生观方面是直接对立的。在别尔嘉耶夫看来,罗赞诺夫的宗教思想非常肤浅,过分与东正教日常性联系在一起。罗赞诺夫陷入了世界上的一切甜蜜之中,不能摆脱这种没有改变的生活,在他眼里,"世界"就是日常生活,因此,别尔嘉耶夫称之为"伟大的庸人"。关于性的问题,罗赞诺夫就在这个世界里提出,他不承认任何超越的东西,也不想超越这个日常世界之外,而是希望把这里的一切神圣化,包括性、家庭、甜甜的果酱等等。别尔嘉耶夫把这种宗教意识称为"内在的泛神论",或"神秘的自然主义"。罗赞诺夫在这个日常性生活的世界里提出和探讨与性相关的死亡和生育问题。

> 罗赞诺夫这样解决死亡问题:有两个人,生了八个孩子,那两个人死去了,但生命在这八个孩子身上延续和增加。对死亡的摆脱在于生育,在于每个存在物分裂为无数的部分,在于恶无限,对个性的安慰就在于个性的瓦解。罗赞诺夫不是用永恒生命、复活对抗死亡,而是用生育,用其他新生命的诞生,如此以至无穷,没有终结。然而,只有相对于感觉到类的实在性而感觉不到个性实在性的存在物而言,这种摆脱死亡悲剧的方法才是可能的。这种安慰位于人类蓄养和动物蓄养的边缘。[①]

基督教没有为这种自然的类的延续方式——生育以及与之相关

① Бердяев Н. А. Христос и мир(Ответ В. В. Розанову) .//Собрание сочинений Н. Бердяева. Т. 3. Типы религиозной мысли в России. Paris:YMCA-PRESS. 1989. C. 336.

的性祝福,罗赞诺夫在犹太教和多神教里找到了这种祝福。他不相信基督从死里复活,把克服死亡的希望寄托在自然的生育。他在这里描绘了一幅典型的自然主义图画,个性在其中处在奴役地位,它服从类,服从此世死亡的规律。个性死亡的悲剧意义因日常性而钝化。当罗赞诺夫为保卫这个日常世界而与基督教斗争时,别尔嘉耶夫毫不犹豫地站在了基督教一边,因为他要保卫的是个性,而不是类。

别尔嘉耶夫不能接受罗赞诺夫所建立的这种新宗教,无论将其称为"性的宗教",还是"家庭的宗教"。更何况,在罗赞诺夫的宗教里,没有基督的位置。因为他认为基督恰好放弃了他所保卫的这个日常世界,不为这个世界祝福,反倒让人厌恶这个世界。"基督还是世界"的问题是罗赞诺夫提出来的,他认为必须作出选择,而且他选择了世界,放弃了基督,指责基督给世界带来痛苦。别尔嘉耶夫敏锐地发现,把"基督"与"世界"对立起来没有根据,基督不是世界痛苦的根源,相反,基督是世界摆脱痛苦和死亡的根源。因此,罗赞诺夫是基督的敌人,而不是基督教的敌人。很多人把罗赞诺夫看做是俄罗斯的尼采,看做是基督教的敌人,那是因为他们受了他的文学天赋,即魔法般语言天赋的迷惑。

"新宗教意识"运动的领军人物无疑是梅列日科夫斯基,但是,不考虑罗赞诺夫对他的影响,就无法理解他。梅列日科夫斯基的宗教问题非常明确,而且具有美学上迷人的形式,即到处是正题与反题的对立:灵与肉、天与地、社会与个性、基督与敌基督等等,这一切可以概括为基督教与多神教的对立。他把一切都极化成对立的两极,然后寻找综合。渴望综合是"新宗教意识"的典型特征,别尔嘉耶夫一开始就注意到并认可这个特征:"'新宗教意识'渴望综合,渴望克服双重性,渴望最高的完满,它应该包含以前的基督教意识里所没有包含的某种东西,把两个极,两个对立的深渊结合在一起。在历史上的基督教里,已经无法找到可以抵抗正在复兴的多神教的新诱惑的解毒剂,正如当时在古老的多神教里无法找到抵抗历史的基督教罪恶的解毒剂一样。"[1]在梅列日科夫斯基看来,基督教抛弃了多神教里的很多东西,这些东西构成需要综合的一个极。历史基督教没有完成这个综合,希望就在"新宗教意识"里,在新启示里。在梅列日科夫斯基的"新宗教意识"里,综合似乎可以借助于他普遍使用的迷人图示而自动发生。然而,这一切只停留在表面上,只停留在思想里,综合没有实际地发生,只是梅列日科夫斯基的一个愿望和渴望。他永远处在渴望之中。

> 梅列日科夫斯基所提出的宗教问题是重要的和伟大的,它们令人激动,令人不安。但是,他没有能力内在地解决宗教问题,创造性地揭示新的、前所未有的和预言的东西,这种无力致使他处在对圣灵的新启示的永恒等待之中,这个启示是超验的,而不是内在的,于是他把重心外移。第三约的启示不是内在地实现,不是从人的深处实现,不是从人的创造之能力实现,而是超验地、从外部、在人之上实现。[2]

罗赞诺夫企图把日常世界神圣化,不愿意超越它,其宗教思想具有内在的泛神论倾向。相反,梅列日科夫斯基把一切都转移到外在领域,超验领域,其宗教意识具有超验论和外在论的特征。与"新宗教意识"相关的问题没有从深处提出来,也无法获得内在的解决。在别尔嘉耶夫那篇著名的《论新宗教意识》发表之后,梅列日科夫斯基立即写了一篇回应文章《论新宗教行动》。文章题目里出现了"行动"一词,这不是偶然的。表面上看,这是由于别尔嘉耶夫《论新宗教意识》最后那句话引起的:"梅列日科夫斯基似乎在接近猜测出某个秘密(секрет),徘徊在其周围,但他是否知道这个秘密自身,或者只是知道

---

① Бердяев Н. А. Новое религиозное сознание и общественность. Москва: Канон. 1999. С. 227.

② Бердяев Н. А. Новое христианство(Д. С. Мережковский). Н. Бердяев о русской философии. Ч. 2. Свердловск: Изд-во Уральского университета, 1991. С. 493.

有关这个秘密的情况？我和他的愿望太相似了，我们想要猜测同一个秘密（тайна），因此我们走的应该是同一条路。"①梅列日科夫斯基的回答就从这句话开始，并在其中包含的两个"秘密"上做文章。他认为既然走的是同一条路，那么就应该从宗教意识过渡到宗教行为。

> 当您把小"秘密（секрет）"和大"秘密（тайна）"混在一起用的时候，也许您这是有意为之，目的是用这两个词掩盖第三个词，伟大而神圣的词，您不愿意说出这个词，我也不敢说出这个词……"我们走的是同一条路"，这是否意味着，我和您正在走向这个词，它不可能只是个词，而是应该以行动结束？这是否意味着，我们在道路上的一致多于思想上的一致，多于道德上的一致，多于生活上的一致，我们在道路上的一致是宗教上的一致？②

梅列日科夫斯基急于从"意识"过渡到"行动"还有另外一个原因。在《论新宗教意识》里，别尔嘉耶夫指出梅列日科夫斯基对"新宗教意识"理解方面的混乱，关于"肉体"等概念非常模糊。梅列日科夫斯基承认这一点，但因自己缺乏基本的哲学素养，他对理论领域的思辨感到失望，因此立刻转入"行动"。就精神气质而言，此前的梅列日科夫斯基更多地关注新宗教意识的理论问题；别尔嘉耶夫更关注社会实践问题，他甚至因参加革命活动而被流放三年。但是，现在他们在立场上调换了位置，"理论家梅列日科夫斯基转向实践任务，积极的革命者别尔嘉耶夫转向理论任务"③。事实上，梅列日科夫斯基夫妇当

① Бердяев Н. А. О новом религиозном сознании.//Н. А. Беряев о русских классиках. Москва：Высшая школа. 1993. С. 253.

② Мережковский Д. С. О новом религиозном действии（ Открытое письмо Н. А. Бердяеву）.//Больная Россиия. Ленинград：Ленинградский университет. 1991. С. 92.

③ Титаренко С. А. Специфика религиозной философии Н. А. Бердяева. Ростов-на-Дону：Ростовский университет. 2006. С. 112.

时已经成立了一个由三人组成的宗教小团体。① 刚到圣彼得堡时,他们曾尝试把别尔嘉耶夫吸收到这个小教会团体里来,但遭到后者的坚决抵制。

别尔嘉耶夫多次重申与梅列日科夫斯基夫妇的交往对自己的重要意义。但是,他也承认,与梅列日科夫斯基本人没有私交。不过,1905 年冬天,别尔嘉耶夫与吉皮乌斯之间有过一段非常密切的交往,之后他们开始频繁通信,保持一种神秘的联系。在 1906 年 3 月 27 日给吉皮乌斯的信中(当时梅列日科夫斯基夫妇在巴黎),别尔嘉耶夫解释了自己为什么没有与梅列日科夫斯基夫妇彻底联合在一起,不能和他们过一种共同的宗教生活,即不能融入他们的团体,他们的小教会。"我担心,你们那里有一个建立教派的倾向,那将是一个小的秘密宗教,它会非常有意思,非常深刻,很吸引人,但那不是普世的宗教。"② 在这封信的补充部分,别尔嘉耶夫说,他相信自己的哲学使命,认为有义务实现自己的哲学使命。但是,在与梅列日科夫斯基夫妇的交往中,他感觉到自己的哲学使命受到威胁。"我有时觉得,你们否定个人的使命,把一个任务强加给所有人。我从来也不会认同消灭哲学、文学、艺术以及整个文化财富,尽管我知道,任何创造都应该服从宗教中心。但是,对宗教中心的服从并不是消除文化,而是丰富文化。"③ 显

---

① 安德烈·别雷关于这个宗教团体写道:"1905 年,我被接受参加宗教团体,在梅列日科夫斯基夫妇看来,这个宗教团体已经清楚地形成;在其公开礼拜仪式的可能性方面已经形成;进入这个团体后我发现,其中只有三人帮(梅列日科夫斯基,吉皮乌斯,费洛索福夫)是活跃的;按照接纳顺序,我是其第七位成员(卡尔塔绍夫,吉皮乌斯的两个姊妹分别是第四、第五和第六位成员);我们在这三人帮那里没有自己的位置;三人帮统治着整个团体的身体;因此,我们的创造活动在其中是受限制的。这就是我 1905 年的感受。另外一个感受是,团体的活动领域越来越偏向于社会性,表现在文艺批评的形式里。"Андрей Белый. Почему я стал символистом……//Символизм как миропонимание. Москва: Республика. 1994. Cc. 442 – 443.

② Бердяев Н А. Письмо к Гиппнусу(от27 марта 1906). //Минувшее. Исторический альманах. Москва:Феникс. 1990. №9. C. 297.

③ Бердяев Н А. Письмо к Гиппнусу(от27 марта 1906). //Минувшее. Исторический альманах. Москва:Феникс. 1990. №9. C. 299.

然,在别尔嘉耶夫与梅列日科夫斯基夫妇的分歧中,很重要的一点就是后者指责他缺乏行动。对此,他在给吉皮乌斯的另一封信中给予了反驳。

> 你们指责我不作为和缺乏现实主义,仅仅是因为我没有与你们结合,这就是你们建议我的那个唯一实在的行动。然而,什么是结合? 你们又是什么意思? 你们只是这样一些人,我感觉到自己与他们靠共同愿望、共同观念、相互爱的吸引而结合在一起,我和你们以及与你们类似的人一起应该干点事,为了一个共同的东西而行动。当我和你们一起有什么发现的时候,我与你们结合,与你们一起干我们共同的事业,但是,我不会与任何人联合,任何人都不需要和任何人联合。你们不是共济会分会,在赎罪惩罚之后才能秘密地加入其中。① 你们只是具体的人——吉娜伊达·尼古拉耶芙娜(吉皮乌斯),德米特里·谢尔盖耶维奇(梅列日科夫斯基)和德米特里·弗拉基米洛维奇(费洛索福夫),而不是教会。……我担心,你们会陷入诱惑,即认为教会的中心点就在你们自己人性的个性里,并赋予自己太大的意义,似乎在你们之外的那个神秘实在只与你们有关。我的真正事业就是找到与这个神秘实在结合的道路,在大地上实现这个结合。但是,我应该和你们一起共同努力完成这个事业,我们应该相互帮助,然而,你们经常这样说,似乎你们自己就是神秘的实在。你们一起祷告,我单独祷告,但由此还不能得出结论说,我什么也不做,而你们做了很多。请不要指责我不作为,我渴望行动,你们最好说,我们应该做什么,如果你们知道的话。请不要说,我们需要结合,这是没有内容的,我需要知道,我们

---

① 赎罪惩罚(иепитимия,又作епитемия 或иепитимья):一种宗教仪式。犯罪的人需要承受这种通常由忏悔神甫规定的赎罪性质的惩罚,以便赎罪。

的结合在哪里实现,现在我就想知道。①

以上就是围绕"新宗教意识"在别尔嘉耶夫与罗赞诺夫以及梅列日科夫斯基夫妇之间所产生的分歧。这个分歧也有别尔嘉耶夫方面的原因,除了其极端自由主义倾向和反抗的性格之外,还有宗教上的原因,而且这个宗教原因是比较隐蔽的。周围的人,特别是别尔嘉耶夫所接触的文学圈子里的人都怀疑他的信仰,对其信仰上的游移不定疑惑不解。1907 年 4 月 22 日,别尔嘉耶夫给费洛索福夫写了封长信,对自己的信仰状况进行了非常明确的说明。

> 我总是与文学圈子里的习气以及学院习气格格不入,始终生活在自己的哲学探索和文学体验之中。当然,我抽象、辩证地写东西,相信理性,按照哲学的方式看世界,然而,也许这使得我有可能成为纯洁的人。按照您的意思,我甚至是过分纯洁的人,隐蔽的、感情不外露的人,无论在生活上,还是在文学里,不是每句话都谈及自己对基督的信仰,以及自己对敌基督的等待。您怀疑我的信仰,以为我还是两年前那个样子,当时我的分裂已经到了可怕的地步。从那个时候起,很多东西都变了,在我身上发生许多事情,我经历和体验了很多东西。去年春天和夏天在我身上出现某种真正宗教的东西,彻底地转变,我可以这样来更好地表达这一点:我彻底地和绝对地信仰了基督,内在地摆脱了魔鬼主义,爱上了神,内在的宗教激情返回到我身上,我曾经拥有过这个激情,但后来消失了。这个转变不是发生在我的"观念"里,而是发生在"生命"里,发生在经验里,发生在我身体的细胞里,并与我所经历的事实有关。从那时起,我成为一个虔敬的人,每

① Бердяев Н А. Письмо к Гиппнусу(от 2 июня 1906). //Минувшее. Исторический альманах. Москва:Феникс. 1990. №9. C. 301.

天向神祷告,在胸前划十字,在生命的所有重要时刻都把自己与基督内在地结合在一起,我尝试为他的名义做我所能做的一切重要的事情,首先是写作。我果断地决定成为宗教运动的哲学仆人,利用自己的哲学才能和知识保卫神的事业,用自己理性的力量与反宗教谎言斗争,为宗教真理在世俗文化里的胜利清理土壤,我的哲学有坚实的宗教基础,但我不打算成为宗教布道者,我没有感觉到自己身上有特殊的宗教天赋,不觊觎成为先知和使徒,我始终是哲学家和同宗教相互挣扎的政论家,但在自己的本质上,我是个宗教徒。我最有能力成为寻神者－哲学家,"新宗教意识"的辩护者,并深信在世界的历史上还有一个复杂的灵知的过程,新的和终极的学说应该形成,那将是完整的教义。(我愿意)哪怕是间接地为建立教义这个伟大的灵知过程服务,没有这个过程就不可能有进一步的人类宗教运动。我始终是纯洁的,只写我真正相信的东西。我体验过的东西,不是在布道和预言的严格形式里,而是在对真理的哲学保卫的形式里宣传自己的信仰。①

按时间推算,这里的"两年前"是指流放结束后,但还没有去圣彼得堡之前那段时间,用别尔嘉耶夫自己的话说,这是段"糟糕的时期",是"低谷",而不是"高峰"。"我感觉到同我与之相关的那个圈子越来越大的断裂,但任何新东西都还没有获得。这是我的空洞时期,还没有出现对我的内在生活有意义的与人们的交往,在思想领域里也没有太大的收获。"②前面那段引文里的"去年春天"是指 1906 年春天和夏天,也就在那段空洞时期之后一年多的时候,他到圣彼得堡也已经有

① Бердяев Н А. Письмо к Философову (от 22 апреля 1907).//Минувшее. Исторический альманах. Москва:Феникс. 1990. №9. C. 305－306.

② Бердяев Н. А. Самопознание. Москва:Книга. 1991. C. 132.

半年。这时,在别尔嘉耶夫身上发生了类似宗教皈依的过程,尽管他自己否认在信仰上有明确的皈依发生。从此,他成为一个虔诚的信徒,当然是基督徒,甚至可以断定是东正教徒,他每天祷告。但是,他从未放弃自己对哲学的探索,对真理的探索,并尝试构建"新宗教意识",甚至制定新的、完整的教义。他所信奉的宗教不是传统形式的基督教,而是新形式的、带有灵知派风格的基督教。但是,他也不希望成为梅列日科夫斯基那样的人,即从事宗教布道,建立新教会。这段"信仰告白"非常重要,但别尔嘉耶夫没有对外人公开,只表达在给费洛索福夫的私人通信里。鉴于费洛索福夫与梅列日科夫斯基夫妇的密切关系,相信后者完全有可能从他那里得知这封信的内容,也因此可以及时了解别尔嘉耶夫的这段信仰告白,但一切都为时已晚。别尔嘉耶夫和罗赞诺夫、梅列日科夫斯基夫妇在观点和立场上的分歧已经非常明显。所以,在1907年冬天,当别尔嘉耶夫和梅列日科夫斯基夫妇在巴黎相遇时,他们之间的一切都公开了,各种和解的尝试均告失败。经过激烈争论后,他们彻底分道扬镳。

1909年,别尔嘉耶夫为《路标》写了一篇著名文章《哲学真理(истина)与知识分子真理(правда)》(1909年),他指责俄罗斯知识分子不喜欢"哲学真理(истина)",片面追求行动。无疑,梅列日科夫斯基夫妇的"行动"也在批判之列,尽管文中并没有明确地指出来。梅列日科夫斯基夫妇的小教会令别尔嘉耶夫感到不安,他们之间的最终决裂与此有密切关系。在别尔嘉耶夫看来,梅列日科夫斯基企图用自己的小教会取代历史的基督教会,在这里,第三约似乎与第二约是对立的,不是对第二约的实现,而是要取而代之。对"新宗教意识"和新启示的这种理解是别尔嘉耶夫所不能接受的,因为在他看来,"新宗教意识"是新的启示,但这是继续着的启示,是对以前启示的完成。"当我们说新的宗教意识时,完全不是想用它来说明以前所有的宗教都是错误的,因此应该发明一种新的宗教。……'新宗教意识'是继续着的启示,是对宗教真理更高的完满的包容,因为在宗教启示的从前各阶段上启示的只是部分的、不完满的真理。"①

对社会性的关注是新宗教意识的重要组成部分。别尔嘉耶夫专门研究新宗教意识的早期作品《新宗教意识与社会性》(1907年)主要解决的就是宗教意识与社会性的关系问题,在主题上显然受到梅列日科夫斯基的影响。不过,此后别尔嘉耶夫很少再将"新宗教意识"与社会性联系起来,而是更多地将其与个性问题联系在一起,尽管社会问题始终是别尔嘉耶夫关注的对象。此外,罗赞诺夫和梅列日科夫斯基等人对"肉体"的神圣化,也引起了他的"排斥和反感"②。因此,在对新启示的内涵的理解上,他们之间的分歧也非常明显。如果说,在《自由的哲学》里,别尔嘉耶夫还没有完全摆脱梅列日科夫斯基对宗教意识的理解,特别是梅列日科夫斯基对文化问题的态度,那么,在《创造的意义:为人辩护的尝试》里,别尔嘉耶夫已经非常明确地与梅列日科夫斯基划清界限,这就是他提出的创造论。这个理论强调人的积极性。自从创造理论提出后,别尔嘉耶夫非常自信地建立自己独立的"新宗教意识",彻底摆脱罗赞诺夫和梅列日科夫斯基,用他自己的话说,他希望建立一种基督教灵知,即一种独特的宗教哲学,基督教哲学。

第二节　新启示

一、基督教历史与历史基督教

在离开人世之前,耶稣基督曾经多次向门徒许诺,他很快会"再

---

① Бердяев Н. А. Новое религиозное сознание и общественность. Москва:Канон. 1999. C. 227.

② Бердяев Н. А. Самопознание. Москва:Книга. 1991. C. 180.

来"①。在早期基督徒中间就有很多人曾经受这个许诺的影响,放弃人世间生活,苦苦等待基督再来。不久,绝大部分基督徒明白了,在自己的有生之年,很可能看不到基督再来,因为基督再来是个奥秘,谁也不知道他到底什么时候来。因此,基督徒被迫安于历史,基督教也必须在历史中存在。经过基督徒的不懈努力,甚至是流血牺牲,基督教在公元4世纪成为罗马帝国的国教。

无疑,基督教改变了人类历史,但历史也改变了基督教。至少,我们所了解的基督教,是在历史中存在的基督教,它无法摆脱人类历史的影响。在历史中实现自己,便成了基督教的使命和命运,于是就有了基督教的历史和历史的基督教。

别尔嘉耶夫认可当时学术界的一个流行说法,即基督教的历史是不成功的。这个结论只是初看起来才会觉得突然。不但恰达耶夫、索洛维约夫和陀思妥耶夫斯基等人曾经揭露过基督教历史中的问题(比如,天主教和东正教的分裂,天主教会以及东正教会中的问题等等),而且当时梅列日科夫斯基和罗赞诺夫已经开始对基督教的历史和历史的基督教进行批判了。别尔嘉耶夫不但同情前人对历史基督教的批判,而且他自己一生都在从事这种批判。他对历史基督教的系统批判最早出现在其《自由的哲学》里,在这本书里,他指出了历史基督教的问题所在,并揭示了基督教历史失败的意义。

早期基督教的历史是灾难性的,罗马帝国曾经对基督徒进行过残酷的迫害。在基督教成为罗马帝国的国教之后,基督教世界的历史进入中世纪。这是个非常特殊的时期,是"最神秘和最迷人的"时代,仅仅用"野蛮和黑暗"来概括这几个世纪,是非常片面的。确实,禁欲主义苦修生活曾经是中世纪的理想,封建制度就是在这些世纪里被确立的,"十字军"东征和宗教裁判所都是中世纪历史的标志性事件。但

① 比如,《圣经·马太福音》10:23,16:28;《圣经·马可福音》9:1;《圣经·路加福音》9:27,等等。

是,中世纪也是个感性的时代,出现骑士的理想,甚至有对美妇人的崇拜,这些都与对神、基督、圣母玛利亚崇拜有直接关系。神圣罗马帝国是在中世纪建立起来的。中世纪还建造了很多雄伟的教堂,它们在征服野蛮人的心灵方面发挥了不可替代的作用。在那些世纪里,也有精神的紧张,有对神的巨大渴望,有文化的创造,甚至在哲学上也有所建树,出现了一批伟大的哲学家,如奥古斯丁、爱留根纳、埃克哈特、托马斯·阿奎那等等。古希腊文化对中世纪的人而言并不陌生,柏拉图和亚里士多德的思想成了基督教神学的哲学基础。中世纪的意识充满了"洞见",看到了其他时代的意识无法看到的东西。难怪浪漫主义者们总是想要返回到中世纪。别尔嘉耶夫甚至认为中世纪的宗教和哲学似乎拥有某种永恒的意义。"中世纪的恐惧一去不复返了,中世纪的野蛮已成过去,中世纪之美,中世纪文化,中世纪紧张的精神苦闷至今依然吸引我们。未来的哲学与中世纪哲学会有更多的共性,而不是与现代哲学有更多的共性,现代社会与神权政治有更多的共性,我们的宗教生活似乎应该是对中世纪的恢复,但这是摆脱了二元论的中世纪……"①在这里,别尔嘉耶夫用二元论来概括中世纪的特征,把天与地,宗教与世俗的二元论看做是中世纪的"慢性病"。不过,在他看来,正是中世纪的意识发现了个性。比如,在修道制度里,在禁欲主义里,都有对个性的意识,对个性拯救的意识。在骑士阶层里,有对个性荣誉的意识。然而,个性在中世纪所遭受的压制和奴役,也是有目共睹的。这种二元论标志着中世纪是个混合的、矛盾的、具有双重性的时代。"中世纪追求天,但在宗教意识里却诅咒地,因此地始终是多神教的,天国自身在人间成了多神教的地的国。封建骑士阶层的理想和神圣罗马帝国的理想一样,都是多神教与基督教的奇怪混合物。"②

① Бердяев Н. А. Философия свободы.//Философия свободы. Смысл творчества. Москва:Правда. 1989. С. 163.

② Бердяев Н. А. Философия свободы .//Философия свободы. Смысл творчества. Москва:Правда. 1989. С. 162.

自从罗马帝国分裂以后,基督教在整个中世纪也都处于一种分裂状态。尽管天主教和东正教彻底分裂发生在 11 世纪中期,但双方之间的分歧从罗马帝国分裂时就开始出现。东西方基督教最大的一个不同就是管理体制。西方天主教会建立了教皇制,这是一个以教皇为中心的教会等级体制,它控制着人们的信仰,在教会生活和信徒的宗教信仰中发挥着决定性的作用。在一定程度上,平信徒的权利有时得不到保障,甚至与神沟通的权利有时也无法得到保障,他们的宗教生活只能通过神职人员来实现。人的东西与神的东西隔绝了,中间是强大的机构——教皇制。与平信徒遭到贬损的地位不同,教皇几乎被神化,他是基督在人间的代理人,成为中世纪西方基督教世界的绝对权威,甚至干涉世俗事务,这种教皇制就是所谓的教皇君主制(папоцезаризм)。东方拜占庭建立了另外一种体制——沙皇制。在这里,沙皇被认为是基督在人间的代理人,事实上成了教会的首脑(类似教皇),和教皇一样,沙皇也几乎被神化。作为拜占庭帝国君主,沙皇还干涉宗教事务,在很多重大的宗教问题上发挥决定性作用。这个体制就是所谓的君主沙皇制(цезарепапизм)。在东正教里,不但君主获得神化,而且整个生活方式被神圣的礼拜仪式神圣化了,这里的一切都是神圣的,但与此同时,一切也都处于僵化状态。教皇君主制和君主沙皇制就是中世纪神权政治的不同表现形式,是所谓的"基督教国家"的两种不同表现形式。别尔嘉耶夫认为,无论教皇君主制,还是君主沙皇制,都是偷换和诱惑,都是多神教的遗迹。它们在实质上有一个共同之处,即把人的东西神化;用人的东西偷换神的东西。在天主教里,教皇被神化;在东正教里,君主被神化。被神化的教皇和沙皇成了基督在人间的代理人。无论教皇还是沙皇(君主)都是人,但他们被神化了,被抬高到了神的地位,因此人的东西与神的东西发生混淆,从而贬低了神的东西,即把神的东西降低到人的层次上。

别尔嘉耶夫认为,在中世纪里也包含诸多神圣的梦想和渴望,但这些神圣梦想和渴望并没有获得彻底实现。中世纪的神权政治体制根本不是基督教的理想。基督教的理想在中世纪没有获得实现。因此,在别尔嘉耶夫看来,基督教在中世纪失败了。历史的发展证明了这一点,因为在中世纪之后到来的是与其在一切方面完全相反的时代:起初是多神教的复兴、对神的背叛、世俗化人道主义,然后是无神论的实证主义和实证主义的社会主义,等等。使全世界彻底基督教化的庞大规划失败了。中世纪的那些理想,比如神权政治观念,对天的渴望,对神国的渴望等,在近代都被丢弃了。人类的新时代,新的人类与中世纪的梦想完全对立。在宗教与世俗的斗争中,世俗化获得胜利。

宗教改革是一种反抗,针对的是天主教会的谎言,是天主教会对真正基督教理想的偏离。尽管宗教改革的结果是基督教会的再次大分裂,但在新教里包含着许多合理的成分。新教企图恢复在基督教里被丧失的自由,恢复作为自由宗教的基督教的本来面目。新教还确立了个性原则,个性在中世纪只是得到部分体现。可以说,新教的出现是必然的。但是,这种必然性是以否定为基础(即反抗)的,新教的真理就包含在其否定之中,这个否定后来过渡到了理性主义的个人主义,最终导致了实证主义。比如在教会的问题上就是如此。"如果在天主教里,关于教会有过虚假的、偏离正路的学说,但也存在过教会自身,那么在新教里,教会观念自身开始逐渐被消除。"[1]在新教里,教派林立,作为基督身体的统一教会不复存在,甚至到了有多少信徒就有多少教会的地步。

近代人道主义接过新教改革的旗帜,继续反抗天主教会,反抗历史的基督教,它不但肯定新教所宣布的真理,而且使其达到极限。人道主义的贡献是明显的,它攻击天主教,确立了纯粹的人性以及人的权利,拒绝以教皇君主制和君主沙皇制为代表的神权政治体制,保卫

---

① Бердяев Н. А. Философия свободы. //Философия свободы. Смысл творчества. Москва:Правда. 1989. C. 166.

在中世纪遭到诅咒的大地,甚至返回到多神教,在那里寻找对肉体的祝福。人道主义为人和人性辩护,但它也过分抬高了人的地位。别尔嘉耶夫认为,在抬高人的方面,人道主义有基督教的根源,只是它自己没有意识到,不承认这一点而已。因为在基督身上,体现的是真正的人与神结合,人被实实在在地抬高到神的地步,人在自己的历史上从来没有获得如此高的地位。但与基督教不同的是,被人道主义抬高的人毕竟有非常低贱的出身,人是由比人低级的动物进化而来的。于是,人道主义最终导致无神论。实证主义、唯物主义的基础就是无神论。现代西方社会彻底走上世俗化道路,历史的基督教失败了。

别尔嘉耶夫并不否认历史的基督教所取得的成就。在基督教的历史进程中,出现过一大批为基督教信仰而慷慨赴死的受难者,还有许多放弃此世幸福,战胜自然欲望的伟大圣徒们,等等。他们不但赢得了基督教平信徒以及非基督徒的崇拜和尊敬,而且他们也是真正意义上的基督教会主要的代表。然而,世界并没有完全接受基督教,尽管这个世界被称为是"基督教的世界",相反,这个世界依然是多神教的。这就是基督教历史的问题所在:"基督教的历史就是与多神教的一笔交易,是与这个世界的妥协,从这个妥协里产生了'基督教国家'和整个'基督教的日常生活'。"①能够代表历史基督教的所谓"基督教教会"、"基督教国家"、"基督教文化"、"基督教神权政治"等等,都不是真正意义上基督教的,其中有太多非基督教的东西,它们都是基督教与多神教妥协的产物。在别尔嘉耶夫看来,这个妥协的实质就是历史上的基督教接受了被耶稣拒绝的那些"诱惑":此世王国的诱惑、奇迹的诱惑和面包的诱惑。陀思妥耶夫斯基在《卡拉马佐夫兄弟》中的"宗教大法官"一章里出色地描绘了宗教大法官是如何接受这三大诱惑的。基督教的历史就是接受这三大诱惑的历史,历史的基督教就是

---

① Бердяев Н. А. Философия свободы. //Философия свободы. Смысл творчества. Москва:Правда. 1989. С. 161.

接受了这三大诱惑的基督教。"基督教历史的诱惑也反映在历史的基督教里。历史的基督教就是真正基督的宗教与此世之王统治的妥协。"①因此,历史的基督教不是真正的基督教,历史基督教的失败不是真正基督教的失败。为了实现真正的基督教,必须揭露历史基督教的问题,尤其是不能把历史的基督教等同于真正的基督教。这是基督教历史的失败给我们的启示。换言之,在别尔嘉耶夫看来,存在一个理想的、真正的基督教,或"普遍的基督教":"我总是相信不但存在着普遍的基督教,而且存在着普遍的宗教。基督教是普遍宗教的顶点。但是,基督教自身尚未达到顶点,它还没有终结。甚至可以说,从历史的角度看,基督教不拥有基督教的起源。……基督教中最主要的东西不能从历史的角度获得解释,因为它不具有历史的起源,而具有元历史的起源。神人基督的个性就无法(从历史的角度)获得解释。"②只有在这个意义上,即存在着理想的、真正的基督教,才能谈论基督教的终结,这是基督教的历史存在形式的终结,但不是真正基督教的终结,不是基督教启示的终结。这种对历史基督教的不满情绪曾经主导过18—19世纪在俄罗斯流行的共济会,其会员也在历史的基督教教会之外寻找他们自己所理解的真正的、理想的基督教。共济会对整个俄罗斯文化,特别是俄罗斯哲学产生过重要影响。③共济会会员具有强烈而真诚的宗教情感,他们渴望未来的、真正的基督教启示,不愿意向历史基督教会妥协。

基督教的启示没有结束,基督教的历史没有结束。但是,作为永恒基督教的一种具体表现形式的历史基督教应该终结。"历史基督教的最大错误与这样一种有限的和僵化的意识相关,即启示结束了,再没有什么可等待的了,教会的大厦建成了,封顶了。实际上,宗教争论是

---

① Бердяев Н. А. Философия свободы. //Философия свободы. Смысл творчества. Москва:Правда. 1989. С. 161.

② Бердяев Н. А. Самопознание. Москва:Книга. 1991. Сс. 180 – 181.

③ 参见张百春:《共济会与俄罗斯哲学》,载《哈尔滨师专学报》1996年第1期。

围绕着新的启示和新的精神时代的可能性问题进行的。所有其他问题都是次要问题。新启示完全不是与基督教相区别的新宗教，而是对基督教启示的补充和完善，是使基督教达到真正的全宇宙性。目前，全宇宙性还不存在。"①全宇宙性就是理想的、真正的基督教的特点。但是，历史的基督教没有实现基督教的理想，它还不是理想的、真正的、普遍的、全宇宙的基督教。基督教的启示应该继续，未来的启示当然是神的启示，但在这个启示里，人不是被动的，他将发挥自己的积极性。未来的启示将是神人的过程，在历史的基督教里，神人的过程没有获得充分表达和展开。

二、新启示如何可能

作为与多神教妥协的产物，历史的基督教失败了。但这个失败恰好表明，基督教的历史没有结束，基督教没有完成自己的伟大使命，在基督教里，依然还有许多非常重要的东西没有获得揭示。罗赞诺夫和梅列日科夫斯基早就注意到这一点。他们认为，历史基督教只揭示了关于灵的真理，但没有揭示出关于肉的真理。与罗赞诺夫不同，梅列日科夫斯基特别关注宗教的社会理想，认为历史的基督教在社会理想方面的揭示是不够的。别尔嘉耶夫完全同意他们的意见，特别是梅列日科夫斯基提出的论点，即历史基督教没有实现自己肯定的社会理想。别尔嘉耶夫最早一部论述"新宗教意识"的著作就叫《新宗教意识与社会性》，其主要关注对象就是宗教与社会的关系问题。在《自由的哲学》里，他明确指出："基督宗教依然不是完满的启示，揭示肯定的宗教人学、人类的大地命运的一元论真理的时代还没有到来。在基督的宗教里，神人出现了，关于个人天上拯救的真理获得了启示，但是，还没有神人类，还没有完全揭示关于世界的聚和性拯救的真理，关于在世界秩序里实现基督精神的道路的真理。在基督教里没有肯定的、

---

① 别尔嘉耶夫:《论人的使命》,张百春译,上海人民出版社 2007 年版,第 426 页。

宗教的社会理想……"①揭示宗教的社会理想只能是未来新基督教意识的使命。在新基督教的未来指向上,梅列日科夫斯基和别尔嘉耶夫的理解是一致的,他们之间的分歧主要集中在对新启示的理解上。梅列日科夫斯基更关注新启示的外在方面(社会性),别尔嘉耶夫认为新启示只能是内在地发生。那么,什么是启示?新的启示可能吗?新的启示如何可能?

在任何宗教里,神都具有无限性和超验性,有限的世界能够认识神的前提就是神自身的启示。没有启示就没有对神的认识,因为有限的人只能认识有限事物。可以说,一切包含神圣之物的东西都是启示的。在这个意义上,别尔嘉耶夫反对把宗教划分为"启示宗教"和"自然宗教",因为任何宗教都是启示的宗教。② 换言之,宗教之间的差别不在于"启示"。基督教是典型的启示的宗教,启示在基督教里占有非常重要的地位。但这并不排除基督教的神曾经在其他宗教里启示过自己。比如,基督教的神曾经在犹太教里启示过自己。《圣经·旧约》是犹太教的经典,也是基督教经典的一部分。这是基督教的一个基本真理。但是,关于基督教的神在其他宗教里,比如在多神教里是否启示过自己,这是有争议的。在从索洛维约夫开始的俄罗斯宗教哲学思想中对这个问题已经给出了肯定的答案,基督教的神不但在其他宗教里启示过自己,而且也在自然界里启示过自己。

在传统的基督教思想里有个非常著名的论点,即启示在基督教里已经结束,基督教的启示是终极的,因此,不可能再有新启示。即使承认基督教的历史没有结束,那么在未来的基督教历史里也不会有新的启示。别尔嘉耶夫反对这种观点,认为基督教的启示没有结束,基督教的启示并不完满,新的启示是可能的。他认为,新启示的可能性是

---

① Бердяев Н. А. Философия свободы. //Философия свободы. Смысл творчества. Москва:Правда. 1989. C. 163.

② См. Бердяев Н. А. Философия свободного духа. Москва:Республика. 1994. C. 70.

由启示的本质决定的。启示是双向的,有启示者和接受启示者。启示者是神,接受启示者是人。因此,启示是神人的过程。神的话就是通过人(先知)来转达的。神不启示自己,人就无法认识神。人对神的认识就发生在启示的过程里。但是,神在向人启示自己的过程中,并非不考虑人的状态,相反,神甚至根据有限的人的意识状态进行启示。"启示是向人的启示,也应该是人的意识所能接受的。……启示发生在人的环境之中,并通过人而发生,即依赖于人的状态。在这个问题上,人永远也不能是完全消极的。人在启示中的积极性依赖于他的意识以及意志的指向,依赖于他的精神水平。启示要求我的自由。"①神的启示以人的自由为前提。神不强迫地启示自己,在任何情况下都不会把自己"和盘托出",因此,启示不是一次性完成的,启示是个过程,即别尔嘉耶夫所说的"神人的过程"。在这个过程里,人的因素是必不可少的,人应该积极地参与这个过程。按照别尔嘉耶夫的说法,在一定意义上,启示也意味着某种隐藏。在神的启示过程里,总是有某种隐藏的东西,即向人隐藏的东西,对人而言,这个被神隐藏的东西就是神的奥秘。"宗教意味着启示的东西和隐藏的东西悖论式的结合。"②在启示过程中,人的积极性就表现为对神所隐藏的东西的认识。因此可以说,神的启示依赖于人的意识状态,依赖于人的积极性。不过,在接受启示时,人的积极性并不总是有利于启示,在启示里有时也留下人的意识的局限性,比如在对神的认识方面的类宇宙观、类人观和类社会观。因此,在认识神和接受神的启示的过程中,人的自由和积极性并不总是表现出肯定的方面,这一点从另外一方面证明,神的启示依赖于人的意识状态。

别尔嘉耶夫把人看做是个动态的存在物。人的意识也是动态的,

---

① Бердяев Н. А. Истина и откровение. Прелогомены к критике Откровения. Санкт-Петербург:Издательство Русского Христианского гуманитарного иститута. 1996. С. 46.

② Бердяев Н. А. Философия свободного духа. Москва:Республика. 1994. С. 71.

而不是僵化不变的。"不能把意识思考成静态的。意识只是相对稳定的。原则上,可能有意识的变化、革命,可能有意识的扩展,同样可能有意识的收缩。"①人的生存状态的改变可以引起意识的变化。随着认识能力的提高,人的意识也会发生变化。此外,社会环境也可以改变人的意识状态。人的意识的变化还表现在,接受了启示的意识与没有接受启示的意识是不同的。"启示不是意识的进化,而是意识的革命。"②接受启示的意识在自己的结构上将发生改变,界限将扩大。接受启示的过程对意识而言甚至是灾难性的。因此,"存在着意识的历史,存在着意识的层次和阶段"③。如果人的意识是有层次的,分阶段的,那么神的启示自然也有其阶段性和层次性。在这个问题上,别尔嘉耶夫与传统的基督教神学有原则性的分歧,他认为,"历史基督教的教条主义在实质上否定世界上有进一步的宗教过程,对它而言,宗教意识的历史终止了,它否定宗教生活,因为没有宗教自由,没有创造,没有继续的启示,宗教生活就是不可能的。对旧的教条主义者来说,一切都结束了,人类停滞了。……我们相信新的启示,我们等待这些新启示并把宗教复兴以及摆脱病态危机的宗教出路的希望与它们联系在一起"④。

承认启示的阶段性,承认新启示的可能性,并不意味着对启示的无限性和绝对性的否定,而是对人的意识的有限性的承认。有限的意识无法一次性地、彻底地容纳启示的无限完满。关于这一点,我们可以在《圣经·新约》里找到一些证据。使徒约翰在《圣经·约翰福音》的结尾处说:"耶稣所行的事还有许多;若是一一地都写出来,我想,所

---

① 别尔嘉耶夫:《末世论形而上学》,张百春译,中国城市出版社 2003 年版,第 88 页。

② Бердяев Н. А. Философия свободного духа. Москва:Республика. 1994. C. 75.

③ 别尔嘉耶夫:《末世论形而上学》,张百春译,中国城市出版社 2003 年版,第 75 页。

④ Бердяев Н. А. Новое религиозное сознание и общественность. Москва:Канон. 1999. C. 24.

写的书,就是世界也容不下了。"①约翰没有把所获得的启示都写出来,因为有限的世界无法容纳无限的启示。保罗在给哥林多人的信中也说过类似的话,"弟兄们,我从前对你们说话,不能把你们当做属灵的,只得把你们当做属肉体,在基督里为婴孩的。我是用奶喂你们,没有用饭喂你们,那时你们不能吃,就是如今还是不能,你们仍属肉体的⋯⋯"②可见,保罗在传播福音时,也考虑到接受福音的人的意识状态。人的意识状态的确是不同的,如同人的体质不同一样,幼儿只能吃奶,长大后才能吃干粮。启示必须照顾到人的意识的不同状态。"论到麦基洗德,我们有好些话,并且难以解明,因为你们听不进去。看你们学习的工夫,本该作师傅,谁知还得有人将神圣言小学的开端、另教导你们,并且成了那必须吃奶、不能吃干粮的人。凡只能吃奶的、都不熟练仁义的道理。因为他是婴孩、唯独长大成人的、才能吃干粮、他们的心窍、习练得通达、就能分辨好歹了。"③耶稣也没有把所有的启示向门徒和盘托出,担心他们无法领会,并把这些事情委托给圣灵:"我还有好些事要告诉你们,但你们现在担当不了。只等真理的灵来了,他要引导你们明白一切的真理;因为他不是凭自己说的,乃是把他所听见的都说出来,并要把将来的事告诉你们。"④启示的阶段性在这里表现得非常清楚。用别尔嘉耶夫的话说,"人的意识的容量在改变着,意识可以扩大和收缩,深化和被抛向表面。这已经决定了启示的阶段性及其未完结性"⑤。

别尔嘉耶夫把启示分为三个阶段,即"在自然界中的启示,在历史中的启示和末世论的启示。上帝只有按照末世论的方式才能彻底地

① 《圣经·约翰福音》21:16。
② 《圣经·哥林多前书》3:1-3。
③ 《圣经·希伯来书》5:11-14。
④ 《圣经·约翰福音》16:12-13。
⑤ 别尔嘉耶夫:《论人的使命》,张百春译,上海人民出版社2007年版,第318页。

和完满地启示"①。前两个启示已经过去,而且都是不完满的启示,正在到来的是第三个启示,即末世论启示。但是,过去的启示都是必要的,它们适应人类意识的不同状态。② 宗教史研究表明,多神教(神在自然界中的启示)的许多因素都被吸纳到基督教里,比如受苦之神的观念等。人类有很多宗教,而且这些宗教在基督教之前就有,人类历史的基督教时代是个多宗教并存的时代,也许,在未来还会有新的宗教出现。当然,在基督徒们看来,基督教不是与其他宗教并列的一种宗教,而是所有宗教中最高的,是"宗教中的宗教"(施莱尔马赫语)。别尔嘉耶夫并不否认这一点,但他认为基督教与其他宗教之间的关系是:"人类全部多样的宗教生活只是统一的基督教启示按照层次的逐渐展开。……基督教启示是普遍的启示,在其他宗教里启示出来的一切与基督教类似的东西,都只是基督教启示的一部分。……单独地看,除了基督的显现之外,除了基督的个性之外,基督教里再没有任何独特的东西。……基督教出现在世界上,就是对所有预感和原型的实现。"③承认神的启示的阶段性必然导致基督教与其他宗教之间界限的模糊,但别尔嘉耶夫没有否定基督教的独特性,只是认为历史的基督教不是基督教启示的完满表达。历史的基督教作为在历史中的一种有限存在(至少从时间上说,它有开端),根本无法容纳完满的基督教启示。在这个意义上,历史的基督教注定要失败,但基督教的历史不可能结束,基督教的启示不可能终结。因此,完满的启示是可能的,新的启示是可能的,但是,人要为此作好准备,他应该获得新的宗教意识,只有新基督教的意识才能容纳完满的基督教启示。

① 别尔嘉耶夫:《论人的使命》,张百春译,上海人民出版社 2007 年版,第 436 页。

② 别尔嘉耶夫的这个思想无疑受到了索洛维约夫的影响。神的启示的多样性和阶段性是索洛维约夫的一个著名观念,参见索洛维约夫:《神人类讲座》,张百春译,华夏出版社 1999 年版。

③ Бердяев Н. А. Философия свободного духа. Москва: Республика. 1994. Сс. 70–71.

三、新启示的内容

等待是基督教的重要特征。等待与希望相关。没有等待,就没有希望;没有希望,也就没有必要等待。基督教的等待与盼望来自犹太教传统。信奉犹太教的犹太人至今仍然生活在等待之中,他们等待耶和华所应许的弥赛亚。基督徒认为拿撒勒人耶稣就是弥赛亚。但是,这个耶稣被钉死在十字架上,复活后又离开人世,升天了。不过,耶稣许诺,他将再来。于是,基督徒也陷入无限的等待之中,这是他们与犹太教徒类似的地方,这种等待具有永恒性。不同的地方在于等待的对象。犹太教徒等待自己的弥赛亚,基督徒等待基督再来。基督教的神的三位一体的特征为这种宗教等待提供了基础。圣父的形象在《圣经·旧约》里获得了非常清晰的揭示,道成肉身的圣子的形象更加具体,他是拿撒勒的一个木匠之子,在其短暂的一生里把天国的福音传给人类。唯独圣灵的形象是模糊的,这给人们提供了无限想象的空间,并强化了人们对未来等待的张力。传统的基督教意识认为,神的启示在《圣经·旧约》和《圣经·新约》里都结束了,不可能再有新启示。但是,新宗教意识的代表们渴望新启示,渴望新的时代,他们面向未来。正因为如此,他们都对历史基督教不满。

宗教哲学家们没有消极等待新启示,他们积极地预言和猜测新启示的内容。罗赞诺夫指责历史基督教的压制性,梅列日科夫斯基指责历史基督教贬低肉体,遗忘社会。别尔嘉耶夫认为他们的指责是合理的,新启示应该包含对性、肉体的圣化。但是,他认为,历史基督教的主要罪过是没有建立宗教人学。"基督教不完满,因为其中或者根本没有宗教人学,或者只有虚假的人学。"①在他看来,天主教的人学是虚假的,东正教里根本没有人学。这里的问题是,人的本质始终遭到

---

① Бердяев Н. А. Философия свободы .//Философия свободы. Смысл творчества. Москва:Правда. 1989. С. 178.

贬低,没有获得神化。即使是在《圣经·新约》里,人的本质也没有获得充分揭示。

  新约宗教的整个历史悲剧在于,人与神的新约,爱和自由之约还不是人类与神的聚和性结合。基督敞开了通向人类解放之路,但是,在新约的历史范围内,人类解放无法实现,它要求三位一体的终结辩证法。如果旧约弥赛亚先知意识导致了新约,那么,新约弥赛亚先知意识将导致第三约。作为人类与神的完善结合,神人类只能作为圣灵向历史和文化之路渗透的结果才能出现。基督的训诫是个体的,在这些训诫的基础上不能建立宗教社会和宗教文化。神人类的宗教是圣三位一体的宗教,是三位一体辩证法的完成,根据这个辩证法,被造物自愿地返回到造物主那里。在圣三位一体宗教里揭示的肯定的宗教人学将是神的权利与人的权利的表达,在历史上,这两类权利是分离的。肯定的宗教人学将是对人和人类的神人性的揭示,对神与人新的接近的揭示。神职人员等级完成了伟大使命,最终将被新的宗教人学取代。①

在基督教的历史上始终有对第三约的期盼,对圣灵新启示的梦想。除了前面提到的佛罗里达的约阿希姆外,在18世纪,方济各会士也宣传三个时代的学说,即圣父的时代、圣子的时代和圣灵的时代。在大多数基督教异端里,都有对第三约的渴望。在19世纪德国思想里,也有对圣灵启示的期盼。比如巴德尔和谢林就教导过圣灵的新启示。但是,无论在11世纪,还是在19世纪,对第三约的期盼和渴望都是一种模糊的预感。关于第三约的时代,即圣灵的时代,只能猜测。

① Бердяев Н. А. Философия свободы. // Философия свободы. Смысл творчества. Москва:Правда. 1989. С. 180.

这是人的积极性的表达。"在圣灵里的第三个启示不会有圣书,不是来自上边的声音:它在人和人类里实现,这是人学启示,是对人的基督论的揭示。"①第三约是人的启示,是人学的启示(антропологическое откровение)。启示的神人特征在第三个启示里将获得最为充分的表达。不能等待神把新启示赐予给人,人自己应该参与这个启示。"不能等待第三个启示,生活在圣灵里的人自己应该完成它,依靠自己的自由创造行为来完成它。"②梅列日科夫斯基也渴望圣灵时代,别尔嘉耶夫指责他没有看到人的积极性,而是消极地理解这个新时代。在梅列日科夫斯基那里,第三个启示似乎是来自上边的声音,人只能被动地接受它。此外,罗赞诺夫和梅列日科夫斯基对"肉体"的神圣化引起了别尔嘉耶夫的"排斥和反感"③。在对新启示的内涵的理解上,他们之间的分歧非常明显。"新宗教意识的问题不是神圣肉体或神圣社会性的问题,如梅列日科夫斯基所想的那样,而首先是人的问题,宗教人学的问题。新宗教启示只能是人的启示和关于人是神的位格的启示。新启示只能是对人的创造的揭示。第三约就是人的创造之约。不能从上边等待第三约的启示,它不能是在雷鸣闪电中发出的神的声音,也不是神的俯就。第三约的启示是内在的启示,是神自己等待人的东西。只有在自己的深处,就自己的自由主动性来说,人才能揭示第三约,精神(圣灵)的约。"④这样,别尔嘉耶夫就把第三约的时代,人学的启示时代与人的创造联系在一起,与创造的时代联系在一起。第三约将是人的启示,人的创造的启示。

---

① Бердяев Н. А. Смысл творчества.//Философия свободы. Смысл творчества. Москва:Правда. 1989. С. 337.

② Бердяев Н. А Смысл творчества .//Философия свободы. Смысл творчества. Москва:Правда. 1989. С. 337.

③ Бердяев Н. А. Самопознание. Москва:Книга. 1991. С. 180.

④ Бердяев Н. А. Новое христианство(Д. С. Мережковский). Н. Бердяев о русской философии. Ч. 2. Свердловск: Изд-во Уральского университета, 1991. Сс. 511 –512.

　　我们站在世界宗教的创造时代的门槛上，站在宇宙过程的转折点上。但是，一切"文化"的创造至今还只是另外一个世界的真正创造的暗示、标志。在"文化"创造里体现的只是人类本质的悲剧现实，这个本质正在突破必然性的枷锁，但是，另外的存在还没有获得。多神教的血祭只是预告了通过基督在各各他牺牲所实现的真正普世的救赎，但是，救赎自身尚未获得，与此类似，人的努力创造了文化价值，但这些努力至今只是预告了真正的宗教创造时代，这个创造将实现另外一种存在。宗教的创造时代将是向另外一种存在的过渡，而不仅仅是向另外一种"文化"的过渡，不是向另外的"科学和艺术"过渡。宗教的创造时代是第三个启示，这是在旧约启示和新约启示之后的人学启示。古代世界走向了救赎，但是在基督出现之前，在古代世界里还没有救赎。同样，新世界走向创造，但是在其中还没有创造，在宇宙人学的转变之前，在人类自我意识里发生伟大的宗教革命之前，也不可能有创造。我们将看到，在法律与救赎时代的"文化"创造就是对"存在"创造的偷换，因为人的创造力量依然被压制着。①

　　在这里，别尔嘉耶夫把第三约与前两约联系在一起，它们之间有本质的不同，但也存在着内在的联系。他特别强调第三约与前两约之间的联系，反对割裂这个联系。他在梅列日科夫斯基那里发现了这种割裂。梅列日科夫斯基预感到第三约即将来临，他不接受历史的基督教和历史的教会，创立了自己的小教会，其成员之间以"我们"相称。他用自己的小教会与旧约和新约启示对立，与历史的教会对立。他只看到历史教会的外表，没有发现其背后隐藏的真正永恒的东西，比如神秘的圣礼。但是，"圣礼是不能创造出来的，不能发明圣礼。这不可

---

　　① Бердяев Н. А Смысл творчества. //Философия свободы. Смысл творчества. Москва：Правда. 1989. Сс. 333－334.

能是我们人类的事业。只能更加深刻地认识永恒的圣礼,更加神秘地接近它们。梅列日科夫斯基总是处在某种双重的圣礼游戏的边缘。在他身上有很多东西会给人这样的印象:他几乎就要从自己的手里接过圣餐了。他似乎不在应该的地方去认识宗教创造的任务。因此,第三约在他那里与第二约发生竞争,不成全第三约,而是取而代之"①。无论如何,别尔嘉耶夫承认教会圣礼的神秘意义,他从没有尝试建立自己的宗教。他批判历史的基督教,批判历史的教会,用自己的"创造的宗教"与传统基督教对抗,但他也承认历史基督教的肯定意义,从来没有尝试彻底取消和否定历史的基督教。他认为,神的启示也发生在其他宗教里,甚至发生在哲学思想里。因此,别尔嘉耶夫所期盼的第三约是对第一约和第二约的完善和成全,因为它们都是不完满的,但不是对它们的取代。成全和完善的途径就是通过人的积极创造。新启示时代的到来不能没有人的参与。在他看来,人类社会目前正处在过渡阶段,向一个新的时代过渡,这个时代就是人的启示时代,是创造的时代。

　　世界经历神启的三个时代:律法(圣父)的启示,救赎(圣子)的启示和创造(圣灵)的启示。与这三个时代相应的是天上的不同标志。我们无法知道这些时代之间严格的时间界限。所有三个时代是共存的。律法目前尚未彻底消失,对罪的救赎也没有完成,尽管世界正在进入新的宗教时代。在律法时代,世界就感觉到了新的宗教时代:不但是旧约的先知意识,而且多神教里的世界灵魂的战栗都在等待救世主基督的出现。……基督出现后,在世界上揭示了人的神子的名分和类神性,他对神的本质的参与。但是,绝对的人并没有在救世主基督的出现里彻底地获得揭示。人的创造能力

---

① Бердяев Н. А. Новое христианство(Д. С. Мережковский). Н. Бердяев о русской философии. Ч. 2. Свердловск: Изд-во Уральского университета, 1991. С. 503.

面向未来的基督,面向他在荣耀里的出现。人的创造启示将继续和完成作为绝对的人的基督的启示。创造时代的人学启示是彻底的人的和彻底的神的启示:人的东西在其中将被深化至神的东西,神的东西将呈现为人的东西。启示的神人本质应该彻底呈现出来,这个本质只能在人自己的启示的创造行为里获得揭示。我们时代的全部意义就在于,它在向人的启示过渡。①

把新宗教意识的内容理解为第三约的启示,即圣灵的启示,这几乎是所有新宗教运动代表们都认可的。但是,具体地把第三约理解为关于人的启示,理解为宗教人学,这是别尔嘉耶夫对新宗教意识的理解的最独到的地方。在他看来,旧宗教意识,即历史的基督教及其神学始终没有自己的人学。别尔嘉耶夫在这里把灵与肉的问题变成人的精神问题。在俄文里,精神(дух)与灵(дух)是一个词。这个转变把他与罗赞诺夫以及梅列日科夫斯基等新宗教意识代表彻底区别开了。"神的三位一体的辩证法要求三位一体启示的诸时代,即导致允许第三个启示的可能性和必要性。但是,这意味着在三位一体的范围内理解前两个时代,即在作为最后一个启示的精神启示的范围内。只有在精神里才能实现和完成上帝和神人类的启示。这是自由的启示,爱的启示,创造的启示,神的造物的启示。"②这里的精神(Дух)是大写的。在别尔嘉耶夫的理解中,精神与圣灵不是一码事,尽管它们之间的关系非常密切。在对圣灵时代、第三约和第三个启示的理解中,别尔嘉耶夫有自己的独到之处。除了前面提到的创造之外,他增加了一个精神的维度。③ 精神和圣灵是不同层次上的同一种实在,但它们毕竟在不

---

① Бердяев Н. А. Смысл творчества.//Философия свободы. Смысл творчества. Москва:Правда. 1989. Сс. 519 – 520.

② 别尔嘉耶夫:《论人的使命》,张百春译,上海人民出版社 2007 年版,第335 页。

③ 关于别尔嘉耶夫的精神哲学,参见本书第二章第五节。

同的层面上。人是精神的存在物，人的精神来自圣灵，而不是人自己固有的。人身上的精神不是一下子就能获得彻底揭示，而是按照层次和阶段来显现的。精神在人身上的这个呈现过程就是启示的过程。前面提到，第三约是人的启示，人的创造的启示。在别尔嘉耶夫这里，圣灵的启示就是精神的启示，是精神在人身上的启示。他断定："实质上，除了精神启示外，不可能有任何另外的启示，也从来没有过。"①正是人身上的精神表明他的积极性。未来的第三个启示是精神的启示，这个启示发生在人身上，因为精神在人身上。"在人身上发生着准备精神时代的过程，这个时代将是对基督教的补充和实现。……真正的、完结的启示，没有被自然和社会的决定论给损害和歪曲的启示，是在精神和真理之中的启示，在这个启示里将实现人与神的联系，将出现神人类。"②

别尔嘉耶夫的新基督教意识面向未来，他渴望第三约，渴望圣灵的启示。但他不是被动地等待第三个启示，而是在创造中准备圣灵时代的到来。传统的基督教意识，教会意识没有给出关于圣灵的明确说法，这给宗教哲学家们提供了哲学创造、想象和猜测的空间。别尔嘉耶夫积极猜测第三个启示的内容，这是他所理解的新宗教意识和新基督教意识的主要任务。他把自己的全部哲学都纳入到这个猜测之中，他的神人类理论，创造、自由、个性、精神、客体化等观念以及他的末世论情怀都与对第三个启示的内容的猜测有关，这就是他的宗教哲学的基本内容。可以说，别尔嘉耶夫的宗教哲学起源于新宗教意识的探索。

---

① Бердяев Н. А. Истина и откровение. Прелогомены к критике Откровения. Санкт-Петербург：Издательство Русского Христианского гуманитарного иститута. 1996. С. 146.

② Бердяев Н. А. Истина и откровение. Прелогомены к критике Откровения. Санкт-Петербург：Издательство Русского Христианского гуманитарного иститута. 1996. С. 153.

第三节 人与神

一、人正论

人正论（антроподицея）不属于基督教神学的内容。在基督教神学里有人的拯救和救赎的思想，有对神的证明的思想，即神正论（теодицея），但没有人正论。人正论，即为人证明和辩护主要是 20 世纪初流行于俄罗斯宗教哲学里的一个学说，它接近于宗教人学或哲学人学。对人的生命意义的探讨也与人正论有关。别尔嘉耶夫在早期哲学创作里就把人正论放在了首要位置。他为自己生活的"狂飙突进"时期的作品《创造的意义》所加的副标题是"为人的辩护的尝试"。他在该书前言里说道："关于对神的证明，即神正论，人们写了很多。但是，该到写对人的证明，即写人正论的时候了。"[①] 当时，别尔嘉耶夫正处在积极探讨新宗教意识的莫斯科阶段，与历史基督教的对抗依然是其重要的主题。明确提出为人辩护、为人证明，这是别尔嘉耶夫对历史基督教批判的一个方面。新宗教意识的一个主要诉求就是为"肉体"、大地证明，为人类文化证明，最后就是为人证明。但是，在新宗教意识的代表中间，只有别尔嘉耶夫把为人的证明问题明确地提出来。如前所述，他所理解的新启示主要就是关于人的启示，是人自己的启示。

为什么现在需要对人进行辩护呢？因为人遭到了贬低，人被遗忘了。人的神圣地位遭到近代科学的威胁和打击。随着近代科学的兴起，人逐渐地丧失自己往日的地位。首先，哥白尼的日心说彻底打破了基督教世界一千多年来的一个重要观念，即人处在宇宙的中心。原

---

① Бердяев Н. А. Смысл творчества. //Философия свободы. Смысл творчества. Москва：Правда. 1989. С. 261.

来,地球只不过是宇宙中的一个普通星球而已,根本不是宇宙的中心,在这个意义上,地球上的人根本处在宇宙的中央。其次,达尔文进化论认为人甚至不是地球上的生命世界的中心,而只是诸多生命形式之一,是漫长的进化过程的一个结果。在此基础上形成一种自然主义的观点,即人根本不是自然界的中心,而是自然界的一小部分,是极其渺小的一个部分。人不是宇宙的中心,也不是宇宙的主宰,而是普通的自然存在物,而且还要为自己的生存而与其他存在物进行残酷的生存斗争。

然而,近代科学真的否定了基督教关于人的真理吗?别尔嘉耶夫认为,近代科学打破的只是幼稚的圣经科学(包括天文学、地质学和生物学),但没有触及基督教的任何主要真理,因为它们与幼稚的圣经科学没有关系。其实,人不仅仅是自然的存在物,也是超自然的存在物,精神的存在物。"人的无限精神觊觎绝对的、超自然的人类中心论,他意识到自己不是给定的封闭星球体系里的绝对中心,而是整个存在的中心,存在的所有层面的中心,所有诸多世界的中心。"①因此,日心说也好,进化论也好,都没有触及人在存在中的核心地位。但是,近代科学对基督教的威胁是个不争的事实,特别是对基督教关于人的一些基本观念构成威胁。那么,基督教是否有自己关于人的观念呢?在别尔嘉耶夫看来,这恰好是历史基督教的一个问题。历史基督教始终没有建立起自己的人学。别尔嘉耶夫新宗教意识的目的就是建立一种新的宗教人学,这是他对新启示内涵的理解。

教父学没有揭示出关于人的任何完整的真理。教父学的人学是非常弱的领域,而且片面强调人的堕落以及如何摆脱罪,救赎的意识充斥了全部教父学。但是,救赎根本不是基督教关于人的全部真理。普世大公会议也没有给出关于人的彻底和完满的启示,它们只揭示了

---

① Бердяев Н. А. Смысл творчества.//Философия свободы. Смысл творчества. Москва:Правда. 1989. С. 310.

关于基督的真理,即基督论。"在教父基督教里,在普世大公会议的基督教里,都不可能有真正的宗教人学。基督教的整个世界时代都处在罪的意识和基督救赎意识的标志之下,基督救赎被看做是摆脱罪的唯一途径。"①教父学的救赎论过分突出人的罪以及人的无力,强调基督在救赎问题上的决定性作用。只有很少数几位教父强调人的优越地位,比如尼斯的格里高利,但他们的人学思想没有占据统治地位。教父学人学里有个核心的学说或观念,即神化(теозис),即人可以成为神。但是,在这里,神化被理解为最大限度地削弱人的东西,以便为神腾出地方。在神化里,人已经不存在了。因此,为了达到最终的神化目的,就需要与人的一切欲望作斗争,最后与人自身斗争,彻底消灭人。完全被救赎意识所控制的教父学人学在整个中世纪一直占主导地位。如前所述,在中世纪,天主教世界的人学具有非基督教(罗马多神教)的来源,在东正教世界里,人学几乎缺乏,任何人的东西都遭到压制。别尔嘉耶夫认为,后来产生的,以路德和加尔文为代表的新教人学也贬低人。②

教父学没有充分揭示基督教的人学真理,人道主义人学的出现就是对教父人学局限性的回应。但是,人道主义表面上抬高人,实际上贬低人,因为它只强调人自身,甚至把人神化,但却不承认任何高于人的东西,不承认人拥有精神。因此,人道主义人学是自然主义的,其结果是把人归结为自然存在物,是自然界微不足道的部分,实际上,这已经不再是人。人道主义最终走向了自己的反面,即否定人。19世纪费尔巴哈的人学和实证主义的人学都否定人,否定人自身的价值。人道主义从此陷入危机。尼采是"近代史上的最伟大现象",他结束了这场危机。别尔嘉耶夫对尼采的评价非常高,认为《查拉图斯如是说》是在

① Бердяев Н. А. Смысл творчества.//Философия свободы. Смысл творчества. Москва:Правда. 1989. С. 316.

② Бердяев Н. А. Проблема человека.//Самопознание. Ленинград: Лениздат. 1991. С. 344.

没有神的恩赐帮助下,人所能写出来的最伟大作品。他认为尼采的"超人"观念是人道主义危机的终极产物。必须超越属于人的一切,人自身也应该被克服,必须过渡到超人。"在尼采身上,人道主义不是从上边被克服,而是从下边被克服,靠人自己的力量,这就是尼采的伟大功绩。尼采是新宗教人学的先驱。通过尼采,新的人类将从无神论人道主义过渡到有神论人道主义,过渡到基督教的人学。"[1]基督教的新人学启示从尼采这里开始了。在这方面,只有别尔嘉耶夫非常喜爱的俄罗斯作家陀思妥耶夫斯基可以与尼采并列。在陀思妥耶夫斯基的人学里有一种新东西,即人的问题自身的尖锐化。尼采和陀思妥耶夫斯基都使人的问题达到了极限,在他们那里都出现了"敌基督"。敌基督的出现是基督教意识必须经历的一个阶段,以便最终返回到真正的基督教意识。

但是,新的基督教人学毕竟没有建立起来,人依然遭到来自各方面的威胁。现在该为人辩护了。在别尔嘉耶夫看来,为人辩护和证明实际上是对基督教关于人的真理的揭示,而不是把非基督教关于人的观念加给基督教。

人是个双重的存在物,即他属于两个世界,"是两个世界的交叉点"。[2] 简单地说,这两个世界就是此岸世界和彼岸世界。人对此有清醒的意识,人的意识自身的分裂性就与此有关。人能够同时意识到自己的伟大和渺小,自己的自由与奴役。人属于自然界,但人也有超自然的本质。帕斯卡尔已经发现,在基督教意识里,人既是最高级的存在物,也是最卑微的存在物。因此,人的本质为贬低人和抬高人都提供了依据。与自然主义对人的贬低不同,基督教实际上无限地抬高了人,在这一点上,它与人道主义对人的抬高有本质区别。根据基督

---

[1]　Бердяев Н. А. Смысл творчества. // Философия свободы. Смысл творчества. Москва: Правда. 1989. C. 323.

[2]　Бердяев Н. А. Смысл творчества. // Философия свободы. Смысл творчества. Москва: Правда. 1989. C. 296.

教的意识,人处在其中的自然界绝不是终极的世界,因为人自身是这个世界无法彻底解释的,对这个世界而言,人是个秘密,是个谜。"人不但来自此世,而且也来自彼世,不但来自必然性,而且也来自自由,不但来自自然界,而且也来自神。……就自己的本质而言,人已经是自然界中的断裂,不可能被自然界所包容。"①而且,只有人是通向彼世(另外一个世界)的窗口,因为他是这两个世界的交叉点。

历史基督教过分强调人的堕落、软弱,强调人的本质上的罪性,因此贬低了人的尊严。新宗教意识代表们都在尝试恢复人的尊严。不过,别尔嘉耶夫认为,在基督教世界里,也有一些"非主流"思想家,主要是神秘主义者和通灵术士们,不但没有贬低人的尊严,而且对人的认识是非常深刻的。在神秘主义里,人从受自然界压抑的状态下摆脱出来。在通灵论学说里,人和宇宙的关系以及人的宇宙性都获得了揭示。别尔嘉耶夫在喀巴拉(Каббала)的学说,伯麦、巴德尔等人的学说里获得灵感,坚信关于人的自然主义学说是错误的,因为人不是自然界的一部分,不是宇宙的一部分,人是不可分割的整体,他和宇宙是可以对比的。"人是小宇宙,是微观宇宙——这就是对人的认识方面的基本真理,是决定认识的可能性自身的真理。宇宙可以进入人里,被人同化,被人认识和了解,只是因为在人身上有宇宙的全部组成,宇宙的所有力量和质,人不是宇宙被分割了的部分,而是整个小的宇宙。……在人身上可以揭示出绝对的存在,在人之外只有相对的存在。"②因此,对存在的认识,最终就是对人的认识。存在的秘密在人身上。通过对人的认识,可以获得对整个存在的认识,整个宇宙的认识。在作为小宇宙或微观宇宙的人身上反映着整个存在和整个宇宙。存在与完整的人是一致的。这就决定了哲学只能是人学。于是,在别

---

① Бердяев Н. А. Смысл творчества.//Философия свободы. Смысл творчества. Москва:Правда. 1989. С. 297.

② Бердяев Н. А. Смысл творчества.//Философия свободы. Смысл творчества. Москва:Правда. 1989. С. 295.

尔嘉耶夫这里,被理性主义哲学丧失了的人重新返回到哲学,人成为哲学的唯一对象。

　　基督教还有一个关于人的基本观念,即人是按照神的形象和样式被造的。这个观念在东方教父神学里获得一定发展,比如,尼斯的圣格里高利就特别强调人身上的神的形象和样式。但是在西方天主教里,这个观念不发达,在那里占主导地位的是关于人的罪和恩赐的学说,主要是奥古斯丁的学说,他对天主教和新教的人学同样都有很大影响。然而,"从关于人身上神的形象的学说里从来也没有做出最终的结论。人们曾经尝试在人身上揭示神的形象和样式的特征。人们在理性里揭示这些特征,这是遵循希腊哲学,也曾在自由里揭示这些特征,这更多地是与基督教相关,一般地则是在人的精神性里揭示这些特征。但是,人们从来也没有在人的创造本质里,在人与造物主的类似中揭示神的形象"①。人是由神创造的,神是创造者,人是被造物。但是,人是特殊的被造物,因为他是按照神的形象和样式被造的,这就是人的尊严。"人是上帝创造的,而且是按照上帝的形象和样式造的,因此人也是创造者,其使命就是创造。"②造物主和人都是创造者,造物主的创造和人的创造之间有本质的区别,但人的最重要的尊严就是他的创造者的形象。此外,能够证明人的最高尊严的另外一个"事实"就是神化身为人,而没有化身为天使或其他动物。基督是完全的神和完全的人,人与神在基督身上达到了完美结合,人的本性因此而被提高到神的高度。

　　　　只有借助于绝对的人——神的儿子在世界上的显现,借
　　助于神的化身才能恢复人的尊严。人不但高于自然界里的
　　所有等级,他还高于天使。因为天使只是神的荣耀的外围。

---

　　① Бердяев Н. А. Проблема человека. //Самопознание. Ленинград: Лениздат. 1991. С. 349.

　　② 别尔嘉耶夫:《论人的使命》,张百春译,上海人民出版社2007年版,第132页。

天使的本质是静态的,人是动态的。神的儿子化身为人,而没有化身为天使,因此人的使命是在世界上发挥统治和创造的作用,延续创世。人是按照神的形象和样式被造的;兽是按照天使的形象和样式被造的。因此,在世界上才有动态 - 创造的神人等级和非创造的、静态的天使 - 兽的等级。①

正是在创造里,人才能揭示出自己身上所包含的神的形象和样式。但是,在基督教历史上,人的这个最高尊严始终受到压制,没有获得充分表达。在教会里,获得表达的是天使的等级,而不是人的等级。总之,基督教意识始终没有揭示人的创造本质,甚至没有提出这个问题。

人是创造者,是类似于造物主 - 神的创造者,在教父和教会教师的意识里关于这一点没有揭示出任何东西。基督教意识至今依然是教父的意识。教父意识没有在人身上看到微观宇宙,因为它没有面对宏观宇宙。教父和教会教师们甚至没有提出人在世界上肯定的、创造的使命这个问题。②

人正论主要是宗教哲学的问题。但是,不能把人正论完全孤立出来,因为它与神正论是相关的。尽管通常认为,神正论是纯粹的神学问题,但是宗教哲学家们并没有把为神证明和辩护的任务完全交给神学家。而且,宗教哲学家们为神所作的证明和辩护有自己的优势,甚至更有力。别尔嘉耶夫的神正论就是如此。

二、神正论

神正论(теодицея)这个词由德国哲学家莱布尼茨最先使用,他有

---

① Бердяев Н. А. Смысл творчества. //Философия свободы. Смысл творчества. Москва:Правда. 1989. С. 308.

② Бердяев Н. А. Смысл творчества. //Философия свободы. Смысл творчества. Москва:Правда. 1989. С. 317.

一部同名著作《神正论》(1710 年)。神正论就是为神证明,证明神是公义的。在这个意义上,神正论问题古已有之。但是,只有在基督教里,为神证明的问题才被严肃地提出来,成为护教学中的一个部分。在早期基督教神学里,神正论问题与来自各方面对基督教的攻击有关,特别是与世界上存在的恶与痛苦有关。奥古斯丁对神正论问题的解决具有标志性意义。神正论是个永远也无法获得彻底解决的问题,每个时代都按照新的方式被提出,不断出现新的解决方案。"神正论问题存在于整个俄罗斯思想里,它控制着俄罗斯人的灵魂,这个问题甚至可以在俄罗斯无政府主义和俄罗斯社会主义那里找到。"[1]尤其到了 20 世纪初,俄罗斯哲学思想特别关注神正论问题,因为当时文化界的一部分知识分子返回宗教信仰,为宗教信仰辩护,这里必然涉及为神辩护的问题。在俄罗斯思想里,神正论问题与俄罗斯哲学的道德倾向密切相关。

别尔嘉耶夫从人正论(《创造的意义:为人辩护的尝试》)开始自己的宗教哲学之路,尽管他自己总是回避神学,不愿意称自己为神学家,但是,他一生都在思考一个完全属于基督教神学的问题,即神正论。即使他在为人辩护的时候,也没有忘记为神辩护。他认为,"也许,人正论是通向神正论的唯一道路,唯一一条没有被经历的和不能穷尽的道路"[2]。神正论也是别尔嘉耶夫宗教思想的一个重要主题,但他没有像传统神学家们那样提出和解决这个问题,他首先做的事情是批判人们关于神的错误观念。他认为,无神论就是由人们关于神的错误观念导致的。无神论是对神正论的巨大挑战。因此,必须净化人关于神的观念。"最终,这是关于神的问题,所有问题中的问题。用陀思妥耶夫斯基的说法,神折磨我一生。我得出一个结论,无神论是有

① 别尔嘉耶夫:《末世论形而上学》,张百春译,中国城市出版社 2003 年版,第 36 页。
② Бердяев Н. А. Смысл творчества.//Философия свободы. Смысл творчества. Москва:Правда. 1989. C. 261.

益的,可能具有净化的意义,当然这里指的不是轻浮或恶毒的无神论,而是指严肃而深刻的无神论。必须彻底净化人类关于神的观念,它们导致无神论。"①在别尔嘉耶夫看来,"神正论只是对上帝的保护,使之不受人关于上帝的概念的歪曲,不遭受加给他的诽谤"②。这样,就得在神与人关于神的概念之间的区分。人们关于神的很多观念都是对神的歪曲。在人的宗教观念里,在人对神的理解上,在人关于神的观念里,对神的歪曲主要表现为类自然观(природоморфизм)、类宇宙观(космоморфизм)、类人观(антропоморфизм)和类社会观(социоморфизм)。这些观念就是把理解自然界、宇宙、人类和社会时所使用的范畴加给神,就像理解自然界、宇宙、人类和社会那样理解神,把神当做类似的客体来理解。这些观念在现代基督教意识里依然存在,在把现代人引向无神论的过程中,这些观念有不可推卸的责任,因此必须清理对神的理解中的这些错误观念,净化神的观念。

类自然观和类宇宙观是自然主义的一种形态,它们把神理解为外部自然界的力量,把自然界里的范畴用于神,比如力量、因果关系等范畴。"把神理解为力量、威力,决定论的因果性,这是从自然界的生命里拿来的,这就是类宇宙观。"③即使是把神理解为"超自然的"力量,这也是类似于自然界的力量。超自然的力量引起人们的恐惧,如同惧怕自然界的力量一样。为了克服这种力量的报复,必须向神献祭。本来,基督教的出现已经克服了这种自然主义的神观,但是,人们对基督教的理解,对神的理解依然受类自然观和类宇宙观的限制。例如,在基督教历史上曾经出现过许多证明神存在的尝试,它们都具有类自然的特征,类宇宙的特征,都带有明显的自然主义痕迹。在别尔嘉耶夫

---

① Бердяев Н. А. Самопознание. Москва:Книга. 1991. С. 345.

② 别尔嘉耶夫:《论人的使命》,张百春译,上海人民出版社 2007 年版,第 48 页。

③ Бердяев Н. А. Истина и откровение. Прелогомены к критике Откровения. Санкт-Петербург:Издательство Русского Христианского гуманитарного иституа. 1996. С. 54.

看来,这类证明只能是"抽象思维的游戏"①。既不能在本体论上证明神的存在,也不能在本体论上否定神的存在。"关于神存在的所有证明最终都具有自然主义特征,都把神理解为与自然界实在一样的对象实在。所有反对神存在的那些证明也都是自然主义的,都是幼稚实在论的。幼稚实在论就是把自然界实在的特点搬到精神世界和神的世界的实在上来。"②在这一点上,别尔嘉耶夫完全同意康德对本体论证明的批判。在他看来,无论在本体论上证明神存在,还是反对神存在,都是对神的不正确理解。神不是世界的原因,也不是类似于自然界盲目的自然力量。其实,"神是生命,他只在精神生命里被启示。因此,神的生命的秘密只能用精神体验的内在语言,用生命和生命之路的语言来表达,而不能用客观自然界的语言和理性的语言来表达"③。

在神的观念中的类人观把人的特点加给神。费尔巴哈断定,人是按照自己的形象和样式造了神。在这个说法里包含一定的真理成分。人的确按照自己的形象和样式想象神,把自己的一些性格特征赋予神,其中包括在人身上也应该遭到指责的东西,比如愤怒、嫉妒、复仇心理等等。应该克服这种"愚蠢的、幼稚的类人观",因为它明显地贬低神。类人观在对神的理解中是常见的,甚至是无法根除的。在别尔嘉耶夫看来,有一种类人观是允许的。"存在真正的类人观,它来自人的中心地位,来自人与神的可比性。这个类人观应该与类神观结合,即成为神人的。"④这是对神的观念的人化、人道化和人性化。这里的人性是完整意义上的人性,是指对待人和生命的完整态度,而不是人性在此世的分散的表现。"应该悖论地说,加上人性的痕迹不是类人观的痕迹,而是类神观的痕迹。因为人性是神性的,人不是神性

① 别尔嘉耶夫:《论人的奴役与自由》,张百春译,中国城市出版社2002年版,第92页。
② Бердяев Н. А. Философия свободного духа. Москва:Республика. 1994. C. 27.
③ Бердяев Н. А. Философия свободного духа. Москва:Республика. 1994. C. 35.
④ 别尔嘉耶夫:《论人的使命》,张百春译,上海人民出版社2007年版,第415页。

的。"①就是说,完整的人性不在人身上,而在神那里表现出来。这是神的类人性。神的类人性是人的类神性的反面。别尔嘉耶夫经常重复这样一句话:"神是人性的,人是非人性的。"真正的类人观有助于摆脱"错误的、粗俗的类人观"。

在别尔嘉耶夫看来,最不能容忍的就是类社会观。"类社会观彻底地歪曲了关于神的观念,它反映了人在社会中的奴役地位。"②因此,必须彻底摆脱类社会观。他甚至认为,"净化基督教意识,使其摆脱类社会观是基督教哲学的重要任务"③。所谓的传统神学,即肯定神学就处在类社会观的统治之下。在这里,只适应社会领域的范畴被转移给了神,比如,主人与奴隶、统治、权力、全能者等等。在传统的基督教神学里,类社会观的痕迹非常明显。别尔嘉耶夫认为,在圣三位一体中,"作为造物主的圣父被类宇宙观和类社会观污染和歪曲得最严重"④。造物主创造了世界上的一切,包括人,因此似乎造物主就是世界的全能的主人和主宰者。人只能像奴隶一样地服从神。在传统的基督教神学里,"奴隶"是人的基本形象。与这个形象相关的是人必须谦卑,这是在主人面前的那种谦卑。神与人的关系就是主人与仆人的关系。然而,在别尔嘉耶夫看来,对神与人的关系的这个理解既贬低人,又亵渎神。实际上,神是自由,是爱。神与人的关系是秘密,不能对这个秘密进行理性化。因果关系范畴只适用于现象世界,但绝不能用于神以及神与世界和人的关系。神不是世界的原因,不是力量和威力,不是世界的主宰,不是主人和皇帝。神不决定此世的任何事情。其实,神与我们此世的任何东西都没有任何类似之处。"在一定意义

① 别尔嘉耶夫:《论人的使命》,张百春译,上海人民出版社 2007 年版,第 387 页。
② Бердяев Н. А. Истина и откровение. Прелогомены к критике Откровения. Санкт-Петербург:Издательство Русского Христианского гуманитарного иституба. 1996. С. 55.
③ Бердяев Н. А. Самопознание. Москва:Книга. 1991. С. 177.
④ Бердяев Н. А. Самопознание. Москва:Книга. 1991. С. 177.

上,神拥有的权力比一个警察、士兵或银行家所拥有的权力还小。"①
如果在神的观念中可以类比的话,那么只能与精神现象类比,但绝不
能与自然界、宇宙、人类、社会中的任何东西类比。在这个意义上,否
定神学拥有比肯定神学更大的真理性。

　　哲学家们按照自己的方式言说神,他们创造了许多抽象概念,这
些概念实际上就成了他们心目中的神。然而,"无神论实际上就是反
对作为抽象存在、抽象观念、抽象实质的上帝,在无神论里有自己的真
理。针对这样的上帝的神正论是不可能的"②。在所有的哲学概念
中,绝对最接近于神。许多哲学家干脆把神理解为绝对。作为哲学概
念,绝对与他者没有关系,也不需要他者,因为任何他者都是对绝对的
限制。这样理解的绝对是个抽象概念,是思维的产物,其中没有任何
生存的标志,没有任何生命的标志。"不能向绝对祷告,与绝对不可能
有戏剧性的相遇。"③把绝对理解为神,这是对神的静态理解,在这样
的神里没有任何心理生命,没有任何潜在的力量。作为绝对的神类似
于亚里士多德的纯行为,这个神推动了一切,但他自身不需要推动,即
所谓的第一推动者。在这样的神里没有运动,更没有激情和情感的生
命。这既不是《圣经·旧约》里的愤怒之神,也不是《圣经·新约》里
充满爱意的神。基督教的神不是绝对,与神相对的是人和世界。别尔
嘉耶夫明确坚持,神不是绝对,神也有自己的"心理学"。在一般的基
督教神学里,当然不会谈论神的"心理学",因为这种思考会被认为是
不虔敬的,是对神的不恭敬。人们害怕把悲剧性、动态性,"对自己所
喜爱的对象的思念","对人的诞生的思念","牺牲的自我奉献的愿
望"等等,这些情感赋予给神,但是却大胆地把愤怒和仇恨等情感赋予
给神(类人观)。人们也不愿意把运动赋予给神,似乎运动意味着不

① Бердяев Н. А. Истина и откровение. Прелогомены к критике Откровения. Санкт-Петербург: Издательство Русского Христианского гуманитарного института. 1996. С. 55.
② 别尔嘉耶夫:《论人的奴役与自由》,张百春译,中国城市出版社2002年版,第55页。
③ 别尔嘉耶夫:《论人的奴役与自由》,张百春译,中国城市出版社2002年版,第97页。

足,意味着缺乏。然而,"同样可以说,静止是不足,是缺乏存在的动态品质,缺乏生命的戏剧性。神的生命中的悲剧不是不完善的标志,而是神的生命、神的神秘剧完善的标志。基督教启示在牺牲之爱的意义上揭示上帝,然而,牺牲之爱根本不意味着神的生命的自足,而意味着需要走向他者"①。神需要他者,神创造他者(人和世界),并等待他者对自己的回应。因此,神与人的关系是双向的。一方面,人需要神,另一方面,神也需要人。这就是别尔嘉耶夫所谓的"神的心理学"。在俄罗斯宗教哲学里,索洛维约夫把神看做是"一切统一(всеединство)"。但是,和绝对一样,人也不能向一切统一祷告,不能和它相遇。在这个意义上,一切统一只不过是绝对观念的另外一种形式而已。人之所以无法向绝对和一切统一祷告,无法与它们交流,就是因为它们不是个性,而是普遍,是压制个性的普遍。这样理解的神当然是无人性的。因此,哲学家的神应该死去。哲学家所理解的神不死,真的神就无法出现。反对哲学家的神,并不是无神论的反抗,而是有神论的反抗。所以,别尔嘉耶夫区分两类无神论,一类是高尚的无神论,它反对哲学家的神,另一类是庸俗的无神论,它反抗真神,与真神斗争。高尚的无神论对人们关于神的观念具有净化的作用。

在传统的神学和形而上学里,存在过各类有关神的天意(Промысл Божий)的学说。根据这些学说,神似乎在世界上到处都在发挥自己的作用,神无处不在,他利用一切来行善,因此一切都是神的天意所注定的。然而,"在这个客体化世界里,神并不是到处都在起作用,他不是这个堕落世界的创造者,他不在瘟疫和霍乱、折磨世界的仇恨、杀人、战争和暴力、对自由的践踏和无知的黑暗中起作用,也不临在其中"②。如果此世发生的这些丑陋现象也是神的天意,如果神真的出现在此世的这些丑陋里,那么这样的神是不能信的。关于神的

①　别尔嘉耶夫:《论人的使命》,张百春译,上海人民出版社 2007 年版,第 33~34 页。
②　别尔嘉耶夫:《末世论形而上学》,张百春译,中国城市出版社 2003 年版,第 159 页。

天意的传统学说似乎在肯定神的万能，强调神的权力，让神统治我们的客体世界。但实际上，这还是对神的理解中的类社会观的遗迹，这样的神类似于此世的统治者。因此，这类神的天意的学说在道德上必然会导致无神论的出现。从道德角度说，无神论反抗如此残酷的神是有其合理之处的。按照别尔嘉耶夫的说法，可以在真、善、美、爱里找到神，但在丑陋的现象里是找不到神的。关于神的天意的传统学说构成了信仰神的主要障碍。

此外，救赎和堕落的观念也曾经受到类人观和类社会观的影响。关于救赎，有个非常流行的解释，即救赎就是送给神的赎金，以便平息神的愤怒。人与神的关系成了一场诉讼程序。如果这样的话，那么神不会反对世界上有痛苦，相反，神应该喜欢人遭遇痛苦，以便从人那里收到更多的赎金。别尔嘉耶夫甚至认为，"救赎就是唯一可能的神正论，是对神和神的造物的证明"[1]。但是，不能把救赎理解为"赎金"，不能按照人与人之间的关系来理解救赎，这样的理解既贬低人，也贬低神。因为救赎是秘密，这个秘密不能被理性化。关于堕落，有这样一种解释，即堕落似乎是因为人不顺从最高权力，不服从最高力量，即神的权力和力量。在这个解释里明显地渗透了类社会观。别尔嘉耶夫认为，这样的信仰依然还停留在原始阶段。然而，"可以把堕落理解为自由的丧失或者是对自由的体验"[2]。把堕落与自由联系起来，这个解释完全符合基督教神学传统。但是，别尔嘉耶夫所理解的自由与传统基督教神学中的理解不同，尽管他也从人的痛苦出发，把恶的根源追溯到自由那里。

传统的神正论毫无疑问是与恶和痛苦的问题相关的。神正论问题主要关涉到世界上的恶的问题。

　　无神论唯一严肃的原因与对世界的恶和痛苦的折磨人

---

① Бердяев Н. А. Философия свободного духа. Москва：Республика. 1994. С. 123.

② Бердяев Н. А. Самопознание. Москва：Книга. 1991. С. 178.

的体验相关,这才提出了对上帝进行证明的问题。世界上充满着恶和痛苦,这曾经使马西昂感到震惊,因为世界是由上帝创造的,而这个上帝是被赋予了全能和全善的。马西昂对这个问题的解决是错误的,但他的主题是永恒的,而且揭露他的那些人也根本没有解决这个主题。也许,再没有谁能像陀思妥耶夫斯基这样尖锐地提出作为神正论问题的痛苦问题,谁也没有像他这样有力地揭示这个问题的内在辩证法。①

别尔嘉耶夫对传统基督教神学的所有神正论解决方案都不满意,特别不满于那些利用人的意志自由来解释恶的问题的学说。在传统的基督教神学里,经常用自由来解释恶的起源。但是,这个解释最终导致的结果是,神创造世界和人的堕落以及世间的罪恶只不过是神与自己的一场游戏。神按照自己的形象和样式造人之后,把自由赋予人。但是,人滥用了这个自由,犯了原罪。原罪是世界上的所有罪恶的根源,也是痛苦的根源。因此,自由成了人犯罪的根源。但是,自由不是人自己固有的,而是神赋予他的。原来,人最终还是被神决定的。神把自由赋予人,神是全知的,他显然知道人会滥用自由,能够遇见到自由所带来的后果,即世界上的恶与痛苦,最终是人的死亡。就是这种情况下,神竟然还是创造了世界,创造了人。由此可以做出结论:神在知道后果的情况下,还是把自由赋予人。自由导致人犯罪,犯罪是世界上的恶与痛苦的根源。在这个过程中,唯一的真正主角就是神,人只是配角。这简直是一场"恶作剧"。如果把这个逻辑发挥到底,那么必然会得出"预定论"来,就是加尔文所宣传的那种预定论。神在永恒里就预先决定让一些人获得拯救,让另外一些人遭受永恒的痛苦和死亡。然而,这并没有解释恶的问题,没有让神摆脱对世界上的恶的责任。别尔嘉耶夫认为,只要世界上有恶存在,只要对世界上的恶不

---

① 别尔嘉耶夫:《论人的奴役与自由》,张百春译,中国城市出版社2002年版,第99页。

作出合理的解释,那么从道德角度对神的任何反抗都是合理的。比如,陀思妥耶夫斯基的小说《卡拉马佐夫兄弟》里的主人公伊万自称不否定神的存在,他接受神,但拒不接受神的世界,哪怕这个世界是和谐的世界,是永恒的秩序,只要其中还有不公正的痛苦,哪怕是一个存在物的痛苦,只要其中还有痛苦的小孩的一滴眼泪。这就是伊万的"小孩的一滴眼泪"的说法。从道德角度看,对神的世界的这个反抗是合理的,其极端表现就是:整个世界,和谐的世界也抵不上哪怕是小孩的一滴眼泪。因此,伊万决定把世界和谐的入场券退还给神,这个举动在道德上是高尚的。神明知道他所造的世界上有眼泪,充满痛苦,但他还是创造了这个世界。在这个世界上,坏人享受幸福,好人遭遇太多的痛苦。那么,神不应该为此负责吗?这就是神正论的根本问题。传统的神正论因此陷入僵局。

> 解决恶的问题,使恶与神正论的可能性一致起来的一个企图就在于承认恶只是在部分里存在,在整体里存在的只是善。圣奥古斯丁和莱布尼兹就是这样想的,甚至大部分神正论最终都是这样以为的,因为它们假定,上帝利用恶是为了善的目的。但是,这种类型的学说的基础是对每个个性的绝对意义的否定。这样的学说是古希腊罗马的道德所特有的,而不是基督教道德所特有的。这意味着美学观点相对伦理学观点占据了优势。①

为了摆脱传统的神正论陷入其中的僵局,别尔嘉耶夫从德国神秘主义,特别是伯麦的"深渊"学说里获得启发,提出了"非被造的自由"的概念。神创造了世界和世界上的一切,包括人。但是,有一种东西不是神创造的,那是一种根于深渊、虚无里的自由。神对他所造的一切都可以控制,但无法控制不是他所造的自由。人身上就包含有这种

---

① 别尔嘉耶夫:《论人的使命》,张百春译,上海人民出版社 2007 年版,第 361 页。

"非被造的自由",它就是世界上的恶和痛苦的根源。有了"非被造的自由",神对世界上的任何恶和痛苦都没有任何责任。①

假定"非被造的自由"的确可以让神摆脱对世界上的恶与痛苦的责任,为神的这个辩护和证明是非常有力的。但是,在神之外假定神无法控制的"非被造的自由",毫无疑问,这是对神的限制,对神的全能的限制。别尔嘉耶夫的这个观念引起了正统神学界的震惊和愤怒。不过,他在谈到自己的神正论时声明说:"我关于神正论的思考不是神学的,而是哲学的,或者说是宗教哲学的思考。"②他再次借助于哲学和宗教哲学来摆脱自己在涉及神学问题时所遭遇的困境。此外,别尔嘉耶夫的神正论有明显的道德动机。他说:"假如有一个拥有生存中心的存在物还没有为了永恒的生命而复活,那么世界就是不成功的,神正论也是不可能的。在这些条件下,我的个性永生不但是有缺损的,而且实质上也是不可能的。我依赖于世界和我的近人的命运,我的近人和世界的命运也依赖于我。"③这个道德动机非常接近于陀思妥耶夫斯基笔下的伊万·卡拉马佐夫关于小孩子眼泪的道德动机。伊万说,只要还有一个受苦的小孩子的眼泪没有获得补偿,他就不接受神所造的世界,把世界和谐的入场券退还给神。这就是为神及其所造世界的证明问题。因此,别尔嘉耶夫说:"神正论问题始终是我的宗教兴趣的中心。在这一点上我是陀思妥耶夫斯基之子。"④

三、神人论

人正论为人辩护,神正论为神辩护。在别尔嘉耶夫看来,人正论问题是神正论问题的反面,这两个问题一起又引出另外一个问题,即神与人的关系问题,这几乎是所有宗教的核心问题,基督教也不例外,

---

① 关于别尔嘉耶夫的自由观,参见本书第二章第一节。

② Бердяев Н. А. Из размышлений о теодицее.//Путь. №7. Апрель 1927 г. С. 52.

③ 别尔嘉耶夫:《论人的使命》,张百春译,上海人民出版社 2007 年版,第 414 页。

④ Бердяев Н. А. Самопознание. Москва:Книга. 1991. С. 176.

而且在基督教里,神与人的关系问题的解决是独特的。

　　神的观念的人化过程在基督教启示里结束,在神人的出
现里结束,在神人类宗教里结束。假如从神出发,就不能建
立神正论,假如从人出发,也不能建立神正论。无论从神的
抽象观念出发,还是从人的抽象观念出发,都无法理解世界
的意义。如果把神和人隔离和分裂开来,那么一切都将陷入
黑暗,引起恐惧。只有在神的本质与人的本质的结合里才能
揭示世界的意义,光才能照耀生活。神学思考不能从神开
始,也不能从人开始,而应该从神人开始,只有从神人出发才
能建立神正论。如果没有神人,那么神的彻底人化就不可
能,人的彻底神化也不可能。因为确实,神正论和人正论是
同一个东西的两个方面。基督神人就是唯一可能的神正论
和人正论。①

在基督教里,神通过自我贬损,化身为人("道成肉身")。化身的
神就是基督,耶稣基督具有百分之百神性和百分之百人性,通常称为
神人(богочеловек),有时并称神人基督或基督－神人。与基督相对
的是敌基督(антихрист),假基督(лжихрист),也被称为人神
(человекобог)。《圣经·福音书》是关于基督的福音,但在其中也有
关于敌基督的论述。② 神人和人神主要是俄罗斯宗教哲学里的术语,
由此演化出两个相应的词,神人类(богочеловечество)和人神类
(человекобожество)。与此相关的还有一个词是神人性
(богочеловечность),这也是别尔嘉耶夫经常使用的一个词。正统的
基督教神学除了耶稣基督和敌基督以及假基督这些圣经里出现过的
术语外,对神人、人神、神人类、人神类、神性、人性、神人性等术语非常

---

① Бердяев Н. А. Из размышлений о теодицее.//Путь. №7. Апрель 1927 г. С. 54.
② 《圣经·约翰一书》2:18,22,4:3;《圣经·约翰二书》1:7。

谨慎,很少使用。相反,在俄罗斯宗教哲学里,所有这些术语都被大量使用,这里也体现了宗教哲学与正统基督教神学的不同。尽管都讨论同样的问题,但宗教哲学比基督教神学的自由度更大些。应该指出,正统基督教神学不敢使用的这些术语大大地丰富了基督教的宗教思想,这也是以别尔嘉耶夫为代表的俄罗斯宗教哲学对基督教宗教思想的重要贡献。

在上述这些术语中,最主要的当然是神人,即耶稣基督。其他几个术语都与神人相关。神人是神"道成肉身"的结果,这个过程被称为神的人化、神的化身,这是从神到人的过程。"道成肉身"是基督教思想最实质的观念,佛教、伊斯兰教等宗教没有这个观念。与"道成肉身"相反的过程就是"肉身成道",即人成为神,这是从人到神的过程。教父学里有个术语是神化(теозис, обожение),就是成为神的意思,即原则上说,人可以成为神,达到神化,人生的终极目的就是成为神。具体地说,所谓的成为神就是与神结合,这是一种神秘的宗教体验,很难获得经验上的证实。不过,在神化问题上,基督教内部三派没有一致的意见。西方基督教(天主教和新教)倾向于认为人在本质上可以达到神化,即与神结合,成为神。但东正教神秘主义则倾向于认为人只在能(энергия)里与神结合,达到神化,但人在本质上无法与神结合,无论人是否拥有本质。当然,无论西方基督教,还是东正教,都认为人达到神化的前提是信仰,对神人耶稣基督的信仰。在东正教禁欲主义传统里甚至制定出专门的修行方法,修行者相信借助于这些手段可以达到神化的目的。至于达到神化状态的人是什么样,在东正教神学传统思想里没有明确的说法,也许这是人类语言无法描绘的状态。那么,是否可以把神化的人称为人神呢? 至少我们在教父学里,在传统的东正教神学里没有发现人神这个术语。根据别尔嘉耶夫的考证,人神这个术语是陀思妥耶夫斯基最先揭示出来的。"陀思妥耶夫斯基所展开的辩证法以神人与人神、基督与敌基督的对立为基础。人的命运在神人与人神的、基督与敌基督的极化原则的冲突中展开。对人神观念的揭示是陀思妥耶夫斯基的贡献。"①具体而言,陀思妥耶夫斯基通过《群魔》里的主人公基里洛夫的形象揭示了人神的观念。在《群魔》里有一段斯塔夫罗金和基里洛夫的对话,其中基里洛夫表白自己信仰的是另外一个神,即人神。

> 基里洛夫:"谁若是教导人们说人人都好,他就会消灭这世界。"
> 斯塔夫罗金:"教导过人们的那个人被钉在十字架上了。"
> 基里洛夫:"他会来的,他的名字将是人神。"
> 斯塔夫罗金:"是神人吧?"
> 基里洛夫:"是人神,区别就在这儿。"②

基里洛夫选择自杀是为了成为神。他的逻辑是:"如果神存在,那么一切意志都是他的意志,我也不能违背他的意志。要是他并不存在,那么一切意志都是我的意志,我也必须表达自己的意志。"③为了证明这个逻辑,基里洛夫选择自杀,因为他认为,杀别人是自我意志的最低表达,只有自杀才是人的自我意志的最高表达。他自称,他的神性标志(атрибут божества)就是自我意志(своеволие)。他通过自杀而实现自我意志,这是其自我意志的最高表达。按照基里洛夫的逻辑,他的自杀行为还证明神是不存在的。因此,他是不信神的。与基里洛夫的人神不同,教父学里神化或成神的观念的大前提是信神,而且神化的过程必须借助于神的恩赐的力量。但这一切在基里洛夫那里是没有的,在这里,成为神完全靠自己的力量,靠自己的意志表达,这是人神的重要标志。在一定意义上,陀思妥耶夫斯基笔下的宗教大

---

①　Бердяев Н. А. Миросозерцание Достоевского.∥Н. А. Бердяев о русской философии. В 2 частях. Ч. 1. Издательство Уральского университета. 1991. C. 132.
②　陀思妥耶夫斯基:《群魔》,南江译,人民文学出版社1993年版,第316~317页。
③　陀思妥耶夫斯基:《群魔》,南江译,人民文学出版社1993年版,第818页。

法官也是人神,大法官不相信神,不希望基督再来,完全靠自己的力量统治世界。

1925 年,索洛维约夫逝世 25 周年,别尔嘉耶夫发表纪念文章《索洛维约夫的神人类思想》,后来发表时改名为《索洛维约夫的主要思想》。别尔嘉耶夫认为神人类观念是索洛维约夫"一生的核心观念"。索洛维约夫早期的一部著作就叫《神人类讲座》(1878 年在圣彼得堡的系列讲座)。神人类(богочеловечество)的观念在索洛维约夫那里包括神与人的关系以及未来人类的终极命运(精神的人类)。在《中世纪衰落的原因》一文里,索洛维约夫说:"我们的宗教同东方其他宗教,特别是穆斯林宗教的主要区别在于,作为神人类的宗教,基督教要求神的作用,同时还要求人的作用。从这方面说,实现神的国不仅取决于神,而且还取决于我们,因为很明显,人类在精神上的再生不可能离开人类自己,人类的再生不可能全靠外部事实。这是我们所担当的事业,是我们应该解决的任务。"①根据别尔嘉耶夫的总结,索洛维约夫的主要观念是对神人基督的信仰,对未来精神人类的信仰,即对神人类的信仰。

　　索洛维约夫相信人类是实在的存在物。他的宗教哲学最神秘的方面,他的索非亚学说就与此相关。对他来说,索非亚首先是理想的、完善的人类。人类是世界存在的中心。索非亚就是世界的灵魂。索非亚、世界灵魂、人类在本质上是双重性的:是神性的东西又是被造物。……人类根植于神的世界中。每一个个别人都根源于普遍的天人——亚当之中。索非亚的世界灵魂是自由的。它在世界之前,在时间之前就偏离了神,所以,它应该自由地向神回归。神是绝对的存在者。在基督里并通过基督而将要成为神人类的人类是

---

① Соловьев В. С. О причинах упадка средневекового миросозерцания.//Сочинения в 2-х томах. Т. 2. Москва:Правда. 1989. Сс. 344 – 345.

绝对地生成着的东西。基督的出现是新亚当的出现,是精神
上的新人的出现,是创造的新的一天,是人学和宇宙演化的
过程。索洛维约夫完全不同意对救赎的审判理解,这个理解
在官方天主教神学里发挥重要作用。在对救赎的理解上,他
更接近东方的教父学,而不是西方的教父学。在基督之前,
世界过程走向了神人的出现。在基督之后,世界过程将走向
神人类的出现。索洛维约夫把进化的原则引入对神人出现
的理解和对神人类出现的理解之中。一系列神的显现准备
了神人的出现。他把人的原则纳入到作为教会的圣母将产
生神化的人类。在索洛维约夫那里,神化身的观念总是高于
救赎的观念。他从来没有把基督教理解成完全是个人救赎
的宗教,他总是把基督教理解为世界的改变的宗教,社会的
宗教和宇宙的宗教。教会不仅是个别人拯救的神人类基础,
而且是拯救"整个世界"的神人类的事业。[①]

　　索洛维约夫不但相信神人基督的力量,而且也相信人和人性。在
人类走向神人类的过程中,人类自己必须发挥其应有的作用。别尔嘉
耶夫认为,神人类观念不但是索洛维约夫的核心观念,而且也是整个
俄罗斯思想的核心观念。在一定意义上,索洛维约夫的全部哲学都
"是历史哲学,是关于人类走向神人类,走向一切统一,走向神国的道
路的学说。……神人类的观念是由俄罗斯思想孕育的,西方天主教思
想和新教思想很难理解它,这个观念意味着对基督教的特殊理解"[②]。
因此,神人类的观念使俄罗斯思想和俄罗斯宗教哲学与西方传统区别

---

① Бердяев Н. А. Основная идея Вл. Соловьева.//Н. А. Бердяев о русской философии. В 2 частях. Ч. 2. Сврдловск:Издательство Уральского университета. 1991. Сс. 46 – 47.

② Бердяев Н. А. Русская идея. Основные проблемы русской мысли XIX века и начала XXвека//Бердяев А. Н. Русская идея. Судьба России. Москва:СВАРОГ и К. 1997. С. 149.

开了。不过,别尔嘉耶夫曾经指出,"在弗·索洛维约夫那里,神人类的学说具有过多的进化论-乐观主义特征,而且也没有完全摆脱黑格尔和谢林的影响"①。神人类观念是俄罗斯宗教哲学的核心观念。但是,在传统东正教神学里,这个观念没有获得足够重视和充分发展,更不用说天主教和新教思想了。对神人类观念的揭示是俄罗斯宗教哲学的任务。限于篇幅,关于布尔加科夫等俄罗斯宗教哲学家们的神人类观念这里不再涉及,下面简要阐述别尔嘉耶夫在神人类观念上的基本思想。在别尔嘉耶夫这里,神人类观念的主要内容包括神与人的关系、神性与人性的关系、神人性等问题。在这些问题上,他都给出了自己独特的阐释。

在神与人的关系问题上,别尔嘉耶夫深受德国神秘主义的影响,认为神与人之间存在着双向的运动关系。"宗教生活的原初现象是神与人的相遇和相互作用,是从神到人和从人到神的运动。这个事实在基督教里获得了最紧张、最集中和充分的表达。……基督教的主要神话是在神与人之间展开的爱和自由的戏剧,是神在人中的诞生和人在神中的诞生。基督神人的出现就是从神到人和从人到神这两个运动的彻底结合,是神在人中以及人在神中的最终诞生,是二位一体的秘密以及神人性秘密的实现。"②神与人之间的双向运动具体表现为两者之间的相互需求。人对神的需求和思念是可以理解的,因为这种需求是所有宗教的基础,是宗教生活和宗教体验的基础。在基督教里也是如此,为了回应人对他的思念,神下降到人的心灵里,这是"神诞生的过程",是从神到人的过程。但是,神是否也需要人,是否思念人呢?对理性神学而言,这是不可思议的。别尔嘉耶夫的宗教哲学在很大程度上就是针对传统的理性神学。因此,在他看来,还有另外一个过程,就是从人到神的过程,这个过程是为了回应神对人的需求和思念。

---

① 别尔嘉耶夫:《末世论形而上学》,张百春译,中国城市出版社 2003 年版,第 37 页。
② Бердяев Н. А. Философия свободного духа. Москва:Республика. 1994. С. 129.

在宗教体验里同样也呈现出神对人的思念,神希望人诞生,并反映神的形象。那些描绘过精神生命的神秘主义者曾经向我们讲述过神的这个思念。这个神秘剧在神秘主义那里展开,而不是在神学里展开。人的主要思想就是关于神的思想。神的主要思想就是关于人的思想。神是人的主题,人是神的主题。神思念自己的朋友,自己无限之爱的对象,等待对自己神圣召唤的回应。没有爱者和被爱者,无限的爱就不能存在。人在神里诞生就是对神的思念的回应。这是从人向神的运动。宗教生活的全部复杂性,神与人之间的相遇和交往,都与两个运动的存在相关,而不是一个运动,这就是从神向人的运动和从人向神的运动。假如宗教生活只建立在从神向人的一个运动基础上,只建立在神的意志和神的启示基础上,那么它就是简单的,世界生命的目的很容易就能达到,神的国很容易就能实现。那时就不会有世界悲剧了。但是,人在神里诞生,人对神的回应不可能仅仅是神的事业,这也是人的事业,是人的自由的事业。根据神是无限的爱这个本性,根据神关于被造物的意图,没有人,没有被造物自身的参与,神的国就无法实现。天上的独裁也是欺骗,这和在人间一样。神的国是神人类的国,在这个国里,神在人里彻底地诞生,人在神里彻底诞生,神的国在精神里实现。基督教的主要神话就与此相关,这个神话在最高的意义上是现实主义神话,它表达了存在的最原初基础,生命的最原初现象,生命的神秘剧。这就是关于二位一体的本质和二位一体的运动的神话,关于神人和神人类的神话。①

这样,别尔嘉耶夫否定了神不动的观点。在他看来,神是运动的,

---

① Бердяев Н. А. Философия свободного духа. Москва:Республика. 1994. С. 134.

在神里有运动的过程,神也有需求,即对自己所爱者的需求,神思念自己的他者,这个他者就是人。作为神的他者的人怎么回应神呢? 别尔嘉耶夫认为,只有通过自由的创造才能回应神。人对神的回应就是展示人自己的创造本质。神等待人在自由中的创造回应。神的创世行为并没有结束,人应该以自己的创造参与创世行为,即所谓的创世的第八天。作为造物主的形象和样式的人也应该成为创造者。创世的第八天就是人的创造时代,当然在人的创造里也有神的参与。

> 人的创造,对创世的继续不是任性和反抗,而是对神的服从,把自己精神的全部力量献给神。人对神的创造性的爱不但是等待神的拯救,向神祈求人的需要,而且人也把自己全部丰盈的力量,自己全部无限的自由献给神。如果人不能把自己的这个创造天赋献给神,不积极参与建立神国的事业,如果人是奴隶,如果他把塔兰都埋在地下,那么创世就是不成功的,神所构想的神人的完满生命就不能实现,神就会忧郁和痛苦,就会对自己的他者不满。人不能光想自己,自己的拯救,而且也要想到神,想到神的意图,即人在宗教生活里应该更加无私,更少贪婪,在更大程度上摆脱被折射到天上的幸福主义。如果人只想着自己,只想着人、人的需求、人的幸福、人的拯救,那么他就是在贬低人,贬低神关于人的理念,否定人的创造本质。当人想着神,神的需求,神对爱的渴望,神对人的等待时,那么他是在抬高人,实现人的理念,肯定人的创造本质。这就是神与人之间关系的悖论。人是神的理念。[1]

创造是别尔嘉耶夫宗教哲学的核心概念之一,他把创造看做是对人的证明,看做是人的使命。人的创造不仅仅是人的事业,也是神人

---

① Бердяев Н. А. Философия свободного духа. Москва:Республика. 1994. C. 143.

类的事业。

根据基督论教义,在基督耶稣身上,神性和人性,神的本质和人的本质完满地结合在一起,但又不相互混淆。正是在基督的身上,人性获得了无限的抬高,与神性结合在一起。这也是基督教拯救论的根据。根据别尔嘉耶夫的意见,在神人基督身上发生的两个本质的结合,即神的本质和人的本质的结合,也应该发生在人类社会里,发生在历史上,那时将出现神人的类,即神人类。"在耶稣基督 – 神人身上,在个体的个性里给定了神和人的两个本质的完善结合。这也应该在人类里,在人类社会里集体地发生。对索洛维约夫来说,教会的观念自身就与此相关。教会是神人类的有机体,教会的历史就是神人类的历史,因此才有教会的发展。应该发生神与人类的结合。这就是基督教人类所面临的任务……"①别尔嘉耶夫不但高度评价索洛维约夫的神人类观念,他自己也使用神人类这个术语。在《自我认识》里有这样一句话:"我只能接受和体验作为神人类宗教的基督教。对我来说,谈论神人类和神人性就意味着谈论我所皈依的那个宗教。"②在前一句话里,别尔嘉耶夫单独使用神人类一词,在后一句话里,他把神人类与神人性并列使用。在俄文里这两个词的意义非常接近,因此经常被混用。不过它们之间毕竟存在细微差别,特别是在别尔嘉耶夫那里,差别是很大的。他始终对神人类这个术语持保留态度。在晚年的一部著作里,他明确表达了自己对待神人类的态度。"神人类的主题是基督教的基本主题。我不喜欢说神人类,这是索洛维约夫最喜爱的说法。我喜欢说神人性。"③我们认为,这个表白是符合实际的,是有依据的。因为别尔嘉耶夫对俄罗斯宗教哲学里的这个重要的术语和观

① Бердяев Н. А. Русская идея. Основные проблемы русской мысли XIX века и начала XX века. //Бердяев Н. А. Русская идея. Судьба России. Москва:СВАРОГ и К. 1997. С. 150.

② Бердяев Н. А. Самопознание. Москва:Книга. 1991. С. 178.

③ 别尔嘉耶夫:《论人的使命》,张百春译,上海人民出版社 2007 年版,第 320 页。

念有自己独特的理解,他把神人性上升到一个原则的高度。① 这是其神人类观念中的独特之处。

别尔嘉耶夫认为,人性不是独立的,而是依赖于神性。离开神性的人性是不可思议的,正如离开人性的神性也是不可思议的一样。这就是神人性的秘密。他说:"当然,我的宗教哲学世界观可以解释为深化的人道主义,对神里的永恒人性的肯定。人性是圣三位一体第二个位格所固有的,这是教义的实在内核。人是形而上学的存在物。经验人的卑微无法动摇我的这个信念。尽管我曾经坚信,现在越来越坚信,人是很少人性的。我现在经常重复说:'神是人性的,人则是非人性的'。"②人性有其高尚的来源,神圣的来源,而且,最高的人性是神性的,否则,在神人基督身上也不可能发生人性和神性的结合。因此,可以说,最高的人性就是神人性的。当然,这在理性主义看来是矛盾的。别尔嘉耶夫一直强调,基督论的教义不能用理性概念来表达和理解。"不可能构造出关于基督的神人本质的任何概念。理性自然地总是倾向于基督一性论,只承认一个本质,它无法认识两个本质在统一的个性里结合的秘密。关于基督的神人本质,只有神话和象征才是可能的,但不是概念。这个神话和象征反映和表达的是真正生命的最深刻秘密。"③

作为一个原则,神人性涉及神与人的关系,神性与人性的关系,最终涉及基督身上的神性和人性的问题。基督教第四次卡尔西顿大公会议(451 年)的主要任务就是解决这个问题,大会制定了所谓的基督论教义,其核心内容是确定了神性与人性在基督身上的完整结合,这是两个不同本性的结合,它们互不混淆。这个决议直接针对"基督一

① 布尔加科夫把神人类观念上升到一个原则,但没有把神人性观念上升到一个原则。他创作了"论神人类"三部曲(《神的羔羊》,《训慰人》,《羔羊的未婚妻》)。不过,他更忠实于索洛维约夫的神人类观念。

② Бердяев Н. А. Самопознание. Москва:Книга. 1991. С. 216.

③ Бердяев Н. А Философия свободного духа. Москва:Республика. 1994. С. 62.

性论"异端。卡尔西顿决议就是别尔嘉耶夫的神人性观念的基础。他说:"基督教的秘密是神人性的秘密,两个本质相遇的秘密,它们结合在一起,但又互不混淆。人没有消失,他在神化,并且在永恒生命里继承自己的人性。我认为,这甚至是个非常正统的思想,但在正统的思想里并没有被充分揭示出来,经常被基督一性论倾向掩盖。我一直与所有形式的基督一性论斗争。"①在别尔嘉耶夫看来,卡尔西顿大公会议的决议自身是完全正确的,但是,基督教思想并没有从其中做出全部结论,更没有在此基础上建立新的基督教人学。这是别尔嘉耶夫很早就意识到的一个问题。此外,基督教的神是个性的神,即人格神。别尔嘉耶夫不但坚持这个论点,而且由此出发引出人的个性,在他看来,人的个性具有神圣的来源。人的个性与神的个性在基督身上完满地结合在一起,但没有混合。那么,在人的身上也应该发生同样的事情,即人的个性必须和神的个性结合,才能达到神化。但这个结合是自由的结合。这样,作为个性的人,他自由地追求神,最终通过创造而达到神化。在这个终极状态里,人成为神,但这将是神人,而不是人神。在人成为神人的道路上,很可能出现相反的结果,即成为人神,而不是神人。比如前面提到的基里洛夫,因为他滥用了自己的自由。因此,自由可能导致神人,但也可能导致人神。人神之路是死亡之路。"基里洛夫之路以死亡结束,并且没有复活。在人神之路上获得胜利的将是死亡。唯一不死的人神是神人。人希望站在神人的对立面,与他直接对立,同时也希望与他类似。陀思妥耶夫斯基在基里洛夫身上展示了人神类的最后界限,揭示了人神观念的内在死亡。"②别尔嘉耶夫认为,近代人道主义的问题不在于它过分强调了人性,而在于它强调人的自由、个性、创造的同时,取消了人对神的信仰,因此,人道主义之路最终引向人神,而不是神人。在很多方面,别尔嘉耶夫都是个人

---

① Бердяев Н. А Самопознание. Москва:Книга. 1991. C. 181.

② Бердяев Н. А. Миросозерцание Достоевского.//Н. А. Бердяев о русской философии. В 2 частях. Ч. 1. Издательство Уральского университета. 1991. C. 133.

道主义者,但他的人道主义与他所批判的近代人道主义的最大区别在于是否坚持对神的信仰。可以说,近代人道主义是没有神的人的道路,而别尔嘉耶夫的人道主义是有神的人道主义,即神人的人道主义(богочеловеческий гуманизм)。人道主义是别尔嘉耶夫哲学思想的重要来源。正是其宗教哲学里的这个人道主义因素导致正统教会神学家们的不安。他们认为,只有耶稣基督才是神人,而人只是被造的存在物,不可能成为神人。然而,在别尔嘉耶夫看来,这仍然是神学理性主义范围内的证据。就算人不是基督是神人、唯一的神人这个意义上的神人,但在人身上有神的因素,仿佛有两种本质,有两个世界的交叉,人在自身中携带着一种形象,这形象既是人的形象也是神的形象,而且,它是人的形象是因为神的形象获得实现。其实,正统神学家们对神秘主义所说的神化观念也持谨慎态度,尽管在神秘主义里,神化是通过虔诚的信仰和苦修的途径达到的。在别尔嘉耶夫这里,达到神化,即成为神人的道路是神人的,但在这条路上,人必须充分发挥自己的创造潜力,但以个人拯救为唯一目的的禁欲主义苦修则是不必要的。这是他所理解的神人性的重要内涵。

在对启示的理解中,别尔嘉耶夫也是从神人性的原则出发的。在他看来,神的启示不是单方面的。"神不能向一堆不可透的物质和石头启示。启示是双向的、神人的过程,是两个内在地亲近的本质的相遇。"①在启示里,不但神是积极的,人也是积极的,因此,启示具有神人性的特征。这是他不断重复的一个论点。"人在启示里诞生,其中不但揭示着神的本质,而且还揭示着人的本质。启示的层次也标志着人的发展层次。启示总是神的启示和人的启示,即神人的启示。在基督教里,启示的神人特征获得了彻底表达。在基督神人里给出的不但是神的启示,而且还有神的他者,即人的启示。圣三位一体的第二位格是绝对的人,第二位格的启示是绝对的人的启示,即是新的精神人

---

① Бердяев Н. А. Философия свободного духа. Москва : Республика. 1994. С. 74.

的启示。"①在耶稣基督身上启示的是绝对的人,绝对的人性。这是未来人类,精神人类的原型。别尔嘉耶夫所追求的新启示就是精神的启示。"耶稣的化身和人间生活是两个本质的相互渗透,上帝之手伸向了被拣选者。只是在复活里,耶稣才彻底地上升到无限的高度。在神人身上个体地发生的事情应该在神人类里发生。这就是第三个启示,精神的启示。"②只有作为神人启示的精神启示才能结束圣三位一体的神秘辩证法。对别尔嘉耶夫来说,终结的过程也是神人的过程,没有人的参与,世界不能终结。换言之,人不能消极地等待世界的终结,而是要参与到这个神人的事业中去。

第四节 基督教灵知

一、文学与宗教

俄罗斯思想在哲学方面觉醒得非常晚,不过,这完全符合民族文化早期发展的规律,即哲学相对滞后。俄罗斯思想首先在文学里获得表达。别尔嘉耶夫把陀思妥耶夫斯基和托尔斯泰看做是俄罗斯最伟大的思想家和哲学家。尽管他们没有创造出专门的哲学著作,但他们在自己的文学创作里探讨和揭示了哲学的主题。不过,在俄罗斯文学里所包含的哲学离真正独立的俄罗斯哲学还有一段距离。此外,在俄斯文学里,与哲学主题并列,还有宗教的主题,这是俄罗斯文学的另外一大特征。别尔嘉耶夫认为,在俄罗斯思想里,宗教主题在文学里获得发展,而不是在教会神学里。在20世纪俄罗斯宗教思想和宗教探索里,发挥主导作用的依然是两位伟大的文学家,即陀思妥耶夫斯基

---

① Бердяев Н. А Философия свободного духа. Москва:Республика. 1994. С. 86.

② 别尔嘉耶夫:《论人的使命》,张百春译,上海人民出版社2007年版,第432页。

和托尔斯泰。① 因此,挖掘俄罗斯文学中的哲学资源和宗教资源是俄
罗斯思想研究中非常有潜力的课题。对俄罗斯文学的研究在罗赞诺
夫、梅列日科夫斯基、舍斯托夫、别尔嘉耶夫以及其他许多宗教哲学家
的哲学创造中占有非常重要的地位,比如他们几乎都写过专门的文章
论述陀思妥耶夫斯基等重要作家们的哲学思想和宗教思想,甚至是大
部头的专著。在这方面最具代表性的思想家是索洛维约夫,他本人是
俄罗斯最伟大的哲学家、宗教哲学家,也是出色的文学家、诗人,他对
后来俄罗斯的哲学、宗教和文学的发展都产生了重要影响。

我们所讨论的时代(所谓白银时代),在俄国出现最早的一个现代
文学流派是象征主义。在这里,象征自身被赋予了更多的宗教意义,
而不是美学意义。尽管俄罗斯象征主义主要是诗歌中的一个流派,但
是它"没有停留在艺术审美领域,很快就转向了宗教神秘领域"②。到
20世纪初,俄罗斯的象征主义已经成了一个宗教哲学流派。梅列日科
夫斯基是俄罗斯象征主义最著名代表之一,他也是最早挖掘俄罗斯文
学里的宗教和哲学资源的人之一。1900年,他在《艺术世界》上发表
《托尔斯泰和陀思妥耶夫斯基》,对这两位作家的宗教思想进行独到的
阐发。1901年,他和几个志同道合的人在圣彼得堡组织"宗教哲学聚
会"。聚会的参加者主要是文学界人士和宗教界人士。罗赞诺夫是
"聚会"最热情的支持者和参加者。宗教问题成为这些主要从事文学
创作的俄罗斯思想家们关注的核心话题。

与19世纪俄罗斯"黄金时代"的文学相比,19世纪末至20世纪
初俄罗斯"白银时代"的文学发生了明显转向,一方面抛弃了原来的伦
理传统,另一方面获得了宗教主题。在这个过程中,梅列日科夫斯基

① ①Бердяев Н. А. Русская идея. Основные проблемы русской мысли XIX века и
начала XX века. // Бердяев Н. А. Русская идея. Судьба России. Москва:СВАРОГ и К. 1997.
С. 155. 别尔嘉耶夫并没有忽略果戈理在俄罗斯宗教探索中的意义。参见 Духи русской
революции. Рига. 1990。

② Бердяев Н. А. Истоки и смысл русского коммунизма. Москва:Наука. 1990. С. 91.

是关键人物。正是从他开始,"俄罗斯文学对真理非凡的爱和强烈的道德激情消失了"①。俄罗斯文学从"黄金时代"进入"白银时代"。"梅列日科夫斯基通过陀思妥耶夫斯基和托尔斯泰发现了伟大俄罗斯文学的终结,它向宗教启示和新的宗教行动的必然过渡。"②梅列日科夫斯基自己赋予这个"终结"以特殊的意义,并从中看到了俄罗斯文学未来的使命,即进行宗教探索。俄罗斯文学中的宗教问题在他那里获得强化,成为其思想创作的出发点,主要的是,他在俄罗斯文学里看到了一种不同于传统基督教意识的新宗教意识。别尔嘉耶夫对梅列日科夫斯基在这方面的贡献评价很高,认为"以他为代表的新俄罗斯文学,俄罗斯唯美主义,俄罗斯文化过渡到了宗教主题。在很多年的时间里,他一直在刺激宗教思想,成为文化与宗教的中介,唤醒了文化中的宗教情感和意识"③。在梅列日科夫斯基从文学向宗教过渡的过程中,罗赞诺夫的作用也是非常重要的,特别是在具体的宗教问题的提出方面,比如多神教与基督教的关系,性、肉体的宗教意义,对东正教会内部的虚伪和谎言的揭露等等。"罗赞诺夫,他对宗教问题的提出及其对基督教的批判,对梅列日科夫斯基产生了巨大影响。……毫无疑问,罗赞诺夫决定了梅列日科夫斯基对待基督教的态度,教他如何提出基督教问题。……他甚至似乎根据罗赞诺夫的否定批判第一次接触到东正教。"④他们之间在宗教问题上的密切联系由此可见一斑。

　　别尔嘉耶夫认为,梅列日科夫斯基庞大的"千年主题"是其不幸的根源。实际上,这些主题也是罗赞诺夫的不幸,是陷入到这些主题中的整个"白银时代"俄罗斯文学的不幸。这个不幸首先在于,文学家们

---

① Бердяев Н. А. Самопознание. Москва:Книга. 1991. С. 146.

② Бердяев Н. А. Новое христианство(Д. С. Мережковский). Н. Бердяев о русской философии. Ч. 2. Свердловск:Изд-во Уральского университета, 1991. С. 488.

③ Бердяев Н. А. Новое христианство(Д. С. Мережковский). Н. Бердяев о русской философии. Ч. 2. Свердловск:Изд-во Уральского университета, 1991. С. 515.

④ Бердяев Н. А. Новое христианство(Д. С. Мережковский). Н. Бердяев о русской философии. Ч. 2. Свердловск:Изд-во Уральского университета, 1991. Сс. 488 – 489.

因自己的"千年主题"而不为时代所理解,宗教探索只局限在很小的一部分知识分子精英范围内。其次,这些文学家没有能力驾驭这些庞大的宗教主题,导致思想混乱。表面上看,罗赞诺夫和梅列日科夫斯基都是新宗教意识的代表,是"宗教哲学聚会"的重要成员,都谈论灵与肉的问题,多神教与基督教的关系问题等等,因此人们经常把他们看做是"不可分割的一对儿",被笼统地称为"新基督徒"。他们自己也搞不清楚,他们之间到底有什么区别。别尔嘉耶夫透过敏锐的哲学批判的目光看清楚了他们之间在宗教立场上的实质差别。"罗赞诺夫发现了似乎是在世界之前的性和情爱的神圣性和神性,想让我们返回到堕落之前的天堂状态;梅列日科夫斯基发现了同样的东西,但在世界终结之后,并呼吁我们追求情爱的与神圣的肉体享受,但这是在改变的、获得救赎的和复活的世界里肉体享受。梅列日科夫斯基是正确的,因为他向前看,而不是向后看……"①正是借助于别尔嘉耶夫的帮助,梅列日科夫斯基才第一次看清楚自己和罗赞诺夫之间的差别和对立,他完全同意别尔嘉耶夫对他和罗赞诺夫之间关系的精确评价。别尔嘉耶夫准确地指出了梅列日科夫斯基的问题所在,即"缺乏哲学批判",缺乏形而上学精神,因此,导致思想混乱,对历史基督教的批判也停留在表面,诸如灵与肉等问题不能获得深入探讨。

但是,灵与肉的问题可能按照另外的方式提出,按照纯哲学的方式提出,这将是一个本体论问题,即什么是存在,存在的组成如何,存在的实质如何。完满的宗教不能没有自己的本体论,不能没有自己对世界存在组成的理解,因此不能避开形而上学。梅列日科夫斯基经常谈论历史基督教的禁欲主义形而上学,谈论多神教的对立的形而上学,但是从来

① Бердяев Н. А. О новом религиозном сознании.//Н. А. Беряев о русских классиках. Москва:Высшая школа. 1993. С. 240.

不尝试在哲学上提出和解决灵与肉的问题。这是他的弱点。①

　　梅列日科夫斯基也渴望用"哲学意识"去理解和解释自己所提出的伟大问题，但是，他太缺乏哲学素养了。在他的倡议下成立的"宗教哲学聚会"上提出的伟大宗教问题令人震撼，灵与肉、天与地、基督与敌基督等等，令人眼花缭乱，但其中并没有什么哲学深度，一切都停留在思想的表面。不过，这里毕竟也有某种模糊的哲学思维，因为离开哲学，甚至无法提出这些伟大的问题，只是梅列日科夫斯基自己对此没有明确的意识。按照别尔嘉耶夫的说法，梅列日科夫斯基的哲学受到康德的影响。但是，在哲学上必须克服康德，这对宗教意识而言是非常必要的。② 梅列日科夫斯基没有能力克服康德，在哲学概念的使用上也非常随意。"他被迫使用哲学概念和术语，但完全是不负责任的。在宗教思想方面他始终是个公式化的艺术家。就哲学素养，就过去人类宗教和神秘主义方面的知识而言，与梅列日科夫斯基有关的整个流派远比我所谓的东正教复兴类型的宗教思想低。"③巨大的文学天赋，迷人的公式化思维方式掩盖了梅列日科夫斯基哲学素养方面的缺乏。比如，肉体概念在他那里的使用是非常混乱的，他对"肉体"的理解也很模糊，他自己始终没有弄清楚这个"肉体"到底是什么意思，是别尔嘉耶夫读懂了这个"肉体"的真实含义。

　　梅列日科夫斯基所说的"肉体"是一个象征的概念，它表示一般的地，整个文化和社会（人类"身体"），也表达一切情感以及性爱。在这个"肉体"里，我们在哲学里称之为"物质"，以及与心理现象对立的物理现象是非常少的，其中却包

---

① Бердяев Н. А. О новом религиозном сознании.//Н. А. Беряев о русских классиках. Москва：Высшая школа. 1993. С. 233.

② 不过，别尔嘉耶夫承认康德哲学对自己一生的哲学思考的影响。

③ Бердяев Н. А. Новое христианство(Д. С. Мережковский). Н. Бердяев о русской философии. Ч. 2. Свердловск：Изд-во Уральского университета, 1991. С. 491.

含有太多在哲学上称为"精神",与物理现象对立的心理现象的东西。"肉体"不是由物理性质和化学组成决定的,这个"地"不是由地层构成的。经验世界的时间性和空间性不是这个"肉体"存在的必然条件,不可透性不是压迫我们的"物质"所具有的那种灾难性质。"肉体"也不是与"精神"—本体,实质对立的现象,其中也有某种本体的东西,在形而上学的意义上是原初的东西。①

梅列日科夫斯基自己无论如何达不到这个哲学高度。他渴望把灵与肉综合起来,途径是将肉体神化。神圣的肉体是梅列日科夫斯基所理解的新宗教意识的实质内容。关于肉体的启示就是关于世界、宇宙、大地、性、整个人类文化的启示。他十分重视多神教文化,因为在多神教文化里,关于肉体的启示是非常充分的。但是,到底如何才能把"灵"与"肉"综合起来呢? 在梅列日科夫斯基的哲学意识层次上,这个综合是无法达到的。因此,他始终处在对综合的渴望里,无法实现真正的综合。他利用自己巨大的文学天赋,玩弄数字游戏,在自己的文学作品里广泛使用"二"和"三"等数字,但是他始终停留在"二"的分离之中,而无法达到"三"的综合。"梅列日科夫斯基的秘密是分裂的秘密,分裂的思想的秘密,而不是综合的秘密,不是三一性的秘密。"②他指责历史的基督教过分关注灵魂,轻蔑肉体。别尔嘉耶夫指出,恰好相反,根据梅列日科夫斯基所理解的"肉"和"灵"来判断,历史的基督教恰好有太多的"肉",缺乏真正意义上的"灵"。梅列日科夫斯基完全弄反了,可见其思想混乱的程度,这都是由于他缺乏哲学训练导致的。

罗赞诺夫也是如此,就文学天赋而言,他是俄罗斯文学史上的一

① Бердяев Н. А. О новом религиозном сознании.//Н. А. Беряев о русских классиках. Москва:Высшая школа. 1993. С. 233.

② Бердяев Н. А. Новое христианство(Д. С. Мережковский). Н. Бердяев о русской философии. Ч. 2. Свердловск: Изд-во Уральского университета, 1991. С. 492.

个奇才。"阅读罗赞诺夫的作品给人带来享受。他的文学天赋是惊人的,这是俄罗斯散文里最大的天赋,这是真正的语言魔法。当你用自己的语言表述他的思想时,它们就会消失。"①没有人否认罗赞诺夫的文学天才,但是,别尔嘉耶夫认为,他的哲学修养太差了。他所理解的世界、肉体就是我们的肉眼所看到的东西。他用这个世界与基督对立。从宗教的角度看,在这个世界里占统治地位的是死亡,因此是应该放弃的东西。因为缺乏哲学深度,罗赞诺夫在宗教意识上表现出明显的天真、幼稚。他爱蜡烛甚于爱神,因为蜡烛是可以感觉到的,而神是抽象的。他所痛恨的东正教会并不缺乏他所理解的那种肉体。他不是基督教的改革者,他就处在历史的基督教内部,而且感觉很好。他不喜欢的是基督。

在《梅列日科夫斯基与革命》(1908 年)一文的结尾处,别尔嘉耶夫呼吁:"该把宗教从文学图式中摆脱出来了。"②确实,像梅列日科夫斯基这些搞文学的人只能提出诸如灵与肉、基督与敌基督、宗教的社会性等问题,但他们无法严肃地探讨这些宗教哲问题,因为他们既无足够的理论修养,也没有充分的实践准备。梅列日科夫斯基也意识到,在纯文学里,根本搞不清楚宗教问题,仅仅局限在文学里是无法解决宗教问题的。于是,当别尔嘉耶夫在哲学的高度上和梅列日科夫斯基探讨新宗教意识时,后者回避理论探讨,直接转向了"宗教行动",但这是对问题的回避。摆脱文学之后,宗教应该转向哲学。

二、哲学与宗教

别尔嘉耶夫很早就意识到自己有从事哲学研究的使命,他所理解的哲学就是探索真理,揭示生命的意义。他多次提到,在青少年时期就阅读叔本华、康德和黑格尔的著作。③ 经过对马克思主义哲学的短

---

① Бердяев Н. А. Самопознание. Москва: Книга. 1991. С. 148.
② Бердяев Н. А. Духовный книзис интеллигенции. Москва: Канон +. 1998. С. 123.
③ 参见 Бердяев Н. А. Самопознание. Москва: Книга. 1991. С. 48.

暂迷恋后,他转向唯心主义。在这个过程中,索洛维约夫的宗教唯心主义发挥了重要作用。但是,在当时的俄罗斯知识分子中间占统治地位的是一些粗浅的观念,比如实证主义、虚无主义、唯物主义、功利主义和无神论等等。"车尔尼雪夫斯基"完全遮蔽了"索洛维约夫"①。就在这时,在梅列日科夫斯基和布尔加科夫等人的影响下,别尔嘉耶夫开始思考宗教问题。与罗赞诺夫和梅列日科夫斯基相比,别尔嘉耶夫的哲学修养要高得多。他自称受过"哲学训练",很轻松地发现了这些搞文学的人在宗教问题上制造的混乱。② 因此他急于把"宗教问题"从文学圈子里摆脱出来。他自己也从圣彼得堡来到了莫斯科。在这里,别尔嘉耶夫一方面接近东正教圈子,另一方面潜心研究哲学,完善自己的"哲学训练"。他与东正教圈子的接触没有获得直接结果,但其莫斯科时期的哲学探索却获得了非常不错的成功,写出两部哲学著作,《自由的哲学》(1911年)和《创造的意义:为人辩护的尝试》(1916年)。

进入哲学界之后,别尔嘉耶夫立即对其现状作出判断,无论在西方,还是在俄罗斯,哲学普遍丧失了原创精神。"近代以来,在占统治地位的意识里,大胆的创造精神在枯竭。人们思考的是关于什么,写的也是关于什么。但曾经有这样的时候,人们思考和写的都是什么,那时的东西成了现在回忆的东西,作研究时写的东西。"③哲学家们丧失了对原初的东西的兴趣,转而研究次一级的对象。他们不关心存在自身,只是在谈论"关于存在"。在这样的哲学里,模仿风格盛行,哲学思想自身丧失活力和创造力。于是,哲学必然陷入危机。在这里,和索洛维约夫一样,别尔嘉耶夫指的是以黑格尔为最高代表的西方理性主义哲学,这是一种"抽象的,独立存在的,从自身中吸取智慧的哲

---

① Бердяев Н. А. Самопознание. Москва:Книга. 1991. С. 165.

② Бердяев Н. А. Самопознание. Москва:Книга. 1991. С. 144.

③ Бердяев Н. А. Философия свободы. //Философия свободы. Смысл творчества. Москва:Правда. 1989. С. 14.

学"。那么,哲学危机的根源在哪里呢? 别尔嘉耶夫说,危机的根源在于哲学缺乏营养。因此,解决危机的办法就是为哲学寻找营养源。他认为,这个营养源就是宗教。把宗教看做是哲学思考的营养源,这不是别尔嘉耶夫的发明,从斯拉夫派开始一直到索洛维约夫这一派传统俄罗斯哲学思想始终有这样的一种信念。

> 在抽象思维和理性经验的荒漠上经历了所有尝试和漂泊之后,在繁重的警察式服务之后,哲学应该返回教堂,返回到自己神圣的职能,在这里它可以获得已经丧失的实在论,重新获得窥探生命秘密的能力。……宗教没有哲学也能对付过去,因为它的根源是绝对的和独立自足的,但是,哲学不能没有宗教,哲学需要宗教如同需要食物,如同活的泉水。宗教是哲学的生命基础,宗教以实在的存在滋养哲学。①

我们可以把这段话看做是别尔嘉耶夫早期哲学的宣言。这个说法完全符合传统的俄罗斯哲学的精神气质。斯拉夫派和索洛维约夫对他的早期哲学影响是显而易见的。哲学和宗教的关系,一开始就成了他所关注的核心话题,此后直到晚年他不断地返回到这个问题上来。

在别尔嘉耶夫看来,整个一部哲学史就是一部哲学与宗教关系的历史。古代哲学就从宗教那里吸取营养。整个前苏格拉底哲学都与希腊人的宗教生活有关。苏格拉底的哲学悲剧实际上是宗教的悲剧。柏拉图的哲学与希腊神秘宗教仪式有非常密切的关系。中世纪哲学至少企图成为基督教的。关于近代哲学,别尔嘉耶夫提出一个悖论的说法,"近代哲学,特别是德国哲学,就自己的主题和思维特征而言,比

---

① Бердяев Н. А. Философия свободы.//Философия свободы. Смысл творчества. Москва:Правда. 1989. С. 20.

中世纪经院哲学更接近基督教"①。因为就思想基础而言,中世纪经院哲学依然受希腊哲学(柏拉图和亚里士多德)影响,基督教似乎没有深入到经院哲学的内部。但是,从笛卡儿开始,基督教进入到人类思想内部了。

随着近代科学的兴起,哲学对宗教的依赖开始松动。哲学开始摆脱宗教,但是,它还没有来得及独立,随即就却陷入到对科学的依赖之中,这个依赖对哲学而言是更加致命的。为了理解这种依赖性的实质,别尔嘉耶夫区分了科学和科学性两个概念。对科学以及它给人类带来的益处,没有人会产生怀疑。但是,科学性的价值和必要性总是可疑的。所谓的科学性就是"科学的标准转移到精神生活的其他领域,这些领域与科学是格格不入的"②。哲学就是这样的领域,科学性在哲学领域的推广,其结果就是唯科学主义。近代哲学从一开始就追求科学性,企图成为科学的,或者是类科学的。于是就有了"科学的哲学",即科学性质的哲学,而不是对科学的哲学研究。德国古典哲学就在追求这种科学性,实证主义几乎就把自己等同于科学。科学本来是从哲学里分出来的,但现在却成了哲学的标准,模仿的对象。但就本质而言,科学认识自然界,而且只能分门别类地认识某些部分,科学根本不能把握整个自然界。此外,自然界的主要特点是必然性,科学自身就处在必然性之中,科学性就是顺从自然规律,顺从逻辑规律。顺从是科学的特点。"科学是对必然性的认识,认识手段是对世界给定性的适应,科学是从必然性出发的认识。"③科学就是对世界给定性的经济性的描述。哲学在本质上是对此世(自然界)的超越,追求彼岸世界。哲学不关注世界的给定性和部分,它企图认识整个世界的意义,

① Бердяев Н. А. Я и мир объектов. // Бердяев Н. А. Философия свободного духа. Москва:Республика. 1994. С. 233.

② Бердяев Н. А. Смысл творчества. // Философия свободы. Смысл творчества. Москва:Правда. 1989. С. 264.

③ Бердяев Н. А. Смысл творчества. // Философия свободы. Смысл творчества. Москва:Правда. 1989. С. 266.

但这个意义不在此世,而在彼世。真正的哲学家都鄙视此岸世界,追求彼岸世界。因此,在这个必然性世界里,科学是必要的,它可以帮助人们辨别方向,但哲学是不必要的,因为它指向另外一个世界。哲学是一种创造活动,而不是对世界给定性的适应和对必然规律的顺从,它类似于艺术,而不是类似于科学。哲学思维不遵循经济原则。哲学的本性是自由,而不是必然性。哲学认识依靠哲学家的原初直觉,而不是逻辑原则。如果说科学面对自然界,那么哲学的主要认识对象就是人自身。别尔嘉耶夫说:"哲学是从人出发并通过人而认识存在,哲学认为,存在的意义的谜底就在人身上,而科学仿佛是在人之外,脱离人去认识存在。"①哲学认识的具体对象就是人身上的生存,因此,哲学在本质上是生存主义的。这是哲学认识与科学认识的本质不同。因此,近代哲学对科学的依赖必然导致灾难性后果。俄罗斯哲学的主要使命就是让哲学摆脱对科学的依赖。

摆脱对科学的依赖,并不意味着哲学可以完全独立。哲学是自由的,而且只能是自由的,不能忍受任何强迫。"但这不意味着哲学是独立的,即它是封闭的、自足的,是从自身汲取营养的领域。"②独立的哲学是一种幻想。如前所述,哲学应该返回到宗教,从宗教里汲取营养。哲学与宗教的关系是非常复杂的,它们之间的冲突不亚于哲学与科学之间的冲突。哲学与科学在本质上不同,但它们之间的冲突不具有深刻的悲剧性。"哲学与宗教之间的冲突是非常尖锐的,因为宗教以神学作为自己认识上的表达,它有自己的认识特区。哲学总是提出和解决神学所提出和解决的那些问题。所以神学家总是排挤哲学家,常常迫害哲学家,甚至烧死他们。"③因此,哲学总是提出宗教上的奢望,哲学认识的目的也有宗教性。伟大的哲学家们甚至认为哲学具有拯救

①　别尔嘉耶夫:《论人的使命》,张百春译,上海人民出版社2007年版,第10页。

②　别尔嘉耶夫:《论人的使命》,张百春译,上海人民出版社2007年版,第8页。

③　Бердяев Н. А. Я и мир объектов. //Бердяев Н. А. Философия свободного духа. Москва: Республика. 1994. Сс. 230 – 231.

的作用。"真正的哲学家从来不放弃提出和解决宗教也在研究的问题,神学认为这些问题是自己所独有的。"①在一定意义上可以说,哲学就是哲学家的宗教。比如,伟大的哲学家都有自己对神的理解,他们所理解的神,即哲学家的神显然不同于亚伯拉罕、以撒和雅各的神,但却可以满足哲学家们的信仰需求。哲学家的信仰与一般人的信仰有原则不同。但是,在哲学认识中,哲学家的信仰体验是不应该排除的,他不能忘记信仰,不能忘记在信仰里获得的启示。因此,哲学具有宗教性质,这样的哲学就是"宗教的哲学",即宗教性质的哲学。这里的问题是,"哲学不能,也不愿意外在地依赖宗教,但离开宗教体验后,哲学就会枯竭,并远离存在。实际上哲学总是靠宗教源泉的滋养"②。因此,真正的哲学只能是宗教性质的哲学。无论在什么意义上,哲学不能是"科学的",科学的哲学,即科学性质的哲学是"丧失了哲学天赋和使命的人的哲学",实际上是对哲学的否定,是剥夺哲学的营养源,最终导致哲学的枯竭。哲学离不开宗教,宗教也离不开哲学。任何宗教都有自己的神学表达方式。神是信仰的对象,但也是认识的对象。神学就是对神的认识和言说。任何神学都以一定的哲学为基础。教父哲学和经院哲学的基础就是柏拉图和亚里士多德的哲学。但是,神学对哲学的依赖是有限度的。因为神学的最终根源不在哲学,而是启示。无论如何,宗教和神学无法彻底摆脱哲学。在这里,哲学对宗教而言具有净化的意义,可以使宗教摆脱对宗教真理的客体化和自然主义化。对某些哲学家而言,哲学可能具有拯救作用。但是,对一般的宗教信徒而言,拯救与哲学无关。基督徒向亚伯拉罕、以撒和雅各的神祈祷,而不是向哲学家的神祈祷。但是,今天的基督徒的信仰生活是非常丰富的,他们的宗教意识大大地扩展了,根本不同于亚伯拉

---

① Бердяев Н. А. Я и мир объектов. //Бердяев Н. А. Философия свободного духа. Москва: Республика. 1994. C. 232.

② Бердяев Н. А. Я и мир объектов. //Бердяев Н. А. Философия свободного духа. Москва: Республика. 1994. C. 233.

罕、以撒和雅各时代的宗教意识。这种宗教意识的扩展和转变需要哲学的帮助。宗教和哲学是相互需要的。"在宗教和哲学的冲突中,当哲学企图在拯救和获得永恒生命方面替代宗教时,真理在宗教一边。但是,在这个冲突中,当哲学肯定自己对比幼稚的宗教认识因素所提供的认识更高的认识权利时,真理在哲学一边。"①原则上说,哲学与宗教之间不应该发生冲突,因为宗教是哲学的营养源。但事实上,它们之间的冲突始终存在,其主要原因在于双方跨越了自己的界限。在根源上,在对真理的终极认识上,哲学与宗教是可以自由地结合在一起的。

> 哲学不是宗教,也不可能外在地服从宗教,更不能服从神学。哲学对神学的服从制造了一种经院哲学,哲学对科学的服从制造了另外一种经院哲学。哲学应该摆脱任何外在于它的权威,摆脱外在于它的认识方法。哲学应该远比现代批判哲学和科学哲学所允许的更加自由。但是,哲学不应该脱离和摆脱深刻的存在根源,宗教生命的乳汁。哲学要求自由地接触这些活生生的直接的存在根源,如果不允许哲学接近始源,那么它就认为这是对它的奴役。宗教是完整的生命。宗教真理是神向人启示的。哲学是认识。哲学真理是人发现的。神与人、宗教与哲学在对统一真理的终极认识里的结合不能靠外在的权威和服从来实现,而是靠内在创造的行为实现的。②

在哲学与宗教的关系问题上,别尔嘉耶夫一方面认为哲学应该到宗教那里吸取营养,但另一方面他始终坚持哲学的自由及其相对独立

---

① Бердяев Н. А. Я и мир объектов.//Бердяев Н. А. Философия свободного духа. Москва:Республика. 1994. С. 238.

② Бердяев Н. А. Смысл творчества.//Философия свободы. Смысл творчества. Москва:Правда. 1989. С. 290.

性。关于自己和自己哲学的定位,别尔嘉耶夫有明确的说法:"我不是神学家,我对问题的提出方式,我对问题的解决方式不是神学式的。我是自由的宗教哲学的代表。"①在《自由的哲学》里,他就呼吁:"教义神学应该让位给宗教哲学。"②同时,他也承认,宗教启示的教义可以成为宗教哲学的给养。在《创造的意义:为人辩护的尝试》里,别尔嘉耶夫的宗教哲学体系已经初露端倪。1922年流亡国外后,直到去世,他始终在完善自己的宗教哲学。

三、基督教灵知

1947年春天,英国剑桥大学授予别尔嘉耶夫名誉神学博士学位。但是,他自己却辩解说,"我不是神学家,而是宗教哲学家。宗教哲学是典型俄罗斯的产物,西方基督徒并不总是能够将其与神学区分开。不过,我毕竟也写了许多神学的东西"③。除了少数几部著作外,别尔嘉耶夫大部分主要作品都类似神学著作,其中所探讨的都是神学问题。这是人们把他看做是神学家的原因。他自己多次进行澄清,在他看来,神学与宗教哲学是不同的,神学家与宗教哲学家是不同的。

> 纯粹的神学家以教会的名义进行思考,而且主要依据《圣经》和圣传,原则上说,他有教条主义色彩,其学术具有社会组织的特征。宗教哲学在自己的认识之路上完全是自由的,尽管其基础是精神经验、信仰。对宗教哲学家而言,启示是精神经验和精神事实,而不是权威,其思维方法是直觉的。宗教哲学要求把理论理性和实践理性结合起来,要求在认识里达到完整性。这是借助于所有精神力量总体而进行的认识,而不是仅仅靠理性来认识。俄罗斯宗教哲学特别坚持哲

---

① Бердяев Н. А Самопознание. Москва:Книга. 1991. С. 175.

② Бердяев Н. А Философия свободы.//Философия свободы. Смысл творчества. Москва:Правда. 1989. С. 146.

③ Бердяев Н. А. Самопознание. Москва:Книга. 1991. С. 348.

学认识是完整精神的认识,理性在其中与意志和情感结合在一起,这里没有理性主义的分割。①

在这个意义上,别尔嘉耶夫认为,他所喜爱的神学院教授涅斯梅洛夫是个宗教哲学家,而不是神学家。别尔嘉耶夫自己就是这种宗教哲学的最大代表。

有一种观点认为,在西方哲学发展史上,哲学的形成和发展就是摆脱宗教束缚的过程。这种观点强调了哲学与宗教的不同,甚至是对立,但却忽略了哲学与宗教的联系,用别尔嘉耶夫的话说,即宗教是哲学的营养源(因此他把整个西方哲学史看做是哲学与宗教关系的历史)。实际上,西方哲学从来没有彻底摆脱过宗教,即使是最无宗教倾向的那些哲学家也都在宗教(基督教)背景下进行哲学探索,在他们对哲学问题的探讨中始终有宗教的维度。抛开宗教维度,无法在本质上理解西方哲学。反过来,从宗教(基督教)角度看,哲学因素从来也没有被彻底排除在宗教思想之外。灵知主义(гностицизм,又译诺斯替主义,诺斯替教)始终伴随着基督教思想的历史。教父哲学和经院哲学里当然包含有灵知主义的因素,在基督教背景下产生的近现代西方哲学就是灵知主义的产物。

在一定意义上可以断定,从早期中世纪开始(多神教信仰被彻底排挤到社会生活边缘地带之后)的欧洲文化和哲学的全部历史都渗透着两个主要世界观范式的斗争——奥古斯丁版本的传统基督教与灵知主义。灵知主义有非常不同的,但总是能够辨认出来的形式。……在 14—18 世纪的德国哲学里,半异端性质的基督教神秘主义的明显影响与对各种灵知主义异端的暗中接受结合在一起;这两个传统同样都

---

① Бердяев Н. А. Русская идея. Основные проблемы русской мысли XIX века и начала XX века. //Бердяев Н. А. Русская идея. Судьба России. Москва:СВАРОГ и К. 1997. Сс. 137 – 138.

与基督教哲学发展的主要线路(经院哲学)对立,但是它们的结合产生一个结果,即完全新的、灵知派神秘主义哲学传统的产生。灵知派范式正是通过这个传统自然而然地进入到近代哲学,最终决定了费希特、谢林和黑格尔哲学体系的出现,它们代表了近代欧洲哲学发展的最高点。①

甚至在叔本华和尼采的哲学里也能找到灵知派神秘主义的因素。随着共济会在俄罗斯的传播,灵知派神秘主义传统进入俄罗斯。我们知道,德国哲学(包括德国神秘主义和古典唯心主义)是俄罗斯哲学产生的最直接的外部原因,灵知主义传统通过这个影响而进入俄罗斯哲学,从斯拉夫派到索洛维约夫,都受到其深刻的影响。索洛维约夫认为历史上的基督教并没有揭示基督教的全部真理,和共济会会员一样,他也在寻找"真正的、完满的基督教"。为此,索洛维约夫建立了一个庞大的知识体系,不但把哲学与宗教综合起来,而且把经验科学也纳入其中。他自称这个知识体系为"完整知识(цельное знание)"或"自由的神智学(свободная тсософия)"。

自由的神智学是神学、哲学和经验科学的有机综合,只有这个综合才能把知识的完整真理容纳于自身之中:在这个综合之外,科学、哲学和神学只能是知识的个别部分或方面,脱离了(有机整体)的器官,因此不可能在任何程度上符合完整真理。当然,从有机体的任何一个器官出发,都可以达到所寻找的综合。因为真正的科学不可能没有哲学和神学,同样,真正的哲学不可能没有神学和实证科学,真正的神学不可能没有哲学和科学,所以,哲学元素中的每一个在达到自己真正完满之后,将获得综合的特征,并成为完整知识。比如,实证科学,如果它能上升到真正的体系,或者达到自己真

---

① Евлампиев И. И. История русской философии. Москва: Высшая школа. 2002. Сс. 37,39.

正的始源和根基，那么它将成为自由的神智学，克服了自己片面性的哲学也可以成为自由的神智学，最后，摆脱了自己的片面性的神学必然也将变成自由的神智学。如果一般地说，这个自由的神智学可以被界定为完整知识，那么它完全可以用完整的科学，或者完整的哲学，或者最后是完整的神学来表达。这里的差别只在出发点和表述方式上，其结果和肯定的内容是同一个东西。本书的出发点是哲学思维，在这里，自由的神智学被看做是哲学体系，所以我首先应该指出，真正的哲学必须应该拥有这个神智学的特征，或者，它只能是我所谓的自由的神智学或完整知识。[①]

自由的神智学消除了哲学、宗教与科学的各自的片面性，把它们综合在一起。这个完整知识可以认识完整的真理，达到真善美的大统一。自由的神智学是真正的哲学，它可以使人"同完整的存在者结合，或者是对真正宗教的实现"[②]。可见，自由的神智学就是一种宗教意识，是一种不同于传统宗教（包括基督教）的新宗教意识。正是在这个意义上，我们认为索洛维约夫是后来"新宗教意识"运动的先驱。索洛维约夫之后的所有俄罗斯哲学家，特别是宗教哲学家都受到他的影响，无论他们自己是否承认这一点。别尔嘉耶夫就不愿意承认这一点。他承认陀思妥耶夫斯基、涅斯梅洛夫等俄罗斯思想家对自己的深远影响，更愿意承认德国神秘主义和康德对自己的影响。唯独涉及索洛维约夫的时候，他总是作一些辩解。然而，就思想倾向和哲学主题而言，索洛维约夫对别尔嘉耶夫的影响是直接的和重大的。毫无疑问，别尔嘉耶夫从罗赞诺夫和梅列日科夫斯基等人的文学圈子里获得了新主题，即对历史基督教的批判和建立"新宗教意识"，但是，与索洛

---

① Соловьев В. С. Философские начала цельного знания. //Сочинения в двух томах. Т. 2. Москва:Мысль. 1988. Сс. 178 – 179.

② Соловьев В. С. Философские начала цельного знания. //Сочинения в двух томах. Т. 2. Москва:Мысль. 1988. С. 198.

维约夫的宗教哲学的接触最终使别尔嘉耶夫与那帮搞文学的人彻底区分开了。

　　按照舍斯托夫的说法,索洛维约夫是第一个俄罗斯宗教哲学家。[①]索洛维约夫的宗教哲学就是他的自由神智学。由此我们可以发现宗教哲学与神智学之间的联系。别尔嘉耶夫自己也曾经迷恋神智学,在莫斯科期间曾经接触到很多神智学者,当时神智学在俄罗斯知识分子中间非常流行。[②] 但是,他很快就发现,现代神智学和现代哲学一样,追求科学性,深受实证科学的影响,迎合大众的需求,缺乏创造力,甚至敌视创造。在这个意义上,现代神智学已经无法与古典意义上的神智学相比了,比如伯麦和巴德尔的神智学。不过,别尔嘉耶夫认为,存在着真正意义上的基督教神智学,神智学传统贯穿基督教历史,第一个最深刻意义上的神智学家是使徒保罗,之后还有亚历山大的克莱门特和奥利金等。早期基督教教父们的工作就是尝试用哲学来为基督教辩护,这里就有神智学的成分,因为"把哲学与宗教综合起来的任何直观都是神智学的"[③]。在早期著作里,别尔嘉耶夫对神智学评价很高,甚至认为摆脱科学束缚的神智学是哲学的最高领域。"如果哲学不可能是科学的,那么哲学的最高领域,最远离科学的领域——神智学,对神的认识,更不能是科学的。"[④]即使是现代神智学也有其肯定的意义,很多俄罗斯知识分子就是通过神智学而摆脱唯物主义和实证主义,走向精神生活,返回宗教信仰。"一般意义的神智学流派,特别是俄罗斯神智学流派的肯定意义在于转向灵知(гнозис),转向扩展和深化的知识,转向精神知识。灵知主义(гностицизм)应该复兴,并永

---

　　① 舍斯托夫:《思辨与启示》,张百春译,上海人民出版社2005年版,第4页。

　　② 现代俄罗斯神智学派是由布拉瓦茨卡娅(Е. П. Блаватская,1831 – 1891)创立的,主要代表是作家乌斯宾斯基(П. Д. Успенский,1878 – 1947)。

　　③ Бердяев Н. А. Философия свободного духа. Москва:Республика. 1994. С. 175.

　　④ Бердяев Н. А. Смысл творчества.//Философия свободы. Смысл творчества. Москва:Правда. 1989. С. 292.

远地进入我们的生活。"①有时候,别尔嘉耶夫把灵知派与神智学派等
同起来。"灵知派与神智学派比形而上学家和哲学家好,因为他们(前
者)要求转向对真理的宗教揭示,但是,他们也是世界意义上的'知识
分子叛教者',脱离了根源,过分地依靠理智生活,缺乏恩赐。在最后
的深度上,基督教信仰是灵知,是通过牺牲而被拣选的人们的知识,但
是,灵知派的神智学尚未达到这个深度。"②尽管别尔嘉耶夫曾经迷恋
神智学,但是他不喜欢现代流行的神智学,认为这种神智学是一种宗
教混合主义,它败坏了神智学这个名称。于是,他由神智学转向灵知
主义。在他看来,存在着基督教的灵知,他把宗教哲学与基督教的灵
知等同起来。③ 在这一点上,他与索洛维约夫是不同的,后者的宗教哲
学是自由的神智学。别尔嘉耶夫曾经指责梅列日科夫斯基等人缺乏
灵知意识,不理解宗教意识的隐秘方面。他说:"新宗教意识不能没有
灵知的方面。灵知可以使宗教意识从外部的、公开的、历史的基督教
转向神秘的、隐秘的、内在的基督教。"④灵知与别尔嘉耶夫宗教哲学
中的神秘主义倾向是一致的。他公开承认自己受到灵知派神秘主义
传统的影响,承认自己与灵知派信徒接近。"在俄罗斯哲学家中间大
概还没有人如此直接地承认自己对这个传统的依赖。"⑤在阅读别尔
嘉耶夫的著作时,我们经常可以遇到一些在传统意义的西方哲学史中
比较陌生的名字,比如,伯麦、昂格鲁斯·西列基乌斯、爱克哈特等等,
他们都是德国神秘主义者,其中,伯麦被他称为最天才的灵知派神秘

① Бердяев Н. А. Теософия и антропософия в России. //Типы религиозной мысли в России. Париж. 1989. С. 484.
② Бердяев Н. А. Философия свободы. //Философия свободы. Смысл творчества. Москва:Правда. 1989. Сс. 23 – 24.
③ См. Бердяев Н. А. Философия свободы. //Философия свободы. Смысл творчества. Москва:Правда. 1989. С. 22.
④ Бердяев Н. А. Новое христианство(Д. С. Мережковский). Н. Бердяев о русской философии. Ч. 2. Свердловск: Изд-во Уральского университета, 1991. С. 495.
⑤ Евлампиев И. И. История русской философии. В двух томах. Т. 2. Часть 2. Ленинград:ЭГО. 1991. С. 334.

主义者。对古代灵知派信徒的学说,别尔嘉耶夫也持批判态度,但却认为德国神秘主义者们获得了真正的基督教灵知。

> 灵知派神秘主义传统的全部主要问题都成了别尔嘉耶夫哲学的主题:坚信造物主神与人之间的平等和相互"决定";关于人的精神受"恶的"物质必然性的"俘虏";坚信人的自由和人的创造在精神(不但是人的精神,而且还有神的精神!)原则摆脱世界必然性"奴役"事业中的基础性和原初性的意义;强烈的伦理二元论,这个二元论承认恶的力量和诱惑力,但也要求与世界之恶以及人自身中的恶进行紧张的斗争。可以说,以别尔嘉耶夫为代表的俄罗斯哲学清楚而明确地表明了上述传统对自己的意义,也使下述事实变得清楚了,即在 20 世纪初,在似乎是永远地消除了这个古老的世界观范式的理性主义长期统治之后,这个传统正是在俄罗斯哲学里获得了延续和发展。[1]

在别尔嘉耶夫的哲学体系里,宗教哲学就是真正的基督教灵知。经历了理性主义长期统治的西方哲学界当然难以理解作为"典型的俄罗斯产物"的宗教哲学。别尔嘉耶夫的著作,尤其是早期著作里充满灵知派气息。他自己并不回避其"宗教哲学的灵知派倾向",自称属于奥利金类型的基督教灵知派。在 1906 年给远在巴黎的吉皮乌斯的信中,别尔嘉耶夫这样写道:"也许我最终会加入教会,如果我相信其真实性,但是我生命的个人任务将依然是建立宗教哲学的灵知体系。与我接近的不是基督教教会的实际建设者,而是灵知派,与我接近的不是使徒,而是奥利金以及与他类似的人。"[2]不过,他的基督教灵知最

---

① Евлампиев И. И. История русской философии. В двух томах. Т. 2. Часть 2. Ленинград:ЭГО. 1991. Cc. 334 – 335.

② Бердяев Н А. Письмо к Гиппнусу(от 27 марта 1906). //Минувшее. Исторический альманах. Москва:Феникс. 1990. №9. C. 299.

独到之处还是其创造的观念。如果说灵知派主张通过特殊知识(灵知)可以获得拯救,那么别尔嘉耶夫认为创造才是拯救的最重要保证。

汉斯·约纳斯特别强调灵知主义的两大特征,一个是极端二元论,另一个是它与存在主义哲学(生存哲学)的联系。[①] 这两大特征恰好也是别尔嘉耶夫宗教哲学的主要特征。"如果使用现代术语的话,那么我的哲学属于生存哲学类型。但它也可以归入精神哲学。就自己的基础而言,这个哲学是二元论的,尽管这里说的是特殊类型的二元论,无论如何不是终极意义上的二元论。这是精神与自然界、自由与决定、个性与共性、神的国与恺撒的国之间的二元论。在这一点上,我觉得自己接近于康德,而不是 19 世纪初德国一元论唯心主义。"[②]不过,关于别尔嘉耶夫哲学的生存哲学特征和灵知主义特征,舍斯托夫有非常鲜明的观点。他认为,别尔嘉耶夫的哲学根本不属于生存哲学类型,而是典型的灵知主义类型,至少不是克尔凯郭尔意义上的生存哲学类型。[③] 这与别尔嘉耶夫对自己的评价截然相反。

① 汉斯·约纳斯:《诺斯替宗教:异乡神的信息与基督教的开端》,张新樟译,上海三联书店 2006 年版,第 295~315 页。

② Бердяев Н. А. Мое философское миросозерцание//Н. А. Бердяев: pro et contra (антология). Книга 1. СПб. 1994. С. 23.

③ 参见舍斯托夫:《思辨与启示》,张百春译,上海人民出版社 2005 年版,第 67~96 页。

第二章　自由精神的哲学

别尔嘉耶夫的宗教哲学以自由为基础。自由在他那里是一种直觉,尽管在其一生的哲学探索过程中,个别观点发生过变化,但他始终忠实于自己自由的直觉。他的自由的直觉最终指向精神,在精神里获得落实。别尔嘉耶夫的宗教哲学就是一个由自由到精神的漫长历程。在建立或展示自己的宗教哲学时,别尔嘉耶夫借助三个重要观念,即个性、创造和客体化。他认为这是自己哲学的核心观念。尽管所有这些观念都产生于他的直觉,因此始终存在于他的哲学创造里,但是,大致可以这样说,他的早期哲学主要关注自由问题,晚期哲学主要关注精神问题。自由和精神是其宗教哲学的两个"焦点"。在处理个性、创造和客体化等观念时,别尔嘉耶夫从未离开这两个焦点。

第一节　自由

一、自由先于存在

在《论人的使命》前言里,别尔嘉耶夫曾经明确地说过:"我把自由当作自己事业的基础。"①他被称为"自由的哲学家","自由的俘虏",他自称为"自由之子"。可以说,别尔嘉耶夫的全部哲学的基础就是自由。他一生为自由而战,对自由有独特的体验和体悟,从自由

---

① 别尔嘉耶夫:《论人的使命》,张百春译,上海人民出版社 2007 年版,第 303 页。

出发看一切。他关于自由说了很多,对自由有独到的见解。

从题目上看,《自由的哲学》应该是研究自由问题的一本专著。然而,仅从这本书出发,根本无法了解别尔嘉耶夫是如何理解自由的,因为全书竟然没有一章专门探讨自由问题。就是说,自由并没有作为一个问题而出现在这部著作里。作者在该书前言的一开始就对此作了说明。

> 本书标题需要解释。在这里,自由的哲学并不意味着把自由问题当做哲学中的一个问题来研究,自由在这里不具有客体意义。自由的哲学指的是自由人的哲学,从自由出发的哲学,它与奴隶的哲学,与从必然性出发的哲学对立,自由意味着进行哲学思考的主体的状态。自由的哲学是宗教哲学,是直觉的哲学,是儿子的哲学,而不是养子的哲学。本书的路径在一开始就从自由出发,而不是仅仅在末尾才导向自由。不能从任何东西里导出自由,只能是一开始就处在其中。①

自由在这里是出发点,是一种直觉。别尔嘉耶夫就是从自由的直觉出发,阐发自己的宗教哲学思想。他后来写了几部重要著作专门探讨自由问题,比如,《自由精神的哲学》、《论人的奴役与自由》等等,在其他著作里,也都涉及自由的话题。自由的主题从未在他的视线里消失。可以说,他一生不断地思考自由的问题,所有著作都是关于自由的哲学。他的著作和思想都充满着自由的气息。别尔嘉耶夫通过自由来接受一切,包括基督教。在他的理解中,基督教就是自由的宗教。他是世界思想史上最极端的保卫自由的人之一,自由给他的世界观和哲学思想带来了新东西。

别尔嘉耶夫从来没有给自由下一个定义,在他看来,这样的定义

---

① Бердяев Н. А. Философия свободы. //Философия свободы. Смысл творчества. Москва:Правда. 1989. С. 12.

会限制对自由的理解。自由是他的直觉,是他的原初体验,因此很难用概念来准确界定。对理性概念而言,自由是个极限。相对于逻辑概念而言,自由是它所无法触及的秘密。"自由是生命。……自由是存在的非理性秘密,是生命和命运的秘密。"①但这并不意味着自由是不可认识的,而是意味着不能用概念来认识自由,因为概念不能用于生命、秘密。用概念界定自由,对自由的任何理性化,都是决定论。与自由对立的就是决定。在自然界里,决定论占统治地位,而且这种决定都是从外部的决定。规律性和必然性是自然界的主要特征。自由不是混乱,不是任性,它也是一种确定性,但这是一种内在的确定性。自由是内在的,自由的哲学是内在论哲学。"自由就是从内部、从深处出发的自我决定,自由与从外部出发的一切决定对立,从外部出发的决定就是必然性。"②自然主义哲学就是决定论哲学。别尔嘉耶夫认为,理性主义哲学同样也是决定论哲学。在这个意义上,他反对理性主义哲学关于自由与必然性的关系的论断,即自由就是被认识的必然性。在这个论断里,必然性成了自由的前提,似乎认识了必然性,就能获得自由。别尔嘉耶夫断定:"自由根本不是被认识的必然性,如黑格尔以及在他之后的马克思主义所希望的那样,自由是不愿意认识必然性。"③自由先于必然性,必然性是自由的产物,而不是相反。"必然性是第一亚当的自由的造物,是自由的恶的指向的结果,是堕落的自由的结果。……必然性是恶的、无意识的自由,是没有受到逻各斯照耀的自由。"④没有被照耀的自由可能导致混乱、任性,这是必然性在其中占统治地位的堕落世界的主要标志。一切包含自由的东西,都令别尔嘉耶夫感到兴奋,他所感兴趣的思想家,对其思想产生影响的思想

---

① Бердяев Н. А. Философия свободного духа. Москва:Республика. 1994. С. 89.

② Бердяев Н. А. Философия свободного духа. Москва:Республика. 1994. С. 90.

③ Бердяев Н. А. Самопознание. Москва:Книга. 1991. С. 325.

④ Бердяев Н. А. Смысл творчества.//Философия свободы. Смысл творчества. Москва:Правда. 1989. С. 373.

家,都是自由的思想家,比如陀思妥耶夫斯基和康德等。一切包含必然性的东西都引起他的反抗。别尔嘉耶夫所理解的自由和基督教哲学中的意志自由问题没有共同之处。意志只是人的本质的一个方面,自由不可能局限在意志领域。仅仅通过抽象意志的努力无法获得自由,只有在人的精神世界里才能彻底获得自由。

哲学史上关于自由的全部学说都不能令别尔嘉耶夫满意,都不符合他对自由的哲学理解。这里最大的差别在于,他认为:自由先于存在。实际上这也是他的一个直觉,而非哲学思辨和逻辑推理的结果。这个理解,这个直觉确立了他在哲学史上的独一无二的地位。他自己对此有清楚的意识。"的确,我最爱自由。我出自自由,它是我的母亲。对我来说,自由高于存在。我的哲学类型的独特性首先在于我不是把存在,而是把自由当做哲学的基础。好像没有一个哲学家在如此极端的形式上这样做。"①早在《创造的意义:为人辩护的尝试》里,他就断定:"自由是存在的无根基的基础,它比任何存在都深刻。"②自由在存在之前,高于存在,自由自身没有基础,是无根基的、无底的。别尔嘉耶夫对自由的理解不是理性思维过程的结果,甚至不是生活经历的结果,而是先天的、直觉的。他始终忠实于自己的这一直觉。"自由先于存在"是别尔嘉耶夫一生保卫的一个基本命题,它决定了其哲学的基本类型和总体特征,这是生存主义(Existetialism)类型,而不是本体论(关于存在的学说)类型。

从克尔凯郭尔开始,西方哲学走向生存哲学(Existenz-Philosophie)。生存哲学认为,哲学认识的主体也是存在者,他拥有具体的生存(Существование,Existenz)。生存就是存在的具体化,具体化到人的身上。在这个意义上,别尔嘉耶夫认为圣·奥古斯丁、帕斯卡尔、尼采、陀思妥耶夫斯基,还有叔本华都是生存哲学家,克尔凯郭尔是生存

---

① Бердяев Н. А. Самопознание. Москва:Книга. 1991. С. 56.

② Бердяев Н. А. Смысл творчества.//Философия свободы. Смысл творчества. Москва:Правда. 1989. С. 369.

哲学最鲜明的代表。针对自己,他说:"我自己很早以前,在20年前所写的书中,按照自己的方式确定了生存哲学,对我而言,生存哲学自身就是'某种东西',即是对存在、生存的显现,它与'关于某种东西',关于'客体'的哲学有区别,尽管我当时没有使用'生存的'这个词。"①这里指的就是《自由的哲学》。在这本书里,尽管别尔嘉耶夫的确表现出生存哲学的倾向,但他依然追求一种本体论哲学,即关于存在(Бытие,Being)的哲学。正如他在《自我认识》里说的那样:"在《自由的哲学》一书里我还没有摆脱本体论哲学的偏见,在《创造的意义:为人辩护的尝试》里也没有完全摆脱本体论主义。"②如前所述,他在《创造的意义:为人辩护的尝试》里已经表达了自由先于存在的思想,从此开始,他逐渐放弃本体论主义,走向生存哲学。在《论人的奴役与自由》里,他明确表达了自己的反本体论主义立场:"任何时候我都没有像现在这样,认为本体论主义是错误的哲学。我认为生存哲学是正确的哲学……"③笔者当初把 экзистенциальная философия 译成存在主义哲学,在这里我们将其改成"生存哲学",这更符合这个词组的本义。的确,存在主义以及存在主义哲学的译法是成问题的,实际上根本没有这样的哲学流派,只有生存主义与生存哲学和生存主义哲学。在一定意义上,如果存在主义这个词成立的话,那么它更接近于别尔嘉耶夫所排斥的本体论主义(отнтологизм)。在从古希腊开始的西方哲学史上,形而上学传统始终具有本体论倾向,早年别尔嘉耶夫也反对德国古典哲学中的认识论传统,企图建构本体论,但当他发现本体论主义属于抽象理性主义传统时,就放弃了建立本体论的尝试。"本体论主义的意思不是存在的首要地位,而是

① Бердяев Н. А. Я и мир объектов. // Бердяев Н. А. Философия свободного духа. Москва:Республика. 1994. С. 250.

② Бердяев Н. А. Самопознание. Москва:Книга. 1991. С. 213.

③ 别尔嘉耶夫:《论人的奴役与自由》,张百春译,中国城市出版社2002年版,第83页。

概念的首要地位。"①本体论主义借助于概念建立抽象的本体论，应该放弃这样的本体论，但作为一种哲学立场的本体论在哲学史上始终存在。"生存哲学(Existenz-Philosophie)就是生存的本体论(Ontologie des Existenz)。但是，这个本体论不能像任何其他本体论那样去建立，不能使用通常的概念和范畴。"②生存概念自身就是个本体论概念，但是生存哲学，生存的本体论不能被建成抽象的概念体系，因为生存是具体的，而不是抽象的。

值得注意的是，在生存哲学流派里，别尔嘉耶夫认为与自己最接近的是克尔凯郭尔，后者认为"哲学自身就是一种生存，而不是生存的哲学"。在这个意义上，海德格尔和雅斯贝尔斯等生存哲学家们依然没有摆脱传统哲学的束缚，他们都在建立关于"生存哲学"的体系，把生存哲学中的重要概念变成哲学范畴，比如烦、恐惧和死亡等等。在别尔嘉耶夫看来，这已经是一种客体化，已经偏离了生存哲学。特别是海德格尔的此在(Dasein)概念，它只表达了人的生存的一种方式，即被抛向世界的生存。"海德格尔所建立的既不是存在的哲学，也不是Existenz(生存)的哲学，而仅仅是Dasein(此在)的哲学。"③此在被抛向堕落的世界，即常人(das Man)的世界，在这里占统治地位的就是烦、恐惧等，在这方面海德格尔的确说了很多非常重要的东西，但是，他没有说明什么是未被抛向世界的生存，即生存自身是什么。

这里的关键是在作为本体论基础的存在(Бытие,Being)与作为生存哲学基础的生存(Существование,Existenz)之间作出明确的区分。存在是抽象概念，"一般情况下，存在被理解为理念、思想、理性、灵魂、实体、本质，因为它已经是理性、思想和理念的产物"④。生存则是具

① 别尔嘉耶夫：《末世论形而上学》，张百春译，中国城市出版社2003年版，第129页。

② Бердяев Н. А. Я и мир объектов.//Бердяев Н. А. Философия свободного духа. Москва：Республика. 1994. С. 252.

③ 别尔嘉耶夫：《末世论形而上学》，张百春译，中国城市出版社2003年版，第121页。

④ 别尔嘉耶夫：《末世论形而上学》，张百春译，中国城市出版社2003年版，第116页。

体的存在,它始终处在生成之中。生存是指个性的存在,主要是指人的具体的存在。存在是没有生命的,但生存是有生命的、有命运的。"如果我们选择'生存'概念而不是'生命'概念,那么这只是因为生命是生物学的范畴,如我们在尼采和柏格森那里所见到的那样,而生存则是本体论范畴。"①存在是抽象的结果,生存拥有原初的生命。所以,别尔嘉耶夫主张:"应该否定自然主义的、客观对象的存在概念,用生存、存在着的东西、存在者取而代之。"②在作为理性化产物的存在里,决定论发挥主要作用。理性主义哲学是必然性的哲学,而非自由的哲学。在存在里没有自由,自由在生存里。"生存(Existenz)不是本质,不是实体,而是自由的行为。生存具有相对于本质的首要地位。在这个意义上,生存哲学与一切体验的哲学接近,与自由的哲学接近。"③本体论的哲学不是自由的哲学,只有生存的哲学才是自由的哲学。别尔嘉耶夫明确地把自己归入到生存哲学流派,因为他的哲学的基础不是存在,而是自由。这个自由是非理性的、原初的,它高于存在,却在生存之中。"我同意称我为形而上学家,但避免称自己为本体论学家,因为我认为存在概念是成问题的。存在是概念,而不是生存。存在的实在性是谓词的实在性,标志着什么东西存在着,但不意味着存在的东西。"④不难看出,在对待存在的态度上,别尔嘉耶夫受到康德的影响,即把存在看做是谓词。别尔嘉耶夫不否认这个深刻的影响,他完全接受康德的自由秩序和自然秩序的二元论,认为这是康德的伟大贡献,即颠覆了传统的自然主义形而上学,在康德哲学里甚至包含了生存哲学的可能性。

---

① Бердяев Н. А. Я и мир объектов.//Бердяев Н. А. Философия свободного духа. Москва:Республика. 1994. C. 254.

② Бердяев Н. А. Я и мир объектов.//Бердяев Н. А. Философия свободного духа. Москва:Республика. 1994. C. 250.

③ Бердяев Н. А. Истина и откровение. Прелогомены к критике Откровения. Санкт-Петербург:Издательство Русского Христианского гуманитарного иституту. 1996. Cc. 9 – 10.

④ Бердяев Н. А. Самопознание. Москва:Книга. 1991. C. 296.

　　形而上学过分轻松地走上了对概念进行实在化的道路，它创造符合自己的存在概念，并把概念当做存在。本体论在寻找存在，但这个存在将是客观的。它找到了存在，但这个存在原来是对概念的客体化。它在认识客观的存在，但这个客观存在是它所制定的概念的产物。本体论可以获得存在，那是思维的产物，已经是理性加工的产物。用存在范畴进行的认识可能成为没有摆脱自然主义的形而上学形式。我称之为自然主义的是一切把存在看做是客体，看做是"自然界"的形而上学，哪怕这是精神的自然界。生存哲学的可能性是通过康德才被揭示的，生存哲学能够克服一切自然主义的形而上学，尽管他自己没有走这条路。①

　　在存在、生存和存在者之间作出区分，这是俄罗斯宗教哲学里从索洛维约夫开始的传统。别尔嘉耶夫的创新之处在于对个性的生存和个性的自由的独到理解，他因此不但把自己与康德和俄罗斯宗教哲学区别开，而且也和西方生存哲学流派区别开了。"我的终极哲学是个性的哲学，它与我的个人体验有关。这里的哲学认识主体是生存的主体。在这个意义上，我的哲学比海德格尔或雅斯贝尔斯的哲学更接近生存哲学。"②别尔嘉耶夫甚至认为海德格尔和雅斯贝尔斯不是生存哲学家。尽管别尔嘉耶夫的哲学思想来源非常复杂，受到哲学史上诸多流派的影响，但其独特性也是非常明显的，建立具有独创性的哲学，这是他的不懈追求，他对此也有明确的意识。这一点在其关于自由高于存在的论点上以及对生存哲学的解读方面表现得最为突出。

二、三种自由

　　奥古斯丁区分过两种自由，一种是小自由，低级自由（libertas mi-

---

　　① 别尔嘉耶夫：《精神与实在》，张百春译，中国城市出版社 2002 年版，第 3~4 页。译文略有改动。

　　② Бердяев Н. А. Самопознание. Москва：Книга. 1991. С. 299.

nor），另一种是大自由，高级自由（libertas major）。别尔嘉耶夫完全同意对自由的这个区分，在此基础上，他给出了自己对这两种自由及其命运的理解。简单地看，第一种自由是在善恶区分之前的自由，因此它将决定善恶的选择，这是一种原初的、非理性的自由。第二种自由是在善恶区分之后的自由，它在善里，在真理里，而不在恶里，这是人最终应该选择的自由，因此，这是最后的自由，与第一种原初的自由对立。第一种自由之所以低级，之所以小，是因为它还处在善恶未分化的状态，它总是与人的低级本性相关，是一种原始状态，尚未呈现和展开的状态，第二种自由经历了善恶的区分，已经彻底呈现出来，超越了人的低级状态，可以成为人们终极选择的对象，人们之所以选择这种自由，是因为它符合理性，符合规范，因此是高级的自由，大的自由。第一种自由通常被理解为出发点和道路，第二种自由被理解为终点和目的。

人们通常关注的主要是第二种自由，作为选择对象，作为目标的自由。如果一个人战胜了自己的低级本性，获得（或服从）高级的精神原则，即真理和善，或者说，一个民族摆脱了奴役，获得了自由，这都是指第二种自由。但是，人们却很少谈论第一种自由，奥古斯丁甚至认为，人在堕落时，第一种自由随之丧失了，因此他只承认第二种自由，这是由神提供的自由，在真理和善里的自由。然而，别尔嘉耶夫认为，第一种自由并没有彻底丧失，甚至经常在人身上有所表现，因为人毕竟也是非理性的存在物，他有时甚至不希望按照合理的、善的规则行事，宁愿按照自己的意志行事。关于这一点，陀思妥耶夫斯基在《地下室手记》里有非常出色的描述。人有时候为了顺从自己的意志而甘愿受苦受难，反抗压迫和强迫他的一切所谓合理的规范和规则。

秩序、规范等都可以给人带来自由，善、理性、真理都可以为人提供自由。耶稣对信他的犹太人说："你们必晓得真理，真理必叫你们得以自由。"①这里的自由就属于第二种自由。神给人带来自由,在神里就有自由,这是第二种自由中最高级的。无论善、理性、真理提供的自由,还是神提供的自由,都外在于人,不是人身上固有的自由。因此,第二种自由完全外在于人,不依赖于人。但是,第一种自由是人自身固有的自由,完全依赖于人,它不在神那里,不依赖于神。此外,第二种自由应该以第一种自由为前提。没有第一种自由,第二种自由将导致强迫,那样的话,人必须追求真理,必须选择善、行善,必须信神,必须走向神,最终,人将变成"善的机器",而不是自由人了。陀思妥耶夫斯基在《宗教大法官》里对此有绝妙的说明。基督不愿意强迫人们追随他,而是希望人们自由地信奉他。"真理向我们提供最高的自由。但是,在接受真理时也需要自由。真理不能强迫任何人,它不能强行地把自由交给人。只是接受真理和神还不够,还应该自由地接受。自由不可能是强迫的结果,哪怕这是神的强迫。"②对真理的信仰,对神的信仰,都以第一种自由为前提。正是在这个意义上,信仰是自由的。这个自由就是神所希望的,拥有这种自由的人才是神所希望的。因此,尽管第一种自由是人所固有的,但是,它不是人所要求的,而是神要求的。在现实里,两种自由经常是分裂的,各自独立的。这是人类诸多悲剧的根源,也是自由自身悲剧的根源。自由是动态的,因此自由有自己的命运和辩证法。上述两种自由都有其不幸的命运和辩证法。之所以是"不幸的",因为它们最终都可能过渡到自己的对立面,即奴役和必然性,这就是自由的悲剧。

在人身上包含的第一种自由是人的自由,是原初的、非理性的、不受任何限制的,因此,它自身还不能保证人一定利用这个自由去选择善。如果人必须选择善,那么,这就不符合第一种自由的定义,即自由是选择善与恶的自由。第一种自由不能保证人一定选择神,走向神。

---

① 《圣经·约翰福音》8:32。

② Бердяев Н. А. Философия свободного духа. Москва:Республика. 1994. C. 93.

第一种自由的不受限制性导致人既可以选择善,也可以选择恶。通常情况下,人们正是借助于第一种自由选择恶,选择仇恨、瓦解、纷争,即恶之路。因此,第一种自由里隐藏一种"毒素",它最终破坏了自由,使人陷入奴役状态。就个人而言,他可以按照自己的第一种自由生活,按照自己的意志生活,在这种情况下,他很容易陷入到自己低级本能之中,这时他就受低级必然性的束缚,丧失自由。比如,亚当和夏娃利用第一种自由选择了恶,而不是善(听神的话为善,不听神的话就是恶),因此,堕落与第一种自由有关。没有第一种自由,堕落的神话就是无法理解的。就集体、民族而言,情况也是如此。当一个集体或民族处在革命时期,它就受非理性的自由支配,最终会陷入到无政府主义状态,在此基础上很容易形成暴政,在这种体制下,人们就会处在深深的奴役之中。所以,"在第一种自由里包含无限善的潜力,也包含无限恶的潜力"①。其中集中了无限的能量,这能量在个人的命运里,在世界的命运里经常导致悲剧。这样,第一种自由竟然有可能导致必然性的结果,在必然性里就没有了自由。这种自由就是不受控制,不受决定,因此几乎不可驾驭。因此,人们经常放弃第一种自由,把它当做负担。放弃自由之后,人就变得轻松,而且其生活里也不会有悲剧。"为了安宁和幸福,人很容易拒绝自由,他很难承受自由的巨大负担,并准备抛弃自由的负担,将其转嫁给更强壮的人。"②完全来自人自身的自由却是人所不喜欢的,他经常放弃这个自由,这是人性的弱点,它经常导致悲剧,无论第一种自由自身,还是它所导致的必然性,都无法使世界和人摆脱悲剧的命运。

如果没有第一种自由,只有第二种自由,那么它也会导致悲剧。"如果第一种自由产生无政府状态,自由将在这个状态里毁灭,那么第二种自由产生权威的生活制度,神权政治的或社会主义的生活制度,

---

① Бердяев Н. А. Философия свободного духа. Москва:Республика. 1994. C. 96.

② Бердяев Н. А. Философия свободного духа. Москва:Республика. 1994. C. 93.

在这里,精神自由、信仰自由将被彻底消灭。权威型的社会是抽象地独立出来的第二种自由的产物。"①在第二种自由自身中也没有任何保证使它能导致善的结果,相反,它可能导致真理和善中的强迫和暴力,在这里,美德将变成强迫性的。这种情况可以在人类历史上的各种暴政组织里看到,在人类诸多社会理想和梦想里也可以看到,比如帝国的梦想、人间天堂、理想秩序等等。陀思妥耶夫斯基笔下的宗教大法官非常了解人性的弱点,即人希望放弃自己的自由,将其转交给他人。宗教大法官利用了人性的弱点,把人从自由的重负下解放出来,建立一个没有基督,没有神的国度,在其中生活的是完全没有自由的人,他们被强行地组织起来,无论实践美德,还是实施暴力,都是被组织的,因为他们没有任何自由。如果他们行善,而不作恶,那么他们被迫只能行善,即他们是善的机器,他们没有可能作恶,因为被强行地阻止作恶。于是,他们最终丧失了自由,完全服从强权和必然性。

如果各民族生活中的革命以肯定不受任何限制的第一种自由开始,那么它们都以肯定不受任何限制的第二种自由结束。这就意味着,在自己的动态过程中,在自己的内在辩证法里,自由将导致暴政,导致自我消灭。第一种自由导致纷争和瓦解。第二种自由想使这个纷争和瓦解服从组织的真理和善,并以此不惜任何代价使世界走上秩序,走上强迫的、暴力的结合与联合,想要制造必然性的自由,在必然性中的自由,来自必然性的自由。这里看不到摆脱自由暴政的出路,自由注定遭到灭亡,在自由深处隐藏着其破坏性的力量。第一种和第二种自由的辩证法已经在脱离了精神中心的世界上展开。②

---

① Бердяев Н. А. Философия свободного духа. Москва: Республика. 1994. Сс. 96 – 97.

② Бердяев Н. А. Философия свободного духа. Москва: Республика. 1994. C. 97.

第一种自由和第二种自由最终都导致悲剧。无论从第一种自由过渡到第二种自由,还是从第二种自由过渡到第一种自由,都无法克服自由内部所包含的"毒素",最终结果都是自由自身被消除。那么,摆脱自由悲剧的出路在哪里?别尔嘉耶夫认为,还有一种自由,即第三种自由,它将克服前两种自由的悲剧辩证法。

如前所述,别尔嘉耶夫信奉的宗教是神人类的宗教,第三种自由就在神人类的宗教里,准确地说,在作为神人的基督里。"在基督里启示出第三种自由,它在自身中包容了前两种自由。"①第三种自由应该在不消灭前两种自由的情况下,克服它们的悲剧命运。那么,第三种自由是如何包含前两种自由,它又是如何克服它们的悲剧命运的?它自己就不导致悲剧吗?第三种自由就不消灭自由自身吗?

作为神的儿子,耶稣说:"我就是道路,真理,生命。"②认识这个真理,就可以获得自由,因此在耶稣基督身上包含第二种自由。但是,第一种自由不是神赋予的,不依赖于神,它完全来自人,这是人的自由。来自神的自由和来自人的自由在基督身上结合。"人的自由的根源在神那里,但不是在神–圣父那里,而是神–圣子那里,圣子不但是神,而且还是人,是绝对的人,是精神的人,是永恒的人。"③在基督身上结合着两种自由,它们是完全不同的。一方面,基督能够给人自由,这是第二种自由;另一方面,基督是完善的人,因此他身上还有人的自由,即第一种自由。基督圣子身上所包含的第一种自由就是人的自由,就是人应该借助于它而自愿地面向神、接受神、回应神的那种自由。作为三位一体第二位格的圣子,他与神合一,他的自由不可能违背神的意志。圣子对圣父的回应,完全出于自由,没有任何强迫。"从基督那里获得自由不但意味着从神自身那里获得自由,而且也意味着获得转向神所需要的自由,回应神对爱的需求的自由,成为神的真正子民的

---

① Бердяев Н. А. Философия свободного духа. Москва: Республика. 1994. С. 98.

② 《圣经·约翰福音》14:6。

③ Бердяев Н. А. Философия свободного духа. Москва: Республика. 1994. С. 99.

自由。这已经不是一元论,也不是二元论,这是神人的秘密,基督身上两个本质的秘密,因此也是人身上两个本质的秘密。应该在关于基督的神人本质的基督教教义里去寻找人的自由的秘密,自由悲剧的解决。"[1]旧亚当滥用自由,犯了罪,最终丧失了自由。新亚当基督耶稣恢复了人的自由,让人的自由与爱结合在一起,从内部照耀人的自由,因此克服了人的自由里的"毒素"。从此,人的自由便与神的恩赐结合。"恩赐是作为第三种最高级的自由而发挥作用的,这是天上的、精神的人性的自由。……第三种自由就是与恩赐,与恩赐的爱结合的自由。"[2]

圣子基督是通过什么途径挽救了人的自由,为人提供最高级的第三种自由呢? 别尔嘉耶夫认为,是通过十字架。十字架的秘密就是自由的秘密。基督徒相信,被钉死在十字架上的耶稣就是基督,就是他们所期盼的弥赛亚。他们在十字架上的耶稣身上辨认出自己的神。接受这样的神,接受这个以奴仆形象出现的神,接受被钉死在十字架上的神,恰好需要自由。

假如神子,弥赛亚显现在力量和荣耀之中,假如他显现为世界的王和胜利者,那么人的精神自由就将终结,神的国将通过必然性、暴力和强迫的途径获得实现。……被钉十字架的真理的宗教是精神自由的宗教。被钉十字架的真理既不具有逻辑的强迫性,也不具有法律的强迫性。被钉十字架的真理向世界显现为无限的爱。但爱不强迫我,却使我成为无限自由的。在爱里,一切对我而言都是在精神上亲近的,离我很近,在爱里我将摆脱异己的和敌对的异在,因此我能获得最高的自由。自由应该使我走向爱,爱应该使我成为自由的。基督的恩赐就是爱着的自由的秘密,是自由的爱的秘

① Бердяев Н. А. Философия свободного духа. Москва:Республика. 1994. C. 99.
② Бердяев Н. А. Философия свободного духа. Москва:Республика. 1994. C. 100.

密。这个恩赐曾经显现在十字架上。神人面向人的自由,在神人的自愿受难中,隐藏着基督教之爱的秘密。①

各各他对犹太人来说是诱惑。耶稣基督最后被钉死在十字架上,这在犹太人看来是非常不可理解的,他们认为,神应该在力量和荣耀里显现自己。神子应该有能力建立一个强大的以色列国家。因此,不接受耶稣基督的犹太人至今仍然盼望将要在力量和荣耀里显现的弥赛亚。然而,如果基督真在力量和荣耀里显现,比如显现在一个强大国家的国王的形象里,那么,接受这个基督就是必须的、强迫的,在这里不需要任何自由。只有以奴仆形象出现的基督,被钉死在十字架上的基督,才需要人自由的信仰。因此,人的自由在基督的身上得以彻底保留。

三、非被造的自由

先于存在的自由是什么? 先于存在的东西不应该是存在。"自由不是与神的存在并列的特殊存在,自由是没有它世界的存在对神而言就没有意义的那个东西,神关于世界的意图只有通过它才能获得证明。"②如果存在是神创造的,那么自由就不可能是神创造的,因此才有非被造的自由。然而,别尔嘉耶夫的非被造自由的概念不是通过这个简单的逻辑获得的。

作为神人,即作为完整的人,绝对的人,作为完善的神,绝对的神,在基督身上包含两种自由,这是可以理解的。但是,当别尔嘉耶夫宣布,第一种自由的根源在圣子基督身上时,这是很勉强的说法。因为如果承认第一种自由的根源在圣子基督身上,那么他最终得为自由所导致的一切后果负责,这就使得神正论成为不可能。因此,即使承认基督身上有第一种自由,那么也不能说第一种自由的根源就在他身

① Бердяев Н. А. Философия свободного духа. Москва:Республика. 1994. C. 101.
② Бердяев Н. А. Философия свободного духа. Москва:Республика. 1994. C. 115.

上。我们前面说过,别尔嘉耶夫神正论的基础是"非被造的自由"。但是,在《自由精神的哲学》里,他还没有彻底想明白这个问题,没有明确地提出"非被造的自由"的概念。

在《自由精神的哲学》里,在探讨第一种自由的根源时,实际上他已经暗示了"非被造的自由"。第一种自由是非理性的自由,原初的自由,但它却是人所固有的一种自由。然而,第一种自由的根源不应该在人身上,因为他自己也是被造的。正是人的这个被造性决定了第一种自由的根源不可能在他身上。人是由神造的,由此似乎可以做出结论说,和人一样,和人的生命一样,第一种自由的根源也在神那里。

> 人的自由的根源不可能在自然人身上,因为人不是独立的、绝对的存在,不是在自身中有生命根源的存在。任何生命的根源都可追溯到存在的原初根源,追溯到神。通过这种途径可以获得一个结论,即人的自由的根源在神那里。人从获得自己整个生命的地方获得自己的自由。脱离神,即脱离生命的原初根源之后,人也将丧失自己的自由。但是,如果我们沿着这条思考自由的道路继续走下去,那么我们将走向基督一性论,承认神的自由而否定人的自由。人从神那里获得自由,但他缺乏一种自由,他应该通过这种自由而走向神。没有这个自由,人对神之爱的召唤的自由回应是不可能的,神就得自己回应自己。两个主角在其中存在的那个悲剧将变成只有一个主角的悲剧。如果这样来理解自由,那么宗教生命的原初现象是无法理解的。①

为了保卫人的自由,即第一种自由,为了不陷入基督一性论,也为了神正论,别尔嘉耶夫否定了上述推理逻辑,这个推理的结果就是人的自由,即第一种自由的根源在神那里。别尔嘉耶夫被迫把第一种自

---

① Бердяев Н. А. Философия свободного духа. Москва:Республика. 1994. С. 98.

由的根源放在圣子基督身上。圣子基督在第一种自由和第二种自由的基础上启示了第三种自由。但这只是对人的自由的理解中的一个过渡,而不是对它的终极理解。

《自由精神的哲学》第五章是"恶与救赎",在探讨恶的来源时,别尔嘉耶夫被迫承认自由不是被造的,甚至认为神对这样的自由不是全能的:"自由不是被造的,因为它不是自然界,自由先于世界,它根植于原初的虚无之中。神的全能是针对存在,但不是针对虚无,不是针对自由。所以才存在着恶。"①在这里,承认自由的非被造性是个逻辑结论。恶的根源不能在神那里,因此只能在原初的、非理性的自由那里,这个自由不应该是神造的,否则恶和自由一起都来自神,那样的话神正论就不可能了。承认恶的根源在自由里,自由不是神造的,神正论问题因此就可以获得解决。但是,在这里,"非被造的自由"这个术语尚未出现。"神从虚无里创造了世界。但也可以说,神从自由里创造了世界。被造物的基础应该是无底的自由,在世界创造之前它就已经包含在虚无里,没有这个无底的自由,神就不需要被造物。针对存在而言,神是全能的,但这不能用于非存在。太初有逻各斯,太初也有自由。自由并不与逻各斯对立,因为没有自由就没有世界的逻各斯,没有世界的意义。"②最后,在《论人的使命》里,别尔嘉耶夫明确提出"非被造的自由(несотворнная свобода)"的概念,并将其作为自己神正论的基础。"造物主-上帝对存在、对被造的世界是全能的,但是,他不能控制非存在,非被造的自由,这个非被造的自由对于上帝而言是不可捉摸的。"③从此,非被造的自由这个观念就成了别尔嘉耶夫论证自由、创造以及神正论问题的出发点。

别尔嘉耶夫自己承认,非被造的自由这个术语是逐渐形成的。这个观念与德国神秘主义的联系是非常明显的。刚到莫斯科,他就开始

---

① Бердяев Н. А Философия свободного духа. Москва:Республика. 1994. C. 98.

② Бердяев Н. А. Философия свободного духа. Москва:Республика. 1994. C. 115.

③ 别尔嘉耶夫:《论人的使命》,张百春译,上海人民出版社 2007 年版,第 30~31 页。

迷恋德国神秘主义。当时他最感兴趣的一个想法就是德国神秘主义者们对神的理解，即在神里，在神的三位一体里存在一种神秘的辩证法。在《自由的哲学》里，他转述了埃克哈特对神的理解。

> 埃克哈特关于原始神（Перво-Божество，Gottheit）的学说是深刻的，原始神比神（Бог，Gott）更深刻、更原始。原始神高于三位一体的所有三位，高于与它们三位有关的辩证过程。一切矛盾在原始神里都被永恒地和绝对地克服了，针对原始神，甚至关于存在与非存在的问题自身都将消失。但关于原始神什么都不能说，因为它是不可表达的，与它的关系已经是超宗教的……一般的意识都把原始神与圣父神联系在一起，然而，圣父神只是神秘辩证法中的一个角色，是宗教戏剧的剧中人，但是，原始神位于这个辩证法之下和之上，不作为剧中人参与其中。原始神是超存在者（Сверх-Сущее）。在原始神里给定的是一与三的同一。它不是三中的一位，如圣父神那样。①

埃克哈特区分出原始神和三位一体的神，后者包括圣父、圣子和圣灵。肯定神学不能理解原始神，因为肯定神学必须用概念进行思考，但任何概念都不适用于原始神。对原始神，只能否定地理解，只有否定神学才能适合于它。原始神有时被称为"神的虚无"，他不创造，也不运动。在原始神里，没有造物主和被造物之分，没有神与人之分，总之，那里没有任何区分和矛盾。三位一体的三个位格都是从原始神里产生出来的。三位一体的神已经包含分化了。后来在《创造的意义：为人辩护的尝试》里，别尔嘉耶夫开始把埃克哈特的原始神与伯麦的深渊（Ungrund）并称，深渊也在三位一体的神之前。无论原始神还是深渊，它们都不创造世界，只有从它们里诞生的三位一体的神才创

---

① Бердяев Н. А. Философия свободы.//Философия свободы. Смысл творчества. Москва：Правда. 1989. С. 147.

造世界。这就是所谓的神的诞生和世界的诞生。有了原始神和深渊的概念后,自由的根源就可以解决了。

> 圣三位一体和造物主神都是从神的虚无,从原始神(Gottheit)和深渊(Ungrund)中产生的。造物主-神创造世界已经是次要的行为了。从这个观点出发可以认为,自由不是造物主-神创造的,自由根植于虚无,根植于深渊(Ungrund),它是第一性的和无始原的。自由不是由造物主神决定的,因为它在神用来创造世界的那个虚无之中。造物主-神和虚无的自由之间的区别已经是次要的了,因为在原初的秘密中,在神的虚无中,这个区别将被取消,因为神是从深渊(Ungrund)中被显现的,自由也是从它那里被显现的。①

这样,自由的根源既不在造物主神那里,也不在圣子基督那里,而是在造物主神和基督之前的原始神、深渊里,在虚无里。人是造物主神的造物,但是人同时也是自由的产物,是无、非存在、虚无的产物。因此,可以说人是造物主神和自由的产物。在别尔嘉耶夫的理解中,在造物主神之外,还有一个虚无的自由。它不是由造物主创造的,在造物主之外,这是一种"非被造的自由"。第一种自由的根源就在原始神里,在深渊里,在虚无里,即在非被造的自由里。自由位于造物主神和基督之外,因此它所导致的一切罪和恶,都与造物主神和基督无关。造物主神和基督因此就可以不为自由所导致的恶负责了。这是别尔嘉耶夫神正论的核心内容。

别尔嘉耶夫不但把非被造的自由作为自己神正论的基础,而且还用它来揭示堕落的神话和救赎的神话。造物主神创造了世界,并按自己的形象和样式造人。但是,被造的人一开始就被赋予了虚无的自由,而且这个自由是神所无法控制的。"人来自上帝,也来自尘土,来

---

① 别尔嘉耶夫:《论人的使命》,张百春译,上海人民出版社2007年版,第30页。译文略有改动。

自上帝的创造,也来自非存在,来自上帝的理念和自由。这就是人的本质的复杂性和极化性。"①人可以用这个非理性的原初自由行善(听神的话),也可以用来犯罪(不听神的话)。结果,人利用非被造的自由犯了罪。面对人的堕落,神也无能为力。这就是所谓的神的"第一个行为"。在这里,神表现为造物主,世界和人的创造者。因为人堕落了,因此才有神的"第二个行为",即救赎的行为。在这个行为里,神不再是造物主,而是救赎者和拯救者。《圣经·新约》里的神的形象就是一个受难者,为了救赎世人的罪而被钉死在十字架上。"这时上帝开始了第二个行为,下降到虚无里,下降到已经变成恶的自由的深渊里,不在力量中显现自己,而是在牺牲中显现自己。神的牺牲,神自愿在十字架上的受死,应该战胜虚无的恶的自由,战胜它,但不强迫它,不剥夺被造物的自由,而只是照耀它。"②

在《自我认识》里,别尔嘉耶夫对自己非被造自由这个观念与伯麦的深渊之间的联系作过这样一个说明:"根据我的解释,伯麦的深渊(Ungrund)就是原初的自由,它在神里。但是在我这里,原初的自由位于神之外。原初的自由根于虚无(ничто, меон)。但这完全不意味着本体论的二元论,那已经是理性化了。"③在别尔嘉耶夫的理解中,这个原初的自由就是非被造的自由。他与伯麦之间的这个差别是原则性的。但是,不管别尔嘉耶夫怎么辩解,非存在的自由毕竟是位于神之外的东西,这就使得他的本体论具有了二元论色彩。正统的官方基督教神学当然不接受非被造的自由的观念。别尔嘉耶夫自己承认,"自认为是正统派的东正教徒、天主教徒、新教徒特别攻击我的非被造的自由的观念,认为其中包含非基督教的二元论,灵知主义,对神的全能的限制"④。他抱怨人们不理解这个观念。但他自己认为,非被造

---

①　别尔嘉耶夫:《论人的使命》,张百春译,上海人民出版社 2007 年版,第 59 页。

②　别尔嘉耶夫:《论人的使命》,张百春译,上海人民出版社 2007 年版,第 31 页。

③　Бердяев Н. А. Самопознание. Москва : Книга. 1991. С. 176.

④　Бердяев Н. А. Самопознание. Москва : Книга. 1991. С. 297.

的自由在其终极哲学里占有核心地位。"非被造的自由不但能解释传统哲学学说所无法理解的恶的产生,而且还能解释创造的新事物、前所未有的事物的产生。非被造的自由是个极限概念,准确地说,不是概念,而是象征,因为关于非被造的自由是不能构造理性概念的,因为它是完全非理性的。"①

　　在别尔嘉耶夫所保卫的所有概念和观念中,非被造的自由是最极端的,最令人不安的一个。他强行把神与自由分开,随着他的思考的不断深入,神与自由之间的分裂越来越深。在《末世论形而上学》里,他已经不再满足于"太初有逻各斯,太初也有自由"的说法,不再否定逻各斯与自由之间的对立。"太初有逻各斯。但是太初也有自由。逻各斯在自由里,自由也在逻各斯里。但这只是自由的一个方面。还有自由的另一个方面,在这里,自由完全外在于逻各斯,这就发生了逻各斯和自由的冲突。"②逻各斯就是神。因此,自由与神不但分离,而且还对立、冲突。这是世界生命和世界过程的悲剧的根源。在神之外肯定一个非被造的自由,这就削弱了传统基督教神学的一个基本信条——神是万能的。在别尔嘉耶夫的理解中,神不是万能的,神所拥有的力量甚至无法与一个警察相比。难怪他总是强调自己不是神学家,而是宗教哲学家,是拥有自由思想的宗教哲学家。如果说自由是别尔嘉耶夫的原初直觉,是其整个哲学体系的出发点和基石,那么非被造的自由就是其宗教哲学的核心概念之一。正是非被造的自由的观念使别尔嘉耶夫的自由观在整个哲学史上的自由传统中占有独特地位。与此同时,正是非被造的自由的观念保证了别尔嘉耶夫整个宗教哲学的独创性。

---

① Бердяев Н. А. Самопознание. Москва:Книга. 1991. С. 297.
② 别尔嘉耶夫:《末世论形而上学》,张百春译,中国城市出版社 2003 年版,第 109 页。

第二节　个性

一、个性的界定

个性是别尔嘉耶夫整个哲学大厦的一块重要基石。但是他也承认,"不可能制定关于个性的统一的概念"①。在许多著作里,他反复言说和描述个性,尝试揭示个性的含义,从这些论述中可以看到他对个性的独特理解。

几乎所有哲学家都承认人在世界上的特殊地位,都知道人是个特殊的存在物。那么,人是靠什么获得这个特殊地位的,在人身上是什么东西使他与世界上所有其他事物区别开的? 在别尔嘉耶夫看来,这就是人身上的个性(личность)。"如果人不是个性……哪怕只是存在于潜在和可能性之中的个性,那么人就和世界上其他事物一样了,在他身上就不会有任何非凡的东西了。……当个性进入世界,当然是唯一的和不可重复的个性,那么,世界过程就会中断,不得不改变自己的进程。"②世界上的事物都参与到世界过程之中,人也不例外,但是,只有人身上的个性可以使世界过程中断,或改变自己的进程。

当然,人的个性是指人的精神层面。在物质层面上看,就人的自然属性看,他有肉体,在这方面,他属于自然界,和自然界里其他东西差别不大。人来于尘土,也将归于尘土,就是指人的这个方面说的。但是,在精神上,人是个性,正是个性使他获得在世界上独一无二的地位。作为个性的人不是自然界的产物,也不可能是社会的产物。无论自然界,还是社会,都无法进化出人的个性。因此,个性在世界上的存

---

① 别尔嘉耶夫:《论人的奴役与自由》,张百春译,中国城市出版社2002年版,第56页。
② 别尔嘉耶夫:《论人的奴役与自由》,张百春译,中国城市出版社2002年版,第19~20页。

在标志着这个世界不是自足的,不是封闭的。个性自身标志着世界过程的中断。在封闭自足的世界世界里,不可能产生个性。别尔嘉耶夫认为,个性有神圣的来源。"个性不来自父母,个性是神创造的。"①父母给人的是肉体,但人的个性是神创造的。神按照自己的形象和样式造人。神的形象和样式在人的身上就表现为个性。"个性是人身上上帝的形象和样式,因此个性超越于自然生命之上。"②在自己晚期的各种著作中,别尔嘉耶夫不断地重复这个说法。个性里包含神的形象和样式,这是神造人时的想法和意图。神的意图和想法是永恒的,个性也是永恒的。因此,"个性走向上帝之国,也可以进入上帝之国"③。个性也是通向神国的道路。神的形象和样式就是个性的身份,神的形象和样式只能在个性里获得揭示。④ 如果我们把世界上的一切都看做是存在,那么,人的个性似乎是非存在。"人身上显现造物主的形象和样式的东西,在人身上最完善的东西,仿佛是不完善、缺损、潜能、在人身上的非存在的产物。"⑤这就决定了个性在世界上的独特地位和意义,个性是世界上的一种来自彼岸世界的东西,所以它才构成世界过程的中断。个性在这个世界上的存在自身就要求世界过程的中断。

人的个性来自神,是神的形象和样式。但人生活在堕落的世界里,他身上神的形象和样式被掩盖着。因此,人的使命就是恢复自己身上神的形象和样式,即恢复来自神的真正的个性。作为神关于人的想法和意图,人身上的个性不可能完全是人的,不可能是纯粹的人的东西。用别尔嘉耶夫的术语,真正的个性应该是神人的,神人性的。"只有当个性是神人的个性时,个性才是人的个性。人的个性相对于

---

① 别尔嘉耶夫:《论人的使命》,张百春译,上海人民出版社 2007 年版,第 60 页。译文略有改动。

② 别尔嘉耶夫:《论人的使命》,张百春译,上海人民出版社 2007 年版,第 60 页。

③ 别尔嘉耶夫:《论人的使命》,张百春译,上海人民出版社 2007 年版,第 201 页。

④ Бердяев Н. А. Я и мир объектов. //Бердяев Н. А. Философия свободного духа. Москва:Республика. 1994. Сc. 241,301,304.

⑤ 别尔嘉耶夫:《末世论形而上学》,张百春译,中国城市出版社 2003 年版,第 168 页。

客体世界的自由和独立性就是它的神人性。这意味着,个性不是由客体世界塑造的,而是由主观性塑造的,在主观性里蕴藏着上帝形象的力量。人的个性是神人性的存在物。"①神人性是人的个性最本质的属性。在这个意义上,人的个性不可能被彻底消灭。个性是永恒的。而且,在任何人的身上都有个性,无论他有多么卑微,无论人的个性遭到什么样的打击和压制。"福音书和基督教伦理学的基础就是绝对承认一切人的灵魂的意义,任何一个灵魂都比世界上的王国更重要,绝对承认作为上帝的形象和样式的个性的自我价值。"②个性是人之为人的唯一标志,除个性外,人身上任何东西都不能作为人之为人的最高标志。个性标志着人的高贵身份,表明他不仅仅来自此世,而且来自神的世界。借助于人及其身上的个性,神的世界与此世之间就可以直接联系了。

　　神先验于人,在神人的形象中神也同人神秘地结合着。只是因为这一点,在世界上才有不受世界奴役的个性出现。个性具有人性,它超越人的东西,人的东西依赖于世界。人是一个构成复杂的存在物,他在自身中携带着世界的形象,但他不仅仅是世界的形象,而且还是上帝的形象。在人身上发生着世界和上帝的斗争,人是具有依赖性和自由的存在物。上帝的形象是象征性的表达,如果把它变成概念,那么就会遇到无法克服的矛盾。人是象征,因为在他身上有另外一个东西的标志,他就是另外一个东西的标志。人摆脱奴役的可能性只与此相关。这是个性学说的宗教基础,不是神学基础,而是宗教基础,即是精神－体验的,生存意义上的基础。关于神人性的真理不是教义公式,不是神学学说,而是

①　别尔嘉耶夫:《论人的奴役与自由》,张百春译,中国城市出版社2002年版,第48页。
②　别尔嘉耶夫:《论人的使命》,张百春译,上海人民出版社2007年版,第112页。

经验真理,是对精神体验的表达。①

作为神的形象和样式,人身上的个性是唯一的,不可重复的。在这个意义上,"个性是例外,而不是规则。个性生存的秘密就在于它的绝对不可替代性,在于它的一次性和唯一性,在于它的不可比性"②。这就是个性的价值所在。但是,个性之间是可以对比的,人们的个性之间不但有联系,而且还有相似性。"一个个性可能与其他个性有相似的特征,这些相似的特征使得对个性的比较成为可能。然而,这些相似的特征并不能触及个性的本质,正是这本质使个性成为个性,不是成为一般的个性,而是这个个性。"③因此,个性的唯一性是绝对的。在这个意义上,个性只针对完整的人。个性表现在完整的人身上,因为个性具有整体性、完整性。人是由肉体、灵魂和精神构成的存在物。个性的完整性就表现在人身上精神、灵魂和肉体的统一里。"个性可以定义为多样性中的统一,复杂的统一,精神、灵魂、肉体的统一。没有复杂的多样性的抽象统一不是个性。个性是完整的,其中包括精神、灵魂和肉体。"④人不仅仅是自然界的产物,不仅仅来自父母,他还有超自然的来源,因此他超越于自然界。在另一处,别尔嘉耶夫说:"个性具有精神 – 灵魂 – 肉体的特征,并超越自然界的决定论。"⑤那么,人的精神、灵魂和肉体是如何统一于个性之中,如何被包含在个性里的呢?别尔嘉耶夫不断重复说,个性是精神,"是自由的精神"。"个性是精神的,并以精神世界的存在为前提。"⑥在人身上,在个性里,精神是具有决定性的主导原则。"精神原则控制着人的所有的灵

---

① 别尔嘉耶夫:《论人的奴役与自由》,张百春译,中国城市出版社2002年版,第49页。
② 别尔嘉耶夫:《论人的奴役与自由》,张百春译,中国城市出版社2002年版,第23页。
③ 别尔嘉耶夫:《论人的奴役与自由》,张百春译,中国城市出版社2002年版,第23页。
④ Бердяев Н. А. Я и мир объектов. // Бердяев Н. А. Философия свободного духа. Москва: Республика. 1994. С. 297.
⑤ 别尔嘉耶夫:《论人的奴役与自由》,张百春译,中国城市出版社2002年版,第23页。
⑥ 别尔嘉耶夫:《论人的使命》,张百春译,上海人民出版社2007年版,第60页。

魂和肉体的力量。个性的统一性是由精神塑造的。"①那么,精神如何塑造个性? 精神原则又是如何控制灵魂和肉体的? 别尔嘉耶夫首先否定了从笛卡儿开始的精神与肉体、灵魂与肉体的二元论。在别尔嘉耶夫看来,真正的二元对立发生在精神与自然界之间,而不是灵魂与肉体之间。的确,人的肉体把人与自然界联系在一起,它表明人的自然界的来源。但是,灵魂与肉体之间并不是对立的,"灵魂生命渗透在整个肉体生命之中,如同肉体生命作用于灵魂生命一样。在人身上有灵魂和肉体的活生生的统一"②。灵魂不在肉体里,而在肉体的形式里,肉体的形式是灵魂与肉体统一的前提和保证。这里的关键是肉体的形式。"肉体的形式完全不是物质,完全不是物理世界的现象,肉体的形式不但具有灵魂的特征,而且还具有精神的特征。"③别尔嘉耶夫通过人的脸来解释这句话的含义。他认为,人的脸不仅仅是自然界过程的结果,其中包含精神力量的作用,因为人的脸反映了自然界之外的另外一个世界的形象。"人的脸是世界生命中最了不起的东西,另外一个世界就是通过它而显现的。人的脸标志的是个性及其唯一性、一次性和不可重复性进入世界过程之中。通过人的脸我们所认识的不是人的肉体生命,而是人的灵魂生命。……肉体的形式是精神－灵魂的形式。个性的完整性就在这里。"④个性不在人的肉体里,但肉体的形式包含在个性之中。个性不是灵魂,但灵魂也包含在个性之中。个性是精神,是把肉体和灵魂纳入到自身之中的精神。完整的人有感觉、意志和思维。完整的个性不能排除其中的任何一个因素,因此才有个性的统一性。在这个统一性里,精神原则发挥着整合的功能。可以说,"个性是我的完整思维,我的完整的意志,我的完整的感觉,我的

---

① 别尔嘉耶夫:《论人的奴役与自由》,张百春译,中国城市出版社 2002 年版,第 31 页。
② 别尔嘉耶夫:《论人的奴役与自由》,张百春译,中国城市出版社 2002 年版,第 31～32 页。
③ 别尔嘉耶夫:《论人的奴役与自由》,张百春译,中国城市出版社 2002 年版,第 32 页。
④ 别尔嘉耶夫:《论人的奴役与自由》,张百春译,中国城市出版社 2002 年版,第 32 页。

完整的创造行为"①。个性是整体,而不是部分,不是任何整体的部分,比如自然界、宇宙等等。别尔嘉耶夫不断重复的一句最具革命性的名言是"社会是个性的一部分"②。社会就是个性的社会方面。这个论断的基础是个性的完整性和整体性。"个性是微观宇宙,是完整的宇宙。只有个性才能包容普遍的内容,成为个体形式的潜在的宇宙。这个普遍内容是自然界或历史世界中任何其他现实都不能获得的,因为其他现实永远都是部分。个性不是部分,也不可能成为相对于任何整体的部分,哪怕是相对于巨大的整体,哪怕是相对于整个世界。这就是个性的实质性的原则,是个性的秘密。"③个性的整体性对人而言非常重要,因为对个性整体性的破坏就是对人的损害。个性的实现也只能是在整体上实现。

人的存在是动态的,他每时每刻都在发生变化。变化是人的存在的特点。个性自身就是个过程,个性的实现也是个过程,并且以变化为前提。个性不是一劳永逸地被给定的,它要不断地塑造自己。因此,任何人都不能说自己是"完善的个性"。"个性不是僵化的状态,个性在展现着,发展着,丰富着,但个性是同一个永存主体的发展,个性就是这个主体之名。"④尽管别尔嘉耶夫很少给个性以确切的定义,但他也对个性作出一些明确的判断,比如他说:"个性是变化中的不变性"⑤,而且认为这是对个性的实质性的定义之一。发展、变化不等于背叛。个性在发展的时候,必须始终忠实于自己,与自己同一,不能背叛自己。个性的永恒性表明,人在实现自己个性之前,他的个性已经存在。关于这一点,别尔嘉耶夫有个形象的说法:"个性在路的开端,

---

① 别尔嘉耶夫:《论人的奴役与自由》,张百春译,中国城市出版社2002年版,第24页。
② 别尔嘉耶夫:《论人的奴役与自由》,张百春译,中国城市出版社2002年版,第26页。
③ 别尔嘉耶夫:《论人的奴役与自由》,张百春译,中国城市出版社2002年版,第20页。
④ 别尔嘉耶夫:《论人的奴役与自由》,张百春译,中国城市出版社2002年版,第22页。
⑤ 别尔嘉耶夫:《论人的奴役与自由》,张百春译,中国城市出版社2002年版,第3页。

同时,个性只能在路的终结。"①因此,当有人指责别尔嘉耶夫的思想总是变来变去时,他辩护说,自己哲学的基本主题,思想的主要动机和价值的基本定位始终没有变化。

要理解个性,必须把它与个体区别开。个体总是相对于整体而言的,在这个意义上,个体也是不可分割的,可以用"原子"来形容。但是,不可分割的"原子"自身却是部分,是各类整体的部分,因为诸多原子可以构成整体。类、社会、国家等都是由个体构成的,甚至整个宇宙也是由个体构成的。相对于这些整体而言,个体就是它们的部分,并且处于服从地位。不但人是个个体,动物或植物也是个体,甚至连钻石、水杯、铅笔这样的东西也都是个体。个体是由类的过程而产生的,没有类或整体,就没有个体。反之亦然,没有个体,也就没有整体。个体与整体相互依存。作为个体的人,人的个体是由父母所生的,因此人有其生物学的来源,在人身上有继承性的关系。没有父母,没有类(人类),就没有人的个体。但是,没有个体的人,也就没有人类,个体的人是人类的组成单元。个体可以成为生物学和社会学研究的对象。因此,"个体是自然主义的,生物学和社会学的范畴"②。个体不但服从整体,同时还对自己进行自我肯定,这种肯定总是带有个人主义的特征。从构词法来说,俄文的个人主义(индивидуализм)一词是由个体(индивид)构成的,而不是由个性(личность)构成的。但是,个人主义的自我肯定并不意味着人相对于整体(人类或社会)的独立性,而是意味着一种孤立、无援无助、无力反抗。人是个体,但人不仅仅是个体,他还是个性。"个性不是自然主义的范畴,而是精神的范畴。"③如果说个体是由类产生的,那么个性则不是类的产物,不是生出来的,而是被造的,是由神创造的,"个性是在永恒中产生的上帝的理念和意

---

① 别尔嘉耶夫:《论人的奴役与自由》,张百春译,中国城市出版社2002年版,第22页。

② 别尔嘉耶夫:《论人的奴役与自由》,张百春译,中国城市出版社2002年版,第36页。

③ 别尔嘉耶夫:《论人的奴役与自由》,张百春译,中国城市出版社2002年版,第37页。

图"①。如前所述,个性是人身上神的形象和样式,这一点表明人身上有来自另外一个世界的东西。作为个体的人,是堕落世界的产物,受制于这个世界,但是作为个性的人,他有另外的来源,他来自另外的世界。个性不来自此世,不由此世决定,个性是神创造的。因此,作为个性的人是两个世界的交叉点。人的这个地位就是由于人的个性决定的。与个体完全相反,个性不是部分,不是某个整体的部分,它自身就是整体。作为整体,个性具有相对于其他整体的独立性。如果说人的个体性是由遗传因素决定的,那么人身上的个性标志着人的自由,对世界决定性的克服。人既是个体,也是个性。作为个体的人,和任何个体一样,是有死的,个体和类一样,都是有死的。但是,作为个性的人则是有永生的,作为有神圣来源的个性是永生的。

> 个体和个性不是两个不同的人,而是同一个人。这不是人身上的两个不同的存在物,而是两种不同的质,两个不同的力量。……个体 – 人体验着孤立,被自己的自我中心地吞噬着,其使命就是为生命而进行艰苦的斗争,并提防各种威胁。他通过调和与迁就来摆脱困境。个性 – 人,还是那个人,他克服自己的自我中心的封闭性,在自身中揭示宇宙,但同时保持自己相对于周围世界的独立性和尊严。②

在我们的日常生活经验中可以知道,一个人可能很有才华,与众不同,但他可能是没有个性的。我们通常说一个人没有个性,但不能说他不是个体。不过,连别尔嘉耶夫自己也承认,这些词汇给我们的理解带来很大麻烦,他自己经常不是在本来意义上使用词汇,按照自己的理解赋予其以特殊的含义。比如,神在创造人的时候,有特殊的意图和想法,那么神在创造其他东西的时候是否也有意图和想法? 可

---

① 别尔嘉耶夫:《论人的使命》,张百春译,上海人民出版社 2007 年版,第60 页。
② 别尔嘉耶夫:《论人的奴役与自由》,张百春译,中国城市出版社 2002 年版,第38 页。

以说,包括人在内,任何东西都是个体。那么,除了人之外,其他东西是否也有个性?阿猫和阿狗是个体,但它们是不是个性?关于这些问题,别尔嘉耶夫没有明确的说法。

二、个性的生存论意义

别尔嘉耶夫把自己的哲学归入生存哲学之列,并且认为"个性问题是生存哲学的基本问题"[①]。在他看来,只有生存哲学才能理解个性问题。个性是意义的范畴,是对生存意义的揭示,因此,个性具有生存论意义,这个意义主要在个性的痛苦、忧郁、敬畏等情感里获得揭示。

人和人之间有很多共性。但是,"人身上个性的东西正是其中与其他人没有共性的东西,在这个非共性之中包含着普遍的潜力"[②]。不过,这里的个性不是莱布尼兹所说的单子,因为单子没有窗户和门,是封闭的。个性要求其他个性的存在。一方面,个性是不可重复的,独一无二的,它要始终保持自己,不背叛自己,不能与周围世界混淆,要与其他个性划清界限。另一方面,个性是积极的,动态的。虽然个性具有另外一个世界的来源,但个性需要在此世界上的实现,在这个过程中,个性会遇到此世的抵抗。"个性的意识和个性的实现都是病态的。个性是痛苦,许多人都愿意在自身中丧失个性,因为他们不能忍受这个痛苦。"[③]按照陀思妥耶夫斯基的说法,痛苦是意识产生的唯一原因。意识与痛苦相关,痛苦使人意识到自己的个性存在,因此,意识是个性的,并能塑造个性。[④] 此外,个性的意识也是痛苦的。个性是

① Бердяев Н. А. Я и мир объектов. // Бердяев Н. А. Философия свободного духа. Москва: Республика. 1994. C. 296.

② 别尔嘉耶夫:《论人的奴役与自由》,张百春译,中国城市出版社 2002 年版,第21 页。

③ Бердяев Н. А. Я и мир объектов. // Бердяев Н. А. Философия свободного духа. Москва: Республика. 1994. C. 296.

④ 参见别尔嘉耶夫:《论人的使命》,张百春译,上海人民出版社 2007 年版,第 73 ~ 74 页。

从彼岸世界突破到此世的,它在此世里的存在就是对自己的实现,即对世界重负的克服。在实现自己的过程中,个性会产生巨大痛苦,个性的感觉越是强烈,痛苦就越大。为了减轻痛苦,很多人愿意放弃个性。然而,任何人都有成为个性的使命,任何人的个性都拥有绝对价值、价值自身,不能成为手段。要想实现自己,个性必须走出自身,走向其他个性,与其他个性交往。在这个意义上,个性有社会的方面。走出自身后,个性遇到的是共性、一般、集体等等。

与共性、一般、集体相比,个性就是孤独。个性必须克服孤独,这是它的任务。要克服孤独,个性必须走向他者,他者的存在是个性克服孤独和获得自我实现的先决条件。个性实现的过程非常复杂。在通常情况下,个性可能在表面上走向他者,即走向客体化的社会。在这里,个性所遇到的不是主体,而是客体。社会就是客体。在客体化社会里,占统治地位的是客体,是共性、一般的原则。一般不是生存,它拥有社会学的根源。个性与一般无法发生生存意义上的交往。在这样的社会里,作为主体的个性被迫戴着假面具,它所接触到的也都是假面具。因此,人和人之间只能发生表面的沟通(信息的传递),而无法产生真正的,发生在生存层面的内在交流(深入到内心世界)。这样的人就是所谓的群众,他们构成集体、大众。"如果个性的生存被抛向群众,抛向群众运动,抛向被控制的和模仿的群众,抛向群众的低级情感和本能,那么这样的个性生存在质上不是被提高,而是下降了。"①个性一旦进入这样的环境,它只有去模仿,和大众一样,被共性的东西所控制。这时,个性作为个体而被纳入到社会之中,成为社会的一员,国家的一员。社会和国家的法律保护它,同时它也服从这些法律。然而,"个性不可能彻底地成为世界和国家的公民,它是上帝的

---

① Бердяев Н. А. Я и мир объектов. //Бердяев Н. А. Философия свободного духа. Москва: Республика. 1994. С. 311.

国的公民。所以，个性是深刻意义上的革命的因素"①。拥有个性的人，经常遭到国家和社会的打击和压制，与此同时，这一切激起个性的反抗。此外，生活在客体化社会里的是常人（大众），客体化社会就是为他们而建造的。在客体化社会里，占主导地位的是常人。因此，个性与社会的冲突不可避免。在这个环境里，个性无法塑造自己，无法实现自己，无法展示自己，实际上，个性在消失。"个性不是客体，也不属于客体化世界，在客体化世界里找不到个性。可以说，个性在世界之外。"②个性是主体，个性之间的关系是主体和主体之间的生存关系，从客体的角度看，个性之间不能发生真正的交往。在这个意义上，个性与神之间的关系也具有生存意义。对个性而言，神不是客体，而是主体。个性甚至不能被神决定，它们之间不是因果关系和决定关系，而是自由的关系，生存层面的关系。个性的使命就是"在个体－不可重复的形式里，回答上帝的召唤，创造性地利用自己的天赋"③。只有个性才能回应个性，这是个性与个性之间的生存交往。

　　为了实现自己，个性必须在客体化世界里抗争，在这个意义上，个性就是斗争，是英雄主义的斗争，其中有英雄主义的原则。英雄主义原则就是个性的原则。个性不但可以体验到痛苦，也能体验到快乐，因为个性拥有相应的器官。相比之下，客体世界里的任何其他东西都没有这样的器官，无论是民族、国家、社会建制还是教会。和自然界一样，社会也是个性实现自己所需要的场所，但它们都不能决定个性。从自然界和社会的角度，无法彻底认识个性，无法揭示个性的生存意义。"所有关于人的社会学说都是错误的，它们只知道人身上表面的客体化了的层次……只有生存哲学才能建立关于人－个性的真正学

---

① 别尔嘉耶夫：《论人的奴役与自由》，张百春译，中国城市出版社2002年版，第39页。

② Бердяев Н. А. Я и мир объектов. // Бердяев Н. А. Философия свободного духа. Москва：Республика. 1994. С. 298.

③ 别尔嘉耶夫：《论人的奴役与自由》，张百春译，中国城市出版社2002年版，第52页。

说,而不是社会哲学,也不是生物哲学。"①个性既不是社会学的概念,也不是生物学的概念。个性是生存论意义上的范畴。

别尔嘉耶夫认为,对个性的生存意义有两种对立的理解。一种意见认为,人的生存目的是摆脱死亡,获得拯救;另一种意见认为,人的生存目的是实现个性,获得真理、美,即创造。这就是拯救与创造的问题。拯救固然是必要的,但是,别尔嘉耶夫始终强调个性的创造使命,强调个性与创造的关系。创造主要是个性的行为,是实现个性的主要途径。在此世的创造是悲剧的,因此个性也是悲剧的。个性的悲剧,正如创造的悲剧一样,都是由人的自由导致的。实现个性就是获得内在的自由,没有自由就没有个性。人的生命悲剧就与自由有关。自由也是痛苦的根源。别尔嘉耶夫赋予了个性、自由、创造以独特的意义,他所理解的这三个概念之间的关系因此变得非常复杂。不过,他很少直接谈及它们之间的关系。

交往是生存哲学的重要概念。真正的交往可以克服人的孤独。人都希望通过交往走出孤独,走出自己的主观性、封闭性。在这个意义上,人是个不断克服自己、超越自己的存在物。在别尔嘉耶夫看来,实现个性就是人不断地超越自己的过程。超越就是走出封闭,开放性是个性的重要特征。个性在超越自己的过程中,也有两种可能性,一种是通过客体化的途径走向社会,在这里占统治地位的是人人都应遵守(普遍必然)的规范,人的本质被抛入其中,并在其中发生异化,但个性在这里根本找不到自己。另一条路就是超越,这条路在人的生存深处,这里发生的是个性与世界的内在生存的相遇,与神的相遇就在这里发生。只有在这条路上,个性才能完全实现。

只有个性才能面对超验的世界。这个超验世界对位于此世的人而言,呈现为无限的、遥远的。但是,人的原初生命就在那里,那是个原初的世界。自从在天堂里堕落之后,人就定居于此世,原初世界对

① 别尔嘉耶夫:《论人的奴役与自由》,张百春译,中国城市出版社2002年版,第56页。

他而言就呈现为超验世界。别尔嘉耶夫用"深渊"来描绘超验世界,人面对超验世界如同面临深渊,因此人觉得自己是面临深渊的存在物。这时,人就会产生敬畏(ужас)和忧郁(тоска)的情感。一个人的个性意识越是尖锐,他的敬畏感和忧郁感就越强烈。敬畏和怕、恐惧不同,后者是有原因的,通常都与某种危险有关,比如与烦恼、痛苦等有关,这是此世的主要事件。因此,恐惧和怕并不能让人走向高尚的世界,超验的世界,而是把人束缚在此世里。但敬畏是没有原因的,至少日常生活世界里的任何事情和危险都无法引起敬畏的感觉。敬畏与危险无关,敬畏是面临深渊的一种感觉,即走到了此世的边缘,这是一种边缘状态,与超验世界接壤的状态。死亡不仅仅是此世的事件,它也与超验世界相关。在此世里,死亡引起人们的恐惧和害怕,但是,死亡也能引起人们对超验世界的敬畏。敬畏主要是对神的态度。与敬畏相关的就是忧郁(тоска)的情感。与我们汉语中的通常理解不同,在俄文里,忧郁有思念的意思。在别尔嘉耶夫这里,作为一种情感的忧郁是对高尚世界的思念,而不是对此世里的一般对象的思念。人之所以有忧郁的情感,就是因为他感觉到自己不属于此世,而是属于另外一个世界,于是就产生对另外一个世界的一种思念情感,即忧郁。个性在此世里的生存状态就是一种忧郁的状态,因为个性的根源不在此世,而在另外一个世界里。个性的自我意识就是对另外一个世界的意识,在这种个性意识里总是有忧郁的情感。"有死亡的忧郁,这是极其强烈的忧郁。"[1]在此世里,常人对待死亡的态度是怕和恐惧。但是,对常人而言,对丧失个性,把自己完全束缚在此世里的人而言,死亡不是悲剧,因为一切有死的东西都要死亡。只有对个性而言,死亡的悲剧才是深刻的,因为个性有永恒的根源。正是因为个性拥有永恒的根源,拥有另外一个世界的来源,个性在此世里无法彻底获得实现。要想获得彻底实现,个性必须走出此世,必须要有死亡。个性追求超验

---

① 别尔嘉耶夫:《论人的奴役与自由》,张百春译,中国城市出版社2002年版,第58页。

世界,因此必然产生对超验世界的思念,即忧郁的情感。在个性的实现过程里,它必须跨越深渊,即经历死亡(但不是消失)。这是个性生存在此世的命运。

> 当然,一切有死的都应该死亡。但个性是永生的,它是人身上唯一永生的东西,它就是为了永恒而被造的。在个性的命运中,死亡对它而言是最大的悖论。个性不可能变成物,我们把人向物的转变称为死亡,但这个转变是不可能波及个性的。死亡是对个性命运中断裂的体验,是与世界交流的终止。死亡不是个性内在生存的终止,而是世界生存的终止,这世界对个性来说是他者,个性在自己人生之路上曾走向这个他者。我对世界而言的消失,和世界对我而言的消失,这两者之间没有差别。死亡的悲剧首先是离别的悲剧。但对死亡的态度是双重性的,这个态度对个性来说也有肯定的意义。在此生,在这个客体化世界里,个性生命的完满是不可能实现的,个性的生存是有缺损的和部分的。个性走向永恒的完满要求死亡、灾难、跨越深渊。所以,在个性的生存里死亡是不可避免的,对超验永恒的敬畏也是不可避免的。①

别尔嘉耶夫把个性的彻底实现,即获得永恒生命与耶稣基督联系起来,认为只有通过基督,通过人与神结合才能有个性的复活和永恒生命。"没有人的自然永生,只有通过基督,通过人与上帝结合的复活和永恒生命。此外,只有人在无个性的自然界中的消解。所以,个性生命经常伴随着敬畏和忧郁,但也有希望。当我把人的永生与基督联系在一起时,我完全不想说,永生只对有意识地相信基督的人才存在。"②和大部分俄罗斯宗教哲学家一样,别尔嘉耶夫在对待非基督徒

---

① 别尔嘉耶夫:《论人的奴役与自由》,张百春译,中国城市出版社2002年版,第58~59页。
② 别尔嘉耶夫:《论人的奴役与自由》,张百春译,中国城市出版社2002年版,第59页。

的态度上远远地超越了传统基督教思想，这是其普世之爱的体现。

三、个性与人格主义

别尔嘉耶夫始终坚持，哲学就是关于人的学说，没有人就没有哲学，哲学离不开人。哲学就是人学，哲学是人学中心论的。关于人的学说的主要问题就是个性问题。"哲学首先是关于人的学说，关于完整的人的学说和完整的人的学说。"①这句话的意思是，一方面，哲学研究的对象是完整的人；另一方面，哲学研究的主体应该是完整的人。完整的人就是个性。因此，哲学研究的主体和对象都是个性。正是在这个意义上，他认为，哲学只能是人格主义的。他毫不犹豫地把自己的哲学称为人格主义哲学。

在俄语里，личность 一词在含义上与拉丁语的 porsona 非常接近，在很多情况下，porsona 都被翻译成 личность，不过有时也直接采取音译，即 персона。Personalism（人格主义）一词则只用音译，即персонализм，而没有以 личность 为词根构词。然而，在哲学语境下，即在俄罗斯哲学文献里，经常用到的是 личность，而不是 персона。

拉丁语的 porsona 是指假面具，有角色、身份的意思，与剧院里的表演有关。就是说，在拉丁语里，个性是假象，不是人的本来面目。在这个假象里，人不但表现自己，而且也掩盖自己，其目的是保护自己。这个概念，或者说对"个性"的这个理解意味着人在面对社会时，他必须扮演各种角色，但这些角色与他自己的本我是不同的。人进入社会角色，如同在剧院里戴上了假面具。

> 个性处处希望扮演一个角色，变成他者，丧失自己的面孔，戴上假面具。……这总是意味着，在社会里，在人们的自然沟通（сообщение）里，个性不能走出孤独。扮演角色，戴

① Бердяев Н. А. Я и мир объектов.//Бердяев Н. А. Философия свободного духа. Москва：Республика. 1994. С. 241.

着假面具的人仍然是孤独的。……对孤独的克服不是发生在社会里,不是在作为客体化世界的社会多样性里,而是在交往(общение)里,在精神世界里。在真正的交往里,个性只扮演自己的角色,演自己,而不是演他人,不变成另外一个"我",而是在成为自己的前提下与"你"结合。①

在这个意义上,拉丁语里的 porsona 合理地解释了人的社会性问题,但该词更多地局限于社会层面。这与别尔嘉耶夫所理解的个性概念是有差别的。他赋予个性概念的意义恰好与拉丁语里的 porsona 相反,是指本来意义上的"我",本真的"我",而不是人在客体化世界里所扮演的角色。这样的"我"不能在客体化世界里存在,而只能在生存世界里存在。"在生存的意义上,这时不再有客体化和社会化,个性希望成为自己,人的面孔希望成为被反映在哪怕是另外一个人的脸上,反映在'你'里。"②这时的人即使戴着假面具,这个假面具反映的也是他自己,而不是从外面加给他的角色。这就是人的个性。所以,别尔嘉耶夫感到不理解的是,拉丁语的 porsona 指假面具,并与剧院里的表演相关。他对这个词的来源感到奇怪,因为这个来源与他所理解的 личность 完全不同。在这个意义上,porsona 和 личность 的意义是完全相反的,这是两个对立的词。在《论人的奴役与自由》里,别尔嘉耶夫使用了 персонализм,但一次也没有使用过 персона,取而代之的是 личность。如果把 личность 翻译成个性,就应该把 персонализм 翻译成个性主义。不过,由于已经约定俗成,当遇到 персонализм 时,我们也将其翻译为人格主义,而不是个性主义。但是,在遇到 личность 时,我们将其翻译为个性,而不是人格。

---

① Бердяев Н. А. Я и мир объектов.//Бердяев Н. А. Философия свободного духа. Москва:Республика. 1994. С. 299.

② Бердяев Н. А. Я и мир объектов.//Бердяев Н. А. Философия свободного духа. Москва:Республика. 1994. С. 299.

如前所述,别尔嘉耶夫认为自己属于生存哲学流派,但他也把自己的哲学看做是人格主义的,并且在两者之间画等号,"生存哲学是人格主义哲学"①。有时他还使用"生存主义的人格主义"。人格主义就是把个性放在首要地位,强调个性的最高地位与核心地位。在这个意义上,别尔嘉耶夫的哲学是典型的人格主义哲学。早在《哲学唯心主义背景下的伦理学问题》里,他就表现出人格主义的倾向。② 个性成为他在各种著作和文章里经常谈论的话题。

《论人的奴役与自由》的副标题就是"人格主义哲学体验"。这是一部社会哲学著作,但其基础是人格主义哲学。我们知道,别尔嘉耶夫在青年时期曾经迷恋马克思主义,包括其社会主义理论。他从不否认自己是社会主义的支持者。在他看来,人有社会属性,人是社会的存在物,是交往的存在物。人的彻底实现应该在社会里发生。但这个社会应该被精神所渗透,而不是以物质关系为基础的社会。在这个意义上,他所支持的社会主义与马克思主义的社会主义有原则区别。可以说,别尔嘉耶夫的人格主义的社会主义就是他的形而上学人格主义在社会领域的投影。"在社会哲学领域里,我的思想是能够自成体系的。我回到了青年时期我就开始信奉的社会主义的那个真理,但我所依据的却是我一生中所坚持的观念和信仰。我称其为人格主义的社会主义,它完全有别于以社会先于个性为基础的社会主义的占主导地位的形而上学。人格主义的社会主义的出发点是个性先于社会。"③ 别尔嘉耶夫的社会哲学牢牢地建立在人格主义基础上,从未动摇过。

> 我曾经是而且始终是极端的人格主义者,承认个性良心的最高地位,承认个性高于社会和国家。我不承认任何集体

---

① Бердяев Н. А. Я и мир объектов.//Бердяев Н. А. Философия свободного духа. Москва:Республика. 1994. Cc. 258 – 259.

② 发表于著名文集《唯心主义问题》(1902)。

③ 参见别尔嘉耶夫:《论人的奴役与自由》,张百春译,中国城市出版社2002年版,第59页。

的首要实在性,我狂热地坚持个体的和个性的,不可重复的唯一的东西的实在性,而不是一般和集体的东西的实在性。但是,我的形而上学人格主义的社会投影完全不同于社会个人主义。那些按照固定模式进行思考的人很难理解我,原因就在这里。人格主义是很难理解的形而上学学说,它彻底改变了对实在的理解。①

不过,需要指出的是,别尔嘉耶夫所谓的人格主义社会主义中的社会主义在这里很容易引起争议。他不可能接受传统意义上的社会主义,认为社会主义与自己所信奉的基督教总体上是格格不入的,是敌对的,社会主义追求地上的面包,基督教追求天上的面包。他更不接受现实中的社会主义,即布尔什维克式的社会主义,对其进行过尖锐的批判,甚至将其等同于法西斯主义。在教条的社会主义中,他不能接受无神论、唯物主义倾向,不能容忍对个性的压制。然而,别尔嘉耶夫并不是彻底地否定社会主义,相对于资本主义的恶而言,社会主义有很多真理的成分。此外,社会主义应该有很多种形式,比如可能有无神论的社会主义,也可能有宗教的社会主义,可能有集体的社会主义,也可能有个性的社会主义,甚至还有基督教的社会主义。基督教社会主义追求天上的面包,追求个性的自由。"在我看来,基督教只能与我称之为人格主义的社会主义体制结合在一起,这种社会主义把作为最高价值的个性原则与人们之间团结共性的原则结合在一起。同时还需要作出一种区分,共产主义是不作这个区分的,一方面是在社会生活里实现公正,这种实现方式的前提是强制的因素;另一方面是实现人们的团结,实现他们之间的真正交流或交往,这种实现方式的前提是人的自由,恩赐的作用。"②有时,别尔嘉耶夫也称其人格主

① Бердяев Н. А. Самопознание. Москва:Книга. 1991. С. 244.

② Бердяев Н. А. Истоки и смысл русского коммунизма. Москва:Наука. 1990. С. 152.

义的社会主义为共通性的社会主义（коммюнотарный социолизм）。在后期著作里,他经常谈及"共通性（коммюнотарность）",用它来表达个性之间的关系,这种关系类似于霍米亚科夫提出的聚和性（соборность）。

别尔嘉耶夫不断深化自己的人格主义,始终捍卫人格主义哲学。当个性与社会发生冲突时,他永远站在个性的一边。经常有人指责别尔嘉耶夫的极端人格主义哲学具有个人主义色彩。在他看来,这个指责是没有根据的,在这里发生了人格主义和个人主义的混淆。个人主义关注的是个体,而不是个性。他坚持认为自己的哲学是与其个性体验相关的,是个性化的哲学,而非个人主义的哲学。人格主义以个性为基础,个人主义以个体为基础。别尔嘉耶夫特别重视在个性与个体之间作出区分。他甚至认为,个性与个体、人格主义与个人主义的关系问题是人格主义的基本问题。① 所以,他在各类著作里不断地重复和深化自己关于个体与个性的关系方面的思想。个体生命的关键在于自我保存,封闭于自身。个性生命则是超越自我,走出自我,走向他者,走向其他个性。在这个意义上,个性具有社会的指向。

别尔嘉耶夫把自己的伦理学建立在个性的基础之上。在他看来,个性是道德原则。因此,伦理学只能是人格主义的。"非人格主义的伦理学是定义中的矛盾（contradictio in adjecto）。在很大程度上,伦理学就是关于个性的学说。道德生命的核心在个性里,而不在共性里。"②伦理学的价值判断应该以个性为出发点,这就决定了个性在伦理学中的核心地位。个性自身拥有价值,个性是世界上的最高价值。"个性,活生生的个体存在物不可能是实现超个性的一般、普遍和理念的工具和手段。这是人格主义伦理学不可动摇的原则。"③但是,这并

① 参见别尔嘉耶夫:《论人的使命》,张百春译,上海人民出版社2007年版,第59页。
② 别尔嘉耶夫:《论人的使命》,张百春译,上海人民出版社2007年版,第60页。
③ 别尔嘉耶夫:《论人的使命》,张百春译,上海人民出版社2007年版,第248页。

不意味着,个性价值不要求超个性价值的存在。相反,个性以超个性价值为前提,只有超个性价值才能塑造个性。如前所述,个性是人身上神的形象和样式。因此,个性的存在自身就要求神的存在。如果没有超个性的价值,那么个性就无法上升,实际上也就否定了个性的存在。基督教三位一体的神有三个位格,它们都是个性。基督教就是个性的宗教。位格与个性相关,位格之间的关系表现为个性的关系。三位一体之间的关系是人的个性之间关系的理想。在这个意义上,别尔嘉耶夫说:"人格主义的形而上学和人格主义的伦理学以基督教圣三位一体的学说为基础。"①这样,人的个性问题最终落实到了基督教圣三位一体问题上。

在《末世论形而上学》和《我与客体世界》里,别尔嘉耶夫以人格主义作为哲学分类的尺度,把哲学分为"人格主义哲学"和"普遍－一般的哲学",或者"人格主义哲学"和"反人格主义哲学"。人格主义的哲学就是个性的哲学。普遍－一般的哲学就是非人格主义的哲学,反人格主义的哲学。按照他的尺度,哲学史上的大部分哲学流派和哲学家都是非人格主义的和反人格主义的。"人格主义在哲学里是罕见的流派。"②别尔嘉耶夫自己就是这个罕见流派的最极端代表。他站在人格主义哲学的最高处,按照自己严格的尺度衡量哲学史上的各个流派。

别尔嘉耶夫断定,柏拉图主义不是人格主义,而是类的哲学。柏拉图的爱不是人格主义的爱,因为它不懂得个性。柏拉图的爱是对理念的爱,理念具有类的特征。相反,"人格主义肯定的不是对善的爱,对抽象理念的爱,而是对个性的爱,对具体的活生生的存在物的爱,对'你'的爱。对善的爱很容易变成对'它'的爱。人格主义是对近人的

---

① 别尔嘉耶夫:《论人的使命》,张百春译,上海人民出版社 2007 年版,第 62 页。
② Бердяев Н. А. Я и мир объектов. // Бердяев Н. А. Философия свободного духа. Москва: Республика. 1994. C. 301.

爱,对单一的,不可重复的个性的爱,是对上帝里的人的爱,而不单是对上帝的爱和对人身上超个性的价值的爱"①。真正的爱应该是人格主义的,它从个性出发并指向个性,是个性与个性之间的交往。柏拉图的爱欲不指向个性,而是指向普遍的理念。非人格主义是柏拉图主义的局限。罗赞诺夫曾经称这种爱为"玻璃式的爱"。

德国形而上学是西方哲学史的最高成就之一,"人类思想的天才现象"。但是,在别尔嘉耶夫看来,德国唯心主义在整体上是反人格主义的。在一般的哲学唯心主义里没有个性的学说,个性消失了,甚至人自身都被遗忘了。"彻底的唯心主义的错误在于,对它而言'我'不是个体的存在物、个性,这是非人格主义的错误,非人格主义是德国形而上学的主要罪过。……康德不是非人格主义者,相反,他的形而上学是人格主义的。"②别尔嘉耶夫认为,在康德那里已经出现了生存主义和人格主义哲学的可能性。康德的伦理学也是人格主义的。费希特的"我"的学说并不是人格主义的,这个"我"不是人的个性。在康德之后,企图摆脱其二元论的整个德国哲学陷入一元论,任何一元论都与人格主义不相容。如果说在德国古典哲学里,康德是唯一与人格主义接近的哲学家,那么黑格尔则是最极端的反人格主义者。因为对黑格尔而言,哲学思考就意味着归结为共相的形式。他断定一般高于个别,普遍高于个体,社会高于个性。

费尔巴哈、马克斯·施蒂纳、马克思、尼采等人都被别尔嘉耶夫宣布为反人格主义者,因为他们都没能拯救个性的价值。在费尔巴哈对人的神化里,被神化的实际上是人类,而不是个别的人,因此他的哲学也被别尔嘉耶夫看做是反人格主义的。"马·施蒂纳是个极端的个人主义者,对他而言具有最高价值的是个体-单一的东西。然而,绝对

---

① Бердяев Н. А. Я и мир объектов.//Бердяев Н. А. Философия свободного духа. Москва:Республика. 1994. С. 313.

② 别尔嘉耶夫:《末世论形而上学》,张百春译,中国城市出版社 2003 年版,第16页。

不是这样。实际上他是个和黑格尔一样的反人格主义者。完全清楚的是,马·施蒂纳的惟一者不是单一的人,不是人的个性,而是神的假名。"①马克思把人看做是社会关系的总和,人的个性消失在社会关系之中。尼采是个个人主义者,但他是个反人格主义者,因为在他那里,真理是由生命过程和强力意志建立的。"尼采关于永恒循环的学说是古希腊的观念,这个观念只知道宇宙的时间,完全把人交给宇宙循环的统治。这和无限转世的观念是同样类型的噩梦。永恒循环与尼采的另外一个观念矛盾,即超人的弥赛亚观念。……在尼采那里,人不但是有死的和应该消失的,而且人的消失是所希望的。"②这是个极端的反人格主义的观点。

在别尔嘉耶夫看来,莱布尼兹和尼·洛斯基等人坚持的等级人格主义也是反人格主义的。等级人格主义断定,"等级地被组织起来的世界整体是由各种不同等级层次上的个性构成的,而且每一个个性都服从最高的层次,并作为部分或器官包含在其中。人的个性只属于这个等级结构的一个层次,在这个层次中包含的是低级的个性。但是民族、人类和宇宙却可以被看作是更高层次的个性。共同体、集体和整体都被认为是个性,任何现实的统一体都可以成为个性"③。这样的话,人的个性相对于这个等级整体而言只是部分,一旦与整体脱离,个性就丧失自己的价值和意义。这显然与别尔嘉耶夫所理解的人格主义矛盾。如前所述,任何整体、集体都不可能是个性,因为它们没有生存中心,没有感受痛苦的器官。无论国家、民族、人类,还是整个世界或宇宙,都不是个性。"在一定意义上,狗和猫比民族、国家和世界整体具有更大的个性,更能继承永恒生命。这就是反等级的人格主义,

---

① 别尔嘉耶夫:《论人的使命》,张百春译,上海人民出版社 2007 年版,第 327 页。
② 别尔嘉耶夫:《论人的使命》,张百春译,上海人民出版社 2007 年版,第 411 ~ 412 页。
③ 别尔嘉耶夫:《论人的奴役与自由》,张百春译,中国城市出版社 2002 年版,第 43 页。

它就是唯一彻底的人格主义。"①猫和狗在这里被看做是个性，国家、民族和世界都不是个性。个性不可能成为任何等级整体的一部分。别尔嘉耶夫称自己的这个观点为反等级人格主义（антииерархический персонолизм），认为这才是真正的人格主义。

至于俄罗斯的思想家，情况比较复杂。从总体上说，俄罗斯人同样固有人格主义和共通性（коммунитарность）的特征，既讲个性，又重视人们之间的精神交往。比如在陀思妥耶夫斯基身上，这两个特征结合在一起。索洛维约夫关于爱的学说是人格主义的，但他的爱欲是柏拉图式的，指向神的永恒女性，而不是指向具体的女人。托尔斯泰的形而上学（如《论生命》一书）是反人格主义的。"只有拒绝个性的意识才能战胜死亡的恐惧。在他看来，个性意识是动物的意识，他认为个性、个性意识是实现完善生命、与神结合的最大障碍。对他来说，神就是真正的生命。真正的生命就是爱。托尔斯泰的反人格主义最能把他与基督教分开，最能使他接近印度的宗教意识。他非常尊重涅槃。"②托尔斯泰认为，人的生命是虚假的，个性不能继承永生。他害怕死亡，认为克服个性生命就可以战胜死亡的恐惧。别尔嘉耶夫把自己的"哲学初恋"叔本华（这是他深刻地理解的第一位哲学家）与托尔斯泰并列，认为他们俩都接近佛教，因此，他们的精神性都具有非人格主义的特征。在别尔嘉耶夫看来，在俄罗斯思想里曾经盛行的神智学、人智学、狄奥尼索斯精神、自然主义的泛神论神秘主义与共产主义、法西斯主义，以及与资本主义制度相关的自由主义，都是反人格主义的。白银时代的象征主义使人们都具有反人格主义倾向。别尔嘉耶夫对神秘主义有浓厚的兴趣，但在他看来，历史上表现出来的神秘主义都是有局限的，一元论神秘主义都未能解决个性问题，都具有反

---

① 别尔嘉耶夫：《论人的奴役与自由》，张百春译，中国城市出版社 2002 年版，第45 页。

② Бердяев Н. А. Русская идея. Основные проблемы русской мысли XIX века и начала XX века.//Бердяев Н. А. Русская идея. Судьба России. Москва：СВАРОГ и К. 1997. С. 159.

人格主义倾向。在俄罗斯思想里,也有人格主义流派。比如对别尔嘉耶夫的人学思想产生重要影响的涅斯梅洛夫的基督教哲学在很大程度上是人格主义的,特别是与索洛维约夫的基督教哲学相比尤其如此。赫尔岑的伦理学是人格主义的。"尼·费奥多罗夫关于复活的学说最具人格主义和人性的、人道的特征。他要求把生命还给所有死去的祖先,他不同意把某个死去的人看作未来的手段,看作任何无个性的客体原则的胜利的手段。"①当然,在俄罗斯思想家中间,人格主义的最大代表,最极端的代表是别尔嘉耶夫。他的宗教哲学以及他的整个哲学都建立在人格主义基础上。他把自己的革命性与人格主义联系在一起。在对个性的捍卫方面,从不妥协。甚至当个性遭到来自神的威胁时,他也坚决予以反抗。"永恒中的个体命运问题对我而言是最重要的问题。个性,不可重复的个体性消失在无个性的神性之中,消失在抽象的神的统一之中,这是与基督教关于人和神人性的观念对立的。"②的确,在他看来,基督教是人格主义的,因为"基督教揭示每一个人身上上帝的形象,甚至是恶人和罪人身上上帝的形象"③。在这方面,基督教是非常彻底的,这是其最突出的特征之一。在他的理解中,客体化首先就是非人格主义化,相反,没有被客体化的世界的主要特征就是人格主义。

人格主义是别尔嘉耶夫给俄罗斯哲学带来的新东西。他的人格主义哲学对法国的人格主义运动的产生也有重要影响。以人格主义为基础的法国青年运动代表称别尔嘉耶夫为自己的导师,他直接参与了法国《精神》杂志的创刊,在创刊号上发表文章《共产主义的真理与谎言》,其人格主义影响了围绕该杂志形成的青年人运动。④

---

① 别尔嘉耶夫:《论人的使命》,张百春译,上海人民出版社2007年版,第412页。
② Бердяев Н. А. Самопознание. Москва:Книга. 1991. С.181.
③ 别尔嘉耶夫:《论人的使命》,张百春译,上海人民出版社2007年版,第119页。
④ Бердяев Н. А. Самопознание. Москва:Книга. 1991. С.278.

第三节　客体化

一、客体化的界定

从古希腊开始,在西方哲学内部有个非常强大的趋势,即对世界的不爱,把世界看做是虚假的东西。这个世界就是常人认为是真实的那个世界。哲学家们总是在这个世界之外寻找真实的东西,即他们所谓的存在。古希腊早期哲学家们为世界寻找本原,柏拉图认为现实世界是虚幻的,理念世界才是真实的。这一哲学传统在西方非常强大,贯穿整个西方哲学史。不爱世界几乎是所有伟大而深刻的哲学家的普遍特征。众所周知,各类宗教也是如此,它们不但宣布世界是虚幻的、痛苦的、罪恶的,而且也都许诺一个永恒的、幸福的和极乐的世界,比如天堂之类。佛教教导说,世界充满了痛苦,因此需要摆脱这个世界。基督教教导说,这个世界是罪恶的、堕落的,不应该爱这个世界和世界上的东西。可以说,不爱世界是哲学和宗教都有的典型特征。反过来,如果一个人对世界产生陌生感,那么他就具有了哲学素养和宗教情怀,如果一个人迷恋世界,在世界里感到非常安逸和舒服,那么他在哲学和宗教方面就不会有更高的需求。如果这个说法成立,那么别尔嘉耶夫是个典型的哲学家,典型的宗教信徒。

关于自己对待世界的态度,别尔嘉耶夫在《自我认识》里有非常精彩的描述,特别是有关他与世界之间的异己感。他从一生下来就感觉到世界是陌生的、异己的。"我一开始就感觉到自己陷入到异己的世界,在我生命的第一天和今天,我同样都感觉到这一点。我永远只是个过客。"[1]这种陌生感在他身上不但针对自然界,而且也针对他生活于其中的人的环境。他自己承认,处理人际关系对他而言是非常难的

---

[1]　Бердяев Н. А. Самопознание. Москва：Книга. 1991. С. 14.

事情。在他的一生中,的确很少有知己,相反,他几乎与所有的人发生分歧和不断的争吵。与朋友决裂在他的生活中是很普通的事情。"就性格而言,我属于对周围环境持否定态度的人,倾向于反抗。这也是一种依赖性的形式。我总是与任何环境决裂,总是逃避它。我的适应能力很弱,对我而言,任何顺从都是不可能的。对周围世界的这种不适应性是我的主要气质。在任何时候我都不能服从任何事物和任何人。"①对周围环境的厌恶导致他建立一个相对封闭的世界。"从童年起我就生活在自己特殊的世界里,从来不与周围世界融合,我总觉得这个世界不是我的世界。我对自己的独特性,与其他人的不相像有非常敏锐的感觉。"②也许,这就是别尔嘉耶夫所说的个性的意识。他对周围环境极其挑剔,对一切都不满,痛恨一切暂时的东西,追求永恒。正是这一点促使他在很早的时候就意识到自己的哲学使命。"对哲学问题的兴趣在我身上觉醒得非常早,在我还是小男孩的时候,我就意识到自己的哲学使命。"③此后一生没有离开哲学思考,尽管他从来没有受到正规的哲学训练。别尔嘉耶夫无疑是个非常出色的哲学家,他的哲学思考完全来自自己的生命体验,这个体验的突出特征就是对世界的陌生感和异己感。这种感觉并没有导致他消极地对待世界,相反,他非常关注世界,反思这个世界,企图理解它,为的是与它抗争。

> 我从来没有感觉到自己是客观世界的一部分并在其中占据一定位置。我在位于我面前的客观世界之外体验自己的"我"的核心。我只是在边缘上与这个世界接触。我对世界的感受的最深刻基础就是在世界上没有根基,后来经过哲学思考,我称这个世界为客体化的世界。……针对一般的实在性和这个不可爱的现实的实在性,在我身上根本没有那种

① Бердяев Н. А. Самопознание. Москва:Книга. 1991. С. 26.
② Бердяев Н. А. Самопознание. Москва:Книга. 1991. С. 30.
③ Бердяев Н. А. Самопознание. Москва:Книга. 1991. С. 23.

被弱化了的感觉。我体验到的不是客观世界的非实在性,而是它的异己性。……我甚至过分清醒地和现实地感受周围世界,然而,它离我是遥远的,没有与我融合在一起。我后来有意识地在哲学上进行思考,这里发生的是人的本质的异化、外化,我认为这就是奴役的根源。但我恰好总是抵抗异化和外化,我渴望滞留在自己的世界里,不愿意把它向外抛。我感觉到自己不是来自"此世"的人,不适应"此世"的人。我并不认为自己比扎根于此世的其他人更好,有时甚至这样想,我比其他人更糟糕。我痛苦地感觉到与一切环境、一切团体、一切流派、一切党派之间的异己感。我从来不同意成为被归入任何类别的人。①

别尔嘉耶夫非常珍视自己与世界之间的这种异己感,认为这是哲学素养的根源。哲学家面对现实世界,的确有一类哲学家安于这个世界,与之没有任何异己感,像科学家那样研究这个世界,他们自认为是在从事哲学探索。但是,别尔嘉耶夫不属于这类哲学家,与他们完全相反,别尔嘉耶夫把与这个世界的异己感看做是哲学的基础。在他眼里,世界不但是不应该的,而且是恶的。在《创造的意义:为人辩护的尝试》一书的前言里,他写道:"我信奉一种近乎摩尼教的二元论。就算是这样吧。'世界'是恶,它不是神创造的。应该离开'世界',彻底克服它,'世界'应该被烧毁,因为它有阿里曼的本质。摆脱'世界'——这是本书的激情所在。"②这里的"世界"带着引号,是指人居住其中的,因为人而堕落的这个世界,而不是神造的那个世界。堕落的世界就是恶。作为哲学家,别尔嘉耶夫追求另外一个世界,或者说

---

① Бердяев Н. А. Самопознание. Москва:Книга. 1991. Cc. 44 – 45.

② Бердяев Н. А. Смысл творчества.//Философия свободы. Смысл творчества. Москва:Правда. 1989. C. 258. 阿里曼(Ариман)是古代波斯神话中的恶神,与善神奥尔穆兹德(Ормузд)对立。

是那个没有被人污染的纯洁的世界。我们知道,别尔嘉耶夫在自己的哲学创造里,并没有一味地追求逃离世界,消极地躲避世界,而是追求改造它。这也是他所理解的哲学的积极含义。不过,他的两个世界的观念在这里已经彻底形成,而且获得了极端的表达。这种二元论也是西方哲学史上的永恒传统,即形而上学传统。这个传统与宗教接近。通常情况下,建立在这种极端二元论基础上的哲学就是所谓的宗教唯心主义哲学。狭义的形而上学主要是指宗教唯心主义。唯心主义哲学家不满于此世,他们永远在追求另外一个更加实在的世界。形而上学的本义就是超越现实的世界,追求另外一个世界。形而上学家生活在此世,但在此世里,他总是有一种异己感。异己感是形而上学的基础。对此世的不爱是形而上学家的标志。别尔嘉耶夫所理解的哲学就是这种形而上学。"哲学家有时下降到拙劣的经验主义和唯物主义,但真正哲学家都固有对彼岸的兴趣,对超越此世界限的兴趣,他不满足于此岸世界。哲学总是从无意义的、经验的,从四面八方压迫和强迫我们的世界向意义的世界突破,向彼岸世界突破。我甚至想,对周围经验生活的痛恨和厌恶能产生对形而上学的兴趣。"①与世界之间的这种陌生感和异己感在早年的别尔嘉耶夫身上是一种直觉。后来,在他的哲学走向成熟的时候,这种感觉被上升为一种哲学理论,即客体化观念。

　　对我的哲学认识的深化使我走向客体化的观念,我认为这个观念对自己而言是基本的观念,人们通常不理解它。我不相信所谓"客观"世界,自然界和历史世界的牢固性和稳定性。客观实在是不存在的,那仅仅是意识的错觉,只存在精神的一定指向所引起的实在的客体化。客体化世界不是真正实在的世界,这只是真正实在世界的状态,这个状态是可

---

　　① Бердяев Н. А. Я и мир объектов. //Бердяев Н. А. Философия свободного духа. Москва：Республика. 1994. С. 233.

以改变的。客体是主体的产物。只有主体是生存的,只有在主体里才能认识实在。这根本不是按照死板的分类方式确定的那种主观唯心主义。①

和自由、个性等概念一样,别尔嘉耶夫从来没有给客体化下一个明确的定义。但是,这个观念对他的终极哲学而言具有"特殊意义"与"核心意义"。与此同时,这也是人们对他误解最多的概念。无疑,他所谓的客体化与哲学史上的异化等概念非常接近。他很少创造生僻的哲学术语,他的基本哲学词汇都是哲学史上常见的,但是,他总是按照自己的方式理解它们。在哲学术语的使用上,别尔嘉耶夫是非常讲究的。对他的很多误解都来源于他自己对这些常见的哲学术语的独特理解。客体化概念也是如此。

在别尔嘉耶夫之前,在西方哲学史上,费尔巴哈和马克思都曾使用过异化(отчуждение)的概念。别尔嘉耶夫并不否认自己的客体化(объективация)概念与异化概念之间的联系。费尔巴哈认为,人对神的信仰就是对自己的本质的异化,即把自己的本质向超验领域里投射。在这个异化的过程中,人不但把自己身上最好的东西加给神,而且也把其中最坏的东西加给神。这就是别尔嘉耶夫所批判的人关于神的观念中的类人观和类社会观。马克思把异化的观念扩展到经济领域。他发现,在资本主义经济里,工人的人性本质发生异化,工人的劳动积极性发生异化。在这个异化过程中,人的本质向经济领域里转移,向物的世界转移。被外化(异化)的本质必然遭到外部世界的奴役,无论是超验的世界,还是经济领域都如此。费尔巴哈和马克思都认识到人的奴役的这个根源,他们都希望把人的本质归还给人。别尔嘉耶夫对此评价很高,但不认同他们归还人的本质的方法,主要是因为他们的唯物主义哲学倾向。"费尔巴哈在自己的人本主义方面,在

---

① Бердяев Н. А. Самопознание. Москва:Книга. 1991. С. 295.

其反抗任何企图成为形而上学实在性的客体化和异化对人的统治方面,都是正确的。但是,费尔巴哈的错误在于,在抬高人的时候,他把人想得过低了,把人完全看作是物质的自然存在物。"①马克思也是如此,他在经济领域里寻找经济对人的奴役,在经济领域里寻找对这个奴役的摆脱。"奴役总是意味着异化,意味着人的本质的向外抛出。费尔巴哈以及后来的马克思都认识到人的奴役的这个根源,但却把这一点与唯物主义哲学联系起来,唯物主义哲学就是使人的奴役合法化。"②在别尔嘉耶夫看来,无论费尔巴哈,还是马克思,都没有真正弄清楚异化、外化和客体化的根源,因此不能正确地理解人的奴役的根源,更不能根除由异化和客体化所导致的奴役。

别尔嘉耶夫的客体化观念的形成还有认识论上的根源。在这方面,对他影响最大的是康德。他对康德关于现象和物自体的划分评价非常高。在他看来,物自体就是一种原初存在,即在理性化过程之前的存在,这是真正的存在,不能通过概念来认识。通常意义上的存在已经是理性化的结果,是思想的产物,并且可以通过概念来表达,这已经是现象世界了。"但是,康德根本没有解释,为什么形成了现象世界,这是个不真实的世界,也不是原初实在的世界。同样令人奇怪的是,真正的、本体的世界(物自体)是不可认识的,次要的和非真实的世界(现象)却是可以认识的,具有普遍意义的和不可动摇的科学就是针对它而建立起来的。"③别尔嘉耶夫认为,在理性化过程之前的原初实在和原初存在是可以认识的,即物自体是可以认识的。为此,他区分了两种意识,即原初意识(первичное сознание)和次要意识(вторичное сознание)。"次要意识与主客体的分裂有关,它把被认识对象变成客体。原初意识能够沉入到作为原初实在的主体之中,或

---

① 别尔嘉耶夫:《末世论形而上学》,张百春译,中国城市出版社 2003 年版,第 82 页。
② 别尔嘉耶夫:《论人的奴役与自由》,张百春译,中国城市出版社 2002 年版,第66页。
③ Бердяев Н. А. Самопознание. Москва:Книга. 1991. Cc. 99 – 100.

准确地说,在原初意识里给定的是主客体的同一。"①这种原初意识是一种存在论上的参与,而不是理性化的认识。按照别尔嘉耶夫的术语,原初意识不进行客体化,次要意识进行客体化,并形成现象世界。这样,他就解释了康德没有说明的现象世界或客观世界的形成的机制。"在晚年,我把这个问题表述为唯一真实的主观世界的客体化过程中的异化。客观世界是客体化的产物,这是个堕落的、分裂的和受束缚的世界,主体在其中不能接触到被认识的客体。不久前我将其表达在一个悖论里:主观的东西是客观的,客观的东西是主观的,因为主体是神的创造,客体是主体的创造。主体是本体,客体是现象。"②此处指的是《末世论形而上学》一书里对康德的批判。③ 别尔嘉耶夫指责康德不正确地使用"客体"和"客观性"等概念,把客观性等同于实在性和真理性。在康德那里,客观性世界就是人人都应遵守性(普遍必然性)。根据别尔嘉耶夫的理解,客体是主体的造物,因此应该是主观的。但主体是神的造物,不具有主观性,而是具有客观性。人人都应遵守性是客体化世界的主要特征。

在《精神与实在》里,别尔嘉耶夫明确地指出了客体化有两个含义。客体化"意味着世界的堕落性,世界的分裂性和奴役性,而且生存主体,个性都变成物,变成对象,变成客体。但客体化也意味着主体、个性精神的行为,这些行为指向是在这个堕落的世界里建立联系和交流"④。这两个含义都与堕落的世界有关。把客体化与原罪及堕落联系在一起,这应该是别尔嘉耶夫的一个重要发现。"客体化是对世界的堕落性,对世界位于其中的奴性、必然性和分裂状态的认识论解释。

---

① Бердяев Н. А. Самопознание. Москва:Книга. 1991. С. 100.

② Бердяев Н. А. Самопознание. Москва:Книга. 1991. С. 100.

③ 参见别尔嘉耶夫:《末世论形而上学》,张百春译,中国城市出版社 2003 年版,第 3 ~ 17 页。

④ 别尔嘉耶夫:《精神与实在》,张百春译,中国城市出版社 2002 年版,第 55 页。译文略有改动。

可以用概念对客体化世界进行理性认识,但客体化自身有非理性的根源。我大概是第一个尝试对堕落进行认识论解释的人。"①

堕落是犹太教和基督教最重要的神话之一。在人类始祖亚当和夏娃堕落之前,他们居住在天堂里,那里没有死亡的威胁。当他们违反神的禁令,偷吃了分别善恶树上的果子后,就被驱逐出天堂,来到这个世界上,这个世界因他们的原罪而堕落。人在这个堕落的世界上繁衍生息,这是与天堂完全不同的世界,对人而言,最大的不同在于他在这个世界里不能永生,必须死亡。违反神的禁令就是人类始祖犯下的原罪,这个行为就是堕落。分别善恶是一种认识行为,是对善与恶的认识。于是,别尔嘉耶夫把堕落与认识联系起来,认为"堕落是认识的重要范畴"②。那么,认识与堕落之间的关系如何?认识是不是堕落的根源?"可以把对善恶的认识解释成堕落。当我认识善与恶,做出区分和评价,那么我就丧失了无罪和完整性,我就偏离了上帝,被赶出天堂。认识就是对天堂的丧失。罪就是认识善恶的企图。"③坚持这个观点的人有舍斯托夫。但别尔嘉耶夫不同意这个说法,他认为,堕落是因为人违反了神的禁令,而不是由于认识。相反,如果人不偷吃禁果,就不会有意识,不会有知识,那就是天堂里的状态。违反神的禁令后,人堕落了,在堕落的世界里,认识对人是有好处的,可以帮助人在堕落的世界里安顿与生存。因此,对认识就有了另外一种解释。

> 认识自身根本不是罪和从上帝那里的堕落。认识自身是肯定的善,是对意义的揭示。但是,吃善恶树上的果实意味着恶的和无神的生命体验,意味着人向非存在的黑暗回归的尝试,意味着拒绝创造性地回应上帝的召唤,意味着对创

---

① Бердяев Н. А. Самопознание. Москва: Книга. 1991. Cc. нание. Там же. Cc. 297 – 298.

② 别尔嘉耶夫:《末世论形而上学》,张百春译,中国城市出版社 2003 年版,第 62 ~ 63 页。

③ 别尔嘉耶夫:《论人的使命》,张百春译,上海人民出版社 2007 年版,第 42 页。

世自身的反抗。与此相关的认识就是对人身上的智慧原则的揭示，是向最高级意识和存在的最高阶段的过渡。说对善恶的认识就是恶，以及说对善恶的认识就是善，同样都是错误的和矛盾的。我们的范畴和词汇同样都不能超越自己的界限，即不能用于存在的这样一种状态之外，这种状态产生了所有这些范畴和词汇。善与恶之间的区分的产生是好事吗？善就是善，恶就是恶吗？我们不得不悖论性地回答这些问题：对善与恶之间的区分产生了，这不好，但是，当这个区分产生了，再作这个区分，这是好的；我们经历恶的体验，这不好，但是，当经历了恶的体验之后，我们再认识善和恶，这是好的。[①]

分别善恶的确给人带来了痛苦，痛苦的原因在于人有意识。善恶树上的果子是苦的，这个苦通过人类始祖偷食禁果的行为而传递给了意识，因此意识是痛苦的、"不幸的"。既然人走上了认识善恶之路，就要坚持走下去，走到其尽头，不能半途而废。因此，痛苦和不幸伴随着生活在堕落世界上的整个人类。这个堕落的世界就被别尔嘉耶夫称为客体化的世界。与堕落世界对立的那个天堂状态显然是非客体化的世界。"如果用哲学和认识论的解释，那么我把这个堕落的世界称为客体化世界。决定和物质的重负在这个世界里占统治地位。这是社会日常性的世界。"[②]这是别尔嘉耶夫理解的客体化的第一个含义。客体化的第二个含义与认识有关。人的认识是其在堕落世界上存在的手段，这个认识是客体化的认识。"……所发生的客体化是我们进行的，是我们对为了我们而存在的世界进行了客体化，这是世界的堕落，是世界丧失了自由，是世界各部分的异化。可以这样说，本体的自由过渡到现象的必然。现象世界获得沉重的经验实在性，这个实在性

---

① 别尔嘉耶夫：《论人的使命》，张百春译，上海人民出版社 2007 年版，第 42 页。

② 别尔嘉耶夫：《精神与实在》，张百春译，中国城市出版社 2002 年版，第 81 页。

在压迫和强迫我们。"①这就是别尔嘉耶夫发现的客体化的秘密。这个秘密在于主体的认识,主体的个性精神行为。客体化的发生有其必然性。"在精神之路上发生着自我异化、外化和客体化。"②堕落的世界是分裂的、奴役人的和异己的世界。客体化在别尔嘉耶夫的理解中无疑是个具有否定意义的概念,但他也不否认客体化的肯定意义。"因为没有客体化创造人就不能支持自己在这个世界里生存的条件,不能改善这些条件。人的使命就是对此世的物质进行加工,使之服从精神。但是,应该理解这条路和客体化的界限,应该理解这条路的片面性的危险,这个片面性使世界的虚假状态获得巩固。"③在堕落的世界里,客体化可以武装人、保卫人。为了认识客体化世界而产生的科学的积极意义就在于此。如同认识自身不是罪一样,科学自身也不是恶。"客体化之恶,即必然性、异己性和无个性之恶不在于科学,也不是由科学导致的。'客观的'科学不但是人所需要的,而且它也在堕落世界里反映着逻各斯。客体性是客体化的产物,就是堕落。人认识由他自己产生的东西,即由主体的奴役状态所产生的东西,但却将其看做是从外部给定他的实在来认识。"④这个客体化过程就是认识过程,但其结果对人在这个堕落世界里的生存有肯定意义。

按照康德对物自体和现象的区分,现象世界就是别尔嘉耶夫所谓的客体化世界。这个世界受规律性束缚,就是科学所揭示的那些规律。别尔嘉耶夫认为,本体世界是唯一真实的世界,现象世界是本体世界的象征。"客体化不是真正的实现,而只是象征化,客体化给出的是符号,而不是实在。"⑤不过,后来别尔嘉耶夫又在客体化与象征化之间作出区分。在他看来,"象征总是赋予另外一个世界的标志,它不

---

① 别尔嘉耶夫:《末世论形而上学》,张百春译,中国城市出版社 2003 年版,第 60 页。
② 别尔嘉耶夫:《末世论形而上学》,张百春译,中国城市出版社 2003 年版,第 263 页。
③ 别尔嘉耶夫:《末世论形而上学》,张百春译,中国城市出版社 2003 年版,第 202 页。
④ Бердяев Н. А. Самопознание. Москва:Книга. С. 296.
⑤ 别尔嘉耶夫:《末世论形而上学》,张百春译,中国城市出版社 2003 年版,第 69 页。

停留在此世的封闭之中。但是,象征不是真正的实现。它不是实现,
其中有另外一个世界的反光,有此世改变的原型,理解这一点具有重
大意义。在客体化里任何这样的东西都没有,其中没有另外一个世界
的标志。客体化使人陷入到这个现象世界的重负和必然性之中,这个
世界自身是客体化的产物。客体化是对这个世界状态的适应,是精神
自由对世界必然性的让步,是异化和冷却"①。象征与另外一个世界
有关,客体化只与此世有关。此外,这个客体化的世界还处在恶之中,
"全世界都握在那恶者手下"②。因此,必须和这个客体化世界抗争,
人类最终必然战胜它。关于自己,别尔嘉耶夫说过:"我得出这样一个
结论,反抗客体化,反抗对意义的客体化,对生命和死亡的客体化,对
宗教和价值的客体化就是我的动力。"③他一生的精神斗争和精神挣
扎都与反抗客体化世界有关。人生活在堕落的世界里,但他学会了认
识。每个人都成了认识者。"认识者应该走出自己的封闭性,不是走
向客观,而是走向超主观。这不是客体化,而是超越。"④人就是克服
和超越自己的存在物,他身上的个性就是超越的根源。超越是从现象
世界向本体世界返回的途径。超越内在于认识,是一种认识行为。当
转向自己的内在深处时,认识行为就不是客体化,而是超越。在这里,
对主体、客体、客观性、真理性等概念的理解都将发生实质性的改变,
这是一种生存论的认识。

二、客体化的标志

为了揭示客体化的特征,别尔嘉耶夫把注意力转向生存论层面。

① Бердяев Н. А. Истина и откровение. Прелогомены к критике Откровения. Санкт-Петербург:Издательство Русского Христианского гуманитарного иституту. 1996. Cc. 148 – 149.

② 《圣经·约翰一书》5:19。

③ Бердяев Н. А. Самопознание. Москва:Книга. 1991. C. 302.

④ 别尔嘉耶夫:《末世论形而上学》,张百春译,中国城市出版社2003年版,第69页。

在他看来,只有在这里才能看清客体化的标志。客体化表现在客体之间的关系上。他确定了客体化的四个标志,同时还确定了与这四个客体化标志对立的四个标志:

    1. 客体与主体的异化;

    2. 不可重复的个体的东西,个性的东西被一般、无个性的普遍的东西所吞没;

    3. 必然性的统治,从外部被决定,对自由的压制和关闭;

    4. 适应世界和历史的负担,适应中等人,人及其意见的社会化,这个社会化毁灭独特性。

在确定了客体化的四个标志后,别尔嘉耶夫立即确定了与客体化对立的四个标志:

    1. 在好感与爱中的交往,对异化的克服;

    2. 人格主义,一切生存的个性 – 个体特征的表现;

    3. 向自由王国的过渡,从内部的被决定性,对必然性的奴役的克服;

    4. 质相对于量的优势地位,创造相对于适应的优势地位。[①]

从这里可以看出,客体化的标志主要涉及四方面的问题,即主体与客体的关系问题;个性与一般的关系问题;自由与必然性的关系问题;质与量的关系问题。

1. 主体与客体之间发生异化

主体与客体都是认识论概念,特别是德国哲学的基本概念。在认识过程中,人的意识是主体,客体就是认识对象,认识的客体被当做存在。因此,主体与客体的关系就是意识与存在的关系。客体位于主体

---

① 别尔嘉耶夫:《末世论形而上学》,张百春译,中国城市出版社 2003 年版,第 65 页。

之外,独立于主体。但是,主体不是存在,它与存在对立,面对存在,认识存在。正确认识的结果是真理。真理就是认识的结果与被认识对象之间的一致性。真理性就等于客观性。客观性也是人人都应遵守性。那么,客观性的保证在哪里?别尔嘉耶夫发现,在德国哲学的认识论里有一个悖论,即客观性的保证不在客体里,而是在主体里。比如,在康德哲学里,客观性的保证是作为主体的意识的先验形式,正是这些先验的形式使认识成为可能。先验形式只适用于现象界。在这里,客体就是拥有先验形式的主体构造的。客体和主体是相关的,没有客体就没有主体,没有主体就没有客体。然而,主体相对于客体的优势还是很明显的,因为客体的存在完全依赖于主体,准确地说,依赖于主体内部所拥有的先验形式。别尔嘉耶夫用康德的术语概括道:"客体不是物自体,主体是物自体,客体只是现象,是为了主体的现象。成为客体就意味着为了主体而存在,客体总是为了他者而显现的东西。现象世界是客体化的产物。客体化是由主体实现的,它标志着主体的指向和状态。"[①]因此,客体化是由主体制造的,它依赖于主体的状态。这里的主体是思维的主体,是认识的主体。这个主体进行认识的结果是导致客体与主体分离、异在,即异化。

　　然而,一个简单的事实是,从事认识活动的人,是活生生的人。但是,认识论意义上的主体根本不是人,而是意识,先验的意识(康德),是世界精神(黑格尔)。德国哲学极力排除认识论中的人的因素,反对任何心理主义和人本主义,认为这是相对主义。问题在于,正是先验意识或世界精神在制造客体化。

　　　　认识中的客体化就意味着认识者和被认识者之间的异化。客体化导致的结果就是,无论是认识者还是认识都不再是"某种东西",而是成为"关于某种东西"。"关于某种东

---

① 别尔嘉耶夫:《末世论形而上学》,张百春译,中国城市出版社2003年版,第56页。

西"就意味着成为客体。作为客体的存在与之对立的那个认识主体不可能是"某种东西",而总是"关于某种东西",它被排除在存在之外。当您的认识是"关于某种东西"的认识,关于客体的认识,那么就不可能在深层次上提出本体论的实在和价值的问题。①

如果我们把"某种东西"看做是存在,那么这段话的意思就明显了。尽管在认识论里,客体被当做存在,但它显然是由主体(意识)构造出来的东西,即思维的产物,因此远离了存在,即"关于存在",而非存在自身。所以,别尔嘉耶夫称这样的客体为"客体化的存在",即被客体化的存在。"客体化的存在已经不是存在,它已经被主体为认识的目的而制成标本了。"②主体是认识者,其使命是认识存在,这个客体化的存在与主体对立,是主体应该认识的对象。主体也不是存在。于是,在认识里,主体和客体都不是存在,都是"关于存在",它们实际上无法达到存在自身。这样的认识在制造客体化,没有触及实在(存在)自身,因此,其价值当然值得怀疑。

既然人在从事认识活动,那么人的情感和心理等非理性的因素必然也要参与到认识之中。在人文科学认识里,在哲学认识里,尤其如此。"对精神的认识,对精神自身的认识……不可能是客体化。对精神的认识就是哲学,在这个认识里,认识者与自己对象之间应该有一种内在的亲缘关系。"③亲缘关系与异己关系对立,其中包括人的各种情感,比如爱的情感,它可以克服认识者与被认识者之间的异己性。实际上,作为认识者的人是真正的主体,主体所认识的对象是存在,主体自身也是存在。因此,认识就是存在里的事件,是存在与存在之间

① 别尔嘉耶夫:《论人的使命》,张百春译,上海人民出版社 2007 年版,第 16 页。

② Бердяев Н. А. Я и мир объектов.//Бердяев Н. А. Философия свободного духа. Москва:Республика. 1994. С.248.

③ 别尔嘉耶夫:《论人的使命》,张百春译,上海人民出版社 2007 年版,第 16 页。

的关系,这种关系是一种内在的关系,而不是异己的和异化的关系。作为认识者的人不是一般的抽象存在,而是具体的存在(бытие),即生存(существование)。"在生存的意义上,主体与客体无关,而是与其他主体相关。"①主体和主体之间的关系就是从一个主体走向另外一个主体,这个关系就是一种超越,但不是客体化。超越就是对异己性和客体化的克服。只有作为具体存在,即作为生存的主体才能克服客体化之恶,即克服必然性、异己性,走向亲缘性。那时,主体之间的关系将是以爱和好感为基础,人与人之间的关系发生在生存层面,因此,他们之间才能有真正的交往。

2. 一般压制个性

在原始思维里,认识过程不借助概念,而是靠一种"参与原则"来实现。如果使用现代认识论的术语,那么在这里,主体与客体之间没有明确的划分,认识的过程就是主体参与到客体之中的过程。与原始思维不同,现代思维的主要特征就是借助概念,离不开概念。"思维自身具有概念实在论的倾向,并很容易陷入它自己所制造的'一般'的统治之下。"②一般(общее)是概念,是思维的典型产物。别尔嘉耶夫发现,在哲学史上,"一般"经常与"共相(универсалии)"混淆,从而导致唯名论、实在论和概念论之间的长期争论。在他看来,这是两个完全不同的概念,它们之间的区别涉及个体问题,客体化问题。

> 共相完全不是一般,不是抽象思维的产物,完全不与个别对立。可以把作为哲学流派的普遍主义和个人主义对立起来,但是不能把共相与个别对立起来。具体的共相可能是个体的共相和个体。个体的东西可以在自身里包含共相。一般和类压制个体,不能赋予个体以内容。但是共相完全不

---

① 别尔嘉耶夫:《末世论形而上学》,张百春译,中国城市出版社 2003 年版,第 59 页。
② 别尔嘉耶夫:《末世论形而上学》,张百春译,中国城市出版社 2003 年版,第 125 ~ 126 页。

压制个体,相反,它把个体提高到生存内容的完满。一般是
抽象,并只在思维里,这种思维倾向于自我异化。共相是具
体的,并处在生存之中,是生存的质和填充。上帝是最高的
共相,同时是具体－个体的共相,是个性。上帝是对共相的
唯一正确的和允许的实在化。在存在物之外假定理想存在,
并使存在物服从这个理想存在,这是错误的。概念是一般的
和抽象的,对概念而言,一般和抽象是第一实在,从自身出发
发挥决定作用的个体已经是次要的了。这是客体化思维的
秘密。①

压制个体的是一般,而不是共相。一般是概念的产物,是抽象的、
没有生存的东西。在客体化世界里,占统治地位的就是一般。一般属
于类,具有客观的特征,所以它压制个体。共相与个体相关,在具体的
个体里获得揭示,因此它不压制个体。个体是主观的,是不可重复的。
类之所以压制个体,是因为在类里占统治地位的是必然性。无论生物
学领域的类,还是逻辑学领域的类,都具有强迫性的特征。比如,逻辑
规律没有任何个性特征,相反,它们具有极强的普适性。个性在类的
世界里必然遭到压制。"在客体化世界里,人使自己服从类的生命,并
让非个性－一般统治个性－个体。"②因此,别尔嘉耶夫把没有个性的
一般和类对个体的压制和吞没看做是客体化世界的主要标志之一。

不过,我们知道,别尔嘉耶夫在个体和个性之间作出了区分。简
单地说,个体是自然主义和社会学的范畴,个性是精神和伦理学的范
畴。个体在类的过程里产生,但个性不是自然过程的结果,不是由父
母所生,个性的根源在神那里。这个区分是克服客体化的前提。与个
体相关的是个人主义,与个性相关的是人格主义。"个人主义是客体

---

① 别尔嘉耶夫:《末世论形而上学》,张百春译,中国城市出版社2003年版,第127页。
② 别尔嘉耶夫:《末世论形而上学》,张百春译,中国城市出版社2003年版,第255页。

化,并与人的生存的外化相关。"①个性拥有生存,它以自由为前提,自由的秘密就是个性的秘密。客体化就是无个性。无个性的世界是被决定的世界,是必然性占统治地位的世界。在这个意义上,客体化世界是反人格主义的,是奴役人的世界,它压制个性,与个性敌对,标志着个性的异化。因此,克服客体化就是消除类、一般对个性的压制和吞噬,把个性从类和一般的过程里拯救出来,承认唯一的、不可重复的、不可替代的个性是最高价值。克服客体化的最终保证就是个性的神圣来源。这是两套完全不同的价值等级体系。人格主义和生存哲学的任务就是实现价值等级上的革命。

3. 必然压制自由

客体化就是成为客体。自然界是典型的客体世界,是科学认识的世界。在自然界里占统治地位的是规律,发现自然界里的规律是科学认识的主要任务。自然界里的规律具有普遍性和人人都应遵守性。时间和空间是自然界的主要标志。自然界对人的奴役与束缚就是通过规律、时间和空间来实现的。自然界的规律性是一种必然性,因此在自然界里,必然性占统治地位。作为客体世界,相对于人而言,自然界是外在的、异己的,因为人不仅仅属于自然界,他还有另外一个神圣的来源,他属于精神世界。在自然界里,一切都是从外部被决定的,一个完全陷入到自然界中的人,只能从外部被决定。这里没有任何自由,一切都是决定的和被决定的。因此,别尔嘉耶夫断定:"自然界就是客体化的世界,即异化、被决定和无个性的世界。"②包括自然规律在内的整个自然秩序都是客体化的产物。在客体化的自然界里,科学帮助人辨别方向。科学认识的方法具有一定的普遍性,但是不能像实证主义者那样把科学认识的方法绝对化。科学认识的方法只适用于

---

① 别尔嘉耶夫:《论人的奴役与自由》,张百春译,中国城市出版社 2003 年版,第 158 页。

② 别尔嘉耶夫:《论人的奴役与自由》,张百春译,中国城市出版社 2003 年版,第 109 页。

自然界,不适合认识精神世界,更不适合认识神。遗憾的是,在对神的认识里,经常发生的一种情况就是把自然界的范畴用于神,即所谓的类自然观。对精神世界的认识也是如此,比如把精神生命自然主义化,这种认识方法根本无法触及精神生命的深处。"生命被客体化为自然界,物质自然界或精神自然界,实体是这种形而上学自然界基本的认识范畴。"①自然界与精神世界是两个完全不同的世界,对它们的认识方法也是完全不同的。别尔嘉耶夫反对把认识自然界的方法用于认识精神科学,认识神。

自然科学认识是在客体化世界里的认识,是客体化的认识。在自然科学基础上产生的技术也是客体化的产物。"全部技术主要就是这个客体化认识的结果。"②人类已经进入技术时代,它离开技术就无法生存。技术给人类生活带来极大便利的同时,也对人产生极大伤害。

> 速度是技术时代所特有的。发生着对时间的疯狂的加速,人的生命服从这个加速着的时间。每个瞬间在自身里都没有价值和完满,不能停留在这样的瞬间,应该尽可能快地用下一个瞬间代替之。每个瞬间只是它之后下一个瞬间的手段。每个瞬间都是无限可分的,在这个无限的可分性里不能捕捉到任何自身有价值的东西。技术时代完全指向将来,但这个将来完全被发生在时间里的过程所决定。"我"没有时间意识到自己是个将来的自由的创造者。"我"被疯狂的时间给卷走了。这仿佛是时间的新的世界时代。机械化和机器化所制造的速度对"我",对它的统一和内在的集中而言是破坏性的。机械化和机器化是对人的生存的客体化的极端形式,是人的生存向外抛,抛向异己的和冰冷的世界的极

---

① Бердяев Н. А. Философия свободного духа. Москва:Республика. 1994. С. 22.
② Бердяев Н. А. Я и мир объектов.//Бердяев Н. А. Философия свободного духа. Москва:Республика. 1994. С. 259.

端形式。这个世界是人所制造的，但是人在其中找不到自己。①

今天的自然界已经不再仅仅是动物、植物、矿物、星辰、森林和海洋等所构成的了，其中出现了完全新的东西，这既不是有机体，也不是无机体，而是借助于技术和机器产生的组织体（организованные тела）。用别尔嘉耶夫的话说，技术和机器具有宇宙演化学特征，它们为人类制造了新的自然界，人处在这个新自然界的奴役和统治之下。比如说，"人发明了工具，并把这些工具放置在自己与自然界之间，然后对这些工具进行无限的完善。智力是人的最强有力的工具，人在理智里获得了异常的敏感性。然而，这却伴随着人的本能的弱化，人的有机体开始退化，因为在与自然界的斗争中，有机体的器官开始被技术工具替代"②。最后，人已经无法离开这些技术工具，完全陷入到技术工具的奴役之中。这个新自然界是极端客体化的产物，必然性在其中占据绝对统治地位，人在其中完全从外部被决定，他的自由受到压制。

客体化是由人的主体的积极性制造的，但这只是主体积极性的一个指向，即主体在自然界里的指向。但是，主体的积极性还可能有另外一个指向，别尔嘉耶夫称之为生存哲学之路。在这里，主体的认识不发生客体化，这是精神的王国。在别尔嘉耶夫看来，真正的对立就是自然界与精神之间的对立。精神的王国是自由的王国，从内部被决定的王国。精神可以摆脱自然界的压迫，但它不否定自然界，而是使之精神化。在关于精神的科学里，认识要求认识者与被认识的对象之间的相似性和相近性，而不是异己性。自然界不是真实的，只是"精神

① Бердяев Н. А. Я и мир объектов.//Бердяев Н. А. Философия свободного духа. Москва：Республика. 1994. С. 291.
② 别尔嘉耶夫：《论人的奴役与自由》，张百春译，中国城市出版社2003年版，第138页。

的象征"①。精神的实质标志之一就是自由。因此,在精神世界里,一切都应该从内部被决定,而不是从外部被决定。自然界不可能是封闭的,人和世界的意义不可能在封闭的自然界里,而是在它的界限之外。不过,精神在实现自己的时候,也可能发生客体化(参见本书第二章第五节)。

4. 量高于质

在别尔嘉耶夫对客体化的理解中,一个非常突出的特点就是,在客体化世界里,量占统治地位。在这里,一切都服从量的统治,人也被置于数学上的数字的标志之下。这是个常人(das Man)的世界,日常性的世界。在客体化世界里生活的人很容易适应这个世界,并认为其中的一切都是真实的,甚至是唯一真实的,因此通常都拒绝承认精神的实在性。在这里,客观性是实在性的标准。"'客观性'的要求完全不是真理的要求,而是社会化,是对中等人,对日常性的服从。"②这个从自然科学认识里拿来的客观性被推广到人的生存领域就导致对人的生存的客体化。如果说在自然界里存在着普遍必然的规律,那么在人的生存领域占统治地位的是个性,唯一性。别尔嘉耶夫断定,"客观性"与"人人都应遵守性(普遍必然性)"是一码事,他正是从这个断定出发,确定了自己对客体化的理解。自从康德时代起,客观性、真理性、人人都应遵守性就被等同起来。然而,"人人都应遵守性恰好是为了客体化和现象世界而存在,它标志着在这个孤独世界里的沟通的形式,是对堕落的适应。人人都应遵守性与孤独相关,它是在孤独中的沟通"③。常人、中等人借助于人人都应遵守的规律(包括自然界的和社会的法律)进行沟通。但这种沟通仅仅发生在人与人之间关系的表层,根本深入不到人的内心深处,因此不但达不到交往的目的,而且还

① Бердяев Н. А. Философия свободного духа. Москва:Республика. 1994. C. 47.
② 别尔嘉耶夫:《论人的奴役与自由》,张百春译,中国城市出版社2002年版,第151页。
③ 别尔嘉耶夫:《末世论形而上学》,张百春译,中国城市出版社2003年版,第46页。

强迫人。"中等人,特别是人的团体,总是强迫人,总是用认识中的逻辑概念和规律,用国家法律,用家庭、阶层、作为社会建制的外在教会的僵化形式来排除危险,自我保护。在这些保护中,直觉、灵感、爱、人性、活生生的信仰被压制了,精神被熄灭了。"①在常人社会里,不存在个人的意见,只有人人都服从的规范。在这里,人的社会化程度非常高。然而,"人身上的个性不可能被社会化。人的社会化只能是部分的,而且不能波及个性的深处,个性的良心,个性对生命根源的态度。波及到生存深处和精神生命的社会化就是 das Man(常人)的胜利,是社会日常性的胜利,是中等 – 一般对个性 – 个体的残酷统治"②。别尔嘉耶夫把常人的世界,日常性的世界看做是客体化世界,人人都应遵守性是客体化世界的主要标志。在这个世界里,占统治地位的是量,而不是质,这里没有深度,一切都是平面的、平淡的。

别尔嘉耶夫把大众涌入历史与技术联系在一起。大众走上历史舞台与技术时代到来有关。借助于技术,大众、常人顺利地"社会化",社会自身很容易就变成了日常性的社会。大众是量的概念,而不是质的概念。在技术化时代,大众开始占据统治地位,但这是量的统治,而非质的统治。在大众身上,个性没有被表现出来,而是被压制了。

显然,技术既有肯定意义,也有否定意义。别尔嘉耶夫主张,要限制技术对人的消极影响,必须让技术服从精神。精神与个性、自由、创造有关。精神时代是个性、自由和创造的时代。这是质的时代,是质战胜量的时代,是创造战胜适应的时代。战胜了客体化世界的王国就是精神的王国。

三、客体化的形成

客体化是怎么发生的,在别尔嘉耶夫看来,这是个秘密,"必须解

① 别尔嘉耶夫:《末世论形而上学》,张百春译,中国城市出版社2003年版,第82页。
② 别尔嘉耶夫:《论人的奴役与自由》,张百春译,中国城市出版社2002年版,第63页。

释客体化的秘密,因为在客体化里隐藏着这个世界的秘密,世界生命之恶与痛苦的根源就在客体化里"①。如前所述,物自体和现象之间的划分是康德的伟大发现。现象世界就是客体化的世界。但是,别尔嘉耶夫认为,康德没有说清楚现象世界是怎么形成的,没有发现客体化的秘密。别尔嘉耶夫发现了这个秘密:"我认为,主体自己引起客体化,产生现象世界,主体不但作为认识者,而且首先是作为存在者来做这一切的。"②就自身含义而言,客体化与客体有关。如果没有客体,那么也就没有客体化了。但是,客体是与主体相对的,没有主体,就没有客体。因此,客体化也和主体相关,是主体自己引起的,这就是客体化的秘密。这个主体一方面是指认识的主体,即认识者,另一方面,也是指作为生存者的主体。作为认识者的主体在制造认识论意义上的客体化,作为存在者的主体是在生存论意义上制造客体化。"客体化是由主体实现的,它标志着主体的指向和状态。"③别尔嘉耶夫曾经指出客体化有两方面的含义,一方面客体化标志着世界的堕落,另一方面,客体化是由主体在堕落世界里制造的。这两方面是相互关联着的。关于客体化与堕落的关系,前面已经阐述了。现在探讨客体化的第二个含义,即主体是如何制造客体化的。

客体化是生存于堕落世界里的主体的命运,主体必然制造客体化。客体化就是作为主体的人的生存状态。"客体化是把人向外抛,外化,使人服从空间、时间、因果和理性化条件。"④别尔嘉耶夫在这里指出了几种主要的客体化途径,它们都与世界的堕落有关。此外,他还强调,在堕落世界里,人的生存主要表现为社会化过程,这个过程也是客体化过程。因此,客体化主要通过外化、服从时间、空间和因果关系、理性化、社会化的途径实现的。

---

① 别尔嘉耶夫:《末世论形而上学》,张百春译,中国城市出版社 2003 年版,第 64 页。
② 别尔嘉耶夫:《末世论形而上学》,张百春译,中国城市出版社 2003 年版,第 59 页。
③ 别尔嘉耶夫:《末世论形而上学》,张百春译,中国城市出版社 2003 年版,第 56 页。
④ 别尔嘉耶夫:《末世论形而上学》,张百春译,中国城市出版社 2003 年版,第 63 页。

外化(экстериоризация)是指内在的东西获得外部表现形式,在心理学上指内在心理状态获得外部表达。内化(интериоризация)是与外化相反的过程,指外在的东西获得内在的表达,在心理学上指的是外在行为或环境引起内在心理上的反映。荣格就使用过类似的表达方式,他确立两种类型的人,一个是外向型(экстравертированный тип),一个是内向型(интровертированный тип)。① 在心理学上,内化与外化都是中性词。别尔嘉耶夫在《论人的奴役与自由》一书里大量使用外化这个词,而且多在负面意义上使用,即外化导致奴役。相反,内化则具有肯定的意义。在他看来,能够被外化的东西主要是人的本质、精神、意识、良心、情感、人性,甚至人的一些状态也能被外化,比如利己主义的状态,受奴役的状态。此外,别尔嘉耶夫经常使用的原初实在、原初生命、生存、意义、价值以及宗教等,都可以外化或被外化。实际上,一切内在的东西,一切精神的东西都有可能外化。比如,良心的外化就是"把良心从作为精神存在物的人的深处向外转移给拥有专横机构的集体"②。良心是典型的内在的东西,集体是外在的东西,良心的外化就是它从内部向外部的转移。

在谈到外化时,别尔嘉耶夫总是把它与客体化联系在一起。他说:"客体化首先是外化,是精神与自己的异化。外化产生必然性,从外部的被决定性。"③从外化的结果上看,它的确是导致客体化的非常直接的原因。在一定意义上,客体化就是外化和异化。别尔嘉耶夫经常把外化和异化、向外抛等次并列使用,比如,"人的精神本质的异化、外化、向外抛出就标志着人的奴役"④。外化之所以是客体化,就是因为外化导致奴役。人的意识和思维在制造外化,即所谓的"外化的意识","外化的思维",它们把存在变成抽象概念,即一般。由外化所制

① 参见别尔嘉耶夫:《论人的使命》,张百春译,上海人民出版社2007年版,第75页。
② Бердяев Н. А. Царство Духа и царство Кесаря. Москва:Республика. 1995. С. 332.
③ 别尔嘉耶夫:《末世论形而上学》,张百春译,中国城市出版社2003年版,第66页。
④ 别尔嘉耶夫:《论人的奴役与自由》,张百春译,中国城市出版社2002年版,第66页。

造的抽象概念限制人,奴役人。通常情况下,外化发生在精神之路上,即所谓的精神的客体化。但是,人不但进行外化,他也进行内化。只有内化不奴役人,相反,内化导致自由。"外化是奴役的根源。自由是内化。"①

任何东西外化之后遇到的就是客体世界,客体世界的主要标志就是时间、空间和因果关系。时间化(овременение,овременность,овременять)的意思是"使……具有时间性",就是指人生活在时间里,于是,人的生存就具有了时间的特征。时间是堕落世界最主要的特征和标志。时间随着堕落而产生,也将随着堕落世界的终结而结束。在堕落世界里,时间占统治地位。自从堕落之后,人的生存只能在时间中展开,处在时间的标志之下。在别尔嘉耶夫看来,时间化和空间化都是生存的客体化。"生存在时间中的投影,时间化,和生存在空间中的投影,空间化一样,都是客体化。客体化世界是时间和空间的世界。"②但是,时间化是更典型的客体化。海德格尔认为,人的烦和恐惧都能使存在时间化,它们使人感觉到时间对人的生存的重要意义。在别尔嘉耶夫看来,烦和恐惧恰好就是人的生存遭遇客体化的结果。正是因为有了时间,人的生存才是悲剧的,因为人的生存在时间上必须结束,即人最终要死亡。"客体化的世界是时间化的世界。这个时间化的特征也意味着时间的病变。分裂为过去、现在和将来的时间是病态的时间,伤害人的生存的时间。与时间的病变相关的是死亡。时间必然导致死亡。时间就是死亡的疾病。"③除了时间之外,空间和因果关系也是客体化存在的主要标志。而且,时间和空间是相关的,针对人的生存而言,因果关系的主要表现形式也是时间和空间。

---

① 别尔嘉耶夫:《论人的奴役与自由》,张百春译,中国城市出版社 2002 年版,第66 页。

② Бердяев Н. А. Я и мир объектов.//Бердяев Н. А. Философия свободного духа. Москва:Республика. 1994. С. 257.

③ 别尔嘉耶夫:《论人的奴役与自由》,张百春译,中国城市出版社 2002 年版,第306 页。

别尔嘉耶夫把时间分为三种形式,即宇宙时间、历史时间和生存时间(参见本书第三章第二节)。在他看来,"人不仅生活在自然循环的宇宙时间里,生活在面向未来的,支离破碎的历史时间里,他还生活在生存时间里,他也在客体化之外存在,就是他所制造的客体化"①。当人生活在宇宙时间和历史时间里时,他的生存就会遭遇客体化,但是在生存时间里,人的生存不能被客体化。海德格尔所说的烦使存在时间化,使人陷入时间,主要是指宇宙时间和历史时间。因此,只有在生存的意义上,才能克服客体化。当生存时间克服宇宙时间和历史时间时,客体化就结束了,但这就要求历史的终结。"历史的终结是生存时间对历史时间的胜利,是创造的主观性对客体化的胜利,是个性对普遍－一般的胜利,是生存的社会对客体化社会的胜利。"②在客体化的世界里,也可以有向终结的运动,这个运动克服时间化、客体化。"战胜致死的时间始终是我生命的主题。"③这个主题就是末世论的主题。

理性是人的重要属性和能力,这是古希腊哲学的伟大发现。人借助于理性,可以认识外部世界,在外部世界里辨明方向。但是,理性只是人的诸多属性和能力之一。除理性外,人还有信仰、感性、直觉等属性和能力。完全靠理性所获得的认识注定是不全面的。在中世纪,西方世界贬低理性,弘扬信仰,用信仰压制理性。文艺复兴之后,理性获得解放,摆脱信仰的束缚。在哲学上,理性主义兴起。然而,获得片面发展的"理性具有把一切变成客体的趋势"④。这个趋势所造成的结果就是客体化。别尔嘉耶夫说:"客体化就是理性化。"⑤在传统认识

---

① 别尔嘉耶夫:《论人的奴役与自由》,张百春译,中国城市出版社 2002 年版,第 80 页。
② 别尔嘉耶夫:《论人的奴役与自由》,张百春译,中国城市出版社 2002 年版,第 314 页。
③ Бердяев Н. А. Самопознание. Москва: Книга. 1991. С. 8.
④ 别尔嘉耶夫:《末世论形而上学》,张百春译,中国城市出版社 2003 年版,第 62 页。
⑤ 别尔嘉耶夫:《末世论形而上学》,张百春译,中国城市出版社 2003 年版,第 63 页。

论里,认识被等同于理性化。理性认识的前提是主客体的对立,在这里,认识的主体与客体之间是相互外在的、异在的。客体外在于主体,主体面对独立于自己的客体。在德国古典哲学里,这个认识的主体不是人,而是抽象的理性(人的理性、世界理性或神的理性)。本来是人自己的认识,但人自身被排除在认识之外,这样的认识相对于人而言就是客体化的认识。此外,理性认识离不开概念。概念的世界完全是由人的思想构造出来的,它不具有真实的生存。在所有概念中,存在概念是理性化的最高产物,因此也是客体化的最高产物。围绕存在概念建立起来的本体论是理性主义哲学,它把人束缚在客体化世界里。理性主义不承认理性的界限,只局限于理性自身,最终导致理性化。这是理性的弱点。

> 理性的最大弱点就体现在理性化上,因为理性主义没有能力超越,在理性主义中,理性没有能力跨越自己的界限,超越到自己之上。然而,理性的全部力量就在这个超越之中,认识的最高成就是有学识的无知(docta ignorantia),否定的认识。在认识里不但必然有内在的因素,而且也必然有超越的因素。但超越自身内在于认识,是认识行为。客体化是下面的意义上的理性化,即客体化把思维的产物(比如是实体、共相等)当做现实。在客体化和理性化里,思维不向非理性和个体超越,即不向生存和存在者超越。①

尽管理性化在认识中占有非常重要的地位,但理性化并非全部认识。还有其他类型的认识,非客体化的认识。列维·布留尔发现,前逻辑的原始思维不进行客体化,它服从参与原则(loi de partipation),即认识者参与到被认识的对象里。但是,当人离开原始状态,走向文

---

① Бердяев Н. А. Я и мир объектов.//Бердяев Н. А. Философия свободного духа. Москва:Республика. 1994. С. 257.

明,达到文明顶峰时,其认识就成了客体化的认识,即认识的对象与认识者是格格不入的,更与人自身格格不入。此外,别尔嘉耶夫指出,生存哲学就意味着另外一种非客体化的认识,这是一种面向客体,参与其中的认识方式。所以,他把认识区分为两种,一种是客体化认识,即理性化认识,另一种是生存认识,这不是客体化的认识,而是个性之间的交往和参与。生存认识是对客体化的克服。

别尔嘉耶夫始终坚持理性认识只适合于"堕落的"世界,适合于自然界,人借助于这种认识可以认识世界,在其中辨明方向,因此,在"堕落的"世界里,理性认识是必要的。理性认识制造客体化世界,但是,在这客体化世界里,没有理性认识也是不行的。不过,理性认识完全不适合于精神的世界,不适合于自由的世界,能够适合这类世界的只有象征的认识和神话的认识。

理性化、时间、空间和因果关系问题都涉及认识论。别尔嘉耶夫认为:"客体化不但是认识的过程,在更大程度上这还是情感过程,是对情感的社会化。"[1]在谈到对神的认识时,别尔嘉耶夫发现,对神的认识的客体化形式之一就是社会化,即人们倾向于把社会领域里的范畴用于神。"客体化具有社会学特征,其中带有类社会观的痕迹。"[2]这样,别尔嘉耶夫把客体化与社会化联系在一起,并且直接断定,"客体化就是社会化"[3]。社会化成为客体化的途径之一,是因为社会具有客观存在的特征,这是客体化的根源。"客体和客体化正好不是为主体而存在的,而是奴役主体。主体用客体化奴役自己,建立决定论王国。主体陷入自己所实现的外化的统治之中。人受社会的奴役就

---

[1]　别尔嘉耶夫:《末世论形而上学》,张百春译,中国城市出版社 2003 年版,第 63 页。

[2]　Бердяев Н. А. Самопознание. Москва:Книга. 1991. С. 302.

[3]　Бердяев Н. А. Я и мир объектов.//Бердяев Н. А. Философия свободного духа. Москва:Республика. 1994. С. 302.

是以此为基础的,社会呈现为客观存在。"①此外,社会化过程所获得的结果是象征,而非社会实在。"人的奴役的根源是客体化。这个客体化在历史上是通过各种不同形式的社会化实现的,这就是个性质的异化,把它们转移到社会团体之中,这些质在这里将丧失实在特征,并获得象征性。"②在客体化的社会里,一切同样都不是实在的,客体化社会是小市民社会,是日常性占统治地位的社会。在这样的社会里,个性遭到压制。这里涉及个性与社会的关系问题,个性在社会里的命运问题。

生存的中心,多灾多难的命运处在主观性之中,而不在客观性之中。个性所服从的一切高等级层次都属于客体化世界。客体化永远是反人格主义的,与个性敌对,意味着个性的异化。客体化世界等级中的一切生存的东西,如在民族中,在人类里,在宇宙中等等,都属于个性的内在实质,个性不服从任何等级中心。宇宙、人类和民族等等,都处在人的个性之中,如同在被个体化了的宇宙或微观宇宙之中,它们向外部实在,向客体里的坠落和抛出,都是人堕落的结果,是使人服从无个性的实在、外化和异化的结果。在生存意义上,太阳不是处在宇宙的中心,而是处在人的个性的中心,只是在人的堕落状态中,它才被外化。个性的实现,个性力量的集中和实在化,都内在地接受太阳,内在地接受整个宇宙,整个历史,整个人类。相对于人的个性而言,集体的个性,超个性的个性都只是错觉,是外化和客体化的产物。没有客观的个性,只有主观的个性。在一定意义上,狗和猫比民族、国

---

① 别尔嘉耶夫:《论人的奴役与自由》,张百春译,中国城市出版社 2002 年版,第 136 页。

② 别尔嘉耶夫:《论人的奴役与自由》,张百春译,中国城市出版社 2002 年版,第 210 页。

家和世界整体具有更大的个性,更能继承永恒生命。①

在社会化过程中,人的本质的诸多方面都将遭到客体化、异化。在人的社会生活里充满着强力意志的统治,金钱的统治,以及对享乐和荣誉的渴望等,所有这些都破坏人的个性。然而,社会化是人生的必经之路,是人的命运。人注定要生活在社会里,人的本质在各个方面都要遭遇到社会化,即客体化、异化。在这个意义上,别尔嘉耶夫断定:"客体化王国是社会的王国,它的建立是为了中等人,大众的人,为了日常性,为了 das Man(常人)。"②在这里发挥决定作用的是"客观性",人人都应遵守性。客体化的王国就是通常意义上的社会学研究的对象。在别尔嘉耶夫看来,所有关于人的社会学学说都是错误的,因为它们只涉及人身上表面的客体化层次。一个社会化的人就生活在这些表面层次上,他无法个性地和个体地展现自己,只能社会地、集体地展现自己。在社会化的世界里,人不能违反人人都应遵守的社会规范,在一切方面都要受社会关系的制约。比如人的见解和意见必然受到社会舆论的左右,受到他所在的民族、阶层、团体、职业的左右。不但如此,人还有一种强烈的愿望,即滞留在客体化世界里,在其中寻找自己的理想,建立各种社会乌托邦。"与完善的社会制度观念相关的人的彻底社会化,人的整个文化的完全被控制,将导致对人的个性的新的和彻底的奴役。"③甚至基督教在历史上也被社会化,基督教的很多观念都适应了社会。历史基督教的很多罪过都与此有关。别尔嘉耶夫一生都与历史的基督教进行斗争,其根本动机是为了把个性从客体化的世界中拯救出来。

别尔嘉耶夫称客体化的世界为与精神王国对立的恺撒的王国。

---

① 别尔嘉耶夫:《论人的奴役与自由》,张百春译,中国城市出版社 2002 年版,第 44~45 页。

② 别尔嘉耶夫:《末世论形而上学》,张百春译,中国城市出版社 2003 年版,第 73 页。

③ 别尔嘉耶夫:《论人的使命》,张百春译,上海人民出版社 2007 年版,第 164 页。

战胜恺撒的王国,就是克服客体化,就是走向精神王国。这是创造的问题,精神的问题。

第四节 创造

一、创造的宗教意义

在早期(制定"新宗教意识"时期)的创作中,在自由问题之后,创造问题便成了别尔嘉耶夫哲学探索的基本问题,成了其"生命的基本主题"。不过,创造问题的提出不是哲学思考的结果,而是他自己所体验到的内在经验,是内在的"顿悟"。他在《自我认识》里对这次"顿悟"是这样描述的。

> 我曾经历这样一个时期,当时意识到自己被罪给压制住了。这种意识的增加所导致的结果是黑暗在扩大,而不是燃起光明。最终,人便习惯于直观罪,而不是神,他习惯于沉思黑暗,而不是光明。对罪的长期而尖锐的体验导致沮丧,虽然宗教生活的目的就是对沮丧状态的克服。我终于也克服了沮丧,体验到巨大的高涨状态。这是真正的内在震动和顿悟。夏天的乡村,我躺床上,已到凌晨,创造的热情震动我的整个身心,强烈的光照耀着我。我从被罪压制的状态过渡到创造的高潮。我明白了,对罪的意识应该过渡到对创造高潮的意识,否则人会堕落下去的。①

这个类似圣·奥古斯丁所经历的精神震动,显然不是来自上边,而是来自别尔嘉耶夫自己的内在体验。一个新的主题从此进入他的思想视野,他开始构思《创造的意义:为人辩护的尝试》一书。这时,别

---

① Бердяев Н. А. Самопознание. Москва:Книга. 1991. Cc. 210 – 211.

尔嘉耶夫已经离开彼得堡的文学圈子,带着新宗教意识的探索,来到了莫斯科。他正在努力从深处挖掘自己与彼得堡新宗教意识代表们的不同。创造的主题就是别尔嘉耶夫给新宗教意识的理解带来的新东西。他认为,新宗教意识的实质是创造的问题,而不是肉体问题。他对创造的独特理解与这次精神震动和顿悟有直接关系。

用创造来证明人,这是别尔嘉耶夫人正论最为独特的地方。为了对人进行证明,他曾经尝试到《圣经·福音书》里寻找创造观念的根据。然而,"在《圣经·福音书》里,没有一句话是关于创造的,任何诡辩都不能从《圣经·福音书》里推导出创造的呼吁和命令"①。这个说法过于绝对,需要加以限制。我们可以在《圣经·福音书》里找到多处关于创造的说法,不过,都是关于神创造世界,的确没有直接提到人的创造问题。② 因此,在别尔嘉耶夫的这个说法里,创造应该专门指人的创造。《圣经·福音书》里确实没有提到有关人的创造问题。在他看来,这是神有意向人隐藏创造的启示。"关于救赎罪和摆脱恶的《圣经·福音书》不可能揭示创造的秘密和指出创造之路。在《圣经·福音书》里揭示出来的是为了世人的罪而把自己献祭的神,《圣经·福音书》里的基督的这个侧面还不能揭示人的创造秘密。在《圣经·新约》基督教里隐藏创造之路,这是天意。"③所以,在《圣经·福音书》里寻找对人的创造的直接证据是徒劳的。别尔嘉耶夫反对到《圣经·福音书》里寻找其中根本不存在的东西,认为这是对《圣经·福音书》的暴力和歪曲。有很多问题在《圣经·福音书》里都没有清晰的说法,比如科学和艺术、国家与法制、社会公正与自由、性爱、技术等等,但是,

---

① Бердяев Н. А. Смысл творчества.∥Философия свободы. Смысл творчества. Москва:Правда. 1989. С. 327.

② 如《圣经·马可福音》10:6,13:19;《圣经·使徒行传》14:15,17:24;《圣经·以弗所书》3:9;《圣经·希伯来书》1:2;《圣经·彼得后书》3:4;《圣经·启示录》3:14,4:11,10:6,14:7 等。

③ Бердяев Н. А. Смысл творчества.∥Философия свободы. Смысл творчества. Москва:Правда. 1989. С. 327.

有些问题我们可以在教父们那里,在禁欲主义者们那里找到相应的解释。然而,关于创造,甚至在教父们那里也找不到任何说法。别尔嘉耶夫认为,实际上,关于人的创造积极性的神圣经典还不存在,创造之路不能从上边由神来启示给人。在创造的事业上,人不应该被动地等待来自上边的启示。如果创造的启示是必须的,那么由此就可以得出一个结论,即《圣经·福音书》是不完满的,《圣经·新约》基督教不是基督教的结束。《圣经·新约》启示的是救赎罪以及关于摆脱罪的可能性,这是圣子的启示,但圣子仅仅是圣三位一体里的第二个位格,作为第三位格的圣灵尚未获得启示。在《圣经·新约》里,神为世人的罪而受难,这里启示的是通过神的爱和恩赐而摆脱罪。但这仅仅是精神生活和世界生命之路上的一个阶段,而且不是最后的阶段。在这个阶段上,生命的主要目的是救赎,摆脱罪。

> 救赎罪只是神秘的世界生活的一个时代,是世界过程的中心。但世界生活过程不可能结束于救赎,其中应该出现其他神秘的时期。人的本质类似于造物主,造物主创造人不能仅仅为了在犯罪之后救赎自己的罪,即在整个世界过程里,人把自己的全部力量都用于救赎事业。对人的本质的这种理解不符合造物主的理念,并且贬低人的类神的尊严。绝对的基督论真理一方面指向救赎罪和摆脱恶,另一方面则指向人的肯定的创造使命,启示人的基督论。《圣经·新约》的、《圣经·福音书》的真理只是基督论真理的一部分,它面对救赎和拯救,不能在其中寻找人的创造目的的直接证明。①

所以,别尔嘉耶夫断定,《圣经·福音书》是对救赎的启示,但不是对创造的启示。他认为,这是"神的伟大智慧",在《圣经·福音书》对

---

① Бердяев Н. А. Смысл творчества. //Философия свободы. Смысл творчества. Москва:Правда. 1989. С. 326.

创造的沉默里,他感觉到一种神圣权威。人们之所以不理解神对创造的沉默,不理解神的伟大智慧,是因为他们依然处在律法和救赎的时代,依然希望按照律法来创造,为了救赎而进行创造。然而,"假如在《圣经》里指出并证明了创造之路,那么创造就是顺从,就是说,创造就不是创造了"[①]。因为创造不是顺从罪,不是救赎罪,也不是履行律法,这一切都是《圣经·旧约》和《圣经·新约》的启示。针对罪人,神只能从上边向他启示律法和救赎,甚至派自己唯一的儿子来拯救罪人,这是神的工作。"神在等待人对创造进行人学的启示,为了人的类神的自由,神把创造之路和对创造的证明向人隐藏了。"[②]这就是神的用意,即让人自己去启示创造。神不愿意强迫人的类神的自由,因此希望通过创造的启示,发挥人自己的自由,而没有强行地把创造启示给人,相反,神把创造掩盖起来。在这里,别尔嘉耶夫把创造与自由紧密结合在一起,认为创造的启示直接依赖于人的自由。此外,创造还与圣灵有关,是圣灵启示的主要内容。

> 对人的创造证明没有强迫地启示出来,无论在《圣经·旧约》里,还是在《圣经·新约》里。创造是人的类神的自由事业,是对其身上造物主形象的揭示。创造不在圣父里,也不在圣子里,而在圣灵里,因此创造超出了《圣经·旧约》和《圣经·新约》的界限。哪里有圣灵,那里就有自由,那里就有创造。创造不与神职阶层有关,不服从神职阶层。创造在先知的圣灵里。圣灵不能有自己的神圣经典,不能有训诫。圣灵在自由里启示。风随着意思吹。在圣灵里的生命就是自由和创造的生命。在圣子里开始的人学启示将在圣灵里,

---

[①] Бердяев Н. А. Смысл творчества. //Философия свободы. Смысл творчества. Москва:Правда. 1989. С. 328.

[②] Бердяев Н. А. Смысл творчества. //Философия свободы. Смысл творчества. Москва:Правда. 1989. С. 329.

在生活在圣灵中的人的自由创造里彻底结束。……在圣灵里启示创造的秘密,在圣灵里,人的本质将被意识到,不需要神圣经典,不需要来自上边的训诫和指示。人身上神的东西在从下面来的创造里获得揭示,来自人自己自由的创举,而不是来自上边。在创造里,人自己在自身中揭示神的形象和样式,呈现在他身上所包含的神的大能。①

神造人的时候,应该有个关于人的理念、意图。但这个理念和意图是向人隐藏的,需要人自己去猜测,如果也可以称之为启示的话,那么这是人的启示,而不是神的启示。这个启示的核心就是人的创造。创造是人自己应该启示的,因此神将其隐藏了。神甚至不愿意知道,人将创造出什么东西来。别尔嘉耶夫自认为找到了创造的宗教意义。"创造不是由宗教允许和证明的,创造自身就是宗教。……创造的行为是和祷告,和禁欲生活一样的宗教行为。……不应该证明创造,而应该用创造去证明生活。创造就是宗教。"②别尔嘉耶夫所理解的新宗教意识首先是创造的意识。"'新宗教意识'首先是对创造的圣化。"③因此,创造在别尔嘉耶夫的"新宗教意识"里是核心。那么,这个宗教,即创造的宗教与基督教的关系如何呢?它显然不同于历史上的基督教。那么,这就是理想的基督教吗?别尔嘉耶夫对此没有明确的说法。罗赞诺夫把家庭看做是一种宗教,梅列日科夫斯基把"社会性"看做是一种宗教,别尔嘉耶夫把创造看做是一种宗教。"新宗教意识"过分强调自己的新意,有创立新宗教之嫌。

创造的主题在早期作品《创造的意义:为人辩护的尝试》获得了比

---

① Бердяев Н. А. Смысл творчества.∥Философия свободы. Смысл творчества. Москва:Правда. 1989. С. 329.

② Бердяев Н. А. Смысл творчества.∥Философия свободы. Смысл творчества. Москва:Правда. 1989. С. 339.

③ Бердяев Н. А. Философия свободы.∥Философия свободы. Смысл творчества. Москва:Правда. 1989. С. 175.

较全面的阐发,他所理解的创造的主要方面在这里都获得了揭示,在个别问题上表述非常激进。这也是别尔嘉耶夫非常满意的一部作品。但是,在后期创作里,他不断地返回到创造问题上来,继续展开创造的基本含义,但在很多方面已不那么偏激。比如,在《论人的使命》里,在论述创造的本质时,别尔嘉耶夫提到了《圣经·福音书》里的几个比喻,如撒种的比喻,塔兰的比喻。在他看来,这些比喻暗示了人的创造以及人的创造使命的问题。因此,"不能说在《圣经》里,在《圣经·福音书》里没有任何关于创造的说法,但人们却经常这样说。相反,那里说到过创造的问题,只是应该善于阅读,应该去猜测,神向人们需要的和等待的是什么"①。在表面上,这与前面我们引用的《创造的意义:为人辩护的尝试》里的那句话有矛盾,因为在那里,别尔嘉耶夫断定,在《圣经·福音书》里,对创造只字未提。我们前面已经解释,如果这里指的是人的创造,那么矛盾就消除了。但是,那句话的下半句说,"任何诡辩都不能从《圣经·福音书》里推导出创造的呼吁和命令",这个说法与别尔嘉耶夫对撒种的比喻和塔兰的比喻的解释之间是有差别的。也许,这是因为《论人的使命》时期的别尔嘉耶夫对《圣经·福音书》的"阅读"更深刻了。不过,在《自我认识》里,别尔嘉耶夫就这个问题有一个非常明确的说法:"在《圣经》里我们找不到关于人的创造的启示。"②这里已经没有歧义了。另外,在《论人的使命》里,别尔嘉耶夫对创造的理解主要是受神创造世界的神话的影响。"创造的秘密在《圣经》关于神创造世界的神话里获得了揭示。"③根据创世的神话,神从虚无里创造了世界,相对于虚无来说,世界是绝对新的东西。世界来自虚无、非存在。但是,人不能完全和神一样也从虚无里创造,他创造时需要被造的世界作为创造的质料。此外,人创造还需

---

① 别尔嘉耶夫:《论人的使命》,张百春译,上海人民出版社 2007 年版,第 131 页。
② Бердяев Н. А. Самопознание. Москва:Книга. 1991. С. 209.
③ 别尔嘉耶夫:《论人的使命》,张百春译,上海人民出版社 2007 年版,第 132 页。

要有一定的天赋，这是来自神的恩赐。别尔嘉耶夫区分了天赋（гениальность）和才能（дар，талант）。天赋在人的身上反映着造物主的形象。"天赋本性，向本原突破的原初的创造过程，如果同在作品里对创造进行具体化的巨大才能和才干结合，那么就构成了天才。"①因此，就本质而言，创造是天才的。

从根源上说，世界也是神创造的，因此人利用世界里的质料进行创造，就是在利用来自神的东西进行创造。人的创造天赋也是来自神的。除了这两个来自神的东西外，人的创造还需要第三个元素，即人自己的自由，它不来自神，不是由神创造的，这是原初的、非被造的自由。人的创造中的自由元素是完全来自人的东西，它使得人可以创造出完全新的、前所未有的事物来。所谓新的、未曾有过的事物的产生，就是"无中生有"，因此，在一定意义上，人的创造也需要虚无、非存在。别尔嘉耶夫曾经给"创造"下了一个明确的定义："创造是通过自由的行为从非存在向存在的过渡。"②这样，别尔嘉耶夫所理解的创造的机制基本清楚了。人的创造是由三个元素构成的复杂过程，其构成元素之间关系如下。

　　神赋予人以创造的天赋、塔兰、天才，神还赋予了世界，创造行为应该在世界里并通过世界而实现。从神那里发出召唤，以便使人实现自己的创造行为，完成自己的创造使命，神在等待对自己的召唤的回应。人对神的召唤的回应不可能完全由神所赋予的和从神那里来的因素构成。应该有某种从人那里来的东西，创造主要就是指这个东西，这就是创造新的，未曾存在过的事物。来自人的这个某种东西，实际上不是某种具体的事物，而是虚无，是自由。没有这个自由，就没有创造的行为。人身上不被任何事物所决定的自由回

---

① 别尔嘉耶夫：《论人的使命》，张百春译，上海人民出版社 2007 年版，第 135 页。
② 别尔嘉耶夫：《论人的使命》，张百春译，上海人民出版社 2007 年版，第 38 页。

应神对创造事业的召唤。但是,自由在回应时,是与人被造时从神那里获得的天赋和天才结合在一起的,是与被造世界中的质料结合在一起的。应该把人从虚无中的创造理解为人从自由中的创造。在任何创造的意图中都有人的原初自由的因素,这个自由不被任何东西所决定,是无限的自由,这不是来自神的自由,而是走向神的自由。神的召唤就面向这个无限深渊,对神召唤的回应应该从这里发出。①

　　由于有非被造的自由参与到人的创造里,在人的创造里可以出现绝对新的东西。因此,人的创造绝不是进化,不是物质的重新分配,而是一种增加、创新、建立世界上未曾有过的新东西,是"利润","在任何创造行为里都有绝对的利润、增加"。② 人的原初自由不是神创造的,它就在神创造世界时所"利用"的虚无里。在这个意义上,神的创造和人的创造之间的共同特征是它们都需要一种前提,即虚无,在这个虚无里有非被造的自由。当然,在针对人的时候,"虚无"应该打上引号。"人从'虚无'中的创造不意味着没有阻碍的质料,而只是意味着不受任何东西决定的绝对增加。"③人在创造的时候,当然需要质料。但神创世不需要任何质料,完全从虚无里创造。关于神的创世与人的创造之间的关系,别尔嘉耶夫在《创造的意义:为人辩护的尝试》里有个明确的说法,即神创造世界的行为并没有在七天之内彻底结束,从第八天开始,人的创造就在延续神的创世行为。"世界过程是创世的第八天,是持续的创造。"④整个世界过程就是对创世的延续,因

①　别尔嘉耶夫:《论人的使命》,张百春译,上海人民出版社 2007 年版,第 133 页。

②　Бердяев Н. А. Смысл творчества.//Философия свободы. Смысл творчества. Москва:Правда. 1989. C. 355.

③　Бердяев Н. А. Смысл творчества.//Философия свободы. Смысл творчества. Москва:Правда. 1989. Cc. 367 - 368.

④　Бердяев Н. А. Смысл творчества.//Философия свободы. Смысл творчества. Москва:Правда. 1989. C. 364.

此,创世过程没有结束。此外,圣子的启示就是第八天的启示,圣子化身为人是世界过程的核心事件。[①]

受德国神秘主义的影响,别尔嘉耶夫坚持认为,神里有运动。神的三一性就是神的内在运动。世界的创造就是在神的三一性的动态进程中进行的。"新宗教意识"的代表们都承认,神的启示在世界上的显现分为三个阶段或三个时代:圣父的启示,圣子的启示和圣灵的启示。圣父的启示是律法的启示,圣子的启示是救赎的启示。那么,圣灵的启示应该是什么?别尔嘉耶夫把圣灵的启示看做是创造的启示,人的启示。当然,这三个启示时代不能严格按照时间顺序来理解,它们是并存的,直到今天,律法时代也没有结束,救赎也没有完成,至于圣灵时代,只能说我们正在进入或者正面临圣灵时代。实际上,这三个启示时代都是关于人的启示。神的启示与人的启示在第三个时代结合在一起了。

> 在第一个时代,法律揭示了人的罪,神的天然大能获得
> 启示;在第二个时代,人成为神的儿子,这里启示的是对罪的
> 摆脱;在第三个时代,人的创造本质的神性将获得彻底启示,
> 神的大能将成为人的大能。关于人的启示就是关于三位一
> 体的终极的神圣启示。终极秘密就在于,神的秘密与人的秘
> 密是一个秘密,关于人的秘密隐藏在神里,关于神的秘密隐
> 藏在人身上。神在人里诞生,人在神里诞生。彻底揭示人就
> 意味着彻底揭示神。不但人身上有神,人自己就是神的面
> 孔,神的发展在人身上实现。人参与神的三位一体的秘密。
> 人不但是小宇宙,而且也是小神。[②]

---

① Бердяев Н. А. Смысл творчества. // Философия свободы. Смысл творчества. Москва : Правда. 1989. С. 371.

② Бердяев Н. А. Смысл творчества. // Философия свободы. Смысл творчества. Москва : Правда. 1989. С. 519.

人成为小神,即东正教传统里所谓的神化,只能发生在第三个时代,创造的时代,那时,人的创造本质将获得彻底揭示。但是,今天的世界还没有进入第三个时代,世界还没有经历"创造的宗教时代",依然处在《圣经·旧约》律法和《圣经·新约》救赎的时代。摆脱罪依然是人的重要使命,在这种情况下不可能发生真正的创造,人的创造本质不可能获得彻底揭示,换言之,我们还没有进入第三个创造的时代。那么,人在律法和救赎时代的创造是否具有宗教意义呢?

古希腊和文艺复兴是人类历史上最辉煌的创造时代。别尔嘉耶夫认为,这都是《圣经·旧约》或《圣经·新约》的时代,依然还处在罪的标志之下,这罪没有获得救赎。在这种情况下,在罪的压制下,人无法充分发挥自己的创造潜力,无论是人类创造的科学,还是艺术,无论它们多么伟大,多么有价值,它们都只能算做是"对真正创造的暗示,只是标志和预备。创造的热情伴随人的历史,但人的创造本质因宇宙堕落以及陷入存在的低级领域而遭到削弱"①。人类创造的"科学与艺术"仅仅是真正创造的预备,但不是真正的创造,因为它们指向此世,服从此世的必然性。真正的创造应该是指向另外一个世界,另外一种存在。别尔嘉耶夫所理解的创造具有另外一个世界的指向。因此,真正的宗教创造时代应该是向另外一种存在的过渡,而不是创造另外一种文化,另外一种"科学和艺术"。古代世界走向救赎,但在基督出现之前,在古代世界里并没有获得救赎。同样道理,"新世界走向创造,但是在其中还没有创造,而且在宇宙－人学革命之前,在人的自我意识中发生宗教革命之前也不可能有创造"②。尽管人类的所有真正创造,包括"科学和艺术"领域的真正创造,都将进入天国,但是,人类至少目前没有进入别尔嘉耶夫所预言的创造时代,而是处在这个

---

①　Бердяев Н. А. Смысл творчества.//Философия свободы. Смысл творчества. Москва：Правда. 1989. С. 332.

②　Бердяев Н. А. Смысл творчества.//Философия свободы. Смысл творчества. Москва：Правда. 1989. С. 334.

"时代的门槛"上。

二、拯救还是创造

在《自由的哲学》里,别尔嘉耶夫已经开始关注创造问题,并为教会特别担心的巫术(теургия)恢复名誉。不过,这是肯定意义上的巫术,而不是否定意义上的魔法(магия)。在这里,他已经把创造问题与"新宗教意识"联系在一起。"'新宗教意识'首先就是创造问题,巫术问题。……'新宗教意识'首先是对巫术的神化,对创造的祝福,将其看做是基督教的事业。"①在《自由的哲学》出版不久,别尔嘉耶夫就开始撰写《创造的意义:为人辩护的尝试》。在这个时期,他非常积极地思考"新宗教意识",因此,把创造与"新宗教意识"联系在一起是很自然的。这种联系的一个重要表现就是用创造与传统基督教意识对立。"新宗教意识"其他代表对历史基督教的批判有自己的角度,别尔嘉耶夫的角度就是创造。他的创造理论直接针对传统基督教,历史的基督教。在晚年写的《自我认识》里,他重申了自己与"新宗教意识"其他代表在这个问题上的实质差别。"基督教里的'新宗教意识'问题的形成在我这里与20世纪初俄罗斯宗教思想其他流派里是不同的。这不是梅列日科夫斯基的肉体问题,也不是索非亚流派的圣化宇宙问题,而是创造问题……"②创造是别尔嘉耶夫对"新宗教意识"实质的最基本理解。没有创造,就没有"新宗教意识"。传统宗教,历史的基督教令他不满的地方就在于创造在其中遭到贬低。

人是有死的存在物,因此他渴望拯救。拯救是基督教的基本功能。几乎所有宗教都以此为出发点(即人是有死的存在物),建立自己的拯救理论。但是,别尔嘉耶夫认为,人也是创造者、建造者和建设

---

① Бердяев Н. А. Смысл творчества.//Философия свободы. Смысл творчества. Москва:Правда. 1989. С. 226.

② Бердяев Н. А. Самопознание. Москва:Книга. 1991. С. 210.

者。除了拯救的渴望外，人还有创造的渴望。那么，"人能否在获得拯救的同时进行创造，能否在创造的同时获得拯救？如何理解基督教：基督教是不是完全为永恒生命而拯救灵魂的宗教，或者最高生命的创造也能获得基督教意识的证明？"①这些问题对传统基督教意识而言是非常尖锐的。别尔嘉耶夫认为，这不但是对基督教的理解，而且是对基督教的完满性的理解。那么，基督教的完满，完满的基督教意味着什么？

　　别尔嘉耶夫认为，传统基督教意识在这些问题上遭到了诱惑，始终没有处理好与此相关的教会与世界、精神与世界、神圣与世俗之间的关系问题。拯救与创造的二元论始终折磨着基督教意识。在传统意识里，"教会管拯救，创造则是世俗世界的事业。……在最好的情况下，创造被允许，被放纵，人们对创造睁一只眼闭一只眼，但不给它以深刻的证明。拯救是头等重要的，唯一有用的事业，创造则是次等的和再次等的事业，是生活的附加物，而不是生活的实质自身"②。因此总体上说，教会意识对创造的态度是限制，偶尔放纵，但无论如何不把创造纳入到自己的神圣事业中来，即不纳入到拯救的事业中来。在中世纪，拯救与创造之间的冲突还不太明显，因为一方面当时拯救的观念占绝对统治地位，另一方面人的创造使命没有获得充分表达。但是，从近代开始，随着人的创造潜力的不断发挥，文化从拯救观念的压制下逐渐独立出来。创造逐渐摆脱了宗教束缚，创造与拯救分离，它们之间的冲突也达到了顶峰。

　　在别尔嘉耶夫看来，拯救与创造之间的紧张关系完全是由传统教会意识导致的。创造是人的使命，教会意识不但不应该压制创造，而且还要为创造祝圣。为了解释这个现象，别尔嘉耶夫区分了宗教意识

①　Бердяев Н. А. Спасение и творчество.//Путь. 1926（2）. С. 19. 1992 年莫斯科影印本。

②　Бердяев Н. А. Спасение и творчество.//Путь. 1926（2）. С. 19. 1992 年莫斯科影印本。

中神的原则、人的原则和天使的原则。所谓天使的原则是指教会意识中占统治地位的祭司统治（иерократизм）和教权主义，即神职人员等级的统治。传统教会意识主要是用天使原则压制人的原则，这是创造在教会意识里没有获得祝圣的根源。在中世纪，天使原则占据绝对统治地位，创造问题甚至没有被提出来，因此，拯救与创造之间的冲突并不明显。但是，从近代开始，这种二元论的生活方式变得紧张起来。教会意识依然企图通过天使原则压制人的原则，但是，人的创造积极性逐渐摆脱天使原则的压制，走向独立。近代人道主义的文化创造甚至是反神的。基督徒过着双重的生活；即"头等的生活"和"次等的生活"，一方面等待拯救，这是神圣的生活，另一方面在等待的过程中也可以"偷偷地"创造，但他的创造生活没有获得来自教会的证明。"在教会里过着教会生活，每逢星期天和节日去教堂，在大斋期守斋戒，早上和晚上向神祈祷，但是，在世界里，在文化里，在社会里，他们却不过教会生活。在国家和经济生活里，在科学和艺术里，在发明和发现里，在日常道德里，他们的创造仍然是教会之外的、宗教之外的、世俗的、世人的。"[①]然而，中世纪的宗教规范对人们的约束和限制几乎消失了。近代科学、哲学、文学等文化创造领域就是这样展开和发展的。教会继续只关注个人的灵魂拯救，继续处在一种保守的状态，对人的文化创造和社会生活漠不关心。新教的产生在很大程度上就是针对传统天主教会和东正教会里的天使原则对人的原则的压制。别尔嘉耶夫反对教会意识对待创造的这个消极态度，他认为，用天使原则压制人的原则没有任何根据。

> 基督是神－人，而不是神－天使，神的本质和人的本质在他身上完善地结合在一个身位里，人的本质因此而被抬高至神的生命高度。基督－神人是新的精神人类的创始人，是

---

① Бердяев Н. А. Спасение и творчество.//Путь. 1926（2）. С. 21. 1992 年莫斯科影印本。

神－人类生命的创始人，而不是神－天使类生命的创始人。
基督的教会是神人类。天使的原则是神与人类之间的中介
原则，是消极－通灵的原则，它传递神的能，是神的恩赐的传
达者，而不是积极－创造的原则。积极－创造的原则被赋予
给了人类。[①]

天使原则是消极原则，这个原则在本质上是中介性的，非创造的，
甚至是敌视创造的，因此它的绝对统治必然贬低创造。在天使原则占
统治地位的教会里，教会变成了只有个别人才到那里去治病的医疗机
构，它对世界及其中的创造漠不关心。个人拯救几乎变成了这种宗教
的唯一目的，一切社会生活和文化生活对它而言都是微不足道的，对
个人拯救而言不但是不需要的，甚至是有害的。对基督教的这种僧侣
禁欲主义的理解在俄罗斯东正教里是有传统的，但这个传统的依据只
有禁欲主义的教父文献，比如《爱善集》。这是一部由俄罗斯修士们翻
译和编撰的古代教父文献选集，它没有包含教父学的全部文献，认信
者圣·马克西姆和新神学家圣·西梅翁等人的神秘主义著作就没有
收入。《爱善集》仅仅汇编了教父著作中有关灵修（禁欲主义修行）方
面的文献。即使是全部教父文献也不能代表基督教，因为还有《圣
经》，这是更为重要的基督教文献。在禁欲主义生活里的确表达了基
督教的某些永恒真理，但不能将其扩大化，不能将其理解为全部基
督教。

把基督教理解为个人拯救的宗教导致的一个后果就是片面地强
调谦卑(смирение)。似乎谦卑是基督教的全部基础，人首先应该谦
卑，其余一切自然会附加给他。本来谦卑是基督教最高尚的美德，它
与基督教最反对的罪过——高傲对立。通过谦卑可以实实在在地改
变和改造人的本质。但是，在禁欲主义传统里，谦卑成了外在的服从

---

① Бердяев Н. А. Спасение и творчество.//Путь. 1926(2). С. 20. 1992 年莫斯科影
印本。

和顺从。为了谦卑,必须消灭人的意志,这是修行的大前提。任何精神解放的追求,精神上升的追求,都被宣布为高傲,宣布为谦卑的不足。这样理解的谦卑是一种退化,它已经变成压制人的外在体制。谦卑由手段变成了目的自身。甚至基督教的另外一个美德——爱也被看做是不谦卑的。人人都是罪人,似乎都不配爱自己的兄弟和近人。只有先谦卑下来,爱才能作为其结果而赋予人。为了战胜罪,人应该一辈子谦卑,没有时间去关注任何创造的精神生活。这种谦卑导致荒谬的结果。

> 颓废的谦卑建立这样的生活体制,其中相对于获得更高的精神生活、爱、直观、认识和创造(这些东西都遭到怀疑,被认为是谦虚的不足,是高傲)而言,日常性的生活,平庸的生活,小市民的平常生活,被认为是更谦卑的,更具基督教性的,更具道德性的。在店铺里做买卖,过最自私的家庭生活,在警察局或消费税局做官——是谦卑的,不傲慢的,不大胆妄为的。而追求人们的基督教团结,追求在生活中实现基督的真理,或者追求成为哲学家和诗人,成为基督教哲学家和基督教诗人——是不谦卑的,是高傲的、傲慢的和大胆妄为的。店铺的伙计不但是贪财的,而且是不诚实的,他却比一生都在寻找真理和真诚,渴望生活中的美的人,例如,比索洛维约夫这个诺斯替主义者更少遭到永恒死亡的威胁,生活的诗人,生活真理和人间团结的探索者遭受永恒死亡的威胁,因为他们不够谦卑,他们是高傲的。[1]

如果这样的话,那么在神的国度里只能是一些村妇。无知的人和白痴将成为神国里的良民,哲学家和文化人与神国无缘。于是,为了

---

[1] Бердяев Н. А. Спасение и творчество.//Путь. 1926(2). С. 24. 1992 年莫斯科影印本。

进入神的国,为了获得拯救,只有进入修道院,任何知识都不需要,对拯救的事业而言,创造是危险的。总之,为了个人拯救,除了谦卑外,什么都不需要。在官方教会里不乏这样的人物,他们宣称,个人拯救是唯一有用的事业。

别尔嘉耶夫称这种倾向为"基督教里的佛教偏向"。他认为,神关于世界和人的意图应该是更高尚的,更丰富的。《圣经·福音书》里关于塔兰的比喻表明神赋予每个人不同的天赋,不能浪费自己的天赋。使徒保罗和使徒彼得都指出过人的创造使命,至少是暗示了。① 别尔嘉耶夫坚持认为,东方教父学的核心观念最终不是个人拯救,而是神化(теозис,обожение),其含义是对世界和宇宙的改变、照耀。这里包含了对人的创造使命的肯定。由此,别尔嘉耶夫把创造作为自己所理解的宗教(基督教)的基础,以此与把谦卑作为基础的传统基督教意识对抗。在他那里,"创造是宗教。就自己的宗教和宇宙意义而言,创造与救赎具有同等力量和价值"②。谦卑(个人拯救)与创造就是传统基督教意识与别尔嘉耶夫的"新宗教意识"之间的实质差别。他不否认谦卑,但反对把谦卑看做是基督教的全部美德,这是片面地理解的基督教。不包含创造的基督教就是不完满的。完满的基督教的主要标志是创造在其中的核心地位。当然,摆脱罪和恶也是创造所必须的,因此,完满的基督教也应该包含拯救。不过,别尔嘉耶夫没有专门去建立创造的宗教,而是通过建立创造伦理学来阐发自己的新宗教的内容。

伦理学在别尔嘉耶夫的哲学里占有核心地位。他把基督教伦理学划分为法律伦理学和救赎伦理学,这是人类历史上出现的两个主要伦理学类型。法律伦理学是指前基督教的伦理学,它具有社会日常性

---

① 《圣经·哥林多前书》12:28;《圣经·彼得后书》4:10。

② Бердяев Н. А. Смысл творчества.//Философия свободы. Смысл творчества. Москва:Правда. 1989. С. 339.

的形式,组织大众的日常生活。在这里,人人都应遵守的规律和规范是最重要的,人的个性遭到社会道德规范的约束和压制。相对于个性而言,法律(规范)伦理学具有暴力和强迫的特征。法律伦理学是一种规范的伦理学,它与《圣经·旧约》和犹太教有关。多神教的伦理学,亚里士多德和斯多葛派的伦理学也都是法律伦理学,甚至在基督教出现之后,法律伦理学依然发挥自己的功能。可以说,法律伦理学是永恒的原则。别尔嘉耶夫把康德的伦理学看做是法律伦理学,因为它也在建立人人都必须遵守的普遍的道德规范。尽管康德反对把人自身看做是手段,但是,人在他那里最终成为实现其绝对的道德命令的手段。法律不但压制和残害个性,也保卫个性。因此,法律伦理学也有其肯定的意义。但是,法律伦理学最终应该被克服。因为法律不能够解决人的全部问题。在基督教意识里,人是有罪的,对救赎的渴望,对战胜罪的渴望一直在折磨着人。别尔嘉耶夫认为,在基督教之前,已经出现对救赎的渴望,比如在古希腊罗马的诸神的神秘剧里,在图腾崇拜里都有渴望救赎的萌芽。和法律一样,救赎也是一个永恒的原则,是人类的伟大期盼。无疑,基督教是救赎的宗教。神下凡到别尔嘉耶夫所说的那个原初自由的深处,承担这个非理性自由所造成的痛苦后果。基督教的神是救世主,是解放者。神的救赎可以根除恶,把人从法律的专制统治下解放出来。《圣经·福音书》的伦理学是救赎伦理学。《圣经·福音书》的道德与法律的道德对立。在"安息日"的例子里就可以看出这一点。在《圣经·旧约》里,"安息日"是必须遵守的法律和规范,但在基督教里,"安息日是为人设立的,人不是为安息日设立的;所以人子也是安息日的主"①。活生生的人高于"安息日"。相对于《圣经·旧约》而言,这是道德评价上的革命。《圣经·福音书》伦理学是爱的伦理学,它是对法利赛主义伦理学的克服。爱只能针对个性,而不像法律那样不顾个性,甚至压制个性。个性的救

---

① 《圣经·马可福音》2:27 - 28。

赎依靠恩赐,而不是法律。相对于《圣经·旧约》的法律伦理学而言,《圣经·福音书》的救赎伦理学是不可理解的,是悖论的。《圣经·福音书》不但与恶对立,而且也与人们通常所理解的善对立。

法律伦理学是不充分的,必须由救赎伦理学来补充。尽管救赎伦理学相对于法律伦理学而言是革命性的进步,但它一方面没有取消法律伦理学,另一方面它自身在历史上也遭到了歪曲。如前所述,在历史的基督教里,救赎被片面地理解为个人的救赎,要获得救赎,唯一的手段就是谦卑,最后,谦卑变成了目的自身。所以,别尔嘉耶夫走向了另外一种新类型的伦理学,即创造伦理学。

如果说法律伦理学贬低和压制个性,要求个性在任何条件下都完全一样的行事,遵循人人都必须遵循的法律,那么创造伦理学的基础就是个性,指向不可重复的个性的创造任务。与法律伦理学对立,创造伦理学要求人应该永远个性地行动,“个性地解决生命中的道德任务,应该在自己生活的道德行为里表现创造才能,一刻也不能变成道德机器。相对于生活所提出的道德任务,人应该作出道德上的发明和发现”[1]。在创造伦理学里,自由成了必要的,自由是创造的能(энергия)。因此,创造伦理学是动态的伦理学,唯能论伦理学。尽管在法律伦理学里也有所谓的意志自由,但这个自由丧失了创造的特征。创造伦理学也同恶斗争,但斗争方式不同于法律伦理学。“对创造伦理学而言,与恶斗争不是制止和消除恶,而是创造性地实现善,把恶创造性地改变成善。”[2]此外,法律伦理学针对有限的世界,不要求摆脱这个有限世界。创造伦理学是无限事物的伦理学。创造有对另外一个世界的指向,因此对创造伦理学而言,世界是开放的、可塑的、可以被克服的。在这里,人的积极性获得充分发挥,人的创造使命得以实现。

---

① 别尔嘉耶夫:《论人的使命》,张百春译,上海人民出版社2007年版,第137页。
② 别尔嘉耶夫:《论人的使命》,张百春译,上海人民出版社2007年版,第138页。

创造伦理学是价值伦理学,因此它也区别于救赎伦理学。"对创造伦理学而言,生命的道德目的不是自我拯救、赎罪,而是创造性地实现真理和价值创造,哪怕这个价值不是道德意义上的价值。"①把个人拯救看做是最高目的的救赎伦理学是一种利己主义的伦理学。法律伦理学也是如此,它从世界和社会出发,却最终指向个性,指向个性的自我拯救。尽管创造伦理学的出发点是个性,但最终它要求走出个性,走向社会和世界,肯定生命的价值,因此能够克服利己主义。在法律伦理学里,恐惧发挥重要作用,人们担心法律的惩罚而不敢违反法律。在救赎伦理学里,人们出于对死亡和地狱之苦的恐惧而全心关注自我拯救。但是,在创造伦理学里,恐惧不再发挥任何作用。因为出于恐惧所做出的一切都将丧失道德价值。创造不能在恐惧中实现,不能出于恐惧而进行创造。创造伦理学赖以建立的基础是无私的和牺牲的爱,"这爱是对神的爱,对生命中神圣事物的爱,对真理和完善的爱,对肯定价值的爱"②。

别尔嘉耶夫的创造伦理学并没有取消法律伦理学和救赎伦理学,也不能完全按时间顺序理解这三个伦理学类型。创造伦理学不同于法律伦理学和救赎伦理学,但并不与它们格格不入,而是对它们的完善。在一定意义上,它们是共存的。只是在法律伦理学和救赎伦理学占统治地位时,创造伦理学就被忽略了。别尔嘉耶夫认为,目前到了一个新时代,它要求创造伦理学的出现。特别是针对以救赎伦理学为基础的历史基督教的道德体系而言尤其如此。创造伦理学是别尔嘉耶夫所理解的"新宗教意识"的基本内容,也是其宗教哲学的核心部分。

---

① 别尔嘉耶夫:《论人的使命》,张百春译,上海人民出版社 2007 年版,第 138 页。
② 别尔嘉耶夫:《论人的使命》,张百春译,上海人民出版社 2007 年版,第 138 页。

三、创造的悲剧

别尔嘉耶夫宣布创造是人的使命。他一生不知疲倦地呼吁创造，用创造对抗他所批判的一切。与此同时，他也意识到创造的悲剧性。在《创造的意义：为人辩护的尝试》里，这个问题就得到了非常充分的讨论。在他对创造的颂扬中，总是伴随着对创造悲剧的体验。

在19世纪已经出现古典艺术的危机。"创造的悲剧和创造的危机是19世纪传递给20世纪的主要问题。在尼采和易卜生那里，在陀思妥耶夫斯基和托尔斯泰那里，在象征主义者们那里，创造的世界危机达到了最为紧张的程度。"[1]19世纪末或20世纪初，艺术走向现代阶段，其主要流派是象征主义。创造的悲剧在象征主义流派里达到顶峰。这个悲剧和危机表现在创造与存在之间的对立，艺术与生命之间的对立。象征主义者在自己的创造里寻找新的存在。这个悲剧使得创造古典意义上的完善作品和完善艺术成为不可能。完善的作品最终把创造者与生活自身隔离开。创造变成了完善的艺术，但它却远离生活。完善的作品和完善的艺术不是生活自身，只是对生活的反映和象征。艺术作品成了对世界的适应，创造者的原初热情在其中已经冷却。创造的悲剧就在于，"伟大艺术家总是有伟大的创造的能，但是，这个能从来也没有完全符合地在他们的艺术里获得实现"[2]。晚年果戈理的悲剧也是创造的悲剧，他对完善作品彻底失望，在任何完善的作品里都无法表达其原初的创造意图和创造热情。别尔嘉耶夫特别强调创造的悲剧在俄罗斯天才思想家们身上的体现。在他看来，俄罗斯人不擅长形式，不善于追求完善的作品。尽管俄罗斯艺术家创造出了很多完善的作品，比如俄罗斯的那些伟大作家。但是，实际上，他们

---

① Бердяев Н. А. Смысл творчества.//Философия свободы. Смысл творчества. Москва：Правда. 1989. С.438.

② Бердяев Н. А. Смысл творчества.//Философия свободы. Смысл творчества. Москва：Правда. 1989. С.439.

追求的是完善的生活。

> 俄罗斯人习惯于让自己的任何创造激情都服从某种生命－实质的东西，有时是宗教的真理，有时是道德真理，有时是社会真理。俄罗斯人从来不崇拜纯粹的价值。在俄罗斯艺术家那里很难见到对纯粹美的崇拜，如同在俄罗斯哲学家那里很难遇到对纯粹真理的崇拜一样。在所有方向上都是如此。……俄罗斯人自己承担起世界的责任，因此无法像拉丁人或日耳曼人那样创造文化价值。创造的悲剧和文化的危机在伟大的俄罗斯作家们那里达到了最尖锐的程度：在果戈理那里，在陀思妥耶夫斯基那里，在托尔斯泰那里。任何一个真正的俄罗斯人都懂得这个悲剧和危机，它们不允许我们过着喜乐的文化生活。[1]

别尔嘉耶夫把西方文化的危机和创造的悲剧归结为主客体二分的认识论传统和西方世俗化的传统。俄罗斯文化产生于欧洲文化传统，但它一开始就尝试克服欧洲文化创造的悲剧和文化的危机，企图全面克服主客二分的认识论。在这个过程中，俄罗斯文化返回到了宗教。不但俄罗斯哲学向宗教返回，而且俄罗斯的文学充满宗教的主题。新宗教意识运动的主题首先是在俄罗斯文学里出现的。新宗教运动的代表们就是在果戈理、陀思妥耶夫斯基和托尔斯泰的创作中感觉到了文化的危机和创造的悲剧，由此寻找创造的出路。这个出路的实质就是使文化创造返回到宗教领域。可以说，克服古典文化的危机，克服创造的悲剧是19世纪末至20世纪初"新宗教意识"运动的主要动机。

其实，任何创造的天才都是悲剧人物。"创造天才很少对自己的

---

① Бердяев Н. А. Смысл творчества.//Философия свободы. Смысл творчества. Москва：Правда. 1989. С. 523.

成果满意。永恒的不满甚至是天才的标志之一。"①这个特征在别尔嘉耶夫自己身上表现得非常突出。在《自我认识》里，在列举了自己的一系列主要著作后，他承认："实际上已经写出来的书当中没有一本是令我满意的，任何一本书都没有能够完全表达我的思想。我说过，我不属于这样的作者，他们是自己的崇拜者。应该表达思想，人应该这样做，但是，在一定意义上，'表达出来的思想是谎言'这句话还是对的。我非常想要表达自己，但又那么难以做到这一点。"②别尔嘉耶夫的哲学就是自我认识的哲学，就是"认识自己"，但是，他自己承认，并没有完全认识自己。这里的原因在于，一个人的创造热情不可能完全在创造成果里获得体现和表达。

在别尔嘉耶夫看来，创造的悲剧涉及创造的两个方面，即内在方面和外在方面。内在方面需要表达，但表达出来的外在方面与内在方面永远不可能一致。这就是创造的成果问题。对别尔嘉耶夫来说，创造不在于最后的结果，不是在有限中定型，而是对无限的揭示，是向无限的突破，不是客体化，而是超越。创造的行为就是神魂颠倒，其中有向无限的突破，向永恒的突破。在创造里，创造的意图与意图的实现之间永远是不一致的。这是创造悲剧的根源。相应地，创造的含义有两个方面，一个是内在的，一个是外在的。内在的创造是指创造的意图，原初的创造行为，这是一种原初的实在，原初的生命。别尔嘉耶夫经常用"创造之火"来形容它。"原初的创造行为按照上升的路线是创造的神魂颠倒，是腾飞，是原初的直觉，是对另外一个世界的洞见，是发现，是形象的奇迹般的产生，是伟大的意图，是伟大的爱，是向高处的吸引，是向高山的上升，是创造之火。这时创造者所面对的是上帝，是秘密，一切生命的本原。"③仅就哲学家而言，他的内在创造是指

---

① 别尔嘉耶夫：《末世论形而上学》，张百春译，中国城市出版社 2003 年版，第 195 页。

② Бердяев Н. А. Самопознание. Москва：Книга. 1991. Cc. 294 – 295.

③ 别尔嘉耶夫：《末世论形而上学》，张百春译，中国城市出版社 2003 年版，第 191 ~ 192 页。

其内在顿悟,而不是他所创造出来的哲学体系或写出来的哲学著作。然而,创造者不能永远停留在自身之中,他要走出自己,要下降到客体世界里,面对客体世界,这是个下降的过程,创造的成果就在客体世界里出现。哲学家毕竟要写出书来,创造出哲学体系。因此,"创造也是面向人,面向社会,面向此世,是创造行为向下的引力"①。如前所述,创造由三个因素构成,世界的质料是创造的必要因素之一。创造者要实现自己的创造意图,必须借助于世界的质料。这就是创造行为的显现,是对创造意图的实现(реализация),别尔嘉耶夫称创造意图的真正实现为化身(воплощение)。但是,他认为,创造的化身很容易变成客体化,而且人们通常赋予化身以客观的性质。

创造的客观的化身不是真正的化身,而是客体化。"就自己的实质而言,创造是主观的,创造者是主体,创造过程发生在主观领域。'客观的'创造这个说法是不确切的,它只是说明创造主体的指向。但是,创造行为的结果,它的化身则受世界客体化的规律统治。"②客体化已经是创造热情的冷却。客体化类似于象征化,其中没有实在,只有符号。真正的化身提供的是实在,而不是象征和符号。古典主义艺术流派所追求的是在世界里获得完善的形式和作品。然而,在世界里的完善永远是相对的。因为世界是有限的,如果这里有无限的话,也只能是恶无限。古典主义的一个错觉就是认为可以在有限之中,在客体里获得完善。把完善作品作为终极追求的古典主义企图永远停留在这个有限的世界里。尽管人类文化史上出现过伟大的文化时代,比如希腊文化,"但是,古典主义的创造很容易枯竭和僵化。这就是越来越远离生命根源的客体化过程。这时必然出现浪漫主义创造性的反抗。浪漫主义企图在创造成果里表现创造者的生命。浪漫主义的真

---

① 别尔嘉耶夫:《末世论形而上学》,张百春译,中国城市出版社2003年版,第192页。
② 别尔嘉耶夫:《末世论形而上学》,张百春译,中国城市出版社2003年版,第198页。

理是追求无限,对一切有限的不满"①。浪漫主义追求创造意图的真正实现,即创造的化身。如果古典主义者把精力放在作品形式的完善上,即放在客体上,那么浪漫主义者更关注主体自身的创造热情、高潮和神魂颠倒的状态,关注自己的内在体验。因此,浪漫主义者更接近创造的真正实现,即创造的化身。但是,浪漫主义者的主观性也有其谎言的成分,即"无力走出自我封闭和自我吞噬的状态"。因此,无论古典主义,还是浪漫主义,都无法实现创造的化身。

别尔嘉耶夫把堕落的世界称为客体化的世界。创造的客体化的发生与创造在客体化的、堕落的世界里的实现有关。人的创造是为了回应造物主神对人的要求,创造的悲剧就在于,这个回应发生在堕落的世界里。

人对上帝召唤的回答应该是创造行为,在这个创造行为里还保留着火,但人的堕落仅仅使在法律形式里的回答成为可能。在这里隐藏着神人关系的秘密,不是客体化地理解的,而是生存地理解的神人关系。但是,创造欲望就是在堕落的意义上也保留在人的身上,它最能表现在创造天才身上,对陷入日常性的人类大众而言却是不可理解的。在人的深处隐藏着爱和同情的创造欲望,对事物进行认识和赋予其名称(亚当曾给事物命名)的创造欲望,美和表现力的创造欲望,在人身上有公正和控制自然界的创造欲望,有生命高潮和神魂颠倒的普遍的创造欲望。客体世界的堕落是创造欲望受压制,是要求这个欲望冷淡。②

创造的欲望是无法用理性来揭示和约束的。在这一点上,创造与无意识领域有关。"在无意识里也有人的创造、创造的灵感和神魂颠

① 别尔嘉耶夫:《末世论形而上学》,张百春译,中国城市出版社2003年版,第199页。
② 别尔嘉耶夫:《末世论形而上学》,张百春译,中国城市出版社2003年版,第118～119页。

倒的根源。创造的意图和灵感,创造的直觉,总是在无意识或超意识中拥有自己的本原。在意识中的创造过程总是次要的和冷淡的。"①难怪想象在创造过程里发挥着那么大的作用,任何形式的创造都离不开想象。在别尔嘉耶夫看来,神创造世界也是通过想象来实现的,至少其中有想象的成分。想象不但在人的创造活动中发挥重要作用,就是在人的精神生活和道德生活里,想象的作用也是无法估量的。创造中的新事物就与想象有关。想象属于原初领域。当然,创造成果的形式通常都与在原初生命中的想象和意图有很大区别,如前所述,这里隐藏着创造的悲剧。创造的悲剧在这个意义上与创造的非理性根源有关。所以,创造是无法控制的,任何理性和意识的约束都是对创造热情和创造之火的熄灭。客体化世界是堕落的世界,这里占统治地位的是必然性,包括规律的必然性。在客体化世界里,非理性的东西遭到压制。这不但是创造的悲剧,也是整个人的生命的悲剧,因为人的生命里包含非理性领域,潜意识领域,它们都与客观必然的客体化世界冲突,其结果只能是悲剧。比如,客体化世界的主要标志就是时间。创造的悲剧与时间有关,与此世的有限性有关。

　　创造过程发生在时间里。但创造的行为却指向永恒,指向永恒的价值、永恒的真理、永恒的真实、永恒的美、神和神的高度。创造的所有成果可能都是时间性的,最终会消亡,但是创造之火是永恒的,一切时间性的东西在这里都将被烧尽。这就是创造的悲剧。创造渴望永恒性和永恒的东西,创造的结果却是时间性的东西,文化创造是在时间中,在历史中进行的。创造行为就是摆脱时间的统治,向神的世界的上升。在物质生活领域的创造者－发明者也在其创造的彻悟中远离大地和时间,但他建造的机器却可能成为对抗永恒的

---

① 别尔嘉耶夫:《论人的使命》,张百春译,上海人民出版社 2007 年版,第 79 页。

武器。①

人的创造只能在客体化世界里进行,发生创造的客体化是必然的。创造的真正化身无法在这个堕落的世界里实现。但是,创造的客体化也有其肯定的意义,即人类的文化成就。别尔嘉耶夫反对一切形式的客体化,包括创造的客体化,但他不是一个文化蒙昧主义者,他不否定人类创造的文化成就。

创造的主观精神在自己的历史客体化里辨认不出自己。在基督教的历史客体化里无法辨认基督教的启示。在方济各会的客体化里无法辨认圣·方济各。……火热的创造精神在自己的成果里,在自己的书籍、理论、学说体系、艺术作品和学院里无法辨认自己。在历史和文化里的客体化是积极的、创造的精神的伟大事业,但它也是巨大的失败。这并不意味着,精神完全不应该对自己进行客体化。这意味着,世界应该结束,历史应该结束,客观世界应该毁灭,并被生存的世界代替,被真正实在的世界代替,被自由的世界代替。实质上,天才的创造之火总是愿望这个决定的和客体性的世界毁灭,并被自由的和创造腾飞的世界代替。②

别尔嘉耶夫在这里强调的是创造的末世论指向。创造之所以是末世论的,就是因为创造是超越,是对此世的超越。真正的化身就是超越。超越是末世论的。创造就是在此世里的突破,向此世之外的世界突破。"创造的秘密就是克服给定的现实,克服世界的决定性,克服世界圆圈的封闭性的秘密。在这个意义上,创造是超越。在更深刻的意义上,创造是对非存在的胜利。"③向哪里超越呢?当然是向无限超

①　别尔嘉耶夫:《论人的使命》,张百春译,上海人民出版社2007年版,第141页。
②　别尔嘉耶夫:《精神与实在》,张百春译,中国城市出版社2002年版,第62～63页。
③　别尔嘉耶夫:《末世论形而上学》,张百春译,中国城市出版社2003年版,第183页。

越,向另外一个无限的世界超越。因此创造的哲学是无限的哲学。创造的超越发生在神魂颠倒里,因为就自己的本质而言,创造行为就是神魂颠倒的状态。只有在这个状态里,才能突破此世,向另外一个世界超越。"创造不能容忍世界的给定状态,它希望另外一个世界。创造行为总是引起另外一个世界里的形象,在自身中想象比某个具体的东西,比给定的东西更高、更好、更美丽的东西。"①

因此,创造的实现通过两个途径,一个是客体化,一个是超越。在客体化的道路上,创造行为与此世的状态适应,因此无法达到创造的终极目的。但这个途径是必要的,"因为没有客体化创造人就不能支持自己在这个世界里生存的条件,不能改善这些条件。人的使命就是对此世的物质进行加工,使之服从精神。但是,应该理解这条路和客体化的界限,应该理解这条路的片面性的危险,这个片面性使世界的虚假状态获得巩固"②。人类的文化成就的功能就是维持人在有限世界里的存在和生存,这是文化成果的肯定意义。但是,从终极角度看,创造必然指向对此世的超越。任何伟大的创造都有这样的功能,因此,从终极角度看,任何伟大的创造都是失败。

> 应该果断地承认,存在着创造热情的所有化身的灾难性的失败,因为这个热情是在客体世界里实现的。哪个更高,是阿西西的圣·法兰西斯,他在基督教历史上唯一的宗教天才的现象自身,还是他所建立的方济各修会,在这里圣·法兰西斯的精神熄灭了,日常性获得胜利? 哪个更高,是路德及其热情地体验的宗教悲剧,还是他所创立的路德教会,18和19世纪的牧师和神学家,在他们身上占统治地位的是理性主义和道德主义? ……答案太清楚了。世界历史知道一个最可怕的创造失败,这就是基督教的失败,基督在世界上

---

① 别尔嘉耶夫:《末世论形而上学》,张百春译,中国城市出版社2003年版,第184页。
② 别尔嘉耶夫:《末世论形而上学》,张百春译,中国城市出版社2003年版,第202页。

的事业的失败。基督教历史经常表现为基督受难。最可怕和最令人痛苦的是,历史上对基督从天上取来的火种进行客体化。所有重大的历史建构,人们在社会建设方面的所有意图都遭到了最大的失败。雅典的民主失败了,亚历山大大帝的世界帝国失败了,罗马帝国失败了,基督教神权社会失败了,宗教改革失败了,法国大革命失败了,共产主义失败了。这不意味着,一切都是无意义的,都是纯粹的损失,这一切意味着,任何创造热情和创造意图的结果不能真正地体现在这个客体的现象世界里,而只能真正地体现在另外一个世界里,体现在另外一个生存秩序之中。在这个世界上,创造的失败是令人悲伤的和悲剧性的,但是,有一个伟大的成功,即人的任何真正的创造行为的结果都进入神的国。这就是创造的末世论。创行行为的失败在于,这个行为没有能够结束这个世界,克服客体性。创造行为的成功在于,它准备着对世界的改变和神的国。罪在创造热情里被毁灭。人的所有伟大的创造作品都进入神的国。①

创造是悲剧的,而且是悖论的。创造不仅仅体现人的使命,而且也是神对人的要求,是神的国的要求。在此世里的创造过程是客体化的过程。但是,如果人不创造,甚至神的国都不能到来。人的创造之火不可能永远在主体内部燃烧,必须指向客体化世界,指向改造它。这是为了神的名义的创造。当然,"并非所有的创造都是好的。可能有恶的创造。创造不但可以是为了神的名义,而且还可能是为了魔鬼的名义。但正因为如此,才不能把创造让给魔鬼、敌基督"②。因此,

---

① 别尔嘉耶夫:《末世论形而上学》,张百春译,中国城市出版社 2003 年版,第 196 ~ 197 页。

② Бердяев Н. А. Спасение и творчество.//Путь. 1926(2). С. 31. 1992 年莫斯科影印本。

创造具有肯定的宗教意义，尽管创造自身是悲剧的。此外，并不是所有的创造成果都将随着世界的终结而消失，人类伟大的文化成果最终会进入神的国，因为它们是在超越的途径上创造出来的，这样的创造指向本体实在，指向对世界的终极改变。这样的创造已经不再是象征，而是实现和化身。创造的化身指向基督教里所说的"新天和新地"的出现。这是末世论问题，精神问题。

第五节　精神

一、精神的含义

精神一词在俄文里是 дух，还可以翻译成"灵"。在希腊文里，pneuma 和 nous 都可以翻译成灵和精神。因此，考察精神的历史就是考察对这些词的理解。在别尔嘉耶夫看来，人类对精神的理解发生了一个被称为灵化或精神化（спиритуализация）的过程。与灵化或精神化对立的过程就是物化（материализация）、实体化（субстанцизирование）或实在化（гипостазирование）的过程。起初，古代人理解的精神或灵具有明显的物化、实体化和实在化特征，灵化或精神化的过程是非常缓慢的。

在许多古代民族的文化里，精神或灵（дух，pneuma，nous）都具有物理意义。古希伯来语的 rouakh 的意思是轻松，没有稠度，指的是一种不可捉摸的东西。在《圣经·旧约》里，神造人的时候，向人的脸上吹了口气，于是人就获得了有灵的生命："耶和华用地上的尘土造人，将生气吹在他鼻孔里，他就成了有灵的活人，名叫亚当。"①就是说，人本来没有生命，生命是神赐予的，赐予的方式就是向人吹了一口气。

---

① 《圣经·创世记》2:7。

神自身拥有灵,在创世之初,"神的灵运行在水面上"①。人的灵(roua-kh)来自神,人死后,这个灵要返回到神那里,而人的灵魂(душа)则下降到坟墓里去。在这里,人的精神或灵就是神吹的气,具有明显的物理性质,不具有精神的特征,因此不与物质对立。灵魂属于人,随着人的死亡而消失。此外,灵在犹太人那里具有动态的特征。神的灵就是神的力量。在创造世界的时候,神的灵也参与其中。根据别尔嘉耶夫的考证,在波斯人那里也是一样,精神具有物质的特征。

在希腊语里,有两个词可以指精神,即 pneuma 和 nous,它们最初的意思都是吹气和呼吸。这个理解与波斯人以及犹太人的理解没有实质性的区别。希腊人也认为,pneuma 没有形体,与火有关,不是人所固有的,而是从上边下降到人身上的。在亚里士多德那里,pneuma 具有物理的和物质的意义。斯多葛学派对 pneuma 的理解具有唯物主义特征。不过,在柏拉图那里,pneuma 已经与物质发生对立。普罗提诺经常用 nous 一词表示精神。因此,pneuma 和 nous 之间还是有区别的。pneuma 是在诗歌语言和民间语言中使用的词,在哲学语言里用的是 nous 一词。在阿那克萨哥拉那里,理性的 дух 是 nous,并且是存在的基本原则。

总之,古代希腊人、犹太人和波斯人都认为,"灵(дух)是最精致的物质"。不过,希腊人对 дух(灵)的理解具有哲学特征,犹太人对灵的理解具有宗教特征。这两种理解之间是有差别的。"哲学主要把 дух 理解为理性、智慧,宗教流派则把 дух 理解为最高生命的力量,神把这个力量注入到人身上,就是说它们更完整地理解 дух。"②因此,对 дух 的宗教理解具有明显的自然主义特征,但这是对生命的完整理解。哲学对 дух 的理解超越了自然主义,但是在这个理解中,生命缺乏完整性,理性自身已经超越完整生命,因此,希腊哲学干脆用努斯(нус,

① 《圣经·创世记》1:3。
② 别尔嘉耶夫:《精神与实在》,张百春译,中国城市出版社2002年版,第18页。

nous）来表示 дух。希腊哲学对 дух 的理解已经发生灵化（спиритуализация），超越了自然主义。

无论在西方哲学史上，还是在犹太教－基督教思想史上，菲洛都是个非常重要的人物。他把犹太人的宗教观念与希腊人的哲学观念结合起来，实现了哲学与宗教之间的一次大综合，这个综合对后来的基督教神学思想产生重要影响。菲洛在术语使用方面非常混乱，在他对 дух 的理解中，既有来自犹太人的影响（他把 дух 理解为宇宙元素），也有来自希腊人的影响（他把 дух 理解为认识、智慧和理念）。不过，他是第一个对 дух 进行界定的人之一。菲洛认为，дух 是认识、智慧和理念。和神分离的 дух 是个独立的原则，它能够赋予生命。他反对斯多葛学派对 дух 的唯物主义理解。因此，正是菲洛把 дух 最大限度地灵化（спиритуализация）了，即把它理解为非物质的东西。在这方面，菲洛明显地延续了希腊哲学的传统。

在对 дух 的灵化（спиритуализация）问题上，《圣经·福音书》具有重要意义。尽管在基督教传统里，《圣经·新约》和《圣经·旧约》是一致的，但是，在对 дух 的理解上，在《圣经·新约》里发生了明显的灵化。在《圣经·福音书》里，灵（дух）和圣灵（Святой Дух）具有核心地位，一切都来自灵并借助于灵。在这里，灵已经不是希腊哲学中的努斯，而是宗教启示中的灵（пневма）。圣灵（Святой Дух）的作用非常广泛，它是保卫者、帮助者、安慰者和鼓舞者。在三位一体中，可以反对圣父和圣子，这类罪是可以得到赦免的，但唯有反对圣灵的罪是不能被赦免的。"人的一切罪和亵渎的话，都可得赦免；唯独亵渎圣灵，总不得赦免。凡说话干犯人子的，还可得赦免；唯独说话干犯圣灵的，今世、来世总不得赦免。"[1]圣灵的地位由此可见一斑。在基督复活升天之前，他许诺派来圣灵（保惠师），人类的一切事情都要通过它

---

① 《圣经·马太福音》13:31－32。

来完成。"神的国也要在灵和力量里到来。"①在《圣经·福音书》里，圣灵等同于力量，这层意思在古希腊哲学家们的努斯里是没有的。使徒保罗把"灵（дух）"与"肉（плоть）"对立起来，这个对立具有纯粹的宗教特征，不同于哲学上的精神与物质的对立。在保罗看来，"正是圣灵使人们成为基督徒。……在教会意识中，圣灵－保惠师只能被赋予给信徒，教会的成员。耶稣基督的话面向整个世界，整个人类。保惠师则只能被派往一伙被拣选的人"②。在基督教里，圣灵已经不仅仅是教义和学说，而且还是宗教生活的核心事实。圣灵已经完全脱离了哲学意义，彻底成为一个宗教术语。

如果说基督教思想史对三位一体中的圣父和圣子有相对明确的理解，那么对圣灵的理解总是有问题的。无论在《圣经·新约》里，还是在教父学和经院哲学里，都没有关于圣灵的成熟学说。在基督教里，"灵（дух）的问题完全成了圣灵的问题。但是，关于圣灵的学说自身仍然是基督教神学中最少被研究和最少被展开的部分"③。在基督教思想史上，对圣灵的本质始终没有明确的界定。关于圣灵的来源问题曾经是天主教会和东正教会分裂唯一严肃的神学原因。东正教会坚持尼西亚信经中的说法，即圣灵来自圣父，但不能来自圣子，天主教会则认为圣灵来自圣父和圣子，此即所谓的"和子句"问题。但是，这个问题并没有给圣灵的理解带来实质上新的内容。

尽管如此，基督教和希腊哲学对灵（дух）的理解还是有明显区别的。别尔嘉耶夫指出："在前一个理解中圣灵是恩赐的能，这能从另外一个神的世界向我们的世界里突破，在后一个理解中，灵（дух）是世界的理想基础，是超越感性世界的理性。"④对灵（дух）的这两种理解都具有明显的灵化（спиритуализация）倾向。因此，别尔嘉耶夫断定，

① 别尔嘉耶夫：《精神与实在》，张百春译，中国城市出版社2002年版，第22页。
② 别尔嘉耶夫：《精神与实在》，张百春译，中国城市出版社2002年版，第22~23页。
③ 别尔嘉耶夫：《精神与实在》，张百春译，中国城市出版社2002年版，第23页。
④ 别尔嘉耶夫：《精神与实在》，张百春译，中国城市出版社2002年版，第24~25页。

"福音书的哲学思想更接近希腊哲学的理解,而不是《圣经·旧约》的理解。……哲学思想离努斯(нус)更近,而不是灵(пневма)。但是,基督教在实质上改变了希腊的唯理智主义。"①

在哲学上,对精神(дух)的理解的灵化过程在德国哲学里达到顶峰,德国人为理解精神提供了实质上新的东西。欧洲其他民族哲学不关注精神问题。沃尔夫曾经把精神(дух)定义为被赋予了理性和自由意志的实体。这个定义具有学院派理性主义的特征。康德也是在理性主义启蒙的意义上谈论精神,但是他并没有建立本来意义上的精神哲学。早期的费希特几乎不谈论精神,直到晚年,他才返回到这个问题上来。谢林把精神看做是能够"控制自己的东西,它处在自身之中,在行为里仍然是潜能,在存在中仍然是力量"②。对精神的理解作出最大贡献的当属黑格尔。精神在他的哲学里占统治地位,其哲学企图成为"精神哲学"。黑格尔对精神的理解与希腊理性主义最大的区别是,他把精神理解为自由。此外,在希腊哲学里,灵被理解为客观的东西,合乎规律的普遍思想。这个理解和幼稚实在论以及客观主义一起都被德国哲学给克服了。黑格尔认为,在人与神之间,在精神和精神之间没有不可逾越的客观鸿沟。精神就是自身中的存在和自为的存在,因此精神不是为了主体而存在的客体。尽管黑格尔也说精神是逻各斯,这个理解带有希腊理性主义色彩,但是,在他那里,精神的主要标志是自由。自为的存在和在自身之中的存在是自由。对精神的这一理解具有基督教的根源,而非希腊哲学的来源。黑格尔在人的精神和神的精神之间不作区分,在他看来,只有统一的理性和精神。"理性是精神的位置,神就在这个位置上展现。对精神的最高认识同时就是自我认识。……宗教是神的精神关于自己的知识,但这个知识要借助于具体的精神,即借助于人。在黑格尔这里,精神认识企图成为最具

① 别尔嘉耶夫:《精神与实在》,张百春译,中国城市出版社2002年版,第25页。
② 别尔嘉耶夫:《精神与实在》,张百春译,中国城市出版社2002年版,第26页。

体的。哲学家是精神的人。精神只向精神显现。神只是在精神的意义上说话。宗教是精神与精神的关系。宗教是可能的,哲学是可能的,只是因为人是精神。精神是获得了自为存在的观念。所以,精神的实质是自由。"①然而,黑格尔毕竟是个普遍主义者,不承认个性的秘密,不承认个性精神与个性精神之间的关系。在这一点上,他深受古希腊理性主义的影响,即把人身上的精神看做是与一般有关的,而不是与个别有关的。这个理解与基督教对灵的理解是对立的。因为在基督教思想里,圣灵是三位一体中的一个位格,即是个性。对个性的轻视是黑格尔整个哲学体系的重大缺陷,也是他对精神理解中的明显不足。此外,别尔嘉耶夫指责黑格尔对精神的理解渗透着进化论,进化论就是决定论,这又与黑格尔自己把精神理解为自由是矛盾的。不过,在黑格尔之后,西方哲学对精神的理解没有重大进展。

别尔嘉耶夫把精神理解为"原初生命",只存在于主体里,但又不是主观的东西,也不是客观的东西,它超越主观与客观的区分。他认为,"精神是具体的、个性的、'主观的',它在个性的生存里获得揭示。……应该人格主义地理解精神"②。在这里,"主观的"这个词打着引号,这不是与客观对立的那个主观,而是主体意义上的主观。此外,把精神与个性联系在一起,这是别尔嘉耶夫与德国唯心主义哲学在对精神的理解方面最实质的区别。精神完全是一种个性化的东西,是一种生命体验,因此精神生命是内在的,是自由的。这种内在的体验是不能被检验的,因为没有任何标准来检验它。如果说有标准的话,那么精神的标准就是它自身。别尔嘉耶夫断定精神和精神生命没有标准,作为原初生命,只能自我展现,而不能客体化。因此,在对精神的理解上,不能理性化,不能对精神进行定义和界定,即不能形成关于精神的概念。在这个意义上,精神和自由是一样的。但是,别尔嘉

---

① 别尔嘉耶夫:《精神与实在》,张百春译,中国城市出版社2002年版,第27页。
② 别尔嘉耶夫:《精神与实在》,张百春译,中国城市出版社2002年版,第12页。

耶夫认为,精神有一系列标志。"可以说,自由、意义、创造的积极性、完整性、爱、价值,转向最高的神的世界以及与它结合——都是精神的标志。"①

首先,精神是自由。如果说自由是别尔嘉耶夫早期哲学创作(比如 1922 年之前)中的核心概念,那么后期哲学创作的核心概念无疑是精神。但是,自由的概念从未在其哲学视野中消失,刚到巴黎不久出版了《自由精神的哲学》(1927—1928 年),在此后的多部著作里,他不断重复"精神是自由"这个论断。在《自我认识》里,他把精神和自由看做是一个东西:"精神是自由,自由也是精神。"②正是借助于精神,别尔嘉耶夫更加深入地理解和阐释了他所理解的自由。精神的几乎所有主要特征都是自由所具有的。和自由一样,精神是内在的。"精神首先与决定论对立。相对于外部事物,一切依赖于外部事物的东西而言,精神是内在的东西。"③和自由一样,精神具有解放的作用,精神按照自由的方式发挥自己的作用。"精神是质,这个质位于污染世界生命的一切功利性之外,位于和目的没有共性的手段的利用之外,位于外在的成就和实现之外,位于'世人'在斗争中所使用的武器之外,位于'社会舆论'之外,位于社会日常性之外。精神在任何地方,一切事物里发挥作用,但是作为照耀的、改变的和解放的力量,而不是作为强迫的力量。精神是摆脱自发本性统治,摆脱大地和血缘统治,即摆脱宇宙 - 大地力量的力量,是超越这些力量之上的力量,但又不消灭它们。"④用《圣经》上的话说:"风随着意思吹。"⑤在这里,"风"就是精神。精神按照自己的意思(即自由地)发挥作用。精神摆脱了自然界和社会,摆脱了任何决定论,成为内在的东西,这和自由是一样的。尽

① 别尔嘉耶夫:《精神与实在》,张百春译,中国城市出版社 2002 年版,第 33 页。
② Бердяев Н. А. Самопознание. Москва:Книга. 1991. С. 64.
③ 别尔嘉耶夫:《精神与实在》,张百春译,中国城市出版社 2002 年版,第 34 页。
④ 别尔嘉耶夫:《精神与实在》,张百春译,中国城市出版社 2002 年版,第 36 页。
⑤ 《圣经·约翰福音》3:8。

管摆脱了自然界属性的精神不具有空间特征,但可以用深度和高度来描绘精神,这个描绘是象征性的,针对精神和自由而言,象征性的语言是更贴切的。

其次,精神是积极的创造原则。在客体化的世界里,创造是保持人的尊严以及赋予人生以意义的最佳手段。同时,人的创造也为世界增添了前所未有的新东西,因为人身上有根源于虚无的自由。精神与自由的内在关系决定了精神与创造的关联。"精神是这个沉重的世界里的突破,是动力,是创造,是腾飞。……精神是创造,精神创造新的存在。主体的创造积极性,创造的自由是第一性的。"①创造是精神的重要标志,新事物的不断被创造就标志着精神及精神生命的存在。精神的动态特征与创造有关。别尔嘉耶夫断定,精神的最后根源在神那里。"精神来自于上帝并归于上帝。人通过精神而从上帝那里获得一切,人也通过精神把一切都给上帝,增加赐给他的塔兰,创造未曾存在过的东西。精神来自于上帝。精神不是上帝创造的,比如像自然界那样,精神是从上帝那里放射出来的,是流溢出来的,仿佛是上帝吹入到人身上的。这就是精神的圣经上的形象。"②作为人身上的神的因素,精神使得人可以追求神和神的世界并与之结合,这种追求就是人的精神追求。当然,精神不仅仅来自神,它也来自深渊,因为精神也是自由。此外,别尔嘉耶夫还把精神与个性、主体联系在一起。主体之间的精神交往以自由为前提,这里没有强迫,没有客体性,这里只有主体之间的爱。因此爱就成了精神和精神交往的主要标志。精神的完整性与精神的个性特征相关,因为个性是完整的。只有在精神层面,人才能超越此世的整个现实。

尽管可以在精神领域里追求神和神的世界,但精神不是手段,而是目的,是价值自身。精神是智慧,是完整的智慧。分裂和分化标志

---

① 别尔嘉耶夫:《精神与实在》,张百春译,中国城市出版社 2002 年版,第 34 页。

② 别尔嘉耶夫:《精神与实在》,张百春译,中国城市出版社 2002 年版,第 34~35 页。

着精神的丧失。精神是人身上最高的质,最高的价值。"精神具有价值论的特征,精神不是自然,哪怕是心理的自然,精神是真理,是善,是意义,是自由。"①精神不是自然界里的实在意义上的实在,"精神是实在性,这个实在性意味着宇宙 – 大地力量内部的最高质和最高意义的觉醒"②。精神通过自身固有的逻各斯把意义传递给世界。

人是精神的、灵魂的和肉体的存在物。精神(дух)与灵魂(душа)是非常接近的两个词,也很容易混淆,比如很难把人身上精神的东西和心理的东西彻底区分开。但精神有另外的来源,另外一个世界的来源。灵魂是此世的东西。在人身上,精神不是给定的,而是需要形成。在精神的形成过程中,它可能遭到完全属于此世的东西的压制,比如遭到灵魂和肉体的压制。当然,精神和灵魂都是人身上非常重要的东西。灵魂是每个人都有的,也是人的本质的内容。"灵魂属于自然界,灵魂实在是自然界秩序上的实在,灵魂和肉体一样都属于自然界。灵魂是自然界中与肉体、物质不同的另外一种质。但是,精神不可能作为与肉体和物质世界的实在处在一个系列上的实在而与肉体和物质对立。精神从内部,从深处把肉体、物质还有灵魂吸收到自身中来,但精神是在另外一个意义上的实在,它属于另外一个层面。"③与灵魂相比,精神似乎离身体、肉体更远一些,但"'精神性'不与'身体'或'物质的东西'对立,而是意味着对它的改变,获得完整的人的最高质,实现个性。个性是通过精神对混乱的心理和肉体因素的胜利而实现"④。笛卡儿就把精神与身体对立起来,这是别尔嘉耶夫所反对的,除非把身体理解为罪,这时,精神和肉体才是对立的。精神改变肉体,也作用于灵魂。"精神是灵魂的最高的质,是灵魂对'世界'统治的摆

---

① 别尔嘉耶夫:《精神与实在》,张百春译,中国城市出版社 2002 年版,第 40 页。

② 别尔嘉耶夫:《精神与实在》,张百春译,中国城市出版社 2002 年版,第 37 页。

③ Бердяев Н. А. Философия свободного духа. Москва:Республика. 1994. C. 26.

④ 别尔嘉耶夫:《精神与实在》,张百春译,中国城市出版社 2002 年版,第 41 页。

脱。精神是真理,是灵魂的意义。"①灵魂是片断的、部分的,精神是完整的、普遍的。精神必须从内部与灵魂结合,才能改变灵魂,赋予灵魂以意义。

圣灵是基督教思想的核心概念之一。基督教里也谈灵性的东西,精神的东西。但是,别尔嘉耶夫所说的精神生命要比基督教里"精神的东西"、"灵性的东西"广泛得多。精神与个性相关,但圣灵的作用是非个性的、聚和性的。"圣灵和精神就自己的作用而言是相似的,同样都与灵感,超凡绝俗的能力,生命力量的高涨相关。……圣灵和精神的作用不是连续的,不是进化的,而是间断的和突破性的。"②此外,圣灵在精神里发挥作用。不过,在这两个概念之间作出严格区分也是很困难的,因为它们是同一种实在。"在精神与圣灵之间有区别,但这是不同层次上的同一种实在。"③别尔嘉耶夫在自己的行文中,经常把精神一词大写,这时精神(дух)与圣灵(Святой Дух)非常接近。但是,他认为不能简单地把它们等同起来,他所理解的精神与作为圣三位一体的第三位格的圣灵显然不是一个东西。"精神是使神与人结合起来的一个领域,它包含人对神的全部追求,人的全部最高精神文化。神学意义上的圣灵恩赐是精神生命里一种独特的质,是精神生命的最高峰。对精神生命终极深度的揭示就是圣灵的启示,就是对即将到来的,将改变整个自然界的精神生命的期盼,就是对圣灵的更强大作用的期盼。"④精神生命的目的就是追求神,而且全部对神的追求都可以被纳入到精神生命。精神生命是个过程,其中包括人类的全部认识、道德和艺术等。传统的基督教神学经常否定人身上的精神因素,或者将其归到人的自然属性,这时,精神几乎等同于灵魂,或者把精神完全

①　别尔嘉耶夫:《精神与实在》,张百春译,中国城市出版社 2002 年版,第 40 页。

②　别尔嘉耶夫:《精神与实在》,张百春译,中国城市出版社 2002 年版,第 191 页。

③　Бердяев Н. А. Истина и откровение. Прелогомены к критике Откровения. Санкт-Петербург:Издательство Русского Христианского гуманитарного иститута. 1996. С. 143.

④　Бердяев Н. А. Философия свободного духа. Москва:Республика. 1994. С. 48.

看做是圣灵,这时,精神与人无关。别尔嘉耶夫认为,与圣父和圣子相比,"圣灵与人最近,最内在于人,精神的东西,来自于圣灵的东西将成为人的内在的财富,仿佛是他的组成部分,神的斗争通过圣灵过渡到人的身上"①。人身上精神的东西来自圣灵。圣灵是基督教神学的核心概念和观念之一,但精神在基督教神学里没有这样的地位。别尔嘉耶夫认为,在传统的神学里,在传统的教会里,圣灵被严重地客体化了,而且也没有建立令人满意的圣灵学说。别尔嘉耶夫承认圣灵的重要性,但是他在自己的著作里很少谈及圣灵。针对自己的《精神与实在》一书,他说:"本书谈的是关于精神,而不是关于圣灵。这是哲学著作,而不是神学的。我也不建议谈论与圣灵学说相关的教义问题。但关于圣灵的问题以及关于它与精神的关系问题在一般的意义上对基督教思想而言毕竟是存在的,这个问题是核心问题。"②在基督教神学里,圣灵是个难题,关于圣灵的学说始终没有建立起来。在哲学里,精神同样是个难题,精神哲学还有待完善。

二、精神的实在性

根据常理,人们从不怀疑和否定现实生活中存在的事物的实在性,因为它们看得见和摸得着,其实在性甚至具有强迫性。在时间和空间中存在的外部事物的实在性对我们而言就具有强迫性,我们可以明显感觉到时间和空间自身对我们的强迫。这里的问题是,人们通常就把这种强迫性看做是实在性的标志。根据这个标准,精神的实在性就是有问题的,因为精神是自由的,它对我们没有任何强迫性。别尔嘉耶夫就抱怨说,人们都"倾向于否定精神的实在性"③。不过,这种对精神的否定,只是常理,但还不是哲学。

---

① 别尔嘉耶夫:《精神与实在》,张百春译,中国城市出版社 2002 年版,第 23 页。
② 别尔嘉耶夫:《精神与实在》,张百春译,中国城市出版社 2002 年版,第 189 页。
③ 别尔嘉耶夫:《精神与实在》,张百春译,中国城市出版社 2002 年版,第 1 页。

哲学家们也关注精神的实在性。比如,唯物主义者把精神的所有属性都附加给物质,包括理性、自由和积极性等。"精神被认为是物质的副现象,是物质过程的产物。"①别尔嘉耶夫把唯物主义者对精神的理解比做是色盲患者对光的理解。各种唯灵论哲学流派"把精神看作生命的副现象,并赋予生命以无穷的创造力量。这是对精神的活力论的理解。唯灵论哲学流派曾把保卫精神的实在性作为自己的专门职业。唯灵论通常把精神理解为实体,理解为自然界事物中的特殊质的实在,但这仍然还是原来那个意义上的实在"②。这样,精神的实在性还是一种客观性,是实体的客观性。在一定程度上,唯物主义者和唯灵论者都承认精神的实在性。但是,别尔嘉耶夫不同意他们对精神实在性的理解。此外,还有直接否定精神实在性的哲学流派,它们认为"精神只是人们的主观的心理状态"③。这些流派与唯灵论流派对立,认为精神不具有客观性和实在性,而只是人的内在心理现象,具有主观性。这就等于取消了精神的实在性。唯灵论者们为了保卫精神的实在性,必须证明精神现象不是主观的,而是客观的,"真正的存在,存在的实质是精神,精神就是存在,是客观的存在"④。在这里,精神的实在性与客观存在联系在一起。但是,在传统形而上学里,存在是个抽象概念,是思维主体的构造,是主体积极性的结果。用别尔嘉耶夫的说法,存在是客体化的产物。作为思维构造的存在被自然主义形而上学实在化了,成为第一性的东西。然而,存在的概念和真正的存在之间有本质的差别。真正的存在是生存,存在的概念是空洞的,几乎等于非存在(比如在黑格尔那里),这是理性加工(客体化的形式之一)的产物。因此,用存在概念(范畴)根本无法证明精神的实在性。

---

① 别尔嘉耶夫:《精神与实在》,张百春译,中国城市出版社2002年版,第1页。
② 别尔嘉耶夫:《精神与实在》,张百春译,中国城市出版社2002年版,第2页。
③ 别尔嘉耶夫:《精神与实在》,张百春译,中国城市出版社2002年版,第2页。
④ 别尔嘉耶夫:《精神与实在》,张百春译,中国城市出版社2002年版,第2页。

精神不是存在,"精神先于存在"①。

关于自由与存在的关系,别尔嘉耶夫说过,"自由先于存在",因此他反对传统的本体论,走向了生存哲学。② 既然精神和自由都先于存在,那么精神和自由之间一定存在着必然的关联。在很多场合里,别尔嘉耶夫把精神与自由等同起来。③ 他企图建立一种精神哲学,不过,他所理解的精神哲学是生存哲学,而不是传统形而上学里的本体论。

> 精神不但不是客观实在,而且也不是作为理性范畴的存在。哪里也没有作为实在客体的精神,从来也没有过。精神哲学不应该是存在哲学,不应该是本体论,而应该是生存哲学。精神不但是与自然精神的实在不同的,与客体实在不同的另外一种实在,而且它完全是另外一种意义上的实在。如果使用康德的术语,那么可以说,精神的实在性是自由的实在性,而不是自然界的实在性……精神永远不是客体,精神的实在性不是客体的实在性。在所谓的客观世界里,没有我们可以称之为精神的那种自然,事物和客观实在。否定精神的实在性因此才如此容易。④

认识客体世界里的对象可以借助于直接的手段,而且这样的手段很多。但是,我们非常熟悉的这些手段都不适合于认识精神。别尔嘉耶夫通过与精神对立的东西来反观精神的实在性。在他看来,与精神对立的是自然界。自然界就是客体的世界。因此,认识自然界的所有手段和方法都不适合于认识精神世界。自然界和精神世界之间的对立不是一个秩序上的两个不同事物之间的对立,它们是两个不同秩序

---

① 别尔嘉耶夫:《精神与实在》,张百春译,中国城市出版社2002年版,第5页。
② 参见本书第二章第一节。
③ 参见《精神与实在》,张百春译,中国城市出版社2002年版,第13、28、32~34、47、63、131、148页,等等。
④ 别尔嘉耶夫:《精神与实在》,张百春译,中国城市出版社2002年版,第5页。

上的东西。它们之间的对立不是旧形而上学意义上的对立,"不是关于存在的二元论形而上学,而是在对存在的性质的理解中的一种区分。这首先是生命与物、自由与必然、创造运动与消极忍受来自外部的推动之间常见的那种对立"①。可以这样说,如果自然界里的事物都是实在的,那么,在这个意义上,精神就不是实在的。因此,假如把自然界当做唯一的实在,那么精神的实在性就被否定了。比如前面提到的唯物主义把精神看做是物质的副现象,即只有物质才是实在的,精神的实在性依赖于物质的实在性,因此,精神的实在性不具有独立意义,实际上被否定了。唯灵论把精神看做实体,这也是对精神的自然主义化。别尔嘉耶夫所理解的自然主义是"一切把存在看作是客体,看作是'自然界'的形而上学,哪怕这是精神的自然界"②。甚至在德国唯心主义里,特别是在其一元论和进化论里,精神是按照自然界的方式来理解的。对客观精神的承认就是对精神的误解,就是按照自然主义的方式认识精神,即把精神的实在性等同于客观性。因此,不但日常理性和唯物主义按照自然界的方式理解精神,就是唯灵论和唯心主义也是如此。这个理解无法触及精神实在性的本质,更无法为精神的实在性辩护。

精神的实在性与客观性无关,因为精神在主体里。"尽管精神只在主体里,而不在客体里,但精神完全不是主观的。与客观性相反,精神完全不是心理学意义上的主观。精神的实在性不是客观的,不是物的,而是另外一种实在性,这是无可比拟的更大的实在性,更原初的实在性。"③精神不是独立的客观实在,它不能脱离主体而存在。但是,精神也不是与客体相对的主观的东西。精神的实在性有另外的来源,精神是另外一个秩序上的实在。"精神是这样一个领域,思维和存

①　Бердяев Н. А. Философия свободного духа. Москва：Республика. 1994. С. 26.
②　别尔嘉耶夫:《精神与实在》,张百春译,中国城市出版社2002年版,第4页。
③　别尔嘉耶夫:《精神与实在》,张百春译,中国城市出版社2002年版,第6页。

在的区分与对立不能扩充到这里,在这个领域里没有对思维产物的客体化和实在化。精神是灵魂的真理,是灵魂的永恒价值。在这个意义上,精神具有价值论特征,它与评价相关。精神性是人身上最高的质、价值、最高成就。精神赋予现实以意义,但精神不是另外一种现实。精神仿佛是神吹的气,这气渗透到人的实质之中,并将其生存的最高价值和最高质,内在的独立性和统一都传递给人。"①精神的特殊来源决定了精神的实在性与客体实在性有本质的不同。思维和存在是人的认识范畴,这个范畴不能用于精神,因为精神的来源在神那里。"精神的实在性有另外的来源,这不是来自客体的实在性,而是来自神的实在性,神是主体。"②精神是人身上最高的东西,它不可能来源于低级的东西。根据这个逻辑,精神的根源自然就可以追溯到超验的世界。"在人身上有精神原则,它相对于世界是超验的,即是超越于世界的。精神是主体,因为主体与物对立。"③指出精神的超验性以及精神的实在性的神圣的来源,这一点非常重要,但是,这并不能解决精神的实在性自身是什么,精神的实在性意味着什么。因此,别尔嘉耶夫并没有在这里停止。

不难发现,在上述引文里,有两个明确的判断值得注意,即"神是主体","精神是主体"。由此可见,精神的实在性与主体相关。主体在这里显然是个非常重要的概念。别尔嘉耶夫所理解的主体,不是传统认识论上与客体对立的主体。认识论上的主体只揭示了人在认识方面的积极性。但在传统认识论里,积极的主体不是人自身,而是"先验意识",是"绝对精神"。这个认识论主体几乎是万能的,它可以认识自己所面对的整个世界(即存在),而且它也能构造一个世界,但人在其中没有自己的位置。别尔嘉耶夫所理解的精神不可能在这样的

---

① 别尔嘉耶夫:《精神与实在》,张百春译,中国城市出版社2002年版,第7页。
② 别尔嘉耶夫:《精神与实在》,张百春译,中国城市出版社2002年版,第6~7页。
③ 别尔嘉耶夫:《精神与实在》,张百春译,中国城市出版社2002年版,第15页。

主体里。他所理解的主体是完整的人,是有个性的人,是活生生的人。完整的主体不仅仅拥有认识方面的积极性,"主体的积极性完全不与思维等同,主体自己参与存在,是生存的,通过主体可能有对实在的真正认识。……主体不仅仅是思维,主体也是有意志的和生存的。意识在认识里发挥着巨大的作用"①。这样的主体是具体的、生存的、活生生的、有个性的,传统的认识论无法构造出这样的主体来,只能由神来创造。的确,别尔嘉耶夫说:"世界是神创造的,但神创造的不是客体,不是物,而是活生生的、创造的主体。主体不创造世界,但是它的使命是在世界上的创造。"②别尔嘉耶夫所理解的主体也是积极的,也可以从事认识活动,但它的积极性不仅仅局限于认识。完整的主体是有生存的,它也从事认识活动,但在认识的过程中,主体不是被置于所认识的对象(存在)面前,而是参与到其中,这样的"认识是存在内部的事件",只有这样的认识才能触及到存在的秘密。这里的存在也不是客体化的存在。"精神就是呈现在生存主体里并通过它而呈现的实在,是来自内部而不是来自外部的实在,不是来自客体化世界的实在。"③精神在有生命的主体里,即生存主体里,而不在传统认识论意义上的主体里。

别尔嘉耶夫宣称,"精神的实在性被人类的全部经验,全部最高精神生命所见证"④。看来,光靠哲学思辨无法证明精神的实在性,必须借助于人类的经验。那么,人类的经验如何证明精神的实在性?

尽管许多哲学流派都在证明自然生命的虚幻性,各类宗教几乎都断定人的自然生命是痛苦的和不真实的,但其实在性是无法否认的。然而,人的精神生命是否存在,这是个始终都没有获得解决的问题。"精神是生命,是体验,是命运。精神的理性主义形而上学是不可能

---

① 别尔嘉耶夫:《精神与实在》,张百春译,中国城市出版社2002年版,第8页。
② 别尔嘉耶夫:《精神与实在》,张百春译,中国城市出版社2002年版,第9页。
③ 别尔嘉耶夫:《精神与实在》,张百春译,中国城市出版社2002年版,第9页。
④ 别尔嘉耶夫:《精神与实在》,张百春译,中国城市出版社2002年版,第31页。

的。生命只在体验中展开。精神是生命，而不是对象，因此精神只能在具体的体验中，在精神生命的体验中，在对命运的体验中被认识。……精神生命不是认识的对象，而是对精神生命的认识自身。生命只向生命自身显现。对生命的认识就是生命自身。"①精神生命不是理性认识的对象，因此，精神生命也不是理性认识所针对的那种客观实在。针对客观世界里的实在，我们可以问，某种实在是否符合我们对它的认识？如果符合，我们就断定其实在性，否则它就不是实在的。但是，针对精神生命，这个问题是不合法的。因为"精神实在自身就在精神生命中显现，因此不可能提出这样的问题，即某些实在是否符合在精神生命中展开的东西。在精神世界里，对象实在不符合精神体验，精神体验自身就是最高意义上的实在。精神生命不是对某种实在的反映，它就是实在自身"②。因此，人身上的精神体验和精神生命自身就是实在，不能在这种实在的背后寻找任何东西。精神生命的实在性不是相符性，这里没有外在性。一个人拥有精神生命，这自身就是一种实在，也不可能再有任何实在与之相符，特别是不能有任何外在的实在与之相符。在精神生命里，一切都是内在的，这里没有异己性、外在性。"世界上任何东西都无法向我证明，我的精神生命是不存在的。世界可能不存在，但我的精神生命是存在的。我对神圣事物的体验是存在的，这就是对神圣实在的显现。这个体验是无法反驳的。精神的高度，精神的紧张，精神的燃烧，都是存在的，就是精神实在，就是精神世界的显现。"③精神生命的实在性根本不像石头、树木、桌子和椅子那样给定我们，而是内在地给定的。

那么，自然就有一个问题，精神的东西是不是心理的东西？对于一个没有精神体验的人而言，精神体验就表现为心理幻觉。向他证明

① Бердяев Н. А. Философия свободного духа. Москва：Республика. 1994. С. 26.
② Бердяев Н. А. Философия свободного духа. Москва：Республика. 1994. С. 27.
③ Бердяев Н. А. Философия свободного духа. Москва：Республика. 1994. С. 28.

精神生命的实在性,这是件非常困难的事情,因为他没有精神生命的体验。精神的实在性不能从外部证明,而只能从内部呈现。"在精神生命里,实在由精神自身的力量决定。在精神里没有来自外部的实在,一切都来自精神自身的内部。"①更不能因为某些人从来没有精神体验就否定精神的实在性,即使人类绝大多数都不过精神生活,这也不构成对精神生命的否定。"假如在世界历史上只有几个人拥有过燃烧着的高级精神生命,唤起过对神圣事物的渴望,那么这已经能够证明精神和神的实在性……"②别尔嘉耶夫主张,关于精神的科学应该以精神体验为基础,没有精神体验的人,或者否定精神体验的人,无法从事精神科学研究。在精神科学里,要求"相似性"和"相近性"。缺乏这些天赋的人,在精神科学里没有任何发言权,也不会有任何积极的建树。这就是别尔嘉耶夫所谓的"只能说你所知道的东西,而不要说你不知道的东西"③。对拥有精神生命的人来说,精神生命就是最实在的,是不需要任何证明的。各类宗教信徒的精神生命就是如此,从外部对这种精神生命的任何怀疑和否定,对信徒而言都是毫无意义的,甚至只能引起相反的效果,即更加巩固信徒对自己精神生命的信念,巩固其宗教信仰。

那么,有没有标准可以衡量一个人是否获得了精神体验,因此断定他是否拥有精神生命呢?这是精神的实在性、精神体验和精神生命的标准问题。别尔嘉耶夫否认精神及精神体验有任何标准。他认为,真理标准问题不是精神问题。只有涉及客体性、外在性、异己性时才需要标准,这时显然已经没有了精神体验。精神生命是不需要任何标准的,任何标准都是外在的,但在精神生命里一切都是内在的。

　　对精神而言,任何客体、任何对象都不能与之对立,也不

---

① Бердяев Н. А. Философия свободного духа. Москва: Республика. 1994. С. 28.

② Бердяев Н. А. Философия свободного духа. Москва: Республика. 1994. С. 29.

③ Бердяев Н. А. Философия свободного духа. Москва: Республика. 1994. С. 29.

存在总是以异在性为前提的标准问题。只有异己的对象,只有另外一种存在才引起对其进行认识的标准问题。在精神生命里不存在认识的对象和信仰的对象,因为这里只有对客体和对象的占有,只有与对象的亲密性和亲缘性,只有把对象纳入到自己的内部和深处。在精神里,真理的标准就是精神的显现,是在精神中对真理自身的直观,这个真理是被显现出来的实在自身,是生命自身。精神生命中的真理不是对某种实在的反映和表现,而是实在自身,是处在自己的内在生命中的精神自身。在精神生命里没有客体,也没有对其进行反思的认识论意义上的主体。在精神生命里一切都是精神生命自身,一切都与它同一。①

无论如何,对从来没有经历过精神体验的人而言,很难理解什么是精神生命。在传统的教会里,对这个问题也没有清晰的观念。别尔嘉耶夫指责教会(官方神学)缺乏精神性,教会总是担心信徒滥用精神体验,不相信普通信徒的精神体验。信徒经常被警告,不要遭受精神的诱惑。一个信徒如果自己宣称是个精神的人,即有精神体验,过精神生活,那么这将被认为是高傲。高傲是基督教生活中非常严重的罪过,与高傲相对的是谦卑,这是基督教生活中最高尚的美德。在传统教会意识看来,只有那些圣徒,从事苦修的修士以及长老们才能拥有精神性,其他人的精神性总是引起怀疑。保守和极端的观点甚至认为,任何人都不可能有精神性,精神性只属于神。教会甚至能够宽恕信徒在肉体上的罪过,但不能饶恕信徒在精神上的追求。"在这个基础上形成了教会对待基督教中的诺斯替主义和神智学派的无情态度,对基督教神秘主义者的谴责,对精神文化的创造者、哲学家、诗人和精神改革者的那种怀疑态度。这就形成了独特的基督教唯物主义和基

---

① Бердяев Н. А. Философия свободного духа. Москва: Республика. 1994. Сс. 35 – 36.

督教实证主义,宣布一种首先是作为心灵宗教的基督教,而不是作为精神宗教的基督教。"①教会的不宽容在很大程度上都源于此,即教会对精神和精神体验的理解过于狭窄。

别尔嘉耶夫对精神性的理解更为宽泛,也更为深刻。在他看来,"精神就是生命自身,是原初生命"②。因此,一方面,精神生命不可能有任何标准,原因很简单,精神是原初生命,再不可能有任何东西可以作为其标准。另一方面,精神生命是原初的、动态的,任何人都可以在精神生命里有所建树,只要他作出精神上的努力。这个理解也符合基督教的基本思想。因为在基督教里,特别是在基督教神秘主义者那里,都强调第二次精神上的诞生。第一次诞生是指自然的诞生,类似于人类始祖亚当的那种自然人的诞生。第二次诞生类似于第二亚当的诞生,即作为精神人类始祖的耶稣基督的诞生。神秘主义者们不但描绘了这种精神上的诞生,而且认为每个基督徒都可以获得在基督里的重生,即第二次诞生,在精神上的诞生。《圣经·新约》里有很多地方讲到的"重生"③,就是指精神上的诞生。因此,别尔嘉耶夫也把基督教称为"第二次诞生的宗教","精神的宗教"。

精神的实在性不是给定的,更不可能是从外部给定的。精神的实在性是内在的,精神生命就是内在的生命。然而,精神生命毕竟需要有外部的表达。

三、精神的客体化

别尔嘉耶夫认为客体化是自己哲学的一个非常重要的概念。他反对一切形式的客体化,包括精神的客体化。按照他的理解,精神是主体,并在主体里呈现。他用深度来描绘精神的特质,因为精神是内

---

① Бердяев Н. А. Философия свободного духа. Москва:Республика. 1994. C. 38.

② Бердяев Н. А. Философия свободного духа. Москва:Республика. 1994. C. 135.

③ "人若不重生,就不能见神的国。"《圣经·约翰福音》3:3.

在的,来自内部的东西。然而,一切内在的东西都要过渡为外部的东西,都要表现自己。"精神是在自身中的存在,但它也必然过渡到为他者的存在,为他者积极地表现自己。"①精神固有积极性,这种积极性甚至经常变成一种侵略性。因此,精神也被向外抛,在外部表现自己,如在社会里(社会化),在客体里(客体化)表现自己。总之,精神要走出自己,进入世界。但是,问题在于,客体的、堕落的世界不是精神的。精神的悲剧由此产生。别尔嘉耶夫把精神的客体化看做是悲剧。

> 精神的悲剧就在于,精神不能始终是自身中的存在,然而,从自身走出永远也不意味着进入客观精神的王国,因为不存在客观精神,只有精神的客体化。在精神的客体化里,主观精神将消失,已经无法辨认。当客观精神客体化时,那么它完全不走向"你",不走向另外一个主观精神,不与另外一个主观精神交往,也不与之结合,而是走向客体,走向客观世界,这个世界没有自己的生存,只是在隐藏在它背后的主观精神中才与生存相关。如果主观精神走向客观世界,那么这里发生的就是精神与自己自身的异化,它走向客观性。②

精神悲剧的另外一个表现是,精神自身固有对无限的渴望,但是,在客体世界里占统治地位的是有限性,因此,只要发生对精神的客体化,精神必然受到有限性的束缚。精神的客体化首先表现为精神的社会化。"我们在国家组织,作为社会建制的教会组织,作为理性概念体系的教义构造,科学院、阶层和阶级、家庭制度、习俗、法律和规范的建立中都能发现社会日常性对精神的束缚。"③精神的社会化导致一系列与精神敌对的后果,客体化使精神服从社会日常性,导致精神意义上的资产阶级化,致使创造生命之能和积极性枯竭,最后,精神的客体

---

① 别尔嘉耶夫:《精神与实在》,张百春译,中国城市出版社2002年版,第52页。
② 别尔嘉耶夫:《精神与实在》,张百春译,中国城市出版社2002年版,第52页。
③ 别尔嘉耶夫:《精神与实在》,张百春译,中国城市出版社2002年版,第54页。

化导致谎言（被认为是对社会建设有益的东西）。精神永远在主体里，与精神相关的真理也只能在主体里显现，在社会客体里，在客体化里呈现出来的精神只能是谎言。别尔嘉耶夫所理解的精神客体化与费尔巴哈和马克思所理解的异化的含义基本相同。费尔巴哈发现，宗教就是把人的本质向超验领域的异化，马克思进一步指出在资本主义经济里工人本质的异化。"无论是费尔巴哈还是马克思都想把人的异化本质的完满归还给人，但都没有达到目的，因为人在他们那里仍然是物质的存在物，丧失精神因素的存在物，即异化了的和被掠夺了的存在物。"①在别尔嘉耶夫看来，他们没有真正克服人的本质的异化，即人的客体化，因为他们把人理解为物质的存在物。他认为，人身上最主要的不是物质的东西，而是精神。但是，精神也无法摆脱异化的命运。精神的异化就是精神的客体化。"精神在历史和文明世界里的客体化可能被理解为人的精神本质与人的异化。人把主观精神的创造积极性的产物当做客观的精神实在。"②在别尔嘉耶夫这里，异化概念主要与精神有关。他所关注的就是精神的异化和客体化问题。

精神的客体化形成客观精神，在客观精神里已经没有任何实在的东西，只有象征。客观精神就是象征。顾名思义，象征不是在自身中实在（реальность в себе），而只是另外某种东西的象征。显然，这另外的东西就是作为实在的精神自身。只有精神才是实在，而且是原初实在。在客体化的精神里，在客观精神里，作为实在的精神已经消失了。但是，通常人们把象征当做实在，甚至当做唯一的实在，而且留恋这种象征的实在。这时，向真正的实在返回是非常困难的。别尔嘉耶夫在广泛的意义上理解精神的客体化。在他看来，我们生活于其中的日常世界整个都是客体化的世界，其中充满着象征。"国家的整个生活都具有象征的特征。权力自身总是携带着象征和符号，并要求对自己的

---

① 别尔嘉耶夫：《精神与实在》，张百春译，中国城市出版社2002年版，第52～53页。
② 别尔嘉耶夫：《精神与实在》，张百春译，中国城市出版社2002年版，第52页。

象征性态度,这种态度与实在的态度没有任何共性。战争通过象征和符号而被组织。制服、勋章和程式化的称呼——都是象征的,而不是实在的。皇帝是象征,将军是象征,教皇、都主教、主教是象征,任何一个等级官员都是象征。"①在通常情况下,人们认为是实在的东西,甚至认为是神圣的东西,实际上都是象征而已,即这里发生的是精神的象征化、客体化。

不但精神发生着客体化,圣灵也可能被客体化。比如,"在作为社会建制的教会里发生的是圣灵的客体化。这也是社会化,即适应人类大众的社会日常性,适应精神在他们身上的异化"②。位于客体化社会里的教会自身为了适应社会日常性,必须改变自己,按照社会日常性的要求改变自己的职能,即服务于社会。教会把社会中的很多事物都看做是神圣的,认为它们都以真理为基础。于是,在教会里,精神的客体化导致虚假的神圣化、虚假的圣物。但是,这些所谓的圣物都是象征的,因此都是虚假的,它们的基础是谎言,尽管在社会意义上是有益的谎言。以别尔嘉耶夫为主要代表的俄罗斯"新宗教意识"运动所批判的历史上的基督教就是如此。历史上的基督教会完全适应了社会日常性,为社会服务,巩固社会建制(如为皇帝祝圣等)。于是,"基督教真理自身被变成了社会地有益的谎言"③。但是,基督教在本质上不可能适应社会,相对于社会日常性而言,没有被歪曲的基督教真理应该是"革命的",应该是对社会的审判和谴责。实际上,圣灵的作用是隐秘的,是不可见的。相反,历史基督教在社会上发挥的作用是可见的,因此,圣灵在其中发生了严重的客体化。

如前所述,别尔嘉耶夫所理解的客体化有两个含义,一个是指世界的堕落,另外一个意思是指主体(个性的精神行为)在堕落世界里建

① 别尔嘉耶夫:《精神与实在》,张百春译,中国城市出版社2002年版,第67页。
② 别尔嘉耶夫:《精神与实在》,张百春译,中国城市出版社2002年版,第57页。
③ 别尔嘉耶夫:《精神与实在》,张百春译,中国城市出版社2002年版,第64页。

立联系和交流,这个联系和交流呈现为文化。① 因此,精神的客体化问题的全部复杂性都与文化领域有关。精神的重要标志之一就是创造的积极性。在别尔嘉耶夫的理解中,每个精神行为都是创造行为,人的创造行为总是来自精神。创造行为就是从精神走向世界,一方面利用世界(自然界)的质料,另一方面也给世界带来新东西。"精神的创造行为有两个不同的方面——上升和下降。在创造的激情和高潮中,精神超越世界并战胜世界,但它也下降到世界里去,被世界吸引向下,并在自己的成果中适应世界的状态。精神在自己的创造成果里被客体化,并在这个客体化里与多样性世界的给定状态发生联系。"②创造的客体化主要指精神创造行为的下降趋势,这个趋势在文化领域表现得尤为突出。文化具有社会的本质。文化的客体化主要是指它的社会化。文化创造行为适应社会需求,形成文化产品。在文化产品里,精神遭到客体化。

> 在文化创造领域或社会生活里,任何胜利都意味着客体化,意味着客观对主观的胜利,一般和社会化的东西对个性的东西的胜利。作为热情,作为自由,作为创造的高潮,精神与一切定型的社会,一切建制,一切僵化的传统对立。如果用康德的术语(我认为这个术语是不正确的和混乱的),可以说,精神是"物自体",客体化则是"现象"。换个说法,且更正确地可以说,精神是"自由",客体化则是"自然界"(这不是在浪漫主义者们的用法上)。③

别尔嘉耶夫几乎把文化创造领域完全纳入到客体化范畴。似乎任何文化成果都只能是客体化,只有文化创造的热情自身才不是对精神的客体化。在这个意义上,精神类似于康德的"物自体",它的任何

---

① 别尔嘉耶夫:《精神与实在》,张百春译,中国城市出版社2002年版,第55页。
② 别尔嘉耶夫:《精神与实在》,张百春译,中国城市出版社2002年版,第61页。
③ 别尔嘉耶夫:《精神与实在》,张百春译,中国城市出版社2002年版,第54~55页。

显现都是客体化,因此,整个现象世界都是客体化世界。不过,别尔嘉耶夫认为,"物自体"的概念自身是不确切的,他坚持认为精神是"自由",而客体化是"自然界"①。

精神客体化的结果是象征符号,而不是任何实在。在所有客体化领域里都没有实在,只有象征。尽管人们对这个象征的世界已经习以为常,不再追求精神的真正实现,但是,实现精神才是人的真正使命。别尔嘉耶夫强调要把精神的实现与精神的象征化(客体化)区别开,并把精神的实现(реализация духа)称为精神的化身(воплощение духа)。精神的化身是个很重要的概念,其反面是非精神化(развоплощение духа)。世界的客体化导致世界的非精神化。象征化就是非精神化。在精神活动中,达到精神的化身非常难,经常发生的是非精神化。前面提到,圣灵在作为建制的教会里被象征化。但是,教会还有生存意义,圣灵在这个意义上的教会里不是象征地发挥作用,而是实在地发挥作用,因此不被客体化。比如,在圣徒、先知身上,圣灵就是实在地发挥作用,而不是象征地发挥作用。在这里,圣灵就获得了化身。一般地说,"如果有这样的社会,在其中没有客体,对任何人和任何事物都不像对待客体那样,那么这个社会就是精神的王国和自由的王国,在极限上它将意味着神国的到来。这不是精神的客体化,而是精神的化身"②。针对精神的实现问题,别尔嘉耶夫主要是从反面加以论证,即突出精神的客体化和象征化,但在正面的论述不多。

尽管如此,我们根据精神实现的反面,即精神的客体化的特点,可以判断精神实现的重要标志。客体化世界之所以引起别尔嘉耶夫的反抗,因为其中缺乏自由,占主导地位的是机械性和僵化。与此相反,精神的实现或化身的一个重要标志是有机性。所以,"如果把化身理

---

① 别尔嘉耶夫:《精神与实在》,张百春译,中国城市出版社2002年版,第55页。
② 别尔嘉耶夫:《精神与实在》,张百春译,中国城市出版社2002年版,第65页。

解为有机性,那么技术不但是非灵化的力量,而且还是非精神化的力量"①。这就是为什么别尔嘉耶夫晚年特别关注技术及其对人的不断增长的统治问题的原因。无疑,技术是人类精神积极性的最重要成果之一。借助于技术,人类进入一个在本质上是新的时代。"技术和机器不但标志着人类历史的新时期,而且还标志着新的宇宙时期。与无机和有机的机体并列出现了组织的机体,在以前的世界生活里不存在这样的机体。技术使人的生活非人道化,但它是人的精神产物。新的,此前未曾有过的宇宙力量唤起人的创造积极性。人的生活技术化标志着客体化的极端形式。"②技术为人类提供的新环境,在很多方面并不适合于人居住。以有机性为标志的人的肉体很难适应"冰冷的金属环境"。技术的统治给一切"有机的"实体带来致命打击。最主要的是,新环境对人的精神的束缚和贬低。技术的威胁在于,人无法控制自己的技术成就。技术及其统治构成了对当今世界整个人类的主要威胁。不受控制的技术注定导致灾难。人类可能还要为技术的过度利用而付出惨重代价。不过,别尔嘉耶夫认为,技术与精神的关系是复杂的。他不但注意到技术的"非灵化"和"非精神化"的方面,也发现"技术可以成为精神的工具,实现精神的工具"③。他坚信,精神最终将控制技术,只是我们离这个时代还非常遥远。当今时代只是个过渡时期,技术呈现出来的依然是其否定的方面,因此还需要人的巨大的精神努力,以便度过这个"痛苦的"过渡时期。

精神的客体化是其在堕落世界上的注定命运。堕落世界以时间为标志,因此,在堕落的世界里一切都打上了时间的烙印。精神也不例外,它也与历史有关,用别尔嘉耶夫的说法,应该历史地思考精神和精神生命。尽管精神性是永恒的,超越时间的,但是精神及其实现的

---

① 别尔嘉耶夫:《精神与实在》,张百春译,中国城市出版社2002年版,第72页。
② 别尔嘉耶夫:《精神与实在》,张百春译,中国城市出版社2002年版,第72页。
③ 别尔嘉耶夫:《精神与实在》,张百春译,中国城市出版社2002年版,第73~74页。

过程自身是有历史的,这是精神在此世里的命运。在精神的发展过程中,精神自身可能遭到弱化或贬低,甚至会发生精神的危机。因此,完全可以谈论新精神性。别尔嘉耶夫所说的新精神性与旧精神性的麻木有关,这种麻木就表现为对此世的完全适应。精神在本质上是内在的,但旧精神性适应了客体化世界,精神并没有获得真正的实现。因此,他呼吁一种新精神性。

旧精神性的表现形式之一就是基督教中的禁欲生活。传统的禁欲生活追求离开世界,寻求个人拯救。世界处在罪恶之中,似乎只有彻底离开它,才能专注于精神修炼。别尔嘉耶夫批判这种类型的禁欲生活,认为这也是"服从世界和世界的给定性的一种形式,并伴随着对在世界上统治的力量的神圣化。……把精神生活归结为拯救之路,把基督教理解为个人拯救的宗教,这就导致了对精神的缩小、贬低和弱化"①。消极逃避世界完全抵消了精神的积极性。这种处世态度等于放弃世界,让日常性在其中获得胜利,不能为世界的改变作出任何贡献。别尔嘉耶夫并不是一味地否定禁欲生活,相反,他承认禁欲生活的积极意义,甚至承认在其他领域(比如体育)的禁欲生活的积极意义。他认为新精神性应该是"在世界中的禁欲生活",这是爱和仁慈的下降,只有这样才能真正地照耀世界,改变世界。"新的精神性不是把精神理解为与世界的隔绝和逃避世界,这种逃避使世界原封不动地存在,而是把精神理解为对世界的精神上的征服,对世界的真正改变,但不是在世界给定性里把精神客体化,而是使世界服从内在的生存,这个内在生存总是深刻地个性的,打破'一般'的标志,即实现人格主义的革命。"②新精神性应该向生存内部返回,但不应该把这种向内部的返回理解为个人拯救。完全局限于个人拯救的人是自私的,是利己主

① 别尔嘉耶夫:《精神与实在》,张百春译,中国城市出版社 2002 年版,第 173 ~ 174 页。
② 别尔嘉耶夫:《精神与实在》,张百春译,中国城市出版社 2002 年版,第 173 页。

义的,这样的人无法实现自己创造的使命,因此他只能歪曲精神生活,而不是实现精神生活。别尔嘉耶夫否定"孤立的拯救",认为拯救具有社会性。每个人都应该承担世人的苦难,分担世人的命运。在这个意义上,奥利金等人提倡的"普遍拯救"具有永恒的真理性。精神性自身是个性的,但是,它有社会的指向,甚至是宇宙的指向。个人的任何行为都会产生社会后果,所有的社会行为背后都隐藏个人行为,因此不能完全把个人行为与社会行为分开。只有面向社会,才能实现精神的个性使命。基督徒应该背起十字架,但这个"十字架具有普遍的意义,并将涉及整个生命。被钉死的不但是个体的人,被钉死的还有社会、国家和文明"①。在这一点上,新精神性和旧精神性有原则区别。当然,面向社会并不意味着适应社会,特别是在精神上要独立于社会,要善于在精神上抵抗社会的压制,别尔嘉耶夫称这种处世态度是"革命性的"。

一方面,新精神性不支持拯救的"预定论",即不认为只有少数优秀的人才能获得拯救。这种"预定论"认为某些优秀的人相对于其他人具有拯救上的优越性和优先性。另一方面,新精神性反对基督教禁欲主义里过分强调的顺从。顺从被看做是基督教之爱的重要表达。但是,别尔嘉耶夫认为,顺从的美德也经常被滥用,其结果是贬低人的精神性,甚至最终获得的是一种"伪精神性"。他用自己的创造理念与这种旧精神性对抗。"基督教的爱自身应该被理解为创造在生活中的最伟大显现,理解为对新生活的创造。"②爱也是一种认识,而且是积极的认识,创造的认识。通过这种爱才能改造世界,抵抗世界中的恶。这里涉及的是别尔嘉耶夫精神哲学中的核心论题,即创造与拯救的关系问题。在这里,别尔嘉耶夫区分了两个动词,即"是(быть)"和"有(иметь)"。在他看来,"人有精神",这个说法是可以的,但是不能说

---

① 别尔嘉耶夫:《精神与实在》,张百春译,中国城市出版社2002年版,第177页。
② 别尔嘉耶夫:《精神与实在》,张百春译,中国城市出版社2002年版,第178页。

"人是精神"。在人身上，"是"和"有"不是一码事，只有在神那里，"是"和"有"才是一码事。人还不是他所拥有的东西，比如精神。"人有精神，但他应该成为精神，应该是精神，是化身了的精神。"①人身上的精神来自神，因此，人有精神。人是精神，即成为精神，指的是他处在精神之中，被精神控制。人被精神所控制的状态就是文化创造中所说的灵感状态。这也符合别尔嘉耶夫对精神的理解，即精神是创造的积极性。这样，他所理解的创造包含两个因素，一个是来自神的灵感因素，这个因素在基督教里被称为恩赐，它来自神，用别尔嘉耶夫的说法，这是精神因素，另外一个是来自人自身的自由的因素，它不来自任何东西，也不被任何东西决定，即非被造的自由。正是这个因素带来了创造中的新事物。因此，创造是神和人的过程，即神人过程。新精神性就是要处理好来自神的东西和来自人的东西之间的积极相互作用，这就是创造过程的实质。在创造里有来自神的恩赐和来自人的不受任何东西决定的自由，所以创造面向永恒。"创造的精神性也应该面向永恒，这和过去伟大的精神性一样，但创造的精神性也应该在时间里实现自己，即改变世界。我所理解的精神的创造积极性不只是创造文化成果，这些成果总是象征的，而是对世界和人际关系的真实改变，即建立新的生活，新的存在。"②旧精神性也面向永恒，但它不能正确面对时间中的事物，在时间中，旧精神性总是表现得非常消极，缺乏创造的指向。

精神与物质的关系是传统哲学中的老问题，在某些哲学流派那里甚至是核心问题。别尔嘉耶夫在解决这个问题时的立场非常明确，即精神决定物质，而不是相反。"不但社会生活在其整体上是精神的产物，而且经济也是精神的产物，尽管经济通常主要地被认为是物质的。但只有精神是积极的，物质则是消极的。经济是人与自然界斗争的结

---

① 别尔嘉耶夫：《精神与实在》，张百春译，中国城市出版社2002年版，第179页。
② 别尔嘉耶夫：《精神与实在》，张百春译，中国城市出版社2002年版，第183页。

果,即人的精神积极性的结果。社会生活完全依赖于人的精神状态。人的劳动的特征以及人对待经济的态度依赖于精神性的不同形式。"①在通常情况下,这种精神决定论被归结到唯心主义。精神决定经济这个论断不是绝对新的观点,因为马克斯·韦伯等欧洲思想家们也坚持这个观点。不过,别尔嘉耶夫不认同马克思在这个问题上的相反观点,但承认马克思的贡献,即他揭示了"精神对经济的依赖性是奴役和谎言"。然而,说经济可以产生精神和精神性,这是荒唐的,不符合精神的原初本性。由此可见,别尔嘉耶夫不同意把精神生活与社会生活彻底分离,因为其结果将是物质性在生活中的绝对统治地位。最好的例子就是资本主义,不但马克思批判资本主义,以别尔嘉耶夫为代表的大部分俄罗斯宗教哲学家也发现了资本主义的根本问题,即资本主义与精神性彻底分离,其结果是导致资本主义社会的金钱至上。别尔嘉耶夫反对资本主义制度,是因为这个制度贬低精神。他也反对与精神分离的社会主义,认为这样的社会主义无法克服资产阶级性。

在基督教里,旧精神性把"精神"和"肉体"对立起来,以此建立禁欲主义的精神生活,对"肉体"的世界采取极端鄙视的态度。这是整个新宗教意识攻击的对象。新精神性对待世界的态度是积极的,即照耀"肉体",改变它,使之成为"新的肉体"。在这个改变的过程中,创造发挥着决定性的作用。不过,创造也不是抽象的,而是非常具体的。劳动就是最具体、最常见的一种创造形式。"精神性不能与劳动过程分离。劳动不仅仅是禁欲生活,劳动也是技术和建设,是牺牲和斗争,是把人纳入到宇宙生活之中,劳动也是与其他人的合作,是人们的交往。这个劳动过程与精神性有最深刻的联系,它改变精神性的特征,使之成为更完整的。"②这样理解的劳动是个精神过程,它将导致一种新精神性,其主要特征是"共通性(коммюнотарность)"。在别尔嘉耶

① 别尔嘉耶夫:《精神与实在》,张百春译,中国城市出版社2002年版,第183页。
② 别尔嘉耶夫:《精神与实在》,张百春译,中国城市出版社2002年版,第188页。

夫那里,共通性是新精神性的重要特征,它标志着人与人之间完全新的精神关系。只有这种关系才适应人的创造积极性。

新精神性与别尔嘉耶夫所盼望的新时代,即圣灵的时代有关。在他看来,基督教在历史中的命运并没有结束,一个完全新的时代在等待着它。基督教世界应该积极地准备迎接这个新的精神性的时代。"新精神性不但面向过去,面向被世界之恶钉死的基督,但也面向将来,面向在荣耀里的将来的基督,面向神的国。但将来的基督的出现以及神的国也是由人的积极性,人的创造准备的。世界的终结依赖于人,而不仅仅依赖于神。基督,被钉死的基督不但是神,而且也是人,人的积极性在他身上也起过作用。……甚至神在世界上也是通过人,通过人的精神而起作用,神的声音和神人的声音是通过人 - 耶稣而被听见的。"①要克服精神的客体化,必须发挥人的创造积极性。摆脱了客体化的精神就是新精神性。彻底地摆脱精神的客体化,只能是在此世终结的意义上才有可能。

---

① 别尔嘉耶夫:《精神与实在》,张百春译,中国城市出版社 2002 年版,第 206 页。

第三章 历史哲学

别尔嘉耶夫历史哲学的基础是一种末世论历史观。在他看来,历史哲学必须以历史的终结为前提。但这不是消极的,而是积极的末世论。这种积极的末世论体现在他对末世论具体问题的理解中,如死亡和永生问题,天堂和地狱问题。此外,俄罗斯主题是别尔嘉耶夫历史哲学的重要部分,这是他一生在思考的问题。他对俄罗斯民族的心智与性格,俄罗斯弥赛亚主义以及俄罗斯的灵魂、理念、道路等,都有非常独到的见解。

第一节 终极问题

一、末世论情怀

别尔嘉耶夫对俄罗斯民族和俄罗斯人的性格有深刻的洞察,提出过许多精彩论断。比如,他曾经说过:"有两个常见的神话,它们在民族生活中可能成为非常活跃的,这就是关于产生的神话和关于终结的神话。在俄罗斯人那里占主导地位的是第二个神话,即末世论的神话。"①俄罗斯人迷恋终结,因为他们不安于现实,对现实成就不感兴

① Бердяев Н. А. Русская идея. Основные проблемы русской мысли XIX века и начала XX века. // Бердяев Н. А. Русская идея. Судьба России. Москва:СВАРОГ и К. 1997. C. 30.

趣,他们在现实中看到的更多的是丑陋。"俄罗斯人总是有对另外一种生活,另外一个世界的渴望,总是对已有的东西不满。末世论指向是俄罗斯心灵结构所固有的。"①这种对终结的渴望,对终结的指向就是末世论情绪。著名的俄罗斯现象——漂泊、朝圣(страничество)可以从这种末世论情怀获得解释。广袤的俄罗斯大地上曾经出现很多朝圣者,他们不满足于日常生活,四处漂泊,居无定所。朝圣者们不安于此世的居所,追求和寻找未来之城,即神的城。在别尔嘉耶夫看来,在俄罗斯文化里有一种"精神的朝圣(духовное страничество)"。精神上的朝圣者们追求的甚至不是无限,而是永恒,期待一切有限事物的终结。别尔嘉耶夫把果戈理、陀思妥耶夫斯基、托尔斯泰和索洛维约夫等都看做是精神的朝圣者。

俄罗斯人终结的情绪,末世论的情绪主要体现在对待文化的态度上。按照别尔嘉耶夫的说法,文化处于上述两大神话之间,既不属于产生(开端)的领域,也不属于终结的领域,文化属于中间领域。在中间领域,形式是主要的,文化就是形式的体现,文化的创造就是形式的塑造。在这方面,西方人占有绝对的优势,他们以自己的文化成就而自豪,甚至崇拜文化。以文化见长的西方人必然缺乏末世论情怀。"西方的基督教文明是在末世论前景之外建立起来的。"②俄罗斯人对待文化的态度与西方人对待文化的态度截然相反。"俄罗斯人没有西方人所固有的那种文化崇拜。陀思妥耶夫斯基说过,我们都是虚无主义者。我想说,我们俄罗斯人是启示录者或虚无主义者。我们之所以是启示录者或虚无主义者,因为我们追求终结,我们不大理解历史过

---

① Бердяев Н. А. Русская идея. Основные проблемы русской мысли XIX века и начала XX века. // Бердяев Н. А. Русская идея. Судьба России. Москва:СВАРОГ и К. 1997. С. 171.

② Бердяев Н. А. Русская идея. Основные проблемы русской мысли XIX века и начала XX века. // Бердяев Н. А. Русская идея. Судьба России. Москва:СВАРОГ и К. 1997. С. 169.

程的阶段性,敌视纯粹的形式。"①众所周知,虽然俄罗斯人不崇拜文化,对形式塑造不感兴趣,但他们在文化建设方面却取得了辉煌的成就。不过,别尔嘉耶夫想要说明的是,俄罗斯文化是在末世论前景里建立的。因此,俄罗斯的思想,特别是 19 世纪俄罗斯的思想具有明显的末世论指向,这个指向在西方文化里是很弱的,甚至是缺乏的。

　　俄罗斯民族是个喜欢终结的民族,俄罗斯思想具有强烈的末世论倾向。作为 19 世纪俄罗斯宗教思想的继承人,别尔嘉耶夫同样也具有强烈的末世论情怀。他自己承认,"我特别固有一种末世论的情怀,这是对正在临近的灾难和世界的终结的感觉。也许,这不但与我的精神类型有关,而且还与我的心理生理结构有关,与我极端的神经质有关,与我不安的倾向有关,与我对世界的不稳定性,对所有事物的不稳定性,对生命的不稳定性的意识有关,与我不宽容的弱点有关"②。完全可以把别尔嘉耶夫看做是精神的朝圣者,他一生从不安于现实,毫不妥协地抗击客体化世界,是个天生的抗议者,永远为精神而斗争。他甚至认为自己的末世论情怀是天生的、自然的:"我似乎自然地就固有一种末世论的情怀。"③他对自己的末世论情怀评价很高,认为这是他带给西方人的最重要的东西之一。"我带着什么样的俄罗斯思想来到了西方呢? 我认为,首先带来的是对历史命运的末世论情感,这是与西方人和西方基督徒格格不入的东西,也许,这种情感只是现在才在他们身上觉醒。"④

　　在别尔嘉耶夫身上,末世论既是一种情怀,也是一种视角,他通过这个视角看世界。他认为,基督教就是末世论的。"我对基督教的理

---

　　①　Бердяев Н. А. Русская идея. Основные проблемы русской мысли XIX века и начала XX века.//Бердяев Н. А. Русская идея. Судьба России. Москва:СВАРОГ и К. 1997. C. 112.

　　②　Бердяев Н. А. Самопознание. Москва:Книга. 1991. C. 299.

　　③　Бердяев Н. А. Самопознание. Москва:Книга. 1991. C. 30.

　　④　Бердяев Н. А. Самопознание. Москва:Книга. 1991. C. 255.

解始终是末世论的,我觉得任何其他的理解永远都是歪曲和迎合。"①别尔嘉耶夫不但这样理解基督教,而且他所信奉和宣传的基督教就是末世论的基督教。他对基督教的末世论理解与俄罗斯东正教自身有密切关系。他认为,在东正教里,基督教末世论方面表达得最为突出。末世论倾向成了东正教和天主教之间的重要差别之一。"天主教意识害怕对基督教的末世论理解,因为这种理解有可能导致危险的新事物。"②因此,在天主教基础上建立起来的西方文化位于末世论前景之外。与俄罗斯思想不同,西方思想没有末世论指向。

大致可以这样说,开端主要是个哲学问题,终结主要是个宗教问题。至少传统的哲学更多地关注开端问题,传统的宗教更多地关注终结问题。在通常情况下,哲学家很少关注终结问题。"至今哲学只是在很小的程度上是末世论的,末世论只是针对宗教领域。但末世论可以,也应该拥有自己的认识论和形而上学的表达,我将努力作出这种表达。"③别尔嘉耶夫属于这样一类哲学家,他们积极地关注终结问题,建立终结的哲学,他们的哲学都具有强烈的末世论指向。大部分俄罗斯宗教哲学家都是如此,别尔嘉耶夫是其中最突出的代表。末世论情怀是他个人的一种深刻情感,这种情感也影响到他的哲学思考。"我始终这样进行哲学思考,似乎世界的终结即将到来,不存在时间的前景。在这一点上,我是个俄罗斯思想家,是陀思妥耶夫斯基之子。"④在自己一生的哲学探索中,别尔嘉耶夫的末世论情怀始终没有变化。在他晚年的《自我认识》里,他对自己的哲学道路有过一段精彩的总结。

① Бердяев Н. А. Самопознание. Москва:Книга. 1991. С. 299.
② Бердяев Н. А. Русская идея. Основные проблемы русской мысли XIX века и начала XX века.//Бердяев Н. А. Русская идея. Судьба России. Москва:СВАРОГ и К. 1997. С. 169.
③ 别尔嘉耶夫:《末世论形而上学》,张百春译,中国城市出版社2003年版,第52页。
④ Бердяев Н. А. Самопознание. Москва:Книга. 1991. С. 300.

我经历了漫长的哲学道路,其中有不同的阶段。从外部看可能会有这样的印象,我的哲学观点在变化。但是,我最初的动力始终如一。在我整个一生的思想经验获得丰富之后,现在我重新认识到在我哲学道路最初的很多东西。研究世界本来的样子如何,这是我从来不感兴趣的,我始终感兴趣的是世界的命运和我的命运,我感兴趣的是事物的终结。就指向而言,我的哲学不是科学的,而是先知式的和末世论的。①

作为哲学家,别尔嘉耶夫很少关注起源、开端或产生问题,但是,他一生始终关注终结问题,他是个终结的哲学家,是宗教哲学的典型代表。根据犹太教和基督教的神话,自从被赶出伊甸园后,人就生活在堕落的世界里。别尔嘉耶夫称这个堕落的世界为客体化的世界。这个客体化世界的终极命运如何? 他坚信,客体化世界注定要终结,"终结是客体化的终结"②,"世界的终结是客体化世界的终结"③。《末世论形而上学》一书的主要任务就揭示终结与客体化之间的内在联系。客体化世界是个不适合于人生存,但人注定要生活于其中的世界,人在客体化世界里的命运注定是悲剧的。表面上看,别尔嘉耶夫的这个信念具有消极的悲观主义色彩,但实际上,他反对消极末世论,信奉和宣传积极的末世论。

基督教有自己的末世论。在《圣经·启示录》里就表现出强烈的末世论情绪。别尔嘉耶夫认为,传统的基督教神学对启示录的理解是有问题的,通常的末世论情绪也是不正确的。根据通常所理解的末世论,似乎一切都要等到基督再来时才能彻底解决,而且其解决方案很简单,就是善人进天堂享受永福,恶人下地狱遭受永恒的惩罚。更有

---

① Бердяев Н. А. Самопознание. Москва:Книга. 1991. С. 95.

② Бердяев Н. А. Самопознание. Москва:Книга. 1991. С. 301.

③ 别尔嘉耶夫:《末世论形而上学》,张百春译,中国城市出版社 2003 年版,第 244 页。

甚者,在天堂里获得了拯救的善人们满怀喜悦地观赏遭受永恒惩罚的人在地狱里受痛苦的煎熬。这就是别尔嘉耶夫所说的"复仇的末世论",其基础是一种人类糟糕的复仇本能。他在圣·奥古斯丁和加尔文等人身上发现了这种末世论情绪。复仇的末世论是残酷的,不人道的,因此是不能接受的。此外,还有一种对末世论的消极理解。众所周知,基督教末世论情绪在早期基督徒那里表现得尤为突出。他们曾经苦苦等待基督的第二次来临,等待基督来审判世人。他们以为在自己还活着的时候就能够看到基督再来。但是,他们的希望落空了,人类的历史一直延续到今天。不过,这种消极、被动地等待基督再来的末世论情怀在基督教世界里始终存在,经常是占据主导地位。根据这种末世论,终结是神的事情,神将在终结的时刻解决一切问题。面对世界的终结,人似乎只能消极等待,任何积极的努力都毫无意义。人不知道终结什么时候到来,这是完全由神掌控的事情,是神的奥秘,人只好安心等待终结的到来。别尔嘉耶夫本人不认同这种消极的末世论,更反对"复仇的末世论"。

如前所述,俄罗斯思想具有强烈的末世论倾向,特别是在很多作家那里都有末世论倾向。别尔嘉耶夫甚至在托尔斯泰身上找到了末世论的情绪。不过,别尔嘉耶夫发现,大部分俄罗斯思想家的末世论情怀也都是消极的。比如列昂季耶夫和索洛维约夫的末世论就是消极的,因为这种末世论过分与时间相关,而不是面向永恒。晚年的索洛维约夫陷入悲观的末世论情绪。陀思妥耶夫斯基的创作完全是末世论的,他只对终结感兴趣。尽管他预言了"人神(человекобог)"的出现,但是总体上说,他的末世论是积极的。用别尔嘉耶夫的说法,陀思妥耶夫斯基所信奉的是约翰的基督教,这是一种"改变了的大地的基督教,首先是复活的宗教"①。陀思妥耶夫斯基已经开始摆脱历史的基督教,走向了末世论基督教,而且这是一种积极的、乐观的末世论。作为"陀思妥耶夫斯基之子"的别尔嘉耶夫继承了这种积极的末世论。不过,别尔嘉耶夫更欣赏费奥多罗夫对《圣经·启示录》预言的积极理解。费奥多罗夫是个非常独特的宗教哲学家,他的"复活规划"受到同时代人的高度评价,比如陀思妥耶夫斯基、索洛维约夫和托尔斯泰都非常赞赏他。费奥多罗夫不能容忍父辈的死亡,呼吁子辈承担起复活父辈的责任。而且,在他看来,科学和技术可以成为控制自然进程的强大手段,它们有助于对死人的复活。在费奥多罗夫的"规划"(也叫"共同事业")里,基督教信仰与对科学技术的信仰结合了。他过分相信科学技术的作用,把人的死亡自然主义化,理性主义化。但是,他的"规划"表明,世界的终结不是注定的命运,人不能消极等待世界的终结,应该积极地参与其中,这个参与就表现在对祖先的复活的事业上。别尔嘉耶夫同情"共同事业"的哲学,但他没有像费奥多罗夫那样过分依赖于科学技术,而是把末世论与创造结合起来。按照他的理解,"创造行为是末世论的行为,它指向直接的终结"②。这种创造的末世论既维护了费奥多罗夫的积极末世论,又摆脱了他的自然主义倾向。

在《创造的意义:为人辩护的尝试》里,别尔嘉耶夫已经把创造与末世论问题联系在一起。他把神的启示划分为三个时代:法律的启示(圣父的启示),救赎的启示(圣子的启示)和创造的启示(圣灵的启示)。尽管不能完全按照时间顺序来理解三个时代,尽管法律的启示和救赎的启示还没有结束,但目前人类正在进入创造的启示(圣灵的启示)时代。最后的圣灵时代就是创造的时代。"与第三个创造的宗

---

① Бердяев Н. А. Русская идея. Основные проблемы русской мысли XIX века и начала XX века.//Бердяев Н. А. Русская идея. Судьба России. Москва:СВАРОГ и К. 1997. С.177.

② Бердяев Н. А. Самопознание. Москва:Книга. 1991. С.215.

教时代相联的是终结的情感,末世论的生活前景。在第三个时代,在宗教创造的时代,世界生活和文化的全部终结和界限都应该呈现出来。"①就是说,不能消极地理解最后的时代,更不能消极地等待终结的时代。人的创造将赋予终结时代以意义,否则,世界的终结是可怕的、无意义的,对人而言,那将是噩梦。别尔嘉耶夫承认,他在终结时代歌颂创造与他对世界现实的悲观主义态度有关。在他看来,人生活在客体化世界里,受客体化世界的压抑和奴役。要想在这个客体化的世界里活得有尊严,必须创造。"为了有尊严地生活,不被世界必然性损害和压垮,必须在创造高潮里走出'现实'的内在界限……创造行为对我而言始终是超越的,是走出内在现实的界限,是自由对必然的突破。在一定意义上可以说,对创造的爱就是对'世界'的不爱,不能滞留在这个'世界'范围内。因此,在创造里有末世论因素。创造的行为是这个世界终结的到来,是另外一个世界的开始。"②

人的尊严在于人不仅仅属于此世,他还有另外的来源。在人身上有原初的自由,它甚至不受神的决定。人在此世受到必然性的压制,因为这个世界是客体化的世界。只有通过创造,才能克服客体化世界,准备客体化世界的终结。人不能消极等待终结,而是要积极地通过创造来准备终结。终结不仅仅是神的事业,而且也是人的事业,是神人的共同事业。

别尔嘉耶夫指出:"在俄罗斯意识里,末世论观念具有追求普遍拯救的形式。"③普遍的复活是俄罗斯人的渴望与追求。东正教最大的节日是复活节,在这一点上,东正教、天主教和新教是有区别的。但

① Бердяев Н. А. Смысл творчества.//Философия свободы. Смысл творчества. Москва:Правда. 1989. С. 532.

② Бердяев Н. А. Самопознание. Москва:Книга. 1991. С. 219.

③ Бердяев Н. А. Русская идея. Основные проблемы русской мысли XIX века и начала XX века.//Бердяев Н. А. Русская идея. Судьба России. Москва:СВАРОГ и К. 1997. С. 218.

是,在普遍复活的追求和渴望上,俄罗斯宗教哲学又与整个传统的基督教思想区别开了,无论是传统的东正教和天主教,还是传统的新教,因为普遍复活是俄罗斯宗教哲学的核心主题。个别基督教教父曾经建立普遍复活的理论(теория апокатастазиса),比如圣·奥利金和尼斯的格里高利等,别尔嘉耶夫很同情他们的理论。他认为,在俄罗斯宗教思想家中间,费奥多罗夫是普遍复活观念的最典型表达者,布尔加科夫也捍卫普遍复活的学说。在晚年的哲学自传里,在谈到自己的终极哲学时,别尔嘉耶夫写道:"我过去和现在都高度评价俄罗斯宗教思想中的很多主题:克服对基督教的法律理解,把基督教解释为神人类的宗教,自由、爱、仁慈和特殊人性的宗教,比西方思想更鲜明地表达出来的末世论意识,与预定论的地狱观念格格不入,寻找普遍的复活,寻找神的国和他的公义。"①别尔嘉耶夫自己明确坚持,拯救不但是神人的过程,而且拯救也不可能仅仅是个人的事情,只能集体地、聚和性地获得拯救。

人应该向其成长的最大的宗教和道德真理就是,不能个体地被拯救。我的拯救的前提是对其他人的拯救,对我的近人的拯救,普遍的拯救,整个世界的拯救,世界的改变。拯救的观念自身产生于人的被压制状态,它与对基督教的审判的理解相关。它应该被创造的改变和照耀的观念,被生命的完善的观念取代。"看哪!我将一切都更新了。"②不但上帝在创造,而且人也在创造。终结的时代不但是破坏的时代,而且也是对新生命和新世界的神人创造的时代。《圣经·新约》的教会是永恒的精神教会的象征形象。在精神教会里将阅读永恒的《圣经·福音书》。当我们接近永恒的精神王国时,生命的令人痛苦的矛盾将被克服,在终结之前获得加强

① Бердяев Н. А. Самопознание. Москва:Книга. 1991. С. 311.
② 《圣经·启示录》21:5。

的痛苦将过渡到自己的对立面,过渡到喜悦;这个事件的发生不但是为了将来,也是为了过去,因为时间将要倒流,一切有生命之物都将参与终结。①

别尔嘉耶夫渴望普遍的拯救,普遍的复活,同时渴望整个世界的改变。不过,他并不是彻底地保卫普遍拯救或普遍复活的学说,因为这将与他的自由观念发生抵触。因此,我们只能说,别尔嘉耶夫同情普遍拯救的学说。与此同时,在他看来,这一切都依赖于人自己的精神积极性,这一点是非常重要的,它使得别尔嘉耶夫的末世论具有了积极的特征。

二、死亡和永生

具体地说,在别尔嘉耶夫那里,"末世论情怀自身与死亡问题密切相关"②。在他看来,相对于死亡问题,甚至"永生问题已经是次要的了"。所有深刻的哲学家都关注死亡问题,将其当做自己哲学思考的不可分割的部分。正是死亡问题使哲学思考有了深度,与人自身关联起来。苏格拉底和柏拉图就教导说,哲学思考就是对死亡的准备,就是死亡训练。然而,并非所有哲学家都关注死亡问题,几乎所有乐观主义哲学学说都不涉及死亡问题,理性主义哲学在建立自己的哲学大厦时,也不关注死亡问题。这就是所谓的对死亡的遗忘。

死亡是终结问题,而不是开端问题。因此,通常意义上的哲学不关注死亡,特别是理性主义哲学占据主导地位后,死亡问题几乎从哲学视野里消失了。只有当宗教维度在哲学里获得复兴之后,作为宗教问题的死亡问题在哲学领域里才被注意,并成为宗教哲学的核心问题。正是宗教哲学家们唤起了哲学对死亡的记忆,死亡的意义才获得哲学上的诠释。

---

① 别尔嘉耶夫:《论人的使命》,张百春译,上海人民出版社 2007 年版,第 437 页。
② Бердяев Н. А. Самопознание. Москва:Книга. 1991. С. 301.

作为俄罗斯宗教哲学的典型代表,别尔嘉耶夫把死亡问题看做是自己哲学探索的核心主题。他认为,死亡与永恒相关,死亡具有永恒的意义。

> 死亡是生活中最深刻和最显著的事实,这个事实能使凡人中的最卑贱的人超越生活的日常性和庸俗。只有死亡的事实才能深刻地提出生命的意义问题。这个世界上的生命之所以有意义,只是因为有死亡,假如在我们的世界里没有死亡,那么生命就会丧失意义。意义与终点相关。假如没有终点,也就是说在我们的世界上存在恶无限的生命,那么在生命中就不会有意义。意义在封闭的此世之外,因此获得意义就要以这个世界的终结为前提。……作为最后的恐怖和极端的恶的死亡却是从令人厌恶的时间走向永恒的唯一出路。永生的和永恒的生命只有通过死亡才能获得。①

死亡也绝不是纯粹的恶,死亡有深刻的、伟大的意义,甚至是肯定的意义。必须认识死亡的意义。

首先,死亡是人的生命的必要因素。对人及其生命而言,死亡不是可有可无的事件。无论是否愿意,人必须死,人人都有一死。人与人之间的生命不可能是完全平等的,人们的命运千差万别,人生的经历和体验也各有不同,人生活在严格的社会等级之中。等级与差别是人的生命的标志,也是人类文化的基础。但是,在死亡面前,所有人是绝对平等的。无论一个人在世界上的地位多么卑微,也无论一个人在世界上的地位多么高尚,他们都会走向自己生命的终点。死亡能够"使凡人中的最卑贱的一个变得高尚,使他与最优秀的人并列"②。对所有人而言,死亡是必须经历的,死亡是所有人生命的一个必要因素。

---

① 别尔嘉耶夫:《论人的使命》,张百春译,上海人民出版社 2007 年版,第 253 页。
② 别尔嘉耶夫:《论人的使命》,张百春译,上海人民出版社 2007 年版,第 257 页。

甚至可以说,生命要求终结,要求死亡。在这方面,人与人之间没有差别。

其次,死亡赋予生命以意义,让生命更有尊严。死亡是生命的要求,因为生命必须获得意义。死亡不是生命的意义,但生命的意义必须通过死亡才能获得。假如世界上没有死亡,人都是不死的,那么,与人相关的一切都将失去意义,最后,人的生命自身将失去意义。在没有死亡的世界里,生命将丧失任何意义。即使不能说生命的意义就是死亡,但是可以说,只有死亡才能赋予生命以意义。没有死亡的生命是无意义和无价值的。死亡是生命的终结,如果没有这个终结,生命将在时间中无限地延续下去。但是,"在无限的时间里,意义永远也不能获得揭示,因为意义在永恒之中"①。在时间中,与生命相关的一切事件都具有相对的意义,相对于永恒而言,就是无意义。人追求长寿无可非议,但是,长寿自身并不能赋予生命以意义。很难说人的生命多长才是合理的,但人的生命绝不是越长越有意义和价值。生命的意义和价值是死亡赋予的。在客体化世界里,不死是可怕的,没有死亡的世界将是个无意义的世界。在时间中无限延续的生命是卑鄙的,那将是一种丧失尊严的生命,将是一场可怕的噩梦。死亡展示了生命的深度,赋予生命以尊严和价值。

再次,死亡证明另外一个世界的存在,死亡是达到另外一个世界的唯一出路。在客体化世界里的生命是有终点的,这就是死亡。因此,生命不可能是仅仅局限于客体化世界里的过程。"在我们的世界上,从生到死的生命只是人的命运中不大的一段,如果把这段封闭起来,与人的永恒命运隔离开来,那么这一段就是无法理解的。"②对人而言,特别是对以个性为标志的人而言,死亡是悲剧。但是,死亡并不是全部生命的终结,也不是全部生命的意义。死亡表明,生命的意义

---

① 别尔嘉耶夫:《论人的使命》,张百春译,上海人民出版社 2007 年版,第 254 页。
② 别尔嘉耶夫:《论人的使命》,张百春译,上海人民出版社 2007 年版,第 282 页。

在生命之外,在客体化世界之外。因此,死亡证明人生活于其中的客体化世界不是完满的,不是封闭的世界。没有死亡,就没有另外一个世界的概念。"死亡的意义在于,在时间中不可能有永恒,在时间中没有终点就是无意义。"①以时间为标志的客体化世界注定要终结。各类宗教都把这个世界称为此岸世界,堕落的、罪恶的世界。这个世界遭到宗教意识的否定。宗教意识追求另外一个世界,即通常所谓的彼岸世界。在哲学上,通常也有对另外一个世界的假定,其前提是对此岸世界的批判。在宗教里,在哲学上,都有对两个世界的假定,而且都认为,死亡是这两个世界之间的唯一通道。别尔嘉耶夫将此岸世界称为客体化世界,他认为在客体化世界之外还有一个世界,那是个超自然的世界,用他自己的话说,那将是个自由的世界,精神的世界,原初的世界。永恒生命不可能在客体化世界里,只能在另外一个世界里。死亡是跨越深渊的必经之路,唯一的出路。死亡是边界状态,它是两个世界的连接点,即以时间为标志的客体化世界和以永恒为标志的超验世界或彼岸世界。死亡是摆脱时间,走向永生的唯一出路。

最后,死亡证明神的存在。如果人是不死的,那么对他而言,神就不是必要的。没有死亡,就没有必要假设神的存在。"死亡是对神创造世界的抵抗,是向原初非存在的复归。死亡企图通过被造物向原初的,先于创世的自由的复归来解放被造物。处在罪中的被造物抵抗神关于它的理念,抵抗神的意图,这样的被造物只有一个出路——死亡。死亡否定地见证着神在世界中的力量和神的意义,只是这个意义表现在无意义之中。甚至可以说,假如没有神,世界就会实现其荒唐的无限(而不是永恒)生命的意图。然而,神是存在的,那么这个意图是不可能被实现的,其结局是死亡。"②所有宗教问题,最终都是死亡问题。诸神都在解决一个问题:死亡。更主要的是,没死亡就不会有神的

---

① 别尔嘉耶夫:《论人的使命》,张百春译,上海人民出版社 2007 年版,第 256 页。
② 别尔嘉耶夫:《论人的使命》,张百春译,上海人民出版社 2007 年版,第 256 页。

观念。

在罪恶的世界里,死亡甚至"是好事,是价值"。然而,人都不愿意死,都把死亡看做是恶。对人及其生命而言,死亡是"最可怕的和唯一的恶。一切恶都可以归结为死亡。杀人、嫉恨、凶残、淫荡、嫉妒、复仇等都是死亡和播种死亡。一切恶的欲望深处都是死亡。自尊心、贪财、虚荣心就其结果而言都能带来死亡。除了死亡和杀人外,任何其他的恶都不存在。死亡是罪的恶毒的结果。无罪的生命已经是永生和永恒的生命了"①。一方面,死亡有其肯定的意义;另一方面死亡是毫无争议的恶。这就是死亡的悖论。死亡的悖论也是生命的悖论。死亡是生命的秘密。这是理性难以理解的,对死亡的悖论不能理性化。但是,我们必须理解死亡,否则就不能正确地理解生命,也不能正确地对待死亡。当然,"要正确地理解死亡,正确地对待死亡,必须要有非凡的精神努力,需要有精神的启蒙"②。那么,死亡是什么? 人死意味着什么? 人活着的时候能否体验到死亡? 死后的状况如何? 别尔嘉耶夫认为,"死亡是生命的现象,它还在生命的此岸,是生命的一种反应,是对来自生命方面的对时间终点的要求的反应"③。如前所述,要使生命获得意义,生命必须终结,即必须有死亡。因此,死亡是一种要求,即时间必须终结。可以说,死亡是生命要求的,生命要求死亡是为了获得意义。因此,"不应该把死亡仅仅理解为生命的最后一个瞬间,即在它之后到来的或者是非存在,或者是死后的存在。死亡是波及整个生命的现象。我们的生命充满着死亡。生命是不断的死亡,是对一切方面的终点的体验,是永恒对时间的不断的审判。生命是同死亡的不断斗争,是人的身体和灵魂的局部死亡"④。死亡发生在生命里,而不是在生命之后的事件。死亡也不仅仅是发生在人生某

① 别尔嘉耶夫:《论人的使命》,张百春译,上海人民出版社 2007 年版,第 256 页。
② 别尔嘉耶夫:《论人的使命》,张百春译,上海人民出版社 2007 年版,第 254 页。
③ 别尔嘉耶夫:《论人的使命》,张百春译,上海人民出版社 2007 年版,第 255 页。
④ 别尔嘉耶夫:《论人的使命》,张百春译,上海人民出版社 2007 年版,第 255 页。

个时刻的事件。实际上,死亡笼罩整个人生。人最终走向死亡,但是,死亡伴随整个生命,在生命里有对死亡的体验。"对我们来说,死亡不仅仅是当我们自己死的时候才到来,而且在我们的亲人死亡时,死亡对我们而言也已经到来。"①不但如此,别尔嘉耶夫甚至认为,生活中的离别也是对死亡的体验,比如与某人分别,很可能再也见不到他,这时就会有一种对死亡的体验。甚至当我们离开哪怕是偶然路过的一座城市,或者离开我们只在其中停留几天的房间等等,都会有对死亡的体验。当然,这种对死亡的体验还不是彻底的,而是局部的。对死亡的体验无处不在,因为"死亡是活在这个世界上的一切的结局,而且生命越复杂,生命层次越高级,它受死亡的威胁也越大,山比人活得更长久,尽管山的生命就自己的质而言不那么复杂和高尚。勃朗峰比圣徒和天才更长寿。无生命的物体比有生命的存在物更稳定"②。以上主要涉及个人和个体的死亡。然而,"不但人是有死的,不但民族和文化是有死的,而且整个人类,整个世界,所有的被造物都是有死的"③。个体有死亡,类也有死亡,整个被造的世界(即客体化世界)的最终命运都是死亡,尽管相对于个体而言,类和整个世界似乎是永生的。和个体一样,类或整个世界只有通过死亡才能获得意义,而且这个意义不在类或世界自身,而在其之外,类或世界必须通过终结才能获得永恒的意义。

在很多民族的传统里,在很多人那里,死亡是忌讳的对象。人们不愿意谈论死亡,尽力忘记死亡。一般人对待死亡的态度是麻木的。人毕竟不能整天思考死亡问题。另外,社会日常性,即海德格尔所谓的"常人(das Man)",也使人们对待死亡的感觉麻木了。特别是发达的当代文明更加淡化了人们对死亡的感觉,因此,当代文明人远不如

① 别尔嘉耶夫:《论人的使命》,张百春译,上海人民出版社2007年版,第255页。
② 别尔嘉耶夫:《论人的使命》,张百春译,上海人民出版社2007年版,第256页。
③ 别尔嘉耶夫:《论人的使命》,张百春译,上海人民出版社2007年版,第264页。

古代人对死亡敏感。别尔嘉耶夫指责现代人过分轻松地处理（埋葬）死人。对死亡的麻木或忘记死亡都会使生活变得轻松，但也损害了生活的意义。所以，对待死亡的恐惧、麻木、遗忘的态度都是不可取的。对待死亡应该有敬畏感，死亡自身能够引起敬畏感，因为在死亡里有伟大的东西、深刻的东西，它们能够震撼我们的日常性，让人们警醒，以便寻找生命的永恒意义，就是死亡为生命提供的那个永恒意义。敬畏感是一种高尚的情感，它能使死亡和生命都具有更高的意义。生和死都具有道德意义。但是，生命和死亡的关系在道德层面上是个悖论。别尔嘉耶夫把这个悖论表达成一个绝对命令："对待活着的人，就像对待死去的人那样，对待死去的人，就像对待活着的人那样，也就是说，要永远记住作为生命秘密的死亡，无论在生命中，还是在死亡中，都要肯定永恒的生命。"①这个绝对命令提醒人们，不要忘记死亡，也不能对生命麻木，对生命的麻木就是对死亡的麻木。基督教总是唤起人们对死亡的记忆，特别是通过基督在十字架上的死，唤起人们对死亡的敬畏。基督徒崇拜十字架，实际上这是一种对死亡的崇拜。

基督教对待死亡的理解和态度是独特的。基督教认为，死亡是罪的结果，是必须克服的恶。但因为人有原罪，无法依靠自身的力量彻底克服死亡，他必须借助于对基督的信仰才能达到永恒生命。基督因世人的罪，为了世人而自愿被钉死在十字架上。基督的死与常人的死不同，他用死亡战胜了死亡。基督在死后三天复活了，如果相信这个被钉死的基督是神，那么就可以在死后复活，获得永恒生命。基督是未来永恒生命的希望。因此，基督徒崇拜十字架，崇拜基督的死亡，将其看做是具有解放意义的死亡，是战胜死亡的死亡。除了基督教外，其他宗教也都针对人的死亡。因为通过自然过程（比如生育）是无法战胜死亡的。这就是宗教产生与存在的依据，可以说，死亡几乎是宗教产生的唯一根据和动机。"自然界不知道战胜死亡的秘密，这个秘

① 别尔嘉耶夫：《论人的使命》，张百春译，上海人民出版社 2007 年版，第 258 页。

密只能来自超自然的世界。人类在其整个历史中都在努力同死亡斗争,在这个基础上产生了各种不同的信仰和学说,它们在与死亡斗争,有时靠对死亡的遗忘,有时靠的是对死亡的理想化和对灭亡的陶醉。"①各类宗教都对死亡提出自己的理解和对待死亡的态度,都把死亡问题转移到自然界之外的超自然世界。总之,一方面我们应该承认死亡对人生的意义,但另一方面,必须"为了永恒生命而与死亡进行斗争",这是人的主要任务。

> 你应该这样行事,无论在什么地方,无论在什么方面,无论对待谁,无论对待什么事情,都要肯定永恒的和永生的生命,战胜死亡。忘记哪怕是一个活生生存在物的死亡都是卑鄙的,容忍死亡是卑鄙的。最卑微的、最可怜的被造物的死亡都是不能忍受的,如果相对于这个被造物而言,死亡是不可战胜的,那么,世界就不能被证明,也不可能被接受。一切都应该再生,获得永恒的生命。②

这是别尔嘉耶夫为伦理学规定的基本原则。他甚至认为,"伦理学在更大程度上是死亡的伦理学,而不是生命的伦理学"③。这个伦理学原则与大乘佛教的原则有明显的相通之处。无论如何,"不能被动地,在忧郁中,在敬畏和恐惧中等待终点和人的个性与世界死亡的到来"④。即使是基督教所许诺的神的国,也不是注定要到来,人自己也应该作出积极的努力,与死亡斗争,准备神的国的到来。

人类与死亡斗争的一个表现就是对永生的追求。人是有死亡的存在物,人身上很多东西都将死去。应该死去的东西,就不应该获得永生。该死的东西追求永生就是对永生的滥用,就是"对死亡的神秘

---

① 别尔嘉耶夫:《论人的使命》,张百春译,上海人民出版社 2007 年版,第 258 页。
② 别尔嘉耶夫:《论人的使命》,张百春译,上海人民出版社 2007 年版,第 257 页。
③ 别尔嘉耶夫:《论人的使命》,张百春译,上海人民出版社 2007 年版,第 254 页。
④ 别尔嘉耶夫:《论人的使命》,张百春译,上海人民出版社 2007 年版,第 267 页。

事实的否定"①。死亡之所以是"神秘的",因为在人身上有一个东西是不应该死的,这就是个性。个性应该获得永生。因为在别尔嘉耶夫的理解中,人身上的个性不是来自父母,而是来自神,是神创造的,是神的形象和样式。死亡的悲剧性依赖于个性观念。非个性的东西的死亡不是悲剧。"只有在对个性有敏锐的意识的情况下,才能意识到死亡的悲剧。死亡的悲剧之所以是可以感觉到的,只是因为个性被体验为永生的和永恒的。只有相对于就自己的意义和使命而言是永生的和永恒的东西,死亡才是悲剧性的。一般的和时间性的东西的死亡完全不是悲剧性的。人身上的个性的死亡才是悲剧性的,因为个性是上帝关于人的永恒的理念和永恒的意图。"②在人的身上,只有个性是不应该死亡的,个性属于另外的世界。在客体化世界里,只有个性是这个世界的中断,只有个性是通向另外一个世界的道路,个性与永恒世界相连。正是个性表明,人不仅仅属于自然界,而且也属于另外一个永恒的世界。属于自然界的东西应该腐烂和死亡,但是属于永恒世界的东西的死亡就是悲剧,是不应该死亡的。

按照别尔嘉耶夫的理解,永恒的世界就是精神世界。正是作为精神存在物的人才是永生的。"在人身上,永生的和永恒的不是心理的元素和肉体的元素,不是处在独立状态的这些元素,而是精神元素,它在心理和肉体的元素中的作用便构成了个性,实现神的形象和样式。"③此外,个性不能自然而然地成为永生的,个性必须通过努力才能获得永生。个性的努力主要就表现在精神追求上。"但是,人是精神的存在物不是自然而然的和事实上的。只有当他把自己变成精神存在物时,当在其中精神和精神性控制了他的自然因素时,他才是精神存在物。完整性和统一是由精神在心理和肉体因素中的作用而产

① 别尔嘉耶夫:《论人的使命》,张百春译,上海人民出版社 2007 年版,第 253 页。
② 别尔嘉耶夫:《论人的使命》,张百春译,上海人民出版社 2007 年版,第 259 页。
③ 别尔嘉耶夫:《论人的使命》,张百春译,上海人民出版社 2007 年版,第 259 页。

生的。这个完整性和统一性就构成了个性。自然个体还不是个性，它不具有永生的特性。自然地成为永生的是种和类，而不是个体。永生是由个性通过努力而获得的，是为了个性的斗争。"①人属于精神世界，但这并不意味着人可以自然而然地获得永生。人要为永生而奋斗。追求永生是人的责任和义务。当然，要获得永生，首先要战胜死亡。但是，作为自然人的人自身并没有足够的力量战胜死亡。"人的个性的永生和永恒的生命是可能的和存在的，不是因为人的灵魂的自然构成就是如此，而是因为基督复活了，并战胜了世界的携带死亡的力量，因为在复活的宇宙奇迹中，意义战胜了无意义。"②即使如此，别尔嘉耶夫仍然认为永生问题是个悖论。"人既是有死的，又是永生的，他既属于携带死亡的时间，也属于永恒，他既是精神的存在物，又是自然的存在物。死亡是可怕的悲剧，死亡通过死亡而被复活所战胜。但死亡不是被自然的力量所战胜的，而是被超自然的力量所战胜的。"③死亡和永生问题是终极问题。相对于理性而言，所有终极问题都是悖论，因为终极问题不能被理性化，它们是信仰问题，主要是宗教问题。同时，它们也是哲学所无法回避的问题。

三、地狱和天堂

在通常的观念里，地狱是令人恐惧的对象。地狱经常被描绘成非常可怕的地方，在那里集中了人间可能想象出来的最为残酷的惩罚和刑罚。的确有很多宗教都喜欢利用地狱和地狱之苦来吓唬信徒或非信徒。很多人为了躲避地狱之苦而皈依宗教。在地狱的威胁之下，有人成为机会主义者，不惜任何代价躲避地狱，或者干脆走向享乐主义。因此，别尔嘉耶夫认为，"人出于对地狱的恐惧，而不是出于对上帝和

---

① 别尔嘉耶夫：《论人的使命》，张百春译，上海人民出版社2007年版，第259页。
② 别尔嘉耶夫：《论人的使命》，张百春译，上海人民出版社2007年版，第262页。
③ 别尔嘉耶夫：《论人的使命》，张百春译，上海人民出版社2007年版，第262页。

完善生命的爱,所作的一切都将丧失任何宗教意义,尽管在过去这个动机对宗教生活而言是最常用的"①。和死亡一样,地狱应该引起人的敬畏之感,但是,在一般人的观念里,地狱只引起人们的恐惧。"在这些恐吓中,没有人的心灵预感到地狱时那种真正的敬畏。……如果说有过这样的时候,可怕的地狱观念把社会日常生活控制在教会里,那么现在是另外一个时代,这个观念只能影响进入教会。人的意识已经发生了改变,它已经明白,不能再出于对地狱的恐惧而去寻找神国和完善的生命。"②仅仅把地狱理解为令人恐惧的地方,这是非常肤浅的。在这个理解中,我们日常生活中的一些观念被转移给地狱了。别尔嘉耶夫在自己的神正论里曾经批判类社会观,即把人类社会中的一些观念用于对神的理解。他发现,在对地狱的理解中,类社会观也非常盛行。除了把人间苦难加给地狱外,诸如公正、奖惩的观念也都被用于地狱问题。似乎地狱是为了公正,为了对恶人的惩罚而存在的。

　　别尔嘉耶夫使地狱观念摆脱了公正和惩罚的观念,把个性和自由同地狱联系起来。他认为,地狱与人的个性和自由相关,而不是与公正相关。"在否定了个性和自由之后,否定地狱是很容易的。如果个性不属于永恒,那么,地狱是不存在的。如果人不是自由的,人是可以强迫去行善和进天堂,那么,地狱是不存在的。"③首先,如果人不是自由的,那么地狱是不存在的。对于一个丧失自由的人,就可以强迫地把他拉入天堂。这样的话,地狱就是多余的了。只有当人是自由的,那么地狱的存在才有意义。从理论上说,作为自由的人,他可以选择不去天堂,而是选择下地狱。用别尔嘉耶夫的话说就是:"地狱是需要的,但不是为了使公正获得胜利和恶人获得报应,而是为了使人不为善所强迫,不被强迫地拉进天堂,也就是说,在一定的意义上,人有进

① 别尔嘉耶夫:《论人的使命》,张百春译,上海人民出版社2007年版,第269页。
② 别尔嘉耶夫:《论人的使命》,张百春译,上海人民出版社2007年版,第281页。
③ 别尔嘉耶夫:《论人的使命》,张百春译,上海人民出版社2007年版,第270页。

入地狱的道德权利,有自由地选择地狱而不是天堂的权利。"①至于他在地狱里的感觉如何,那是另外一个问题。只有相对于人的自由而言,地狱的存在才是必要的。因此,可以说"地狱是人的精神自由的道德公设"②。相比而言,以公正为基础的地狱观念(如托马斯·阿奎那和但丁)就显得肤浅了。不过,别尔嘉耶夫也发现,地狱和自由的关系很复杂,这里隐藏一个二律背反:"人的自由,被造物的自由不允许强迫性的和决定论的拯救,同时这个自由还反对作为命运的地狱观念。不能否定地狱,因为这与自由矛盾,也不能承认地狱,因为自由反对这样做。"③但有一点是明确的,自由是地狱存在的前提条件。没有自由,就没有地狱。其次,如果人不是个性,地狱的存在也是多余的。如前所述,在人身上只有个性的死亡才是悲剧,人身上其他东西都不是永恒的,因此它们的死亡不是悲剧。在别尔嘉耶夫的理解中,地狱和个性是相关的。"个性的永恒死亡就是指个性处在自身之中,个性的不融合性,它的绝对孤独。地狱就是指个性不愿意放弃这个绝对的孤独。"④

对地狱可以从很多角度去理解,其结果是不同的,甚至是矛盾的。从神的方面看,地狱就是不能容忍的。不能想象这样的神,他创造了地狱之后,依然创造世界和人。神创造地狱的目的似乎是为了惩罚恶人。但问题是,神是全知的,他预先就知道地狱是什么,知道会有人下地狱,那么这个神就不是全善的,甚至这不是神,而是魔鬼,只有魔鬼才能这样做。如果神允许在神的国之外存在一个地狱,那么这只能表明他创造世界的失败。但是,如果从人的角度看,一切都发生了变化。因此,"从神的角度看,任何地狱都是不可能的,允许地狱存在就是否定神。然而,当站在主观角度,站在人的角度看时……地狱就是可以

---

①　别尔嘉耶夫:《论人的使命》,张百春译,上海人民出版社 2007 年版,第 270 页。
②　别尔嘉耶夫:《论人的使命》,张百春译,上海人民出版社 2007 年版,第 270 页。
③　别尔嘉耶夫:《论人的使命》,张百春译,上海人民出版社 2007 年版,第 276 页。
④　别尔嘉耶夫:《论人的使命》,张百春译,上海人民出版社 2007 年版,第 271 页。

理解的了,地狱在人的体验中被给定"①。地狱不是神造的,而是人的主观体验,但是,"任何作为存在的客观领域的地狱都是不存在的,这完全是反宗教的思想,这与其说是基督教的思想,不如说是摩尼教的思想。所以,任何关于地狱的本体论都是根本不可能的和不允许的"②。地狱不是客观存在的领域,不能把地狱比做人间的某些客观存在领域。所以,别尔嘉耶夫断定,客观存在的地狱是对神的存在的最直接的否定,是无神论的最直接证据。不能想象作为客观存在的地狱领域,但是,地狱可以存在于主观领域,这样的地狱标志着人的体验,是人要经历的道路。地狱就是封闭于主体里,封闭于自我之中,不能走向他者,特别是不能走向神。地狱是主体的痛苦体验,这种痛苦在时间中延续,人将其体验为无限的,被体验为无限的痛苦就是所谓的地狱之苦。"在地狱里的是这样一些人,他们停留在时间之中,不能跨越到永恒,他们停留在主观封闭的领域之中,不能跨越到上帝之国的客观领域。……在人的地狱之苦中,折磨人的不是上帝,而是人自己,但人是用上帝和上帝的理念折磨自己的。"③地狱完全是主观领域的观念,它没有任何客观意义。地狱是在时间中的无限延续。因此,只要能够走出时间,走出自我封闭,地狱之苦的体验就会被消除。

无论如何,地狱不具有永恒性,也不允许赋予地狱之苦以永恒的特征。"永恒地狱是一个陷入死循环的和矛盾的词组。地狱是对永恒的否定,是不能进入永恒生命,不能接近永恒。任何地狱的永恒和魔鬼的永恒都是不可能存在的,只能有神的永恒,上帝之国的永恒,与这个永恒并列不可能再有任何存在。"④如果在一定意义上存在地狱,那么它也不可能是永恒的,因为不能设想与神并列还有其他永恒的存

---

① 别尔嘉耶夫:《论人的使命》,张百春译,上海人民出版社 2007 年版,第 271 页。
② 别尔嘉耶夫:《论人的使命》,张百春译,上海人民出版社 2007 年版,第 272 页。
③ 别尔嘉耶夫:《论人的使命》,张百春译,上海人民出版社 2007 年版,第 272 ~ 273 页。
④ 别尔嘉耶夫:《论人的使命》,张百春译,上海人民出版社 2007 年版,第 272 页。

在。地狱的观念是在主体所体验到的痛苦经历中提炼出来的,这个痛苦的经历可能被体验为无限的,但不是永恒的。人的确可以把某些痛苦体验为无限的,主体经常把短暂的痛苦体验为无限的,没有尽头的,这是地狱观念的基础。然而,任何痛苦的体验都不可能是永恒的。

作为客观存在,地狱是不可能的,地狱不是神制造的,地狱之苦也不是永恒的。因此,地狱的本体论是不可能的。众所周知,地狱的观念和天堂的观念一样,是基督教的基本观念。但是,在别尔嘉耶夫看来,基督教的地狱观念受到了摩尼教二元论的影响。在地狱观念里包含了古老的复仇情感。在这里,世界严格地被划分为两个阵营,即"善人"的阵营和"恶人"的阵营,死后的世界严格地被划分为天堂和地狱两个部分。一些人意识到自己获得了拯救,因为他们自认为是"善人",于是,他们就开始为自己所认为的"恶人"制造地狱。至少,意识到自己是"善人"的人喜欢肯定和强化地狱的观念,在他们看来,这是神的公正的胜利。然而,这个公正的观念并不符合基督教的本质,不符合《圣经·福音书》的本质。神没有创造地狱。"地狱是魔鬼创造的。地狱是人的罪创造的。但可怕的是,地狱不但是'恶人'创造的,不但是'恶'创造的,而且在更大的程度上是'善人'创造的,是善自身为'罪人'或'罪'创造的。'恶人'为自己创造地狱,'善人'创造地狱则是为了他人。"①别尔嘉耶夫在这里所使用的善人和恶人等词都打上了引号,因为这些用法完全是从人出发的,在人看来是善或恶的,而不是从神出发的。在基督教思想中,的确有人非常喜欢构造地狱。但是,早期希腊教父没有参与制定这个教义。"这个'善人的'恶的事业主要是在西方基督教思想中展开的,从圣·奥古斯丁开始,这个事业在托马斯·阿奎那和但丁那里结束了。"②在西方思想史上,在西方的教义手册以及官方神学教程里,"善人"为"恶人"制造地狱的观念一

---

① 别尔嘉耶夫:《论人的使命》,张百春译,上海人民出版社2007年版,第275页。

② 别尔嘉耶夫:《论人的使命》,张百春译,上海人民出版社2007年版,第275页。

直占据主导地位。天主教神学中的炼狱观念也是由地狱观念演化而来的。如前所述,永恒的地狱是不存在的,地狱之苦是暂时的,暂时的地狱只能是炼狱。但丁就十分喜欢地狱的观念,俄罗斯思想家费奥多罗夫称他为复仇的天才。然而,但丁的地狱观念是不能接受的。因为我们不能允许自己的亲人或近人在地狱里受煎熬,我们不能容忍把基督教产生之前的那些伟大思想家赶到地狱里去,比如苏格拉底、亚里士多德、柏拉图或者释迦牟尼、老子和孔子等等,也不能想象在基督教产生之后,被认为是偏离基督教或对基督教进行猛烈攻击的所谓"异端"或"敌基督"在地狱里遭受折磨,比如伯麦、尼采、歌德、普希金等。即使他们都在地狱里,我们也应该不惜一切代价把他们从地狱里拉出来,这是我们的道德责任。所以,别尔嘉耶夫断定:"道德意识开始于上帝的问题:'该隐,你的兄弟亚伯在哪里?'应该结束于这样一个问题,'亚伯,你的兄弟该隐在哪里?'"[①]即使是亚伯,我们也没有资格为他建造地狱,不能把他赶到地狱里去。换言之,我们应该分担"恶人"的命运,而不能光顾自己的拯救,更不能把自己的拯救建立在他人痛苦之上。因此,地狱观念自身完全是"善人"的杰作,是人性的,太人性的观念。神"叫日头照好人,也照歹人;降雨给义人,也给不义的人"[②]。这样的神怎么能容忍地狱呢?

在西方神学里,特别是在加尔文神学里,有一种关于地狱的决定论学说。从圣·奥古斯丁开始,人的自由就被看做是罪的根源。不过,神事先知道某些人会滥用自己的自由进行犯罪,于是就提前对这些人作出决定,让他们下地狱。这些人的命运——下地狱,提前被决定了,被预定了。更可怕的是,这些注定下地狱的人,一旦进去,就没有任何可能出来。滥用自由是在短暂的一生中发生的事件,但遭到的惩罚是永远的。"地狱的观念是永恒的命运,因为在地狱里已经不再

① 《圣经·创世记》4:9。
② 《圣经·马太福音》5:45。

有自由,也不再有恩赐,只有自由和恩赐能摆脱地狱。当思考地狱时,就是在思考某种绝对命中注定的和不可改变的东西。引向地狱的自由被承认了,但是摆脱地狱的自由却不被承认,地狱有自由的入口,但没有自由的出口。"①基督教不相信命运,但是,在这个决定论和预定论里,地狱成了万劫不复的命运,而且这个命运远比古希腊意识里的命运更加可怕。以自由为核心观念的别尔嘉耶夫当然不能容忍地狱决定论学说,他认为,关于地狱的决定论和预定说都是对人的终极命运进行理性化的结果,无论如何不是神的公正的胜利。相反,可以说,这是神创造世界的失败,是神关于世界的意图的失败。在反对预定论方面,别尔嘉耶夫走得如此之远,他甚至反对普遍拯救的决定论,尽管他非常同情奥利金等人的普遍拯救理论。在他看来,普遍拯救的决定论也是与人的自由矛盾的,这个理论实际上是一种强行拯救的理论,依然不顾人的自由。

在别尔嘉耶夫看来,旧的地狱观念是无法接受的,但轻易地否定地狱,也是不能接受的。他认为,地狱是存在的。不过,他把地狱转移到人的主观领域,地狱在人的经验里呈现,并与时间相关。地狱不是神对人的审判和惩罚,而是人自己对自己的审判和惩罚。"神在世界中的任何作用都只能指向摆脱地狱。"②当人遭遇神的离弃时,或者当人封闭于自身,不向神敞开,即与神分离时,人就会体验到地狱。"地狱是缺乏神对灵魂的作用,是灵魂没有能力向神的任何作用敞开,是与神彻底的分离。"③自认为是基督徒的别尔嘉耶夫当然没有忘记作为救赎者和拯救者的基督,他认为基督的使命就是使人摆脱地狱。离开对基督的信仰,无法理解和躲避地狱。

地狱问题属于终极秘密,这是个信仰问题,不能被彻底地理性化。

---

① 别尔嘉耶夫:《论人的使命》,张百春译,上海人民出版社 2007 年版,第 277 页。
② 别尔嘉耶夫:《论人的使命》,张百春译,上海人民出版社 2007 年版,第 281 页。
③ 别尔嘉耶夫:《论人的使命》,张百春译,上海人民出版社 2007 年版,第 280 页。

对地狱这样的终极秘密,我们只能猜测。准确地说,只能预感。尽管关于地狱有很多猜测,也有各种预感,但是,无论什么样的猜测和预感,无论怎么描绘地狱,都不可能与真实的地狱相符。在这个意义上,地狱是信仰的对象。同样,天堂也是信仰的对象。人们不但有对地狱的预感,而且也有对天堂的回忆与梦想。"世界过程开始于天堂,它走向天堂,但也走向地狱。人在过去,在世界生命的产生中回忆天堂,他在未来,在万事万物的终结幻想天堂,同时带着敬畏预感到地狱。天堂在开端,天堂和地狱在终结。原来,世界过程的全部收获和增加仿佛都在于给天堂附加一个地狱。地狱就是在世界生命之终点出现的新事物。天堂不是新事物,它是返回。"①不过,这里毕竟出现了两个天堂,一个是在开端的天堂,就是犹太教和基督教所谓的伊甸园,人就是从这个天堂里被赶出来的,这是原初的天堂。另一个是在终结的天堂,与地狱并列的那个天堂,人希望在终结时进入其中。对作为伊甸园的天堂,人们更多的是回忆,希望返回到那里去,对与地狱并列的天堂,人们更多的是梦想,希望进入其中而摆脱地狱。

根据犹太教和基督教的说法,人丧失原初天堂的原因是他偷食了分别善恶树上的禁果,这就是所谓的堕落的神话。在神学思想上,人偷食禁果的动机是神赐予人的自由。滥用自由的代价是丧失天堂。丧失天堂之后,人便开始思念原初那个天堂,渴望返回到原初的天堂,也梦想终结的天堂,渴望世界的终结,进入终结的天堂。但与此同时,人也面临地狱的威胁。"对天堂的回忆和对天堂的幻想被地狱那可怕的预感毒害了,如果不是自己的地狱,也是他人的地狱。"②地狱的直接原因是人的堕落。人用自由选择了认识善恶,并为这个自由的选择付出死亡的代价。于是,人只好在地狱的威胁下回忆原初的天堂,梦

---

① 别尔嘉耶夫:《论人的使命》,张百春译,上海人民出版社 2007 年版,第 286 ~ 287 页。

② 别尔嘉耶夫:《论人的使命》,张百春译,上海人民出版社 2007 年版,第 287 页。

想和构建未来的、终结的天堂。人如何能进入天堂呢？即人如何返回原初的天堂，或者进入终结的天堂？这两个天堂的形象是完全不同的，它们之间有本质的区别。

要返回原初天堂，必须放弃自由。很多人都会责怪人类始祖当初的堕落，即滥用了自由，否则人类至今都将生活在原初天堂里。堕落后的人类始终在回忆那个美好的天堂，特别是当人类遭遇到痛苦的时候。然而，堕落已成事实，甚至堕落是必然的，因此返回到原初天堂是不可能的。"堕落是意义的破坏和脱离意义，同时，在堕落里我们应该承认意义，就是从原初的、还没有认识自由的天堂向已经认识了这个自由的天堂过渡的意义。"[1]堕落对人而言也是有意义的，这个意义甚至是不可替代的。如果人类返回到原初天堂，这不但是对堕落及其意义的否定，而且更主要的是，"那将意味着一无所获，最终是世界过程的无意义"[2]。因此，返回原初天堂也是对人类历史及其意义的否定。

世界过程终结的那个天堂完全不同于世界过程开端的那个原初的天堂。两个天堂最大的区别是对自由的体验。在原初天堂里没有自由，没有自由的考验，在那里，人也没有品尝善恶树上的果子，因此不会区分善恶，即处在没有意识或前意识状态。在原初天堂里没有自由，也没有创造，人的创造潜力在那里也不可能得到发挥，甚至人的创造使命不可能觉醒，人的最高理念(在别尔嘉耶夫那里就是创造)也没有被实现。这一切只能在终结的天堂里获得实现，在那里，人类经历了自由的考验，认识了自由，人的创造使命不但觉醒，而且将获得充分发挥，人类将彻底实现神关于人的最高理念。最主要的是，在从原初天堂到终结天堂之间，作为神人的基督出现了，他的诞生和死亡都发生在这个中间阶段。这是原初的天堂所不知道的。作为神人的基督将拯救整个人类，那将是精神的人类，神人的类，即神人类。别尔嘉耶

---

① 别尔嘉耶夫：《论人的使命》，张百春译，上海人民出版社 2007 年版，第 288 页。
② 别尔嘉耶夫：《论人的使命》，张百春译，上海人民出版社 2007 年版，第 288 页。

夫称认为,"神人类"是世界过程的肯定结果,它只能出现在终结的天堂里。关于原初的天堂,他这样写道:

在天堂里并非一切都向人启示了,无知是天堂生活的条件。天堂是无意识的王国。在这里,人的自由还没有发挥,没有得到锻炼自己的机会,没有参与创造行为。人身上的源自虚无,源自非存在的虚无的自由暂时被封闭在创世的原初行为之中,但也没有被消灭。这个自由被保留在天堂生活的内在深处,它应该显现出来。但是,人放弃了天堂和谐与完整的短暂时刻,产生了经历世界生命的痛苦和悲剧的愿望,以便能够彻底地和深刻地体验自己的命运。这就是意识及其痛苦的分化的产生。从天堂和谐、与上帝的统一里堕落后,人开始了区分和评价,品尝了善恶树的果实,结果就堕落到善恶的此岸。上帝的禁令是一种警告,即善恶树上的果实是苦的和致命的。然而,认识从自由中,从非理性的黑暗深处产生了。于是,人选择了区分之苦和死亡,而不是无罪无知的天堂生活。人本可以靠生命树为生,从而过永恒的天堂生活,这是无生气的和无意识的生活。在无罪的天堂生活里,人靠生命之树为生,没有接近善恶树,在这里,造物主和被造物之间的关系是在上帝－圣父的方面被揭示的。在天堂里,神的三位一体的方面没有被显示出来,圣子也没有显现为无限的爱和牺牲。上帝是供给生命的力量。关于天堂的故事所表达的是,仿佛当时只有上帝－圣父,甚至不是上帝－圣父,因为没有圣子就没有圣父,这时的上帝只是创造的力量。基督教意识的悖论就在于,基督不能在天堂的生活里显现。是的,人们会说,在天堂生活里存在过上帝－圣言,但是,这个圣言不是化了身的,不是人化了的,它没有献出爱的牺牲。天堂的生活完全停留在《圣经·旧约》范畴之中,它

不是按照神的三位一体的形象被建立的。假如人停留在天
堂的被动性和天堂的无罪状态,停留在天然的自发性和无意
识性之中,即停留在神－自然界的生命阶段里,那么人就不
能认识基督,也不能获得神化①。

别尔嘉耶夫把原初的天堂称为"自然的"天堂,把终结的天堂称为
"精神的"天堂,人类经历自由的考验之后所取得的所有肯定的文化成
就都将进入"精神的"天堂。然而,进入这个"精神的"天堂并不容易,
要经历自由的考验,在这个考验里,人受到地狱的威胁。自由不仅仅
是人丧失原初天堂的根源,而且也是进入终结天堂的障碍,同时还是
进入终结天堂的保障。陀思妥耶夫斯基对这个问题非常敏感,并通过
自己的文学作品给出了自己的诠释。他拒绝返回还没有体验和经历
过自由的原初天堂,但"也不容忍经过了所有的体验之后被迫组织起
来的,没有人的精神自由的天堂。对他而言,只有经历了自由的,自由
所愿望的天堂才是可能的。过去的强迫的天堂,将来的强迫的天堂,
都是陀思妥耶夫斯基所恐惧的对象。对他来说,这是敌基督的诱惑。
因为基督首先是自由"②。在《卡拉马佐夫兄弟》里,陀思妥耶夫斯基
揭示了大法官利用人们对自由的恐惧,剥夺了他们的自由,建立一个
强迫的、没有自由的"天堂"。在这里,人们忘记了自由,当然也忘记了
自己的使命,就是神关于人的意图。他们放弃了对基督的信仰,转而
信仰大法官,即敌基督。陀思妥耶夫斯基认为,大法官建立的"天堂"
是敌基督的诱惑,这个强迫的天堂是不能接受的。别尔嘉耶夫对此评
价很高,认为这是陀思妥耶夫斯基最伟大的思想之一。因此,人类必
须拒绝大法官的诱惑,放弃强迫地建立起来的"天堂",重新经历自由
的考验,直接面对地狱的威胁,而不是不惜任何代价躲避地狱,只有这
样才可能进入"精神的"天堂。

---

① 别尔嘉耶夫:《论人的使命》,张百春译,上海人民出版社 2007 年版,第 41 页。
② 别尔嘉耶夫:《论人的使命》,张百春译,上海人民出版社 2007 年版,第 287 页。

无论如何,无法消除人们对原初天堂的回忆和对终结的天堂的梦想。但是,别尔嘉耶夫认为,通常人们对天堂的想象和理解都是有问题的。比如,人们很自然地把天堂与"善"和"善人"联系在一起,把"恶"和"恶人"与地狱联系在一起。所谓的"善人"肯定过着一种道德的生活,恶人过着一种不道德的生活。实际上,这里的"善"和"恶"依然是我们自己的区分和判断,是我们自己生活中的范畴,这些范畴不能用于"天堂"和"地狱"这样的终极现象。"与永恒的地狱和痛苦并列建立永恒的天堂和幸福是人类最荒谬的产物之一,是'善人'的恶毒的产物。……天堂在善恶的彼岸。"①因此,别尔嘉耶夫认为,只能否定地思考天堂,无论如何不能用我们的范畴思考天堂,否则就会导致无法克服的矛盾。比如,"善人"所想象的那个天堂不但是令人向往的,而且也是可怕的,因为那里的生活肯定非常寂寞、单调、乏味、无聊,人间的一切追求在那里停止了,人类的一切需求都彻底地被满足。其实,在一般人的头脑中,在未来里实现的"天国"、"神的国"、"千禧年"等等,都是如此,实际上,那个环境根本不适合人居住。导致这种荒谬的原因就是把我们此岸世界的范畴转移到了彼岸世界的现象。天堂、天国、神的国等都不可能在我们的时间内实现。"天堂根本不在未来,不在时间里,而在永恒里。"②因此,用与时间有关的范畴思考天堂必然会导致矛盾和荒谬。

天堂肯定是永恒的,那么,在哪里才能达到永恒呢? 如何才能达到永恒呢? 别尔嘉耶夫坚信,"永恒在现在的瞬间里可以达到,但永恒不在作为分裂的时间的一个部分的现在里,而在作为时间的出口的现在里"③。换言之,永恒不是只在时间终结之后才到来,也不意味着时间的消失,而是在时间中的瞬间里。不过,这不是一般的瞬间,而是人

① 别尔嘉耶夫:《论人的使命》,张百春译,上海人民出版社 2007 年版,第 289 页。
② 别尔嘉耶夫:《论人的使命》,张百春译,上海人民出版社 2007 年版,第 290 页。
③ 别尔嘉耶夫:《论人的使命》,张百春译,上海人民出版社 2007 年版,第 290 页。

的体验中的一个特殊时刻。这样的时刻和瞬间就是时间的出口,这时,人暂时忘记时间,或者说是走出时间,因此可以体验到永恒。"对天堂的预感在神魂颠倒的状态里有,在这个状态里,我们的时间将断裂,我们对善恶的区分将被取消,在这个状态里,人能够体验到彻底的解放,对他而言,一切负担都将消失。创造的神魂颠倒,对神的光进行直观时的神魂颠倒,爱的神魂颠倒,都可以转换成天堂的瞬间,那么这些瞬间已经不在时间之中了。"[1]别尔嘉耶夫特别强调创造的神魂颠倒的瞬间,认为这是体验天堂的最佳时刻。人通过创造的神魂颠倒,可以接触到天堂幸福的瞬间。比如,"天堂的余光存在于普希金的诗歌里,在这里,'世界'的重负被克服了。普希金的艺术不是基督教的,也不是多神教的,而是天堂的艺术。在他的艺术中,天堂的感觉的获得是通过人的创造,通过人的道路,而不是通过向原初自然界的返回"[2]。天堂与我们的善、恶无关,天堂是超善的,天堂在善恶的彼岸。在别尔嘉耶夫看来,把天堂理解为美将更接近天堂的本义。在我们的此岸世界里,可以通过神魂颠倒的瞬间体验天堂。但是,在这种美妙体验之后,我们还要堕入善恶此岸的时间之中。这样,在别尔嘉耶夫的理解中,和地狱一样,天堂也是人的一种体验,是人在神魂颠倒的时刻的体验。

在基督教里,天堂当然就是信徒们盼望的神的国。不过,基督徒关于天堂也没有明确的观念。耶稣基督在讲到天国时,经常用一些比喻,但没有直接描绘天国。作为信仰的对象,天堂不能被彻底地理性化。不过,在基督教意识里,神的国是与基督联系在一起的,甚至在天堂的无上幸福中包含了十字架和受难。"神子和人子下到地狱里去解救在那里受折磨的人。十字架的秘密就是对天堂无上幸福的基本矛盾的克服,这个矛盾是自由导致的。为了战胜恶,善应该把自己钉死

---

① 别尔嘉耶夫:《论人的使命》,张百春译,上海人民出版社 2007 年版,第 291 页。

② 别尔嘉耶夫:《论人的使命》,张百春译,上海人民出版社 2007 年版,第 289 页。

在十字架上。"①在一般人的观念里,下地狱的人都是"恶人",他们在地狱里将遭受惩罚和折磨。但是,在别尔嘉耶夫的理解中,基督不会抛弃他们,而是把他们解救出来,让他们也享受天堂的无上幸福。所以,别尔嘉耶夫坚决否定"善人"为"恶人"所制造的地狱。他认为,人只能给自己制造地狱,而不应该给他人制造地狱。在这个意义上,天堂和地狱是不相容的观念,与地狱并列的天堂是不可想象的。由此,别尔嘉耶夫提出自己的创造伦理学的基本原理。"要这样行事,仿佛你听见了上帝的召唤,你的使命就是在自由的和创造的行为中参与上帝的事业,你要在自己身上显示纯粹的和本真的良心,你要使自己的个性守规则,你要与自身和周围的恶斗争,但不是为了把恶人和恶都赶进地狱并建立地狱的王国,而是为了现实地战胜恶,并促进对恶人的照耀和创造性的改造。"②

第二节 历史哲学

一、历史与时间

对历史哲学而言,时间问题具有核心意义。没有时间就没有历史,历史是发生在时间里的过程。因此,对时间的理解将直接决定如何理解历史和历史的东西。

在柏格森和海德格尔之后,时间成了西方哲学里的一个重要概念,特别是生存哲学的重要概念。作为生存哲学的重要代表,别尔嘉耶夫也把时间作为自己历史哲学思考的对象。"无疑,一切历史哲学的基本问题和前提都是时间的意义和时间的本质问题,因为历史是时

---

① 别尔嘉耶夫:《论人的使命》,张百春译,上海人民出版社2007年版,第294页。
② 别尔嘉耶夫:《论人的使命》,张百春译,上海人民出版社2007年版,第298页。

间中的过程,是时间中的实现,是时间中的运动。"①时间是个非常普通的概念,是人们在日常生活里经常使用,但又是非常难以界定的概念。圣·奥古斯丁曾经说过:"时间究竟是什么? 没有人问我,我倒清楚,有人问我,我想说明,便茫然不解了。"②不过,在哲学里,这样的概念很多,比如存在、自由等等。

在通常的意义上,时间被划分为过去、现在和将来。圣·奥古斯丁曾经对此提出异议,认为"将来和过去并不存在。说时间分过去、现在和将来三类是不确当的。或许说,时间分过去的现在、现在的现在和将来的现在三类,比较确当。这三类存在我们心中,别处找不到;过去事物的现在便是记忆,现在事物的现在便是直接感觉,将来事物的现在便是期望"③。不过,时间之分为过去、现在和将来,这已经约定俗成,圣·奥古斯丁对此也感到无奈。别尔嘉耶夫对圣·奥古斯丁的这个说法表示赞同,也认为这三类时间都是人的主观幻想。过去、现在和将来这三个时刻都是虚幻的,"因为没有过去,没有现在,也没有将来。现在只是一种无限小的持续瞬间,在这个瞬间里,过去已经不在了,将来还没有到来,但是,这个瞬间自身是个抽象的点,它没有实在性。过去是虚幻的,因为它已经不存在了。将来是虚幻的,因为它还没有到来"④。这个思想不是别尔嘉耶夫的独创,类似说法在圣·奥古斯丁那里就有了。不过,这只是别尔嘉耶夫对时间的意义和本质以及时间与历史的关系问题进一步思考的起点。

生活在现实世界里的人,就生活在这个虚幻的时间里。虚幻的时间是不完整的,它不但被划分为三个部分,而且三个部分之间是相互敌对的。"将来对抗过去,过去与将来的毁灭性原则进行斗争。在时间中的历史过程就是时间的这两个分裂部分,即将来和过去之间经常

① Бердяев Н. А. Смысл истории. М. ,1990. С. 50.
② 奥古斯丁:《忏悔录》,周士良译,商务印书馆1994年版,第242页。
③ 奥古斯丁:《忏悔录》,周士良译,商务印书馆1994年版,第242页。
④ Бердяев Н. А. Смысл истории. М. ,1990. С. 55.

不断的悲剧的和痛苦的斗争。"①时间的部分之间相互吞噬。生活在时间里的人,在时间里发生的事件,最终都将走向死亡,无论历史上多么伟大的人物,多么伟大的帝国,都无法逃脱灭亡的命运。在这个意义上,历史悲观主义比历史乐观主义有更充分的依据。死亡和毁灭是由时间带来的,在时间里的存在因此丧失了任何实在性。这种时间就是恶的时间,不完整的和破碎的时间。"在时间里包含有恶的原则,致死的和毁灭性的原则,因为任何下一个瞬间都会导致过去的死亡,任何在时间里的实现都将使过去陷入非存在的黑暗,这确实就是死亡的原则。将来是一切过去瞬间的杀手,恶的时间分裂为过去和将来,位于其中间是个无法捉摸的点。将来吞噬过去,以便然后变成同样的过去,也会被下一个将来吞噬。过去和将来的分裂是我们世界现实的时间的主要疾病、缺陷和恶。"②别尔嘉耶夫称这种恶的时间为死亡的疾病,导致死亡的疾病(болезнь к смерти)。在分裂的时间里,不存在完满的现在,现在随时被下一个时刻(将来)替代和消灭。他把这个以时间为标志的世界称为客体化的世界。他把时间与客体化(объективация)联系在一起。客体化世界是堕落的世界,其最突出的标志之一就是时间。时间化(овременение,овременять)是客体化的主要途径之一。在客体化世界里,没有永恒,也无法获得永恒,无论在过去、现在、还是在将来,都无法达到永恒。然而,时间和永恒并不是绝对分离的,它们之间存在着密切的关系,为了理解这种内在的密切关系,别尔嘉耶夫把时间区分为宇宙时间、历史时间和生存时间。

宇宙时间以圆周为特征,它和地球绕太阳的运动有关,与日、月、年的计算有关,与日历和钟表有关。宇宙时间是重复、循环的,比如早晨和晚上每天都在重复着,春夏秋冬每年都在重复着,一年四季周而复始。宇宙时间是自然界的时间。自然界里的现象都服从宇宙时间,

① Бердяев Н. А. Смысл истории. М. ,1990. С. 55.
② Бердяев Н. А. Смысл истории. М. ,1990. С. 55.

生活在自然界里的人也服从这个时间。宇宙时间是有节律的,也可以无限分割,比如小时可以分为分和秒等。此外,宇宙时间可以分为过去、现在和将来。宇宙时间是客体化的时间,其循环特征表明它与空间的联系。空间和时间都是客体化的主要标志。如前所述,分裂为过去、现在和将来的时间是病态的,它给存在于其中的存在物带来伤害和死亡,特别是针对其中存在的个体。

人生活在自然界里,但人也生活在历史里。一方面历史服从宇宙时间,按照年和百年来计算时间,但是,历史也有自己的时间形式,即历史时间。和宇宙时间不同,历史时间不是以圆周为特征,而是以直线为特征,历史时间的直线指向前方。将来是历史时间的目的,历史时间的这个指向是其最突出的特点。历史时间也是分裂的,它分为过去、现在和将来,而且也服从数学计算。历史时间也是客体化的时间,其直线特征同样表明它与空间的联系。分裂为过去、现在和将来的历史时间也会给存在于其中的存在物带来伤害和死亡。不过,历史时间能够带来新东西,在历史时间里,未曾存在过的东西将变成存在的。人类历史上的每个十年、百年都能够带来新的东西。今天的人类发展速度加快,几乎每天都有新东西出现。从大的方面看,在历史时间里也有重复,可以确定历史事件的类似性,比如王朝的兴衰和更替等等。然而,历史时间里的每个事件自身都是个体的、独特的、不可重复的。人的积极性主要是与历史时间有关,而不是与宇宙时间有关。

生存时间用点来表示,与圆周和直线不同,点与空间的关系最弱,最不具有空间意义,因此生存时间不是外化于空间里的时间,而是内在的时间,是没有被客体化的时间。宇宙时间和历史时间都是客观世界里的时间,生存时间则是主观世界里的时间,它不能用数学来计算,也不能分割,不能叠加。生存时间也有持续性,但这个持续性依赖于人的内在生存的体验。可以把短短的几分钟体验为无限,比如在神魂颠倒的时刻就是如此,这就是所谓的对永恒的参与,只有在生存时间里才能参与永恒。人在幸福的时刻总是忘记时间,这就是生存时间的特点。

每个人都生活在这三种时间里。这不是时间的分裂,而是三种不同形式的时间。作为客体化的时间,在宇宙时间和历史时间里没有永恒,也无法达到永恒。宇宙时间和历史时间的无限延续将是一种恶无限,而非永恒。只有在生存时间里,才能达到永恒。作为一个点,生存时间是瞬间,但这个瞬间可以成为通向永恒的道路。但是,生存时间自身不是永恒,它是参与永恒的一些瞬间。因此,不能把时间和永恒彻底割裂,时间可以参与永恒(通过生存瞬间),永恒也可以突破到时间里去,在时间里获得体现。别尔嘉耶夫所谓的元历史向历史的突破就是这个意思。只有在这种情况下,才能克服时间的疾病。历史的意义,或者说历史的东西的意义就在于参与永恒,进入永恒,在永恒里扎根。不过,在别尔嘉耶夫看来,克服时间不可能仅仅是人自己的事业,而且也是神的事业,或者用他最喜欢的术语来说,这是神人类的事业。人类的历史不是封闭的,其中反映着天上的历史,即神的世界,这就是所谓的永恒向时间里的突破。人在生存时间里的创造就是对神的永恒生命的参与。

历史过程就发生在历史时间里。但是,历史不能局限于历史时间。走出历史时间有两个方向,一个是走向宇宙时间,一个是走向生存时间。宇宙时间的特点是无限的循环,生存时间的特点是末世论的,它要求历史的终结。

二、历史的终结

多灾多难的犹太民族有个非常古老的弥赛亚观念。犹太人相信,在自己民族内部会出现一个救世主(弥赛亚),他将拯救犹太民族,犹太人的命运将在人间获得彻底的解决。在犹太人的心目中,救世主将以君王的形象出现,他领导犹太人进入天国,在那里,真理和正义将占绝对统治地位。但是,信奉犹太教的犹太人并不认为耶稣基督就是他们盼望的救世主,因此他们拒绝了他。别尔嘉耶夫认为,从18世纪末开始兴起的进步学说也有宗教根源,实际上,进步观念就是犹太人的弥赛亚观念的世俗化。但是,在进步观念里已经没有宗教特征了,甚至具有反宗教的特征。不过,在 19 世纪,进步学说自身也被当做一种宗教,在很多人那里,进步的宗教取代了基督教,成为他们的信仰对象。

在别尔嘉耶夫看来,进步学说所包含的主要矛盾就在其对待时间问题的态度里。如前所述,时间分裂为过去、现在和将来。进步学说的最主要问题就是把将来神化,进而损害了过去和现在。进步学说与时间有关,但它完全陷入到分裂的时间之中,陷入到对将来的期盼之中。"进步学说认为,人类世界历史的任务在将来获得解决。在人类历史上,在人类命运里会有这样一个时刻到来,最高的完善状态将在那个时刻达到,人类历史命运里的一切矛盾都将在这个最高完善的状态里获得解决,所有的任务都将被实现。"[①]在 19 世纪,许多伟大的思想家都相信进步学说,比如康德、黑格尔、马克思、斯宾塞等。但是,别尔嘉耶夫认为这个信仰没有任何根据,无论在科学上,还是在哲学上,都无法获得证明,在道德上更是难以接受。历史上出现的进步学说是信仰的对象,是一种宗教式的期盼。进步学说有意无意地假定了历史过程是有目的的。达到这个目的后,历史过程应该终结,在那时,一切历史矛盾和问题,一切历史悲剧都将获得彻底解决。在这里,的确有一种类似于犹太人的弥赛亚主义的宗教期盼。但是,各类进步学说实际上都否定任何宗教因素。丧失了宗教内容后,进步学说就成了一个非常可怕的理论。

根据进步理论,人类历史的命运将在时间里获得解决。人类历史过程就朝着这样方向前进、上升。最后,历史过程将达到一个顶峰,即人类历史的最高状态,人类命运在这个最高状态里将获得彻底解决和实现。相对于这个最高的、最完善的状态,以前的人类历史上的一切

---

① Бердяев Н. А. Смысл истории. М. ,1990. С. 146.

时代只不过是中间环节,是人类历史的必经之路,但都是不完善的。在通向人类历史最高状态的道路上,所有各代人都不是最终目的,而仅仅是手段,是达到最高状态所需要的手段。"进步把人类的每一代人、每个人,历史的每个时代都变成终极目的的工具和手段,这个终极目的就是将来人类的完善、强大和幸福,但是,在那里,我们当中的任何人都没有份。"①就是说,这个终极目的并不是针对每个人的,不是每个人都能进入其中,相反,除了将来有那么一代人类的幸运儿之外,所有其他人都没有份了,人类历史上的痛苦和不幸不会有任何交代和说法。于是,进步理论把人类分开了,能够享受将来完善生活的只是一少部分人,但是,绝大部分人类只有白白地受苦,白白地死去。相对于那些被拣选的人,在他们之前的全部人类都生活在不完善当中,其命运注定是死亡。为了将来那代幸运儿,过去无数代人的痛苦、贫穷和努力都只能是"肥料",是这代幸运儿到达其理想状态的工具和手段。进步学说把将来这代幸运儿及其时代神化了,他们享受幸福的代价是在他们之前的所有人的死亡。"以对将来一代幸运儿的神化为基础的进步宗教对待过去和现在是无情的,它把对待将来的无限乐观主义与对待过去的无限悲观主义结合在一起。它与基督教的期盼深刻对立,基督教期盼所有各代人的普遍复活,所有死去的人,所有前辈的复活。基督教观念的基础是这样一种期盼,即历史的终结是走出历史悲剧,摆脱所有的历史矛盾,人类所有各代人都将参与这个结局,所有曾经活过的人都将复活,获得永恒生命。"②然而,进步宗教只允许为数不多的幸运儿参加最后的弥赛亚盛宴。在别尔嘉耶夫看来,相对于以前所有各代人而言,这些幸运儿就是"吸血鬼"。这个进步宗教是可怕的、残酷的和不道德的,因此是不能接受的。和进步学说类似,还有一种人间天堂的乌托邦。它也假定人类历史命运可以在历史范围内

① Бердяев Н. А. Смысл истории. М.,1990. С. 147.
② Бердяев Н. А. Смысл истории. М.,1990. С. 148.

获得解决。所以,人间天堂的乌托邦也包含进步学说的上述矛盾,即只有少数幸运儿可以进入天堂,但在他们之前的所有各代人都与天堂无缘。

按照这种进步理论,在通向理想未来的道路上的所有人,无论他们怎么努力,都与那个理想未来自身无缘。针对那些少数幸运儿,不论他们是否愿意,都必须进入理想天堂。这里没有任何自由的因素,人的自由在这里是多余的,与此同时,人的创造也将丧失任何意义。这样,进步理论是反自由的,反个性的和反创造的。这些都是别尔嘉耶夫所捍卫的基本观念,因此他对进步理论的批判是非常深刻和非常激烈的。

在别尔嘉耶夫看来,历史根本没有进步。在客体化的时间里,在分裂的时间里,不可能存在理想的将来。没有任何根据断定,将来一定好于过去和现在。因此,不能把任何将来神化,不能为任何将来而牺牲哪怕是一个人的生命。任何一代人,任何一个人都是目的自身,但绝不是手段。在这个意义上,别尔嘉耶夫高度赞赏康德的观点,即人是目的自身,而不是手段。假如在将来真的有"人间天堂"出现,那么所有的人都应该参与其中。然而,别尔嘉耶夫不相信在分裂的时间里会有这样的"人间天堂"到来。他认为,历史充满悲剧,在将来的任何时候都无法解决人类的悲剧命运。在人类历史上存在过伟大的王国、伟大的文化,但它们都消失了。"所有强大和伟大的王国,都注定要灭亡,并且都灭亡了,有无数人的牺牲都奉献给了这些王国的建立。所有的东方古老帝国都灭亡了,马其顿的亚历山大帝国灭亡了,在临死时他知道这一点,罗马帝国灭亡了,拜占庭帝国灭亡了,所有的神权政体都崩溃了,俄罗斯帝国灭亡时我们还在场。以后要建立的所有帝国都将灭亡。恺撒的王国及其荣誉很快就过去了。"[1]人类文化也一样,它们都会经历产生、童年、成年、鼎盛时期,然后走向衰落、老年,最

---

[1] 别尔嘉耶夫:《末世论形而上学》,张百春译,中国城市出版社 2003 年版,第 218 页。

后是灭亡。当然,文化价值是永恒的,在文化里有永恒的原则,但是,所有伟大文化自身都无法摆脱生死规律。在人类历史上有很多种文化类型,但没有任何根据说后来的文化一定高于以前的文化。比如,在古希腊文化里有很多东西是无法超越的。因此,"在历史里不存在按照直线发生的善的不断完善的进步,不存在所谓的完善的进步,由于这种进步,将来一代人高于前一代人;在历史里不存在人类幸福的进步,只有存在的内部原则悲剧的、越来越充分的展开,最矛盾的原则的展开,既有光明的原则,也有黑暗的原则,既有神的原则,也有魔鬼的原则,既有善的原则,也有恶的原则。人类历史命运最伟大的内在意义就在于揭示这些矛盾,把它们显露出来"①。在历史上发挥作用的是这些对立的原则,历史就是由它们之间不断的斗争构成的。在这种斗争中,不但善在增长,恶也在增长。因此,在历史上不但积累了大量的善,同时也积累了大量的恶。历史的发展并不是善的彻底胜利。历史过程自身无法彻底克服恶及其增长。在这个意义上说,历史是失败的,至少不能说历史是成功的。在历史中存在的人类的意义就在于彻底揭示和展示善的原则与恶的原则。但这不是历史自身的意义。

那么,历史自身的意义在哪里呢？别尔嘉耶夫认为,历史的意义不可能在历史自身,不可能在历史时间里,而是在历史之外。显然,历史不能无限制地延续下去。无限延续下去的历史将丧失任何意义,因为其中的矛盾和悲剧始终是无法解决的,善在历史上无限积累,恶也在无限积累,无限延续的历史将是恶无限,而不是永恒。因此,历史拥有意义的前提是,它必须终结。历史的意义在历史之外。从历史内部看,历史是失败的(因为恶不能被彻底根除),历史是没有任何意义的。"在人的历史命运里,实际上一切都失败了,有根据认为,永远也不会有成功。在历史过程内部提出的任何一个意图都没有成功。"②人类

---

① Бердяев Н. А. Смысл истории. М. ,1990. С. 150.
② Бердяев Н. А. Смысл истории. М. ,1990. С. 154.

在历史内部不可能解决自己的全部命运。历史的意义是超验的。进步观念曾经企图赋予历史以意义,但是它赋予历史的意义是内在的,在历史内部。这与历史的真正意义,即超验的意义是完全对立的。"终结还意味着生存时间对历史时间和宇宙时间的克服。……在历史和宇宙时间里不能思考终结,因为这样的时间处在恶无限的统治之下。"①别尔嘉耶夫的历史观是末世论的,但他所理解的历史终结不是令人恐怖的世界末日来临,不是对所谓的恶人的审判和残酷的刑罚。这是一种积极的末世论,是在生存意义上的末世论。世界历史在宇宙时间和历史时间的意义上应该终结,但在生存的意义上,世界历史具有永恒的意义。

三、新的中世纪

就精神类型而言,别尔嘉耶夫是个具有强烈末世论情怀的人,对世界的灾难和终结有敏锐的预感。尽管他的末世论有深刻的形而上学来源,与柏拉图和康德的哲学思想有更深刻的联系,但是,在理解历史时,他的末世论倾向同样非常明显。在基督教思想里也有末世论的观念,不过,在别尔嘉耶夫看来,传统的基督教末世论观念过于消极。相反,他坚持一种积极的末世论,这是一种与人的积极性,与人的创造有关的末世论。客体化世界要终结,但在走向终结的过程中,人应该积极参与这个过程,发挥自己的创造能力。在整个欧洲人类的历史上,很少有哪个时代能像近代那样,人在其中充分发挥了自己的创造潜力,特别是与漫长的中世纪相比,尤其如此。然而,人类进步了吗?近代历史成功了吗?中世纪彻底过去了吗?

别尔嘉耶夫认为,和一切历史事件一样,历史的基督教也是失败的,特别是中世纪的基督教。在中世纪里包含了诸多神圣的梦想和渴望,但这些神圣梦想和渴望并没有获得彻底实现。中世纪的神权政治

---

① 别尔嘉耶夫:《末世论形而上学》,张百春译,中国城市出版社 2003 年版,第 218 页。

体制根本不是基督教的理想。基督教的理想在中世纪没有获得实现。人的很多潜力都处在受束缚的状态,没有获得发挥。因此,基督教在中世纪遭遇失败以及中世纪的终结都是必然的。在中世纪之后到来的是现代历史(也被称为近代历史,在本书中,在近代和现代这两个词之间不作区分),它在很多方面与中世纪直接对立。这时,人的潜力获得空前展现,人类创造了一个新的世界,即现代人生活于其中的世界。绝大多数现代人都曾经认为,与中世纪相比,现代的人类在一切方面都进步了,甚至可以期盼即将到来的理想社会。然而,别尔嘉耶夫认为现代世界同样是失败的,它正经历着全面的危机,正在瓦解。"在当代世界里,一切都处在危机的标志之下,这不仅仅是社会和经济的危机,而且也是文化的危机,更是精神的危机。一切都成了问题。"①诸多危机导致现代世界注定成了必须放弃的旧世界。别尔嘉耶夫是最早宣布这个世界终结的人之一。

首先,现代世界的基础动摇了。这个基础就是个人主义。现代世界大厦的统一是表面的,其内部和基础已经发生严重分裂。"19世纪引以为自豪的是自己的法律意识、建构,科学方法和科学文化的统一性。然而,近代历史没有能够建立彻底的内在统一。个人主义、原子论是近代历史的基础。"②近代个人主义解放了人,使人摆脱了旧的、强迫的神权政治体制,这是个人主义的成就。但是,解放的目的是什么?为了什么而解放?人的解放原来只为了人,人自身成了解放的目的。在人之上不再有任何更高的东西,人可以再继续向其上升的东西。人的发展似乎在这里终止了。这就是近代人道主义的观念。人不能成为手段,人自身是目的,但人不能成为自己的目的,那样的话,人将局限于自身,这对巩固个性是非常不利的。按照别尔嘉耶夫的观

① 别尔嘉耶夫:《当代世界的精神状态》,张百春译,载《问题》2003年第2期。
② Бердяев Н. А. Новое средневековье.//Философия творчества, культуры и искусства. В 2 т. М.,1994. Т. 1. С. 415.

点,人的个性的巩固和塑造需要有高于人的维度,即神的维度。难怪在个人主义时代没有造就出鲜明的个性。"19 世纪的个人主义文明及其民主、唯物主义、技术、社会舆论、报刊、交易所和议会,促使了个性的降低和堕落,个体性的衰落,导致平均化和普遍的混淆。"①平均化过程消灭个性之间的个体性差异,人们之间的联合只能是机械的。在个人主义基础上建立起来的近代社会就是一种机械的联合,其中人反对人,阶级反对阶级,都在为了自己的生存和利益而进行输死斗争。残酷竞争导致的结果是人与人之间的隔绝,人被孤立,被遗弃了。人的形象不但没有获得塑造,反而遭到瓦解。"个人主义在近代历史上耗尽了自己全部可能性,其中再没有任何能量,人们不会再充满激情地体验个人主义了。个人主义精神的终结是近代历史的终结。"②实际上,建立在个人主义基础上的一切都在瓦解,整个近代世界观因此发生动摇,最后走向瓦解。无论是君主制国家,还是民主制国家,都将遭遇同样的命运。这里的关键不是某种国家形式的瓦解,而是国家观念自身正在经历危机。此外,和个人主义类似,近代还制造了各种形式的民族主义,特别是在新教改革之后,民族主义在欧洲兴起。民族主义是民族自我肯定的极端形式,民族取代了神,成为信仰的对象。像个人主义中的个人一样,民族成为封闭的单子,其命运和孤立的个人是一样的。民族主义不但不能塑造民族,反而破坏民族的形象。第一次世界大战就是由民族主义导致的。

其次,当代世界是个宗教信仰缺失的时代,是个无神论的时代。文艺复兴取代中世纪的主要原因之一是中世纪过分贬低人,人的自由遭到束缚。但是,从总体上看,文艺复兴时代是远离神的时代,脱离神的时代,人和人类极度自信的时代。人的自满和自负主要表现在他坚

---

① Бердяев Н. А. Новое средневековье.//Философия творчества, культуры и искусства. В 2 т. М.,1994. Т. 1. С. 416.

② Бердяев Н. А. Новое средневековье.//Философия творчества, культуры и искусства. В 2 т. М.,1994. Т. 1. Сс. 416 – 417.

信能够彻底征服自然界,成为自然界的主人。这种自信的主要根据是技术。"当今时代是个缺乏信仰的时代,不但旧宗教信仰弱化了,而且19世纪人道主义信仰也弱化了。现代文明唯一有力的信仰是技术,对技术的威力及其无限发展的信仰。技术是人的最后的爱,他准备根据爱的对象改变自己的形象。"①技术和机器是人类在近代历史上的最伟大发明,是对人类创造力的直接证明。技术和机器大大地改善了人类的生活水平。没有技术和机器,人类就无法进入现代社会。现代人的生活已经离不开技术和机器。资本主义工业文明就建立在技术和机器的基础上。然而,技术导致了问题,技术自身也成了问题。"我们时代的危机在很大程度上是由技术引起的,因为人没有能力驾驭这个技术。"②技术不但给人类带来巨大的生活福利,而且也给人带来痛苦和失望,甚至使人遭受死亡的威胁。人制造了机器,机器替代了人的大部分劳动,解放了人,但是,机器也奴役人,让人服从它的规则。人对机器的依赖性越来越大,人陷入机器的奴役也越来越深。现代人生活在技术和机器的世界里,这是个加速的世界,人的肉体很难适应这个世界的速度。此外,由于技术和机器的普及,大众借此进入历史,大众时代到来。这是个量的时代,文化的质在其中遭到贬低,人的内心生活和精神生活遭到损害,人类价值等级体系遭到瓦解。现在,人类对技术的信仰也在弱化,因为技术不但不能解决一切问题,反而带来更严重的问题。

在现代人生活的世界里,世界观在瓦解,信仰缺失。因此,现代世界的衰落不可避免。很多伟大诗人(比如丘特切夫)都预感到旧世界灭亡和新世界的到来。在哲学家中间,别尔嘉耶夫的预感是最强烈

---

① 别尔嘉耶夫:《人和机器:技术的社会学和形而上学问题》,张百春译,载《世界哲学》2002年第2期。

② 别尔嘉耶夫:《当代世界的精神状态》,张百春译,载《问题》2003年第2期。

的。在他看来，"我们现在生活在类似于古希腊罗马世界灭亡的时代"①。古希腊罗马世界灭亡了，中世纪灭亡了，现代世界正在瓦解。但是，前两个世界都没有彻底灭亡。文艺复兴就是对古希腊罗马文化的复兴。那么中世纪是否还能获得复兴呢？别尔嘉耶夫对这个问题的回答是肯定的。在他看来，我们生活在一个新时代的前夜，新时代就是类似于中世纪的时代。新时代肯定不是以前的旧的中世纪，而是新的中世纪。他写道："我把我们的时代大致称为近代历史的终结和新的中世纪的开端。"②作为一个时代，旧的中世纪过去了，不可能向那个时代返回。但是，旧中世纪里有很多有价值的东西，不可能彻底消失。别尔嘉耶夫坚信，在中世纪里有永恒的东西，永恒的原则，应该向这些东西返回。当然，这不是历史保守主义所坚持的倒退，而是向"原则"的返回。为了避免误解，别尔嘉耶夫把这种返回称为"过渡"。"当我们说从近代历史向中世纪过渡时，那么这是形象的表达方式。过渡只能向新的中世纪，而不是旧的中世纪。这个过渡应该被认为是精神的革命和向前的创造运动，而不是'反动'，如受到惊吓和退化了的'进步主义者'模糊地感觉到的那样。"③因此，向中世纪的返回或过渡在这里是向前的运动，而不是倒退，是精神革命和创造的运动，而不是保守的坚持。无论如何，他所说的中世纪不是封建社会。"新的中世纪"是一种社会类型，它追求完整性和统一性，类似于历史上的中世纪的那种完整性和统一性，因此，这个类型的社会与近代的个人主义对立。当然，别尔嘉耶夫在"新的中世纪"这个术语的背后强调的最重要的东西就是宗教原则的首要意义，以与近代以来的人道主义和无神

---

① Бердяев Н. А. Новое средневековье.//Философия творчества, культуры и искусства. В 2 т. М. ,1994. Т. 1. С. 410.

② Бердяев Н. А. Новое средневековье.//Философия творчества, культуры и искусства. В 2 т. М. ,1994. Т. 1. С. 407.

③ Бердяев Н. А. Новое средневековье.//Философия творчества, культуры и искусства. В 2 т. М. ,1994. Т. 1. С. 426.

论对抗。

别尔嘉耶夫不同意把旧中世纪称为黑暗的时代,因为"黑暗"一词的价值倾向太过明显。他认为中世纪是个黑夜的时代,是与近代白天的时代对立的时代。在这里,白天和黑夜没有价值判断,这是两种不同的描述方式。在中世纪的确有过野蛮、粗俗、残忍、暴力、奴役、无知,甚至有过宗教恐怖行动。但是,"中世纪主要是宗教时代,对天堂的渴望笼罩着那些世纪,这个渴望使各民族被神圣的无理智所控制,整个中世纪的文化都指向超验和彼岸,在这些世界里有过思想的巨大紧张,比如在经院哲学和神秘主义里解决存在的终极问题,近代的历史却没有过这样的思想紧张,中世纪没有把自己的能量耗费在外部,而是在内部把能量集中起来,在修士和骑士的形象里培养个性,对美妇人的崇拜在这个野蛮时代成熟了,游吟抒情诗人演唱自己的歌曲。这些特征都应该过渡给新的中世纪"①。因此,中世纪是人类历史上的一个独特时代,其文化类型与近代有原则区别,但是,不能根据这些差别作出价值上的判断。

新的中世纪应该克服近代的矛盾。如前所述,近代世界观的基础是个人主义和人道主义。但是,个人主义导致对个性的瓦解,人道主义导致对人性的损害,最后导致价值体系的瓦解,导致否定一切价值等级制度,导致彻底的平均化、无质化、庸俗化。新的中世纪类似于旧中世纪,应该有严格的价值等级。"人不是无质的宇宙机构中的原子,而是有机等级的活生生的成员,人有机地属于现实的共同体。个性的观念自身与等级相关,原子论将消灭个性的质的独特性。我们生活在这样的时代,这时到处发生着向等级原则的必然的和自由的复归。只有等级原则才能证明普世的宇宙论秩序。"②别尔嘉耶夫经常用俄罗

---

①　Бердяев Н. А. Новое средневековье.//Философия творчества, культуры и искусства. В 2 т. М. ,1994. Т. 1. С. 426.

②　Бердяев Н. А. Новое средневековье.//Философия творчества, культуры и искусства. В 2 т. М. ,1994. Т. 1. Сс. 430 – 431.

斯哲学中由霍米亚科夫提出的"聚和性"来表示着各等级秩序。只有在这样的等级秩序里,个性才能获得塑造。

与近代信仰缺失相比,中世纪主要是宗教的时代,向中世纪返回就是向更高类型的宗教的返回,向宗教原则的返回。在信仰层面上,中世纪绝不是黑暗的时代。在中世纪的神权政治体制里没有实现神的国,但是那时人们对神的信仰和对神的国的追求是令人感动的。在即将到来的新的中世纪,"神应该重新成为我们的整个生命,我们的思想、感觉的中心,成为我们唯一的梦想,我们唯一的希望和期盼"①。对别尔嘉耶夫来说,中世纪最大的吸引力就在于其坚定的宗教信仰。随着近代的到来,中世纪的宗教信仰被动摇,世俗化过程席卷整个欧洲社会。在别尔嘉耶夫所处的那个时代,世俗化过程在整个欧洲展开。如果说"人民"偏离信仰,那么"知识分子"却向信仰复归,至少在当时的俄罗斯是如此。因此,知识分子在新的中世纪的使命就是使"人民"返回到信仰上来,这个使命类似于早期基督教教父的使命。在当时(20世纪初)的俄罗斯知识分子中间,就有一批人返回宗教,找到宗教信仰,甚至有人返回到东正教会的怀抱。

别尔嘉耶夫认为,在新的中世纪的社会制度不是民主制,而是君主制,但那将是一种新型的君主制。在他看来,民主制永远也无法彻底获得推行,因为权力具有等级本质和等级结构,它永远属于少数人,而不是大众。在将来的社会里,劳动依然将发挥重要作用,特别是精神劳动。此外,别尔嘉耶夫认为,在新的中世纪里,女人将发挥重大作用。以前的时代是男性原则占主导地位的时代,但是,过分理性化的、远离生命根源的男性原则已经走向终结。当然,这不是以女性解放为目的的现代女权主义所理解的女性原则。别尔嘉耶夫理解的女性原则更接近于俄罗斯思想里的索菲亚论,即永恒的女性。

---

① Бердяев Н. А. Новое средневековье.//Философия творчества, культуры и искусства. В 2 т. М.,1994. Т. 1. С. 428.

第三节　俄罗斯理念

一、俄罗斯心智

心智(менталитет,ментальность)是个相对比较新的词,它来自拉丁文,在俄语学界只是到了 20 世纪中期才开始使用,而且主要是在社会学、心理学领域里使用,其含义是心理秩序、心理结构,指个体或团体在理智和情感方面的稳定特征。通常情况下,这个词多用于社会团体(比如民族、人民、种族),其个体色彩逐渐过时。2000 年出版的《新哲学百科全书》对这个词的解释是:"心智是指集体意识和个人意识的包括潜意识在内的深层;是个体或社会团体在以一定的方式理解世界时形成的定势和素质的相对稳定的总和。心智的形成依赖于文化传统、社会结构和人的整个生活环境,反过来,心智也影响和塑造它们,它是一种生产原则,是文化历史的动态进程难以确定的根源。"[①]别尔嘉耶夫本人没有使用这个词,但他对俄罗斯的民族意识、民族思维、民族心理、民族精神、民族灵魂、民族心灵、民族性格、民族特点等问题的探讨,都可以归结为俄罗斯心智的问题。

在俄罗斯思想里,在俄罗斯民族自我意识里,总是有一种独特的感觉,即俄罗斯是个独特的民族,有特殊的心智,因此它在世界上拥有特殊的地位和使命。别尔嘉耶夫也有这样一种非常强烈的感觉,在他那里,这不仅仅是感觉,而且也是一种预感,甚至是一种伴随他一生的直觉。俄罗斯的命运是贯穿别尔嘉耶夫历史哲学始终的话题,这个话题在他那里还有明显的政论特征。在出版了《自由的哲学》(1911年)、《霍米亚科夫》(1912 年)和《创造的意义:为人辩护的尝试》(1916 年)之后,特别是在整个第一次世界大战期间,俄罗斯的命运问

---

① Новая философиская энциклопедия. В 4 т. Т. 2. Москва:Мысль. 2001. C. 525.

题成了别尔嘉耶夫关注的焦点。在 1914—1918 年之间,他发表一系列文章,并于 1918 年结集出版,即《俄罗斯的命运》。在这部文集里,他探讨了俄罗斯民族的心理、东西方问题、各民族的灵魂、战争的心理学和战争的意义、政治心理学和社会心理学等问题,其中有关俄罗斯民族心理的探讨具有非常独特的意义。收入该文集的第一篇文章《俄罗斯的灵魂》是别尔嘉耶夫在第一次世界大战刚开始时写的(发表于1915 年),他在开篇就明确指出,他对俄罗斯命运的关注是对俄罗斯思想史上的一个著名传统的延续。

　　世界大战尖锐地提出俄罗斯民族自我意识的问题。俄罗斯思想感觉到有必要和有义务猜测俄罗斯之谜,理解俄罗斯的理念,确定俄罗斯在世界上的任务和地位。在今天的世界上,所有人都感觉到俄罗斯面临伟大的和世界性的任务。但是,这个深刻的感觉伴随着一种不确定性的意识,对这些任务的几乎是不可确定性的意识。从很早的时候,人们就有一种预感,俄罗斯有某种伟大的使命,俄罗斯是个独特的国家,它不同于世界上的任何一个国家。俄罗斯民族思想里有一种情感,即俄罗斯是神选的和心怀神的民族。这种感觉来自古老的莫斯科第三罗马的观念,经过斯拉夫派过渡到陀思妥耶夫斯基和索洛维约夫,直到现代的新斯拉夫派。[1]

俄罗斯是个非常独特的民族,是个需要猜测的谜。为了猜测俄罗斯之谜,就得对俄罗斯民族进行深入的认识。这个民族的特殊性在哪里呢? 别尔嘉耶夫认为,俄罗斯民族的特殊性首先在于其内部所包含的诸多矛盾。俄罗斯民族是个矛盾的、极化的民族,其中同时包含一系列正题和反题。其他民族也会包含一些矛盾,但俄罗斯民族的矛盾具有普遍和全面的特征。

① Бердяев Н. А. Русская душа. Ленинград. 1990. С. 3.

俄罗斯民族是最极化的民族,它兼容诸多对立面。它可以让人着迷,也能让人失望,在它那里总是有诸多意外,它最能引起对自己强烈的爱和强烈的恨。俄罗斯灵魂的矛盾性和复杂性也许与这样一点有关,即在俄罗斯有两股世界历史潮流相遇并相互作用——东方和西方。俄罗斯民族不是纯粹的欧洲民族,也不是纯粹的亚洲民族。俄罗斯是世界的完整部分,是庞大的东西方,它把两个世界结合在一起。在俄罗斯灵魂里总是有两个原则,东方的原则和西方的原则。[①]

俄罗斯民族的第一个矛盾体现在对待国家管理体制的态度上。正题:"俄罗斯是世界上最无国家性,最无政府主义的国家。俄罗斯民族是最非政治化的民族,从来不善于治理自己的大地。所有真正俄罗斯人,我们的民族作家、思想家、政论家都是反国家的人,自由的无政府主义者。无政府主义是俄罗斯精神的现象。"[②]在别尔嘉耶夫看来,不但巴枯宁和克鲁泡特金是无政府主义者,而且斯拉夫派和包括陀思妥耶夫斯基以及托尔斯泰等在内的很多知名人士也都是无政府主义者。受肤浅的实证主义观念感染的俄罗斯知识分子也具有无政府主义倾向。这个论题可以在俄国历史上找到很多依据。比如,俄罗斯国家是在来自北欧的外族人帮助下建立起来的,基辅罗斯解体之后,蒙古人统治俄罗斯近两个半世纪,莫斯科罗斯和圣彼得堡时期的俄国政权总是有外国人的因素介入,特别是受到德国人的影响非常大。俄罗斯人似乎不喜欢国家,没有管理国家的愿望。这就是俄罗斯人生活的现实。但是,在这个现实里,还有一个完全相反的论题,这个反题就是:"俄罗斯是世界上最具国家性和最官僚的国家,在俄罗斯一切都变

① Бердяев Н. А. Русская идея. Основные проблемы русской мысли XIX века и начала XX века.//Бердяев Н. А. Русская идея. Судьба России. Москва:СВАРОГ и К. 1997. С. 4.

② Бердяев Н. А. Судьба России.//Бердяев Н. А. Русская идея · Судьба России. Москва:СВАРОГ и К. 1997. Сс. 228 – 229.

成政治的工具。俄罗斯民族建立了世界上最强大的国家,最大的帝国。"①莫斯科公国崛起之后,俄罗斯不断扩张土地,俄罗斯人把主要精力都用在建立、维护和保卫庞大的帝国,为此付出了沉重的代价。用哲学语言说,国家变成了一个抽象的、压倒一切的原则。"一个最无国家性的民族为什么建立了如此庞大和强大的国家,一个最无政府主义的民族为什么如此顺从官僚制度,一个在精神上最自由的民族为什么似乎不希望自由的生活?"②这就是俄罗斯民族之谜,俄罗斯现实生活的矛盾。

　　俄罗斯民族的第二个矛盾表现在对待民族的态度上。一方面,"俄罗斯是世界上最不具有沙文主义的国家"③。俄罗斯人缺乏民族骄傲和自满的情感,在他们看来,沙文主义、民族主义都是非俄罗斯的东西,是其他国家和民族才具有的特征,比如法国人、德国人和英国人等等。在这方面,俄罗斯人表现得非常谦虚,"俄罗斯人几乎因为自己是俄罗斯人而感到羞愧"④。相反,在俄罗斯人的本性里包含着西方人所不熟悉的东西,即民族的无私和奉献。俄罗斯知识分子总是宣传超民族的理想。甚至斯拉夫派也不是民族主义者,他们相信俄罗斯民族拥有普世精神,全人类的基督教精神。以卡特科夫(Катков)为代表的俄罗斯民族主义是俄罗斯欧化的结果,有西方的来源。然而,俄罗斯人对待民族的态度还有另外一个方面,"俄罗斯是世界上最具民族主义的国家,是空前的和过度的民族主义国家,它用俄罗斯化压制臣服于自己的诸民族,擅长民族的自吹自擂,其中的一切都被民族化了,

① Бердяев Н. А. Судьба России.//Бердяев Н. А. Русская идея · Судьба России. Москва:СВАРОГ и К. 1997. С. 231.

② Бердяев Н. А. Судьба России.//Бердяев Н. А. Русская идея · Судьба России. Москва:СВАРОГ и К. 1997. Сс. 231 – 232.

③ Бердяев Н. А. Судьба России.//Бердяев Н. А. Русская идея · Судьба России. Москва:СВАРОГ и К. 1997. С. 232.

④ Бердяев Н. А. Судьба России.//Бердяев Н. А. Русская идея · Судьба России. Москва:СВАРОГ и К. 1997. С. 232.

直到普世的基督教会,它认为自己是唯一有使命的国家,并拒绝整个欧洲,将其视为腐朽的东西和魔鬼的产物,注定要灭亡"[1]。如此谦虚的民族,却认为自己是最强大、最伟大的民族。陀思妥耶夫斯基也曾宣传残酷的民族主义。"俄罗斯的"就意味着是正义的、善的、正确的、神圣的。在俄罗斯历史上,曾有"神圣罗斯"的说法,似乎所有的圣徒都讲俄语,天主教甚至不被俄罗斯人看做是基督教。普世基督教会被俄罗斯人给民族化了,"普世的"被"俄罗斯的"给替代了。无论是旧礼仪派,还是国家东正教会都是如此。索洛维约夫对教会民族主义进行过批判,他宣扬普世的基督精神,其对天主教的过分热心遭到民族主义者们的强烈谴责。

俄罗斯民族的第三个矛盾表现在精神的自由与奴役方面。正题是:"俄罗斯是拥有无限自由和开阔的精神视野的国家,是云游者、漂泊者和探索者的国家,在自己的本性上,在自己民族狄奥尼索斯精神上是个不安分的和令人生畏的国家,这种民族狄奥尼索斯精神不懂得形式规范。"[2]可以说,俄罗斯是世界上最具精神自由的国家。俄罗斯人居无定所,喜欢漂泊和云游,这是典型的俄罗斯现象。漂泊者们很容易抛弃日常生活规范,在广阔的俄罗斯大地上云游,寻找神的国。他们的城不在此世和现世,而在未来,在彼岸。他们是精神上最自由的人。俄罗斯文学里有对漂泊者的大量描写,很多作家自身就是精神上的漂泊者。俄罗斯人追求高尚的精神生活,因此与西方资产阶级和小市民的生活方式格格不入。但是,另外一方面,"俄罗斯是闻所未闻的奴颜婢膝、极其顺从的国家,它丧失了个性权利的意识,不保卫个性

---

① Бердяев Н. А. Судьба России. //Бердяев Н. А. Русская идея · Судьба России. Москва:СВАРОГ и К. 1997. С. 233.

② Бердяев Н. А. Судьба России. //Бердяев Н. А. Русская идея · Судьба России. Москва:СВАРОГ и К. 1997. С. 237.

的尊严,这是个因循守旧的国家,在这里,国家压制宗教生活"①。俄罗斯是个拥有沉重躯体的国家以及与之相适应的极端保守的生活方式。这是个商人、官僚、农民和神职人员的国家,商人只认钱,官僚们封闭保守,农民只认土地,神职人员也陷入到物质生活之中。俄罗斯人保守、僵化、懒惰、安于现状,喜欢"和所有人一样",不思进取,过着一种自然主义的生活,缺乏精神指向。在俄罗斯,到处压制个性,个性精神尚未觉醒。

在《俄罗斯理念》一书里,别尔嘉耶夫再次罗列了俄罗斯民族内部的矛盾:"专制主义、过分的国家化和无政府主义、自由;残酷、暴力的倾向和善良、人性、软弱;信守礼仪和寻找真理;个人主义、尖锐的个性意识和无个性的集体主义;民族主义、自我吹嘘和普世主义、全人性;末世论弥赛亚的宗教性和外部的虔敬;寻找神和战斗的无神论;谦卑和放肆;奴性和反抗。"②就矛盾性而言,俄罗斯民族是世界上少有的民族,其内部包含大量的正题和反题,无论正题和反题,都有充分的历史依据,它们之间还可以相互转化。无限的自由可以转化成无限的奴役,永恒的漂泊可以转化成永恒的停滞。俄罗斯民族是个谜。在别尔嘉耶夫看来,这个谜就是俄罗斯民族内部男性原则和女性原则之间相互关系的秘密。"这些深刻矛盾的根源就在于俄罗斯精神和俄罗斯性格里男性原则和女性原则的分裂。"③一般地说,在俄罗斯民族性格里,男性原则比较弱,没有能够从内部和深处控制住女性原则。④ 俄罗

① Бердяев Н. А. Судьба России. //Бердяев Н. А. Русская идея · Судьба России. Москва:СВАРОГ и К. 1997. С. 237.

② Бердяев Н. А. Русская идея. Основные проблемы русской мысли XIX века и начала XX века. //Бердяев Н. А. Русская идея. Судьба России. Москва:СВАРОГ и К. 1997. С. 4.

③ Бердяев Н. А. Судьба России. //Бердяев Н. А. Русская идея · Судьба России. Москва:СВАРОГ и К. 1997. Сс. 238 – 239.

④ 别尔嘉耶夫非常喜欢的这个理论是由德国人构造的。参见:Бердяев Н. А. Русская идея. Основные проблемы русской мысли XIX века и начала XX века. //Бердяев Н. А. Русская идея. Судьба России. Москва:СВАРОГ и К. 1997. С. 218。

斯民族的本性是女性的、顺从的、消极的,似乎总在等待自己的统治者、未婚夫。对俄罗斯民族而言,男性原则是某种超验的、外国的东西。在俄罗斯,统治、定型等原则非常弱。俄罗斯民族不是建设者,而是服从者。在精神生活里,俄罗斯民族表现出同样的女性原则,统治俄罗斯思想界的主要是西方思想。俄罗斯哲学就是在德国哲学的直接影响下产生的。那么,为什么如此弱于国家建设的民族却建立了一个强大的官僚主义体制呢? 别尔嘉耶夫认为原因在于俄罗斯政权里的德意志因素。在德意志因素的帮助下,俄罗斯建立了自己的国家,但这是个官僚主义的国家,它不符合俄罗斯民族的性格。德意志民族主要是男性民族,它完全控制了俄罗斯消极的、女性的本性。俄罗斯人的个性始终没有获得表现。因此,俄罗斯民族"嫁错了人",选错了"未婚夫"。在宗教生活领域,俄罗斯民族也表现出强烈的女性原则。俄罗斯的宗教性是女性的,其中的个性原则非常弱。这样的宗教性拒绝男性的、积极的精神之路。"这主要不是基督的宗教,而是圣母的宗教,大地母亲的宗教,照耀肉体生活的女性神的宗教。……对俄罗斯民族而言,大地母亲就是俄罗斯。俄罗斯变成了圣母。俄罗斯是心怀神的国家(богоносная страна)。"①因此,在宗教生活里,俄罗斯人同样是消极的、被动的、服从的。俄罗斯的宗教性也在等待自己的"丈夫",等待别人替自己背负十字架,在精神上统治自己。比如,俄罗斯东正教徒在自己的宗教生活里总是依靠圣徒、长老等。俄罗斯教会的民族化、宗教自然主义都与俄罗斯宗教性里男性原则的缺乏有关。"阿波罗神,男性形式之神尚未下降到狄奥尼索斯的俄罗斯。俄罗斯的狄奥尼索斯精神是野蛮的,而非希腊的。"②鉴于俄罗斯民族性格里男性原则和女性原则之间的不协调关系,别尔嘉耶夫指出,唯一的出

---

① Бердяев Н. А. Судьба России.//Бердяев Н. А. Русская идея · Судьба России. Москва:СВАРОГ и К. 1997. С. 234.

② Бердяев Н. А. Судьба России.//Бердяев Н. А. Русская идея · Судьба России. Москва:СВАРОГ и К. 1997. С. 239.

路是"在俄罗斯内部,在其精神深处展示男性的、个性的、定型的原则,控制自己民族的本性,内在地唤起男性的、携带光明的意识"①。

俄罗斯民族的这种极化特征有其内在的宗教原因。在俄罗斯心智结构的塑造过程中,有两种对立的因素发挥作用,这就是"自然界的、多神教的、狄奥尼索斯的本性和禁欲主义的修道院的东正教"。俄罗斯土地辽阔,为了治理广袤的空间,俄罗斯人耗费了大量的精力。但是,生活在其中的俄罗斯人也有一种天然的安全感。处在空旷、无限的空间中的俄罗斯心灵自然也会带有一种无限的感觉。这种无限的心灵很难定型。别尔嘉耶夫将俄罗斯民族的心灵与拉丁文化塑造的西方人的心灵对比,认为后者是定型的。俄罗斯国家为了控制和管理庞大地理空间,被迫实行中央集权制,俄罗斯人的生活必须服从国家利益,因此,俄罗斯人的个性不发达,个性意识和个性权利的意识很弱,阶层、阶级和团体也缺乏独立性。此外,东正教在塑造俄罗斯心灵方面发挥了决定性的作用。俄罗斯心灵的永恒的宗教特征就与东正教有关。东正教禁欲主义精神,对彼岸世界的追求,不但是俄罗斯东正教信徒的精神特征,甚至也是俄罗斯的虚无主义者和共产主义者们都具有的宗教情怀。在俄罗斯东正教里也渗透了俄罗斯自然的、原始的多神教因素。俄罗斯东正教民族化过程就与此有关。自然的、多神教的自发本性与东正教禁欲主义因素混杂在俄罗斯民族心灵里,导致俄罗斯心灵具有极化性和矛盾的特征。

针对俄罗斯民族,别尔嘉耶夫经常使用灵魂(душа)这个概念。正如人有肉体和灵魂一样,民族也有肉体和灵魂。俄罗斯民族的灵魂与其肉体之间有一种对应关系。"在俄罗斯大地和俄罗斯灵魂的广阔性、无边性、无限性之间,在自然地理和灵魂地理之间有一种对应关系。在俄罗斯民族的灵魂里有着和俄罗斯平原里一样的广阔性、无边

---

① Бердяев Н. А. Судьба России.//Бердяев Н. А. Русская идея · Судьба России. Москва:СВАРОГ и К. 1997. С. 239.

性、对无限的追求。"①俄罗斯民族灵魂也具有极化性,其中有两极的矛盾和对立,以及对立面的斗争,这种矛盾、对立与斗争使得俄罗斯灵魂极富活力和创造力。俄罗斯灵魂是动态的,而不是静止的,它指向无限,指向终结。这是俄罗斯灵魂的末世论指向。俄罗斯灵魂是宗教的灵魂,它总是超越此岸世界,指向彼岸世界。俄罗斯灵魂不能安于此世,在此世找不到自己的城,总是在寻找未来之城。当然,俄罗斯灵魂与东正教有密切关系,是东正教塑造了俄罗斯民族的灵魂。此外,俄罗斯灵魂追求全面性、普世性,这是它追求无限性的另一种表现形式。俄罗斯灵魂总是渴望自由,渴望超越一切界限,因此很难定型。在俄罗斯灵魂里,感性因素多于理性因素,同情与怜悯是俄罗斯灵魂固有的特征。总之,俄罗斯的心智与灵魂都是独特的,俄罗斯民族拥有特殊的性格。这一切决定了俄罗斯民族的命运和发展道路,决定了俄罗斯人的思想和观念,最后,决定了俄罗斯文化的总体特征。

二、俄罗斯弥赛亚主义

在世界历史走向"新的中世纪"的过渡时期,有着特殊心智和特殊灵魂的俄罗斯民族肯定有重要使命。这是别尔嘉耶夫的坚定信念。在自己哲学创作的一开始,在《自由的哲学》里,别尔嘉耶夫就明确了自己的这个信念。他感觉到世界正处在危机当中,灾难临近了。这个危机和灾难与欧洲的世俗化有关。要克服危机,就需要全世界的力量,在这里,"每个伟大的民族都有自己的使命。但是我们相信,俄罗斯和俄罗斯的宗教运动将发挥特殊的和伟大的作用。只有俄罗斯能够把东方对神的直观和对东正教圣物的保卫与西方的人性积极性、文化的历史动态进程联合起来。……对俄罗斯使命的信仰是一种信仰,

---

① Бердяев Н. А. Русская идея. Основные проблемы русской мысли XIX века и начала XX века. //Бердяев Н. А. Русская идея. Судьба России. Москва:СВАРОГ и К. 1997. С. 5.

它不能被证明,这不是科学的真理"①。俄罗斯民族在世界上的使命
与它所处的独特地理位置有关。俄罗斯位于欧洲和亚洲之间,或东方
与西方之间。这个问题在 19 世纪俄罗斯思想里已经成为一个非常重
要的话题,索洛维约夫等人在这个问题上都提出过不少真知灼见。在
《创造的意义:为人辩护的尝试》里,别尔嘉耶夫对这个问题也提出了
自己的看法:"俄罗斯不可能只是东方,也不应该只是西方。俄罗斯的
使命是成为东西方(Востоко-Запад),两个世界的联结者。"②这个观点
并不新,但它却非常明确地表达了别尔嘉耶夫对俄罗斯使命的坚定信
念。作为哲学家,他相信俄罗斯在哲学上也有伟大的使命。这个使命
就是"创造性地实现宗教综合,在生活和意识里实现宗教的综合",因
为脱离了宗教的西方抽象理性主义哲学走到了尽头,至少在俄罗斯将
不会有任何作为。"如果存在着俄罗斯的独特精神的话,那么这个精
神将寻找作为道路和生命的真理,即活生生的、具体的真理。我们的
普世历史事业只能在这里。"③这个事业就是斯拉夫派、陀思妥耶夫斯
基和索洛维约夫等人的事业。

如前所述,第一次世界大战成了别尔嘉耶夫对俄罗斯民族命运进
行思考的新动机。在题为《民族生活中的运动与静止》(1915 年)的文
章里,他指出,民族和国家的历史存在不可能处在永恒不动的形式里。
比如,创造了世界伟大文化的希腊最后退化并消失,希腊人完成了自
己的使命,耗尽了自己的力量,最终让位于罗马人,后者有另外的使
命。世界历史过程的创造任务没有彻底完成,不可能终止。人类还将
继续上升,民族机体的形成过程并没有结束。"各民族的历史使命尚

① Бердяев Н. А. Философия свободы .//Философия свободы. Смысл творчества.
Москва:Правда. 1989. С. 184.
② Бердяев Н. А . Смысл творчества.//Философия свободы. Смысл творчества.
Москва:Правда. 1989. С. 524.
③ Бердяев Н. А. Философия свободы .//Философия свободы. Смысл творчества.
Москва:Правда. 1989. С. 37.

未完成,还有这样的种族和民族,它们尚未说出自己的话,没有完成自己的事业,它们的高涨时期还在未来。……可以相信,历史使命更替的时刻已经到来。"①别尔嘉耶夫在这里指的是第二次世界大战刚开始的时代,在他看来,日耳曼民族在世界上曾经有自己的伟大使命,它出色地完成了建立伟大哲学的使命。但是,在这次战争中,日耳曼民族把自己的力量消耗在物质建设上,这违反了该民族的精神。相反,俄罗斯民族保存了自己的力量,它应该说出自己的话,取代日耳曼民族在世界舞台上曾经占有的地位。战争应该唤醒俄罗斯民族的创造力,以便完成自己的历史使命。别尔嘉耶夫认为,这次战争引起一个强烈的感觉:"作为文化垄断者,欧洲只是地球上的一个封闭的省份,它却觊觎成为全世界,这个意义上的欧洲终结了。世界大战把地球上所有种族和所有部分都吸引到世界循环之中。……欧洲的终结将是作为决定性的精神力量的俄罗斯和斯拉夫民族登上世界历史的舞台。"②在别尔嘉耶夫看来,俄罗斯在世界上的使命是精神方面的,而不是物质方面的。在第一次世界大战快结束时,俄罗斯发生了十月革命,其结果是俄罗斯帝国的灭亡。别尔嘉耶夫有关俄罗斯的使命的那些言说落空,但是,他对俄罗斯的使命的信仰依然没有变化,甚至把战争期间所发表的有关俄罗斯使命和命运的文章结集出版。

> 我怀着痛苦的心情重读自己从战争到革命之间所写文章的集子。伟大的俄罗斯已经不在,它所面临的任务也没有了,我曾经尝试按照自己的方式思考这些任务。战争内在地瓦解了,并丧失自己的意义。一切都过渡到完全不同的另外一个维度。我认为在自己的这些尝试里所使用的那些评价

① Бердяев Н. А. Движение и неподвижность в жизни народов. //Судьба России. // Бердяев Н. А. Русская идея · Судьба России. Москва:СВАРОГ и К. 1997. Сс. 393,394.

② Бердяев Н. А. Конец Европы. //Судьба России. //Бердяев Н. А. Русская идея · Судьба России. Москва:СВАРОГ и К. 1997. Сс. 326,332.

内在地是正确的,但对当今的事件已经不再适用。……俄罗斯民族没有经受住战争的伟大考验。……俄罗斯民族不愿意完成自己在世界上的使命,也没有在自身中找到完成这个使命所需要的力量,它从内部实现了背叛。[①]

的确,一切都变了。但是,别尔嘉耶夫坚信自己对俄罗斯使命方面那些判断具有永恒的意义。他对俄罗斯命运的思考从未间断。被驱赶到国外后,他开始了自己哲学创造的新阶段,俄罗斯命运依然是其思考的对象。1937 年,他出版了《俄罗斯共产主义的起源与意义》一书。在这里,别尔嘉耶夫把对无产阶级使命的信仰与对俄罗斯民族使命的信仰联系在一起,认为共产主义的起源可以追溯到对俄罗斯民族使命的信仰。"伟大民族的爱国主义应该是对该民族伟大的和世界的使命的信仰,否则这将是地方的、封闭的和丧失世界前景的民族主义。俄罗斯民族的使命被看做是在人类社会里实现社会真理,不但在俄罗斯,而且在整个世界上实现社会真理。这一点与俄罗斯传统是一致的。但可怕的是,实现真理的尝试与暴力、犯罪、残酷和谎言、可怕的谎言联系在一起。"[②]之后不久,第二次世界大战爆发,别尔嘉耶夫对俄罗斯命运的担忧和思考有增无减,甚至在战争之初苏联处于十分不利的地位时,他对俄罗斯民族的特殊使命和特殊道路的信仰与日俱增。他甚至认为,在苏联时期出现了共产主义的和苏联的爱国主义也是俄罗斯爱国主义的表现。在《俄罗斯理念》一书里,别尔嘉耶夫专门分析了俄罗斯思想家们对俄罗斯命运的思考。自从俄罗斯民族自我意识觉醒以来,俄罗斯就成了思考的对象。恰达耶夫、斯拉夫派、丹尼列夫斯基、陀思妥耶夫斯基、索洛维约夫等 19 世纪俄罗斯思想家都在

① Бердяев Н. А. Мировая опасность (вместо предисловия). // Судьба России. // Бердяев Н. А. Русская идея · Судьба России. Москва : СВАРОГ и К. 1997. Cc. 222 – 224.

② Бердяев Н. А. Истоки и смысл русского коммунизма. Москва : Наука. 1990. Cc. 120 – 121.

反思俄罗斯民族的命运。"俄罗斯人对历史哲学问题的思考的结果是这样一种意识,即俄罗斯的道路是特殊的。俄罗斯是伟大的东西方,它是一个完整的庞大世界,在俄罗斯民族里蕴藏着巨大的力量。俄罗斯民族是未来的民族。它将解决西方无力解决的问题,西方甚至不能在其全部深度上提出这些问题。"①在战后结束的《自我认识》一书里,别尔嘉耶夫写道:"我始终相信俄罗斯不可战胜。但是,我非常痛苦地体验了俄罗斯所受到的威胁。在我身上自然固有的爱国主义达到了极度紧张的地步。我感觉到自己与红军融为一体。我把人区分为希望俄罗斯胜利的人和希望德国胜利的人。我不愿意和第二类人见面,认为他们是叛徒。……我相信俄罗斯的伟大使命。"②对别尔嘉耶夫而言,俄罗斯自身成了一个哲学问题。

别尔嘉耶夫很早就意识到,"民族是实在的,而非有名无实的概念。民族是神秘的有机体,超人类的统一体。民族是信仰的对象,而不是感性理解的对象"③。难怪他非常喜欢丘特切夫于 1866 年作的一首诗:

> 用理性无法理解俄罗斯,
> 也不能用普通的尺子把它度量:
> 因为它有独特的身材——
> 对俄罗斯只能信仰。

作为一个民族的俄罗斯是信仰的对象。实际上,每个作为个体的人都应该相信自己的民族,在此基础上才能爱自己的民族。每个伟大的民族都有自己的使命,几乎所有伟大民族都能够意识到自己的伟大

---

① Бердяев Н. А. Русская идея. Основные проблемы русской мысли XIX века и начала XX века.//Бердяев Н. А. Русская идея. Судьба России. Москва:СВАРОГ и К. 1997. С. 62.

② Бердяев Н. А. Самопознание. Москва:Книга. 1991. С. 335.

③ Бердяев Н. А. Философия свободы.//Философия свободы. Смысл творчества. Москва:Правда. 1989. С. 184.

使命,特别是那些多灾多难的民族,在民族存在的某些特殊时期,人们总是愿意反思自己民族的使命和命运。在这个意义上,犹太民族非常典型,其民族自我意识异常敏锐。这个多灾多难的民族总是意识到自己有伟大的使命,意识到自己是神所拣选的民族,尽管这个意识与该民族在历史上的悲惨处境之间明显不符。不过,作为该民族精神代表的犹太先知们从不放弃希望,他们预言了弥赛亚的到来。弥赛亚是救主的意思,在希腊文里就是基督。在犹太人的等待过程中,耶稣诞生了,他是犹太人,自认为是基督,负有拯救全人类的使命。在耶稣基督诞生后,世界历史进入基督教时代。按照别尔嘉耶夫的说法,世界历史准备了弥赛亚的来临。"历史之所以有意义,只是因为在其中可以看到神的计划,即在历史里应该出现弥赛亚——基督,从历史的角度看,世界准备了他的出现。"①耶稣基督将人类历史划分为两个时期,即基督诞生前的历史和基督诞生后的历史,因此,历史具有了宗教的意义。然而,犹太民族并没有接受弥赛亚,外邦人却接受了弥赛亚,基督教在外邦人中间传开,成为犹太人之外其他民族所信奉的宗教。基督教不但接受了整本的《圣经·旧约》,更主要的是接受了犹太人所信犹太教的许多观念,比如弥赛亚的观念,或弥赛亚主义(мессианизм)。耶稣基督被钉死在十字架上,复活后升天,但他许诺再来,审判世界,即所谓的基督第二次来临,弥赛亚第二次来临。犹太教徒至今依然在等待自己的弥赛亚到来,基督徒在等待基督的第二次来临。无论犹太教徒,还是基督徒都生活在等待之中,这种等待都是弥赛亚式的等待。但是,在这两种等待之间是有差别的。在犹太教里,信徒们期盼自己民族的弥赛亚来临,他应该在地上君王形象里呈现(犹太人不接受耶稣基督的主要原因就是他以奴仆的形象出现),他的使命是拯救犹太民族,建立此世王国。但是,基督教所理解的弥赛亚(基督耶稣)的使

① Бердяев Н. А. Философия свободы. //Философия свободы. Смысл творчества. Москва:Правда. 1989. С. 153.

命是拯救全人类,这里不分种族。弥赛亚的第二次来临将是这个世界的结束。基督教突破了犹太教的民族主义,成为超越民族的,世界性的宗教。在别尔嘉耶夫看来,弥赛亚意识(мессианское сознание)的根源在犹太民族的宗教意识里,但弥赛亚意识自身是超民族的意识。

> 弥赛亚意识不是民族主义意识,它与民族主义深刻地对立,这是普世的意识。弥赛亚意识在犹太民族的宗教意识里,在以色列对自己的神选性和唯一性的体验里有自己的根源。弥赛亚意识是神所拣选的民族的意识,在这个民族里应该出现弥赛亚,世界应该通过这个民族获得拯救。神选的民族是民族中的弥赛亚,是唯一带有弥赛亚使命的民族。所有其他民族都是低等民族,没有被拣选的民族,它们拥有普通的、不神秘的命运。……弥赛亚意识是世界的和超民族的意识。犹太人的这个就自己的奢望而言是普世的弥赛亚意识获得了证明,因为弥赛亚出现在这个民族的内部,尽管这个民族拒绝了他。但是,在基督出现之后,古犹太人意义上的弥赛亚主义对基督教世界而言已经变得不可能了。①

的确,在基督教世界里只有基督徒,不再有希腊人和犹太人之分,更不可能只有一个被神拣选的民族。从理论上,民族的排他性被消除了。全体基督徒成了"被拣选的种族",他们将拯救世界。不过,基督教并不消灭民族性,而是承认每个民族都有自己的使命(миссия)。但是,在实际上,在基督教世界内部,经常有一些民族觊觎特殊使命,排他性的使命。弥赛亚主义经常与民族主义发生混淆,它们之间甚至可以相互转化。别尔嘉耶夫曾经专门写了一篇文章《民族主义与弥赛亚主义》分析它们之间的差别,他认为两者的混淆将导致灾难。

----

① Бердяев Н. А. Душа России. //Судьба России. //Бердяев Н. А. Русская идея · Судьба России. Москва: СВАРОГ и К. 1997. С. 242.

民族主义者是些清醒的、讲究实际的人,他们很好地在大地上安顿。民族主义可能固守实证的土壤,也可以按照生物学的方式对其进行论证。弥赛亚主义只有在宗教土壤上才可能,只有按照神秘主义的方式才能对其进行论证。可以有很多的民族主义者存在。在观念上,民族主义不觊觎普遍性、唯一性和排他性,尽管在实践上很容易否定和消灭其他民族。但是,就自己的本质而言,民族主义是分立的,总是部分的,它所作出的否定和消除也不觊觎普遍性,如同动物世界里个体之间的生物斗争一样。弥赛亚主义不能容忍共存,它是唯一的,就自己的奢望而言总是普世的。但是,弥赛亚主义从来不否定其他民族,也不在生物学上消灭它们,而是拯救它们,让它们服从自己的普世观念。①

民族主义只有在 19 世纪才获得发展。在现代极端的民族主义里,民族取代了神。别尔嘉耶夫毫不妥协地反对这种民族主义。他认为,极端民族主义是反人性的,反人格主义的,它最终将导致人类社会的非人道化、兽道化。极端民族主义是多神教,与一神教格格不入,与基督教格格不入。② 但是,弥赛亚主义则是非常古老的意识。在基督出现后,犹太人意义上的、《圣经·旧约》意义上的弥赛亚主义,即排他性的民族弥赛亚主义已经不再可能,但是《圣经·新约》的、基督教的弥赛亚主义是可能的,这将是一种改变了的弥赛亚主义。基督教弥赛亚主义面向未来,指向未来的基督,即基督的第二次来临。因此,基督教弥赛亚主义是先知式的,具有启示录的色彩。"在基督教世界里可能有先知弥赛亚主义,就是对某个民族独特的宗教使命的意识,可能

① Бердяев Н. А. Национализм и мессианизм. //Судьба России. //Бердяев Н. А. Русская идея · Судьба России. Москва:СВАРОГ и К. 1997. С. 311.

② См. Бердяев Н. А. Судьба человека в современном мире//Философия свободного духа. Москва:Республика. 1994. Сс. 341 – 355.

有这样一种信仰,新启示的话语将通过该民族向世界宣布。"①实际上,所有伟大的民族都有自己的弥赛亚意识、弥赛亚主义。此外,别尔嘉耶夫指出,基督教弥赛亚意识只能是牺牲的意识,是受苦的意识,弥赛亚意识产生于巨大的痛苦。弥赛亚民族的使命是为世界服务,拯救所有民族,为它们而承受苦难,如同基督一样,为了拯救人类的罪恶而经历各各他之苦,并献出自己的生命。按照别尔嘉耶夫对俄罗斯民族的理解,这个民族固有弥赛亚意识。"俄罗斯民族心中所蕴涵的弥赛亚观念就是俄罗斯民族痛苦命运的结果,是其寻找未来之城的结果。"②在弥赛亚意识方面,俄罗斯民族非常像犹太民族。"在犹太民族之后,最具弥赛亚观念的是俄罗斯民族,这个观念贯穿整个俄罗斯历史,直到共产主义。"③"莫斯科是第三罗马"的理论是一个弥赛亚主义理论,莫斯科公国的建立就是以弥赛亚观念为基础的。尼康改革导致俄罗斯东正教会分裂,给"莫斯科是第三罗马"的弥赛亚观念以沉重打击,后来彼得大帝的改革再次打击了这个弥赛亚观念。不过,当俄罗斯自我意识觉醒之后,当具有独立意义的俄罗斯哲学产生后,其中也渗透了弥赛亚主义。在恰达耶夫、陀思妥耶夫斯基等人和斯拉夫派那里都有弥赛亚观念。巴枯宁也宣传一种特殊的斯拉夫俄罗斯弥赛亚主义,其中有强烈的斯拉夫派倾向。

正如俄罗斯的基督教(东正教)里还有很多犹太教的、《圣经·旧约》的因素一样,在俄罗斯民族的弥赛亚主义里也有犹太民族的弥赛亚主义偏向,其中夹杂着民族主义的成分。别尔嘉耶夫认为,应该对俄罗斯弥赛亚主义中的这个倾向进行净化。"我们应该意识到,俄罗

① Бердяев Н. А. Душа России. //Судьба России. //Бердяев Н. А. Русская идея · Судьба России. Москва:СВАРОГ и К. 1997. С. 243.

② Бердяев Н. А. Национализм и мессианизм.//Судьба России. //Бердяев Н. А. Русская идея · Судьба России. Москва:СВАРОГ и К. 1997. С. 315.

③ Бердяев Н. А. Русская идея. Основные проблемы русской мысли XIX века и начала XX века.//Бердяев Н. А. Русская идея. Судьба России. Москва:СВАРОГ и К.1997. С. 9.

斯弥赛亚主义不能是奢望和自我肯定,它只能是牺牲的精神燃烧,只能是指向全世界新生活的伟大精神激情。弥赛亚主义不意味着我们比其他人好,我们有更多的奢望,而是意味着我们应该更多地做事,能够放弃更多的东西。"[1]俄罗斯弥赛亚主义就是先知的弥赛亚主义,就是对俄罗斯民族的独特宗教使命的意识。"在即将到来的世界时代,俄罗斯的使命是向世界说出自己的新话语,就像拉丁世界和日耳曼世界曾经说出过自己的新话语一样。"[2]在别尔嘉耶夫的理解中,所谓的新话语是指精神文化的创造方面,因此,他所谓的俄罗斯弥赛亚主义主要是指发挥俄罗斯民族的精神创造潜力,实现俄罗斯民族伟大的文化使命。拉丁世界的时代过去了,日耳曼时代过去了,即将到来一个新时代,在这个时代里,俄罗斯民族将肩负伟大启示的使命,世界精神生活的中心将转移到俄罗斯。这是真正的俄罗斯弥赛亚主义。

真正的俄罗斯弥赛亚主义的前提条件是使宗教生活、精神生活摆脱民族和国家原则的全面奴役,摆脱物质生活的一切束缚。俄罗斯应该经历个性的宗教解放。俄罗斯弥赛亚主义首先应该依靠俄罗斯的朝圣、漂泊和探索的精神,依靠俄罗斯的精神不安和无法消除的渴望,依靠先知的俄罗斯,依靠没有自己的城而寻找未来之城的俄罗斯人。俄罗斯的弥赛亚主义不可能与日常的、惰性的和保守的,在自己的肉体方面变得沉重的俄罗斯相关,不能与保卫礼仪崇拜的俄罗斯相关,不能与满足于自己的多神教之城,害怕未来之城的那些俄罗斯人相关。[3]

---

① Бердяев Н. А. Национализм и мессианизм.//Судьба России.//Бердяев Н. А. Русская идея · Судьба России. Москва:СВАРОГ и К. 1997. С. 317.

② Бердяев Н. А. Душа России.//Судьба России.//Бердяев Н. А. Русская идея · Судьба России. Москва:СВАРОГ и К. 1997. С. 243.

③ Бердяев Н. А. Душа России.//Судьба России.//Бердяев Н. А. Русская идея · Судьба России. Москва:СВАРОГ и К. 1997. Сс. 245 – 246.

这是别尔嘉耶夫的期盼,是他所理解的俄罗斯弥赛亚主义。然而,十月革命后,俄罗斯帝国轰然倒塌。俄罗斯帝国废墟上出现了国际共产主义的中心,产生于西方的马克思主义成为这个中心的主导思想。这不是别尔嘉耶夫所预言的那个世界精神文化的中心。但是,他认为:"俄罗斯共产主义比通常想象的更加传统,它就是古老的俄罗斯弥赛亚观念的变体和变形。西欧的共产主义将会是完全另外一个现象,尽管所依据的马克思主义理论是相似的。马克思主义肯定的方面与否定的方面都与其传统的俄罗斯特征有关:一方面是寻找神的国和完整真理,勇于牺牲和缺乏资产阶级性,另一方面是国家的绝对化和专制制度,人权意识薄弱和无个性集体主义的威胁。"①这就是别尔嘉耶夫在《俄罗斯共产主义的起源与意义》一书里企图证明的东西。

在俄罗斯共产主义者的马克思主义里,的确可以发现俄罗斯弥赛亚的某些特征。马克思主义传到俄罗斯后适应了俄罗斯的土壤,并且发生俄罗斯化。马克思主义有自己的弥赛亚观念,即无产阶级的弥赛亚使命。无产阶级的神话恢复了俄罗斯民族的神话。俄罗斯民族被等同于无产阶级,因此,俄罗斯弥赛亚主义与无产阶级弥赛亚主义结合了。这就是俄罗斯共产主义的基础。但是,在这个结合里,发生了对俄罗斯弥赛亚观念的歪曲。"俄罗斯弥赛亚观念在无宗教的和反宗教的形式里变成了俄罗斯共产主义,在俄罗斯共产主义里发生了强力意志对俄罗斯寻找真理王国的歪曲。"②俄罗斯民族没有实现"第三罗马"的理想,却建立了第三国际。第三罗马的许多特征过渡给了第三国际。西方人没有搞明白,"第三国际不是国际,而是俄罗斯民族观念。这是俄罗斯弥赛亚主义的变形。参加第三国际的西方共产主义

① Бердяев Н. А. Истоки и смысл русского коммунизма. Москва:Наука. 1990. С. 153.

② Бердяев Н. А. Русская идея. Основные проблемы русской мысли XIX века и начала XX века.//Бердяев Н. А. Русская идея. Судьба России. Москва:СВАРОГ и К. 1997. С. 170.

者发挥了有损尊严的作用。他们不明白,参与第三国际后,他们加入到俄罗斯民族的行列,并实现俄罗斯民族的弥赛亚使命"①。苏联布尔什维克在建立自己的王国时,同样也在利用俄罗斯的资源,包括俄罗斯弥赛亚主义。但是,被歪曲了的弥赛亚主义在苏联导致奴役、暴力、专制,这不是对俄罗斯弥赛亚使命的实现,而是对它的背叛。

在别尔嘉耶夫看来,不但苏联共产主义制度没有实现俄罗斯弥赛亚使命,在俄罗斯历史上的任何一个时期,哪怕是最强大的历史时期,弥赛亚使命都没有获得实现。国家主义永远是对俄罗斯民族使命的歪曲。别尔嘉耶夫对俄罗斯弥赛亚主义进行思考,但没有提供具体实现弥赛亚使命的方案,因为他是个哲学家,而不是政治家。不过,在他看来,实现俄罗斯弥赛亚主义使命的毫无疑问的前提是发挥俄罗斯民族的创造潜力,特别是文化创造方面的精神潜力。如果俄罗斯民族有独特而伟大的使命的话,正是因为它有巨大的精神潜力。如前所述,俄罗斯民族没有能够发挥自己的精神潜力的主要原因就是在俄罗斯本性里男性特征不足,缺乏由西方骑士精神锻造的个性。俄罗斯人对自己的大地母亲的爱妨碍了其中男性的个性精神的发展。俄罗斯拒绝骑士原则,就是为了对大地母亲怀抱的爱。对此,别尔嘉耶夫有一段非常精彩的分析。

> 俄罗斯的精神被民族肉体严严实实地包裹着,淹没在温暖和湿润的肉体里。所有人都非常熟悉的俄罗斯灵魂与这个肉体和湿润有关,其中还有许多肉体,精神却不足。但是,肉和血不能继承永恒,只有精神上的俄罗斯才能是永恒的。精神上的俄罗斯只能通过勇敢地牺牲在类的集体肉体的动物般温暖中的生命才能获得揭示。要揭开俄罗斯的秘密,必须使俄罗斯摆脱黑暗本性的歪曲。在具有净化作用的世界

---

① Бердяев Н. А. Истоки и смысл русского коммунизма. Москва: Наука. 1990. С. 118.

战火中很多东西都会被烧毁,世界和人的旧的物质外衣将化为灰烬。那时,俄罗斯向新生命的复兴只能与男性的、积极的和创造的精神道路有关,与在人和民族内部对基督的揭示相关,而不是与自然的类的本性相关,因为这个本性永远分散人的注意力并奴役人。这将是精神之火对灵魂肉体的湿润与温暖的胜利。在俄罗斯,由于其永远追求绝对和终极事物的宗教特征,人的原则没有能够在人道主义形式里,即在非宗教的意义上获得揭示。在西方,人道主义也耗尽了自己的力量,走向危机,西方人类痛苦地寻找摆脱这个危机的出路。俄罗斯不能迟到地重复西方人道主义。在俄罗斯,人的启示只能是宗教的启示,只能是内在的人的启示,而不是外在的人的启示,是在基督里的启示。这就是绝对的俄罗斯精神,其中的一切都应该来自内部,而不是外部。这就是斯拉夫民族的使命。对这个使命只能信仰,不能证明它。最需要呼吁俄罗斯民族展示宗教的男性精神,不但是在战争里,而且在和平的生活里,在这里,俄罗斯民族应该成为自己大地的主人。俄罗斯民族的男性精神不会是抽象的,脱离女性精神的,在德国人那里就是如此。俄罗斯及其禁欲主义灵魂应该是伟大的和强大的,这是特殊命运的秘密。只有强大的俄罗斯,而非弱小的俄罗斯,才能战胜此世王国的诱惑。只有强者的牺牲,只有自愿地对它的消灭在这个世界上才能有拯救和救赎。俄罗斯民族自我意识应该彻底地把下面的二律背反容纳于自身之中:俄罗斯民族就自己的精神和使命而言是超国家的和超民族的民族,就自己的观念而言不爱"世界"以及其中的东西,但是,它也被赋予了一个最强大的民族国家,为的是让它的牺牲和舍弃成为自愿的,是出于力量,而不是出于无力。但是,俄罗斯存在的这个二律背反应该转移到俄罗斯灵魂内部,这颗灵魂将成为男性－女性的,在自身中经历自己的神秘命运。在俄罗斯揭示男性精神不可能是把西方中间文化嫁接到它身上。俄罗斯文化只能是终极的,只能是走出文化界限。男性精神潜在地孕育在先知的俄罗斯里,孕育在俄罗斯漂泊和对真理的俄罗斯式探索中。男性精神应该与俄罗斯大地的女性精神内在地结合在一起。①

这段对俄罗斯灵魂和使命的论述带有浪漫主义色彩。不过,别尔嘉耶夫在其中所表现出来的对俄罗斯民族的信仰,对俄罗斯民族使命的直觉,在一生中从未改变。

三、俄罗斯理念

古希腊哲学开始的标志是哲学家们提出一个哲学性质的问题,即整个世界是从哪里来的,他们关注的是自然界。俄罗斯哲学开始的标志也是一个哲学性问题的提出,即俄罗斯来自哪里,在这里,俄罗斯民族成为关注的对象。这是一个历史哲学的问题。在俄罗斯,这个具有哲学性质的问题早就提出来了,但对它进行严肃的哲学思考却很晚,这就是弗洛罗夫斯基等人提出的俄罗斯思想或哲学滞后的问题。通常认为,具有独立意义的俄罗斯哲学产生于 19 世纪初,证据就是俄罗斯思想家们开始从哲学角度关注俄罗斯的命运问题。别尔嘉耶夫就坚持这个观点,他说:"独立的俄罗斯思想是在历史哲学问题上觉醒的。它深刻地思考的问题是,造物主关于俄罗斯的意图是什么,俄罗斯及其命运是什么。俄罗斯人早就有一种感觉,这是一种感觉,而不是意识,即俄罗斯有特殊的命运,俄罗斯民族是特殊的民族。弥赛亚主义对俄罗斯民族而言是典型的,几乎和犹太人一样。"②的确,历史

① Бердяев Н. А. Душа России. //Судьба России. //Бердяев Н. А. Русская идея · Судьба России. Москва:СВАРОГ и К. 1997. Сс. 250 – 251.

② Бердяев Н. А. Русская идея. Основные проблемы русской мысли XIX века и начала XX века. //Бердяев Н. А. Русская идея. Судьба России. Москва:СВАРОГ и К. 1997. С. 31.

哲学是俄罗斯哲学里最具独特性的领域。而且,俄罗斯的历史哲学是非常具体的,其核心主题就是俄罗斯的命运。俄罗斯的过去、现在和未来成了哲学思考的对象,甚至俄罗斯文学家们也在思考这个问题。在俄罗斯文学与哲学的关系里,俄罗斯的命运问题是双方关注的共同焦点。关于俄罗斯的主题可以追溯到 16 世纪的"莫斯科是第三罗马"的理论。根据这个理论,随着君士坦丁堡的灭亡,和第一罗马一样,第二个罗马也消失了。俄罗斯应该担当起保护真正基督教,即东正教的使命。"这个使命是宗教的使命。'俄罗斯人'是用'东正教'来界定的。俄罗斯是唯一的东正教王国,在这个意义上,与第一罗马和第二罗马类似,也是普世的王国。在此基础上发生了东正教会的急剧民族化。东正教成了俄罗斯的信仰。……俄罗斯宗教使命是特殊的,与俄罗斯国家的力量和伟大相关,与俄罗斯沙皇的特殊使命相关。"①宗教和政治色彩在"莫斯科是第三罗马"理论中非常明显,这里没有明确的哲学上的反思。对俄罗斯民族命运的问题进行严肃的哲学反思最初发生在 19 世纪 40 年代斯拉夫派和西方派的争论里,以及在恰达耶夫对俄罗斯命运的思考里。尽管两派之间的争论以俄罗斯发展道路为主,但是,其中也体现出两种不同的历史哲学观点。别尔嘉耶夫认为,俄罗斯的历史哲学就从这场争论开始。

作为俄罗斯最伟大的文学家之一,陀思妥耶夫斯基在自己的文学作品里也在探讨俄罗斯民族的命运问题。他本人希望克服斯拉夫派和西方派之间的分歧,在对待俄罗斯发展道路的问题上,他更接近于斯拉夫派。他坚信俄罗斯是独特的民族,它拥有特殊的使命。他把俄罗斯民族称为"心怀神的民族(Нород – Богоносец)"。后来,他把有关俄罗斯命运的思考的全部问题归结为"俄罗斯理念"。1860 年 9

---

① Бердяев Н. А. Русская идея. Основные проблемы русской мысли XIX века и начала XX века. //Бердяев Н. А. Русская идея. Судьба России. Москва:СВАРОГ и К. 1997. С. 10.

月,陀思妥耶夫斯基为即将出版的《时代》杂志写了一篇预定通知,在其中他第一次使用了这个术语。"我们知道,我们现在已经不能用中国万里长城把自己与人类隔开了。我们猜测,而且是以满怀敬仰的心情猜测,我们未来现实的特征应该在最高程度上是全人类的,也许,俄罗斯理念将是欧洲在自己个别民族里勇敢顽强地发展的全部理念的综合。"①在这里,陀思妥耶夫斯基提出了俄罗斯理念,但对其含义还不太清楚,因此他只能猜测。在他看来,俄罗斯理念应该是对欧洲各民族理念的综合。第一次对俄罗斯理念进行哲学思考的是与陀思妥耶夫斯基同时代的俄罗斯哲学家索洛维约夫。1888 年,索洛维约夫在法国巴黎作个报告,题目就是《俄罗斯理念》。在这里,他关注的是"俄罗斯在世界历史中的存在意义问题"。他认为,"一个民族的理念不是它自己在时间中关于自己所想的东西,而是神在永恒中关于它所想的东西"②。此后,俄罗斯理念就成了俄罗斯哲学的一个重要术语,成了俄罗斯历史哲学的重要问题。

别尔嘉耶夫直接继承了陀思妥耶夫斯基和索洛维约夫关于俄罗斯理念的主题,在他对这个问题的思考中,既有来自他们的影响,也有自己的独特之处。在早年的《俄罗斯的命运》里,他就开始使用俄罗斯理念这个术语,但没有对它作出明确解释。在二战期间,他写作《俄罗斯理念》一书(1946 年出版)。这是一部非常重要的著作,他自己认为这是能够反映其哲学世界观的主要著作之一。这本书的副标题是《19世纪和 20 世纪初俄罗斯思想的基本问题》。仅从书名上很难看出本书的内容是什么,但副标题的意思是非常明确的,这是一本关于整个19 世纪和 20 世纪初的俄罗斯思想发展的历程。那么,为什么他把这本书叫做《俄罗斯理念》呢? 别尔嘉耶夫在这本书里探讨的实际上就

---

① Достоевский Ф. М. Полное собрание сочинений. Т. 18. С. 37. См. Гулыга Арсений. Русская идея и ее творцы. Москва:ЭКСМО. 2003. С. 13.

② 索洛维约夫:《神人类讲座》,张百春译,华夏出版社 2000 年版,第 183 页。

是整个 19 世纪直到 20 世纪初的俄罗斯哲学的发展,因此这是一部俄罗斯哲学史著作。他是个非常出色的俄罗斯哲学史家,论述过几乎所有的俄罗斯哲学家的思想,关于霍米亚科夫、列昂季耶夫、陀思妥耶夫斯基甚至还写过专著。但是,在他所写的关于俄罗斯哲学的著作中,《俄罗斯理念》这本书带有综合性、总结性。作者试图通过这本书揭示一个重要问题,即俄罗斯理念。因为在他看来,俄罗斯哲学思想的发展历程恰好揭示了俄罗斯理念的存在。这是他在全书的结尾作出的一个结论:"19 世纪初和 20 世纪初的俄罗斯思想,俄罗斯人的探索见证了俄罗斯理念的存在,这个理念符合俄罗斯民族的性格和使命。"①整个具有独立意义的俄罗斯思想和俄罗斯哲学的历史与俄罗斯理念有内在的关联。因此,一部关于俄罗斯思想和俄罗斯哲学发展历史的著作就叫《俄罗斯理念》。

在《俄罗斯理念》里,别尔嘉耶夫相对比较集中地论述了自己对俄罗斯理念的理解。在这里,作者立即把注意力放在了俄罗斯思想上,而不去关注俄罗斯的经验历史。他认为,在经验上,俄罗斯历史里有太多的罪恶,它们让人厌恶俄罗斯。"我所感兴趣的问题不是俄罗斯在经验上是什么,而是造物主关于俄罗斯的构想,俄罗斯民族的心智形象,俄罗斯的理念。"②对俄罗斯理念的这个理解明显地受到了索洛维约夫的影响。别尔嘉耶夫延续了索洛维约夫对俄罗斯理念探索的道路。但是,在对俄罗斯理念的具体理解上,他们之间的分歧也是明显的。比如,在教会合一的问题上,索洛维约夫过分强调了普世的原则,别尔嘉耶夫在不否定普世原则的基础上,坚持俄罗斯民族的独

---

① Бердяев Н. А. Русская идея. Основные проблемы русской мысли XIX века и начала XX века.//Бердяев Н. А. Русская идея. Судьба России. Москва:СВАРОГ и К. 1997. С. 217.

② Бердяев Н. А. Русская идея. Основные проблемы русской мысли XIX века и начала XX века.//Бердяев Н. А. Русская идея. Судьба России. Москва:СВАРОГ и К. 1997. С. 5.

特性。

民族理念不是人创造的，而是神在创造民族的时候就为这个民族规定的。民族理念是神关于这个民族的想法和意图，神的意图和想法当然都是永恒的。俄罗斯民族的理念也是永恒的，是神关于俄罗斯民族的想法和意图。在历史现实过程中实现自己的理念，这是俄罗斯民族的使命。不过，俄罗斯民族经常是歪曲自己的理念，甚至是背叛它。民族有时候的确背叛自己的理念，比如犹太民族就是如此，并因此而遭到神的惩罚。不过，即使民族背叛了自己的理念，这个理念也是不变的，因为它是永恒的。十月革命后，俄罗斯帝国灭亡了，取而代之的是一个无神论的国家。别尔嘉耶夫认为，俄罗斯帝国在建立自己强大国家的意志里就背叛了自己的民族理念。俄罗斯民族没有实现自己的使命，但是，他依然坚信，"在俄罗斯民族背叛了自己的理念之后，在它深深地堕落之后，俄罗斯的理念依然是真的，因为这是神的思想，它是伟大的，其中有无法消除的本体论核心，不过，俄罗斯民族发生了背叛，遭遇了谎言诱惑"①。在他看来，十月革命就是对俄罗斯民族背叛自己理念的惩罚。

按照别尔嘉耶夫的理解，俄罗斯理念的一个重要特征就是全人性（всечеловечность）。"俄罗斯理念的基础是把俄罗斯人看做是全人（всечеловек）的意识。"②这是别尔嘉耶夫对俄罗斯理念一个相对明确的理解。在其早期著作《创造的意义：为人辩护的尝试》里，他把全人理解为绝对的人。绝对的人就是绝对人性的载体。只有全人才能是微观宇宙，并且整个地与宏观宇宙对应。亚当的堕落不是个别人的堕落，而是全人的堕落，是和整个宇宙相关的那个微观宇宙的堕落，因此，人的命运和整个宇宙的命运相关，人只能作为全人而堕落，也只能

① Бердяев Н. А. Мировая опасность（вместо предисловия）. // Судьба России. // Бердяев Н. А. Русская идея. Судьба России. Москва：СВАРОГ и К. 1997. С. 224.

② Бердяев Н. А. Национализм и империализм//Судьба России. //Бердяев Н. А. Русская идея. Судьба России. Москва：СВАРОГ и К. 1997. С. 323.

作为全人而被拯救。基督之所以能够拯救人类,就是因为他自己是全人。不过,亚当所代表的全人和基督所代表的全人并不一样,亚当还不是绝对的人,在基督身上就包含了绝对的人。^① 当然,全人和全人性的观念不是别尔嘉耶夫的发明,但他把全人看做是俄罗斯理念的标志。对他影响最大的两位俄罗斯文学家,"托尔斯泰和陀思妥耶夫斯基都宣传全人性(всечеловечность),这是俄罗斯的理念"^②。特别是陀思妥耶夫斯基,他直接宣称:"俄罗斯人是全人,俄罗斯精神是普世精神……"^③陀思妥耶夫斯基相信俄罗斯民族的弥赛亚使命,相信俄罗斯民族理念的存在。构成这个民族的那些个体应该是独特的,其独特性就表现在全人性上,只有这样的人才能完成伟大民族的伟大使命。全人性是一种普世性,而不是特殊性。全人就是完整的人,在他身上包含了人性的全部实质。全人性是完整的人性,但不是一般的人性。因此必须在全人性和一般人性(общечеловечность)之间作出区分。一般人性是指一般人所具有的特征,而不是完整的人所具有的特征。全人性是整全的人性,而不是一般的人性。一般的人是抽象的概念,全人是具体的人,整全的人。只有全人才能在整体上对周围世界作出普世的反应和回应。在谈到普希金时,陀思妥耶夫斯基说:"俄罗斯人是全人,在他身上有普世的回应能力。"^④这个普世回应的能力(универсальная отзывчивость,всемирная отзывчивость)是普希金的一个典型特征,它决定了整个 19 世纪的特点,它也是整个罗斯民族的特点,俄罗斯民族也固有普世回应的能力。在文化上,这种回应能力

---

① См. Бердяев Н. А. Смысл творчества.//Философия свободы. Смысл творчества. Москва:Правда. 1989. Сс. 289,341,371.

② Бердяев Н. А. Истоки и смысл русского коммунизма. Москва:Наука. 1990. С. 73.

③ Бердяев Н. А. Душа России.//Судьба России.//Бердяев Н. А. Русская идея · Судьба России. Москва:СВАРОГ и К. 1997. С. 232.

④ Бердяев Н. А. Русская идея. Основные проблемы русской мысли XIX века и начала XX века.//Бердяев Н. А. Русская идея. Судьба России. Москва:СВАРОГ и К. 1997. С. 176.

就表现在善于发现和吸收其他文化,特别是其中具有普世价值的东西,用它们来完善自己的文化。作为个人,只有通过这种回应能力才能把其他文化里的普世价值纳入到自身中来,从而完善自己,使自己成为整全的人,即全人。全人以及由全人构成的民族拥有整全性,因此不具有排他性。全人不是民族主义者,而是普世主义者。别尔嘉耶夫指出:"在俄罗斯,具有民族特征的恰好是它的超民族主义,它对民族主义的摆脱,这就是俄罗斯的独特性,在这一点上,它不像世界上任何一个国家。"[1]在他看来,俄罗斯的共产主义也与俄罗斯理念有关。"如果深入考察俄罗斯共产主义,在俄罗斯历史命运里考察它,那么它是俄罗斯理念、俄罗斯弥赛亚主义和普世主义、对真理王国的俄罗斯式探索的变体,这个俄罗斯理念在战争和瓦解气氛里具有了丑陋的形式。"[2]别尔嘉耶夫认为,在俄罗斯,全人的观念是在19世纪形成的。俄罗斯人的心灵敞开后,接受并回应任何形式的外来观念。他认为,在那个时代最具象征性的人物是亚历山大一世,后者被他称为带引号的"全人"[3]。斯拉夫派相信俄罗斯民族里有一种全人性的基督教精神,这是一种普世性的基督教精神。陀思妥耶夫斯基企图用全人和全人性来揭示俄罗斯人和俄罗斯民族的实质特征。在陀思妥耶夫斯基之后,继续宣传全人的就是托尔斯泰和索洛维约夫。托尔斯泰在宗教上渴望克服任何民族局限性。"索洛维约夫是俄罗斯全人性观念的代表,反对一切民族分立主义。他是基督教普世主义者,渴望教会联合,有一段时间倾心于天主教。"[4]

在总结19世纪的俄罗斯社会思想和对社会真理的俄罗斯探索时,

---

[1] Бердяев Н. А. Душа России. // Судьба России. // Бердяев Н. А. Русская идея. Судьба России. Москва: СВАРОГ и К. 1997. С. 233.

[2] Бердяев Н. А. Истоки и смысл русского коммунизма. Москва: Наука. 1990. С. 126.

[3] Бердяев Н. А. Истоки и смысл русского коммунизма. Москва: Наука. 1990. С. 20.

[4] Бердяев Н. А. Истоки и смысл русского коммунизма. Москва: Наука. 1990. С. 75.

别尔嘉耶夫指出,"在俄罗斯孕育了人们和民族的兄弟联合。这是俄罗斯理念"①。此后,他又把共通性(коммюнотарность)纳入到俄罗斯理念之中。"俄罗斯理念是共通性和人们以及民族的兄弟联合的理念。"②共通性与个人主义对立,但它又不仅仅是一种共性(общность),它主要强调的是人们之间的交往。从这句话的后半句可以断定,共通性与人们之间的关系有关。这里的交往是指深层的交往,而不是表面的沟通。正是在这个意义上的共通性为俄罗斯人所固有。"几乎所有的人都认为,俄罗斯民族的使命是实现社会真理,实现人们之间的联合。所有人都希望俄罗斯避开资本主义的谎言和恶,它能够走向最好的社会制度,越过经济发展中的资本主义时期。所有人都认为,俄罗斯的落后是其优点。俄罗斯人竟然能够在农奴制和专制制度下成为社会主义者。俄罗斯民族是世界上最具共通性的民族,俄罗斯的日常生活,俄罗斯的习俗都是如此。俄罗斯式的好客就是共通性的特点。"③比如赫尔岑就坚持这个传统的观点,认为经济上落后是俄罗斯的优点。"俄罗斯可以不发展资本主义、资产阶级和无产阶级。在俄罗斯民族里有共通性、共性、人们之间可能的兄弟联合的萌芽,这种联合在西方各民族里已经没有了。在那里发生了堕落,并正在体验堕落的后果。"④因此,从社会哲学的角度看,共通性与资本主义和资产阶级是对立的。"俄罗斯人是共通性的,但不是西方意义上的社会化的,即不

① Бердяев Н. А. Русская идея. Основные проблемы русской мысли XIX века и начала XX века.//Бердяев Н. А. Русская идея. Судьба России. Москва:СВАРОГ и К. 1997. С. 111.

② Бердяев Н. А. Русская идея. Основные проблемы русской мысли XIX века и начала XX века.//Бердяев Н. А. Русская идея. Судьба России. Москва:СВАРОГ и К. 1997. С. 219.

③ Бердяев Н. А. Русская идея. Основные проблемы русской мысли XIX века и начала XX века.//Бердяев Н. А. Русская идея. Судьба России. Москва:СВАРОГ и К. 1997. С. 86.

④ Бердяев Н. А. Русская идея. Основные проблемы русской мысли XIX века и начала XX века.//Бердяев Н. А. Русская идея. Судьба России. Москва:СВАРОГ и К. 1997. С. 91.

承认社会高于人。"①正是在这个意义上,俄罗斯人怀疑任何形式的惩罚的公正性。他们把爱置于公正之上。俄罗斯人的道德评价指向具体的人,而不是抽象原则,无论是国家原则,还是私有财产的原则,或者是抽象的善的原则。"俄罗斯人持另外一种对待罪和犯罪的态度,这是对堕落的人、被贬损的人的怜悯,是对伟大的不爱。俄罗斯人不像西方人那样喜爱家庭,但却具有非常多的共通性。他们寻找的不是有组织的社会,而是共性、交往……俄罗斯民族远比西方诸民族更少社会化,更多地向交往敞开。"②别尔嘉耶夫说曾经指出,"俄罗斯理念里包含了反对死刑"③。斯拉夫派著名代表霍米亚科夫坚决反对死刑和各种残酷的刑罚。在这个意义上,霍米亚科夫是典型的俄罗斯人。人与人之间应该生活在兄弟联合之中,而不是相互仇恨之中。他发现了东正教会的一个非常重要的特征,即聚和性。别尔嘉耶夫把霍米亚科夫的聚和性与自由的观念联系在一起,将其归入俄罗斯理念。"'聚和性'一词无法翻译成外语。聚和性的精神是东正教所固有的,聚和性的理念,精神共通性的理念就是俄罗斯的理念。"④当然,聚和性是理想东正教会的特征,在历史上的东正教会里,很难看到这个特征。但是,聚和性是俄罗斯人宗教信仰的基本特征。正是聚和性这个特点使东正教与天主教和新教区别开了,天主教追求权威,新教追求个人

---

① Бердяев Н. А. Русская идея. Основные проблемы русской мысли XIX века и начала XX века.//Бердяев Н. А. Русская идея. Судьба России. Москва:СВАРОГ и К. 1997. С. 46.

② Бердяев Н. А. Русская идея. Основные проблемы русской мысли XIX века и начала XX века.//Бердяев Н. А. Русская идея. Судьба России. Москва:СВАРОГ и К. 1997. С. 219.

③ Бердяев Н. А. Русская идея. Основные проблемы русской мысли XIX века и начала XX века.//Бердяев Н. А. Русская идея. Судьба России. Москва:СВАРОГ и К. 1997. С. 46.

④ Бердяев Н. А. Русская идея. Основные проблемы русской мысли XIX века и начала XX века.//Бердяев Н. А. Русская идея. Судьба России. Москва:СВАРОГ и К. 1997. С. 141.

主义。俄罗斯宗教性的主要特征就是反对权威和个人主义。东正教会的理想是聚和性。别尔嘉耶夫在莫斯科期间曾经专门研究过霍米亚科夫的思想,特别欣赏其自由的观念和聚和性的观念。他认为:"霍米亚科夫把自由的精神与共通性的精神结合起来,这永远是典型的俄罗斯理念。"①可以说,霍米亚科夫的聚和性就是别尔嘉耶夫所理解的共通性,这是俄罗斯宗教性的典型特征。

> 俄罗斯的宗教性具有聚和性的特征。西方基督徒不知道俄罗斯人所固有的这种共通性。这一特点不但在诸宗教流派里获得体现,而且在诸社会流派里也获得了体现。众所周知,俄罗斯东正教的主要节日是复活节。基督教首先被理解为复活的宗教。如果我们看看东正教,不是其官方的、被歪曲的形式里的东正教,那么在东正教里比在西方基督教里有更多的自由,更多的人们之间兄弟联合的感觉,更多的善,更多的真正谦卑,更少贪权。②

别尔嘉耶夫把复活看做是俄罗斯理念的核心元素,因此费奥多罗夫复活祖先的"共同事业"的哲学受到其高度评价。在"共同事业"的哲学里无疑包含了聚和性和共通性。聚和性和共通性自身不仅仅标志着东正教会拥有更多的自由、善、谦卑等等,更主要的是,它们还标志着一种独特的基督教拯救观。"个体的拯救是不可能的,拯救是共通性的,所有人对所有人负责,这是俄罗斯的理念。"③拯救所有的人,

---

① Бердяев Н. А. Русская идея. Основные проблемы русской мысли XIX века и начала XX века. // Бердяев Н. А. Русская идея. Судьба России. Москва : СВАРОГ и К. 1997. С. 144.

② Бердяев Н. А. Русская идея. Основные проблемы русской мысли XIX века и начала XX века. // Бердяев Н. А. Русская идея. Судьба России. Москва : СВАРОГ и К. 1997. С. 218.

③ Бердяев Н. А. Русская идея. Основные проблемы русской мысли XIX века и начала XX века. // Бердяев Н. А. Русская идея. Судьба России. Москва : СВАРОГ и К. 1997. С. 174.

即普遍拯救的观念始终存在于东正教传统里,这个观念的基础就是聚和性和共通性。费奥多罗夫的"共同事业"就是普遍拯救的事业。"所有人对所有人负责的感觉在他身上达到了极端尖锐的程度:每个人都要为整个世界和所有的人负责,每个人都应该追求拯救所有的人和一切事物。"[1]拯救所有的人,这是俄罗斯人的事业。

在别尔嘉耶夫的理解中,俄罗斯理念还有一个末世论的特征,这个特征与普遍复活有关。"俄罗斯理念是末世论的,它指向终结。俄罗斯极端主义(максимализм)就来源于此。但是,在俄罗斯意识里,末世论的理念具有追求普遍复活的形式。"[2]朝圣和漂泊是典型的俄罗斯现象。作为基督徒的俄罗斯人不喜欢此世,他们在此世没有自己的家园,永远在寻找神的国。在政治上,这种追求表现在俄罗斯人的无政府主义里,反对任何形式的国家体制。在文化上,这种追求可能导向虚无主义。"俄罗斯理念不是繁荣文化和强大国家的理念,俄罗斯理念是神国的末世论理念。这不是欧洲意义上的人道主义理念。但是,俄罗斯民族也面临威胁:一方面是蒙昧主义地否定文化,而不是末世论地批判文化,另一方面是机械的、集体主义的文明。"[3]在具有末世论情怀的俄罗斯人看来,文化是此世的事业,是中间的事业,而不是终结的事业,因此它妨碍寻找神的国。寻找神的国相对于此世的任何事业而言,都是极端主义的行为。所以,别尔嘉耶夫断定,俄罗斯民族是终结的民族,而不是历史过程中间的民族。俄罗斯人反对作为中

---

[1] Бердяев Н. А. Русская идея. Основные проблемы русской мысли XIX века и начала XX века. //Бердяев Н. А. Русская идея. Судьба России. Москва:СВАРОГ и К. 1997. С. 181.

[2] Бердяев Н. А. Русская идея. Основные проблемы русской мысли XIX века и начала XX века. //Бердяев Н. А. Русская идея. Судьба России. Москва:СВАРОГ и К. 1997. С. 218.

[3] Бердяев Н. А. Русская идея. Основные проблемы русской мысли XIX века и начала XX века. //Бердяев Н. А. Русская идея. Судьба России. Москва:СВАРОГ и К. 1997. С. 122.

间现象的文化,认为文化主要是资产阶级的事业。"在通常的用词上,19世纪俄罗斯文学是俄罗斯文化的最高表现,但它不是西方古典意义上的文化,它总是超越文化的界限。伟大的俄罗斯作家们感觉到了完善文化与完善生活之间的冲突,他们追求完善的、改变了的生活。他们意识到,俄罗斯理念不是文化的理念,尽管他们并不总是成功地表达这一点。在这方面,果戈理、托尔斯泰、陀思妥耶夫斯基具有典型意义。"①俄罗斯文化是终结的文化,正是具有末世论指向的俄罗斯文化克服了俄罗斯民族遭到的上述两大威胁,即对文化的蒙昧主义否定和在西方占主导地位的机械文明。

如前所述,别尔嘉耶夫相信俄罗斯民族拥有伟大使命,但不排斥其他民族也有自己的使命。他相信俄罗斯民族的理念,也不否定其他民族的理念。他关于俄罗斯理念的一个界定就是在与日耳曼民族理念对比的情况下给出的。"日耳曼的理念是统治、优势、强盛的理念;俄罗斯理念是人们以及民族的兄弟联合的理念。"②因此,俄罗斯理念与日耳曼理念是对立的。俄罗斯人在很多方面应该向日耳曼人学习,但是在日耳曼人的思想里有些东西与俄罗斯人是敌对的,比如在黑格尔、尼采和马克思等人的思想里就是如此。但是,别尔嘉耶夫坚信,俄罗斯民族和日耳曼民族可以走向联合,如果日耳曼民族放弃自己的强力意志的话。和俄罗斯理念一样,日耳曼理念是永恒的,但是,在20世纪,日耳曼人转向暴力,他们企图靠武力统治世界。日耳曼民族在战争中表现出来的是强力意志,因此消耗了自己的力量。日耳曼人偏离了自己的理念,因此最终失败了。别尔嘉耶夫承认每个民族都有自

① Бердяев Н. А. Русская идея. Основные проблемы русской мысли XIX века и начала XX века.//Бердяев Н. А. Русская идея. Судьба России. Москва:СВАРОГ и К. 1997. C. 113.

② Бердяев Н. А. Русская идея. Основные проблемы русской мысли XIX века и начала XX века.//Бердяев Н. А. Русская идея. Судьба России. Москва:СВАРОГ и К. 1997. C. 219.

己的理念,但俄罗斯理念是独特的,它追求的是人们和各民族之间的普世联合,因此俄罗斯人从不宣传暴力,不相信暴力。

民族理念是由民族弥赛亚演化而来,拥有伟大使命的民族必然拥有伟大的理念。民族的使命与民族的心智是一致的。俄罗斯民族的使命与它的心智一致。如同人的性格一样,民族心智是神造的。神在创造民族的时候,赋予它一定的心智。与此同时,神在创造民族的时候,还赋予它一定的理念。民族的理念是神的意图。因此,一个民族的心智、使命、理念都是由神注定的。在基督教世界里,具有强烈自我意识的民族都会意识到自己的独特性,自己的特殊使命,自己的独特理念。这种自我意识经常演化为民族主义,由此导致民族冲突,甚至战争。但是,正常的民族自我意识是需要的,是民族文化创造所必需的。

在哲学上,理念是希腊人发现的,是柏拉图哲学的核心概念。在柏拉图那里,这个概念是比较模糊的,他只是说任何伟大事物都有自己的理念,至于说渺小的事物是否有理念,他不置可否。因此,理念不是一个严格意义上的概念,不能用理性和逻辑推理来理解。像民族这样的现象,特别是伟大的民族,肯定有自己的理念。与其说民族理念是个哲学概念,不如说它是个神话,是该民族所信奉的神话。几乎所有伟大的民族都有关于自己民族的神话。根据别尔嘉耶夫(以及在他之前的索洛维约夫)的看法,民族理念是造物主对该民族的构想。我们知道,在柏拉图那里,认识理念的方法是回忆。那么,针对造物主的想法、意图和构想,我们应该如何认识呢?这就是陀思妥耶夫斯基的方法,即猜测。俄罗斯思想家们都在猜测俄罗斯理念,猜测的结果就构成了俄罗斯思想的基本内容。别尔嘉耶夫的《俄罗斯理念》一书就是对俄罗斯思想成果的总结,因此,该书副标题"19 世纪和 20 世纪初俄罗斯思想的主要问题"与全书的主旨非常吻合。猜测俄罗斯理念是俄罗斯哲学的主要任务,几乎所有的俄罗斯哲学家都在猜测俄罗斯理念,俄罗斯思想就是这种猜测的结果,它构成了俄罗斯哲学的主要内容。与柏拉图的"回忆"相比,"猜测"更具积极性和创造性。俄罗斯哲学在短短一百年时间里就取得了辉煌的成就,与这种独特的思维方式有密切关系。每个哲学家都按照自己的方式猜测俄罗斯理念,因此猜测的结果是不同的,甚至是对立的、矛盾的。哲学家们之间的观点不一致,这是哲学存在的前提。别尔嘉耶夫几乎不认同任何一个哲学家的思想和观念,无论俄罗斯的哲学家,还是西方的哲学家。他自己的哲学就建立在对其他哲学家思想和观念的批判的基础上。此外,俄罗斯哲学家们都对现实进行尖锐的批判,因为在他们看来,俄罗斯历史发展道路经常偏离他们对民族理念猜测的结果。因此,俄罗斯哲学家们永远不满足于俄罗斯的历史现实,俄罗斯历史发展的道路。俄罗斯帝国的灭亡就是由在帝国俄罗斯时期形成的俄罗斯知识分子准备的。作为一种哲学思考方式,猜测是俄罗斯哲学的独到之处,这一点使得俄罗斯哲学与其他民族的哲学区别开了。在一定意义上可以说,俄罗斯哲学是"猜测"出来的。俄罗斯哲学的许多特征都由这一点决定。比如别尔嘉耶夫就特别强调俄罗斯哲学面向将来的先知特征,猜测恰好面向未来;俄罗斯哲学缺乏逻辑性,缺乏体系性,这是猜测的主要特征。别尔嘉耶夫认为自己的哲学具有先知特征,但也承认自己的哲学缺乏体系,没有逻辑性。他的表述方式是格言式的,几乎类似于谶语。他对自己所使用的主要概念很少作明确的界定,其中的很多观念都具有象征意义。

俄罗斯理念是俄罗斯民族的终极目的、梦想、理想。它在该民族内部孕育,依赖于该民族的类的特征,依赖于它的心智。民族理念永远是具有民族情怀的人的一个梦想,无论他是哲学家、思想家、艺术家,还是政治家,或者只是个普通公民。

结语:别尔嘉耶夫的信仰悲剧

　　哲学是个人的、个性的事业,而不是社会的、集体的事业。哲学不完成"社会订货",因此不为社会所需要和容纳。大众不需要严肃的哲学,哲学研究永远只是少数人的事业。在西方传统里,哲学是爱智慧,但大众对哲学的喜爱只是表面的,大众并不真的爱智慧,因为智慧给人带来的是烦恼。在东方传统里,哲学主要表现为恨智慧(道家和佛教传统),在大众中间,没有人喜欢哲学,因为大众表面上还是喜欢智慧。实际上,大众并不真的爱智慧,也不能真的恨智慧。很少有人喜欢哲学,可悲的是,知识分子亦然。别尔嘉耶夫在《哲学真理与知识分子真理》中曾经指责俄罗斯知识分子不喜欢哲学真理,敌视哲学真理。尽管人类知识离不开哲学,但知识人不喜欢哲学家。在知识分子中间,哲学家是最孤独的,最不被理解的。

　　对哲学的敌视与攻击主要来自两个方面,一个是科学,一个是宗教。来自科学方面对哲学的打击不是实质性的,哲学与科学之间的冲突一般不是悲剧性的,即使有时候这个冲突带有悲剧色彩,其悲剧性也不那么深刻。对哲学的最有力的打击来自宗教方面,"恰恰是哲学和宗教的冲突制造了哲学家的悲剧"①。表面上看,似乎人类所有学科都是从哲学里分离出来的,尽管它们后来纷纷走向独立,但是依然都在一定程度上依赖于哲学。但是,也可以说,哲学产生于宗教和神

---

① Бердяев Н. А. Я и мир объектов.//Бердяев Н. А. Философия свободного духа. Москва:Республика. 1994. С. 230.

话,始终对宗教和神话有所依赖,别尔嘉耶夫甚至认为,宗教是哲学的营养源。哲学一旦摆脱了对宗教的依赖,它马上就开始依赖科学。刚刚走出中世纪的近代西方哲学最后竟然到了崇拜科学的地步。哲学的独立永远只是个幻想。别尔嘉耶夫对此分析道:"在认识里有三个原则在发挥作用:人自己、神和自然界。在认识里相互作用着的是:人的文化、神的恩赐和自然界的必然性。哲学家的悲剧在于,一些人企图以神的恩赐的名义限制他的认识,另一些人则以自然界的必然性的名义限制他的认识。这就是哲学与宗教及科学的冲突。"①哲学有宗教上的奢望,总是提出宗教性的问题,涉足宗教领域,因此遭到宗教的痛恨和排挤。与此同时,哲学还希望指导科学,甚至奢望成为科学,因此同样遭到来自科学方面的痛恨和排挤。哲学与科学,哲学与宗教之间的关系与冲突远比我们想象的复杂。

哲学在科学与宗教之间的夹缝中生存。因此,哲学家的处境和命运可想而知。别尔嘉耶夫说过:"哲学家的处境确实是悲剧的。几乎谁都不喜欢他。"②人们不喜欢哲学,更不喜欢哲学家,几乎把他们看做是世界上最无用的人。于是,总有这样一些哲学家,他们希望社会需要他们,努力满足"社会订货",期望获得社会的保障。别尔嘉耶夫把哲学研究分成两类,一类是面向社会的,另外一类是面向存在的秘密或面对神的。

> 如同在一切创造里一样,人在认识里可以处在两种境况之中。一种是,人面对存在的秘密和面对神。这时就将产生原初的和真正的认识,真正的哲学。在这个状态里,他就会获得直觉,获得启示。但是,这时他也是社会上最无保障的

---

① Бердяев Н. А. Я и мир объектов.//Бердяев Н. А. Философия свободного духа. Москва:Республика. 1994. С. 237.

② Бердяев Н. А. Я и мир объектов.//Бердяев Н. А. Философия свободного духа. Москва:Республика. 1994. С. 230.

人。另外一种境况是,人面对其他人,面对社会。这时无论哲学认识还是宗教启示都遭到社会的适应和社会的客体化。但是,这时人在社会上是最有保障的。这个社会保障性常常需要付出代价,即良心和意识被社会上有益的谎言所歪曲。在其他人面前,在社会面前,人是个演员。当一个认识者在写书时,他多少也是个演员。他在社会里扮演角色,在社会里占有一定的地位。演员依赖于其他人,依赖于多数人,他的功能在社会上也就有了保障。面对神的认识者的声音可能完全不被听见。他遭到来自社会化的宗教和社会化的科学方面的攻击。这就是原初的哲学,这就是哲学家的悲剧。①

哲学家们非常清楚,社会不需要哲学,准确地说,社会不需要真正的、严肃的哲学。真正的哲学面向存在的秘密,或者面对神。存在概念来自日常生活,但作为哲学概念,几乎不为常人所理解。神是信徒信仰的对象,但在哲学家那里,神不可能只是个信仰的对象,绝不仅仅是向其祷告的那个东西。存在和神被哲学家们弄得"面目皆非"了。通常都用理性来解释这一点,经过哲学家理性处理过的存在和神已经不再是通常意义上的存在和神了。这个解释有一定道理,但没有涉及问题的本质和深处。别尔嘉耶夫对此有个更深刻的解释。他说:"只有在承认哲学的直觉的情况下,哲学才是可能存在的。任何一个著名的和真正的哲学家都有自己原初的直觉。哲学直觉不是从任何东西里导出来的,它是原初的,其中闪烁着照耀整个认识过程的光。无论是宗教教义,还是科学真理都不能代替这个直觉。哲学认识依赖于所经历的体验、对人的生存的所有矛盾的体验、悲剧的体验的规模。对

---

① Бердяев Н. А. Я и мир объектов.//Бердяев Н. А. Философия свободного духа. Москва:Республика. 1994. C. 239.

人的生存之完满的体验是哲学的基础。"①在别尔嘉耶夫看来,哲学认识的关键不是理性,而是原初直觉。哲学家的哲学创造应该以自己的原初直觉为基础。只有这样,才能保证哲学创造的独立性。

别尔嘉耶夫在童年就意识到自己有哲学使命,一生忠实于这个使命。尽管他没有受到过专业的哲学训练(在哲学研究方面他是自学成才),但却成为世界知名的伟大哲学家,为俄罗斯哲学乃至世界哲学贡献了自己自由精神的哲学。在自己的哲学创作道路上,他始终忠实于自己原初的哲学直觉,如果用一个概念来表达他的这个直觉,显然就是自由,与之相关的一个论断就是自由先于存在。当自由遇到神的时候,别尔嘉耶夫牺牲了神的全能,保卫自由的首要地位,提出"非被造的自由"的概念。这也是他的直觉。

从别尔嘉耶夫的《哲学自传》里可以看到,他家里并没有传统的宗教气氛。小时候,他没有经受传统的宗教熏陶。别尔嘉耶夫的原初直觉是自由,自由必然与反抗相关,因为自由要求同一切妨碍自由的东西斗争。他14岁就能阅读叔本华、康德和黑格尔,接触哲学与他的自由天赋合拍了,于是,他与贵族家庭环境决裂,与传统宗教决裂,走上社会革命的道路。然而,在这条路上他没有停留多久,便转向哲学唯心主义。在20世纪初的彼得堡,他从文学圈子里获得了宗教主题,成为"新宗教意识"运动的重要代表之一。然而,在他看来,文学圈子里的宗教探索很不严肃,其中有一股"毒气"糟蹋了宗教探索本身。搞文学的人只是在玩弄一些宗教词汇和术语,根本说不到点子上。于是,他毅然离开彼得堡,去莫斯科继续自己的宗教探索。这时,他开始把宗教探索建立在哲学的基础上。这是他与其他"新宗教意识"运动代表们最实质的区别。从这个时候开始,别尔嘉耶夫一生都在建立和完善以自由和精神为焦点的宗教哲学"体系"。那么,这个体系是宗教还

---

① Бердяев Н. А. Я и мир объектов.//Бердяев Н. А. Философия свободного духа. Москва:Республика. 1994. С. 236.

是哲学？别尔嘉耶夫的宗教哲学是一种独特的哲学,但毕竟是哲学。与此同时,他的宗教哲学也是一种宗教,因为这里有宗教的诉求。这个诉求表现在,他希望为当时的俄罗斯知识分子建立一种新宗教。俄罗斯知识分子是个独特的现象,它产生于东正教的土壤,即使是那些走上无神论道路的知识分子也有宗教的情怀和需求。传统宗教,特别是以东正教会为代表的宗教根本无法满足知识分子的精神需求,相反,成了知识分子们批判的对象。知识分子被社会遗弃,被神遗弃了。但是,他们既想返回社会("到民间去"),又想返回到宗教,甚至返回到教会的怀抱。然而,社会不接受他们,神遗弃了他们,教会也不接受他们。

> 我们生活在一个充满精神危机的过渡时期,许多漂泊者都返回到基督教,回到教父的信仰,回到教会,回到东正教的环抱。返回来的是这样一些人,他们拥有对近代历史的体验,并且在这个体验中达到了极限。19世纪末和20世纪初的人是悲剧式的人。这是新的人,体验在他们身上所留下的后果是无法根除的。人们怎样对待返回到父的家里的这些漂泊者呢？常常不是像福音书寓言故事中所讲的父亲对待浪子那样。我们经常可以听到那位长子的声音,他以自己一直待在父亲身边服侍父亲而骄傲。在精神的探索者和漂泊者中间不但有浪子,而且也有饥渴慕义的人。在神的面前获得证明的将是他们,而不是那些以其伪善的虔敬而骄傲的人,不是那些感觉自己在宗教生活中拥有巨大财富的"基督徒资本家",这样的人非常多。①

别尔嘉耶夫自己就是返回到基督教的"浪子"。他经历了怀疑的考验,信仰上的挣扎。他正是带着这一切返回到基督教的,也正是这

---

① Бердяев Н. А. Философия свободного духа. Москва:Республика. 1994. C. 15.

一切引起"基督教资本家们"的不安。别尔嘉耶夫一生非常珍惜自己的体验，希望把自己的体验融入到基督教里。他不能抛弃这些"浪子"，希望成为这些浪子的导师，成为精神探索者和漂泊者的导师。如果说，在白银时代之前，比如在 19 世纪，俄罗斯精神探索者和漂泊者的导师是文学家，那么从白银时代开始，哲学家逐渐占据了这个地位。然而，从普希金和果戈理，一直到陀思妥耶夫斯基和托尔斯泰，他们作为俄罗斯精神导师，是失败的。当时人们并没有接受他们的训导。俄罗斯社会也没有按照他们的愿望发展。他们的文学作品里所蕴藏的伟大意义是白银时代的哲学家们发现的，这个发现最终也被俄罗斯主流社会抛弃了。如果说作为精神导师，文学家们能够用百姓能听懂得语言训导社会，那么哲学家们似乎无论如何没有资格做百姓的精神导师。一方面，百姓根本听不懂他们在说什么，另一方面，他们自己的训导是可疑的。他尝试表达自己的这个内在的宗教体验，在一般人看来，个人的内在体验是非常可以的。他希望自己他所信奉的这个基督教（新基督教，新宗教意识）转达给百姓（知识分子），因此，必然会遭到人们的怀疑。

作为哲学家的别尔嘉耶夫所信的神是什么神？哲学家所信的神与亚伯拉罕、以撒和雅各所信的神不是一个，这两个神之间甚至有冲突。但是，亚伯拉罕、以撒和雅各所信的神与今天的基督徒们所信的神也不一样了。"人们向其祈祷的活生生的神是亚伯拉罕、以撒和雅各的神，而不是哲学家们的神，不是绝对。但是这个问题比帕斯卡尔所想的要复杂得多，因为亚伯拉罕、以撒和雅各的神不但是真正的，活生生的和个性的神，而且也是原始游牧部落的神，这个部落有其认识和社会生活方面的局限性。被唤醒进行认识的人总是体验到和传统生活方式中沉睡的东西所发生的冲突。哲学不能容忍大多数人的盲从。"①这里说的不是神变了,而是人们对神的认识发生了变化。不管亚伯拉罕、以撒和雅各所理解的神,以及今天基督徒们所理解的神是否是真正的神,有一点是肯定的,作为哲学家的别尔嘉耶夫所理解的神与他们所理解的神是不同的。哲学家的神不同于亚伯拉罕、以撒和雅各所信的神,不同于普通基督徒所信的神,而且哲学家们之间在对神的理解方面也是完全不同的,这个不同远大于哲学家的神与信徒的神之间的差别。苏格拉底所信的神大概只有他自己信,这是苏格拉底的悲剧。这不是宗教的悲剧,而是哲学家的信仰的悲剧。哲学家的信仰只能是悲剧的。不信教的哲学家也许是悲剧的,但其程度远不如信徒哲学家的悲剧。走上哲学认识道路的信徒哲学家,注定不能相信其他任何人(非哲学家的信徒和信徒的哲学家)所信的神。正是这一点体现了信徒哲学家在信仰上的不盲从。

别尔嘉耶夫自己承认,在 1906 年春夏之交,他"皈依"了基督。当然,这是个人的隐秘行为,我们无从得知实际情况。但有一点可以肯定,他的"皈依"不是严格宗教意义上的皈依,他没有皈依到正统的东正教会。别尔嘉耶夫坦白说:"我通过自由,通过对自由之路的内在体验走向了基督。我的基督教信仰不是日常性的、家族式的、按照传统继承下来的,而是靠痛苦的生命体验获得的,是从内部,从自由里获得的。"②他所理解和相信的基督不是一般人所理解和相信的基督,而是作为哲学家的别尔嘉耶夫自己所理解和相信的基督,而且也只有他一个人理解和相信的基督。别尔嘉耶夫的宗教就是他的宗教哲学。俄罗斯当代著名哲学家古雷加断定,"别尔嘉耶夫是宗教哲学家,但他远离正统,他是个异端"③。如果说哲学的历史就是"异端"的历史,那么在宗教领域里的异端注定遭遇悲剧命运。哲学追求的是独一无二、绝

① Бердяев Н. А. Я и мир объектов.//Бердяев Н. А. Философия свободного духа. Москва:Республика. 1994. С. 238.

② Бердяев Н. А. Философия свободного духа. Москва:Республика. 1994. С. 15.

③ Гулыга А. В. Русская идея и ее творцы. Москва:Эксмо. 2003. С. 230.

无仅有,因此,重复对哲学而言是灾难性的。在这个意义上,哲学史只能由各种"异端"来构成,没有了"异端",哲学的发展就终止了。哲学家最反对盲从。但是,相反,宗教最怕"异端",重复(无论理论上,还是实践上)是宗教得以维持自己存在的关键手段。如果别尔嘉耶夫把自己的宗教哲学归入到哲学领域倒也罢了。但是他从来不满足于此。他希望自己的宗教哲学成为一种宗教。因此,他的悲剧已经不仅仅是哲学的悲剧了,这个悲剧已经超越了哲学范围,进入到宗教领域。难怪俄罗斯哲学家斯捷蓬说:如果是"在中世纪末期,别尔嘉耶夫也会在篝火上结束自己的生命,尽管他信奉基督教"①。可以说,如果这个悲剧发生,那么其根源就是别尔嘉耶夫原初的哲学直觉。

人可以不信宗教,但不能没有信仰。信仰是人的精神世界里的一种能力,只要人活着,这种能力就不会消失。甚至可以把信仰的能力看做人在精神上是否活着的判断标准。不过,哲学家的信仰与非哲学家的信仰有原则区别。这个区别就在于,非哲学家的信仰是宗教的基础,哲学家的信仰从根本上与宗教对立。非哲学家的信仰的基础是"盲从",他们信仰的力量就在这个"盲从"里。一旦"盲从"占据主导地位,他们的信仰很容易就转化成强大的宗教力量。但哲学家的信仰最不能容忍"盲从"。与其说哲学家关注自己的信仰,不如说他们关注别人的信仰,他们在别人的信仰里寻找自己的信仰,准确地说,他们在别人的信仰之外寻找自己的信仰。无论是否找到自己的信仰,他们都将遭遇悲剧的命运。找不到自己的信仰,他们就失败了,找到了自己的信仰,他们就不再是任何宗教的信徒,因为这个信仰是独一无二的,绝无仅有的,只属于哲学家自己的。从宗教信仰的角度说,这也是失败的。因此,哲学家是孤独的,孤独是哲学家所特有的病。只有哲学家的孤独才是真正的孤独。在这方面,哲学家很类似宗教先知。实际上,宗教里的先知都是哲学家。哲学家的命运是悲剧的,先知的命运

---

① Степун Ф. А. Бывшее и несбывшееся. Санкт-Петербург: Алетейя. 2000. С. 200.

是悲剧的,先知式哲学家的命运是双重的悲剧。别尔嘉耶夫把自己界定为先知式的哲学家。

无论从哲学上,还是从宗教上判断,别尔嘉耶夫都是个异端。因此,一方面他是个毫无疑问的伟大哲学家,另一方面,在他自己的宗教探索上注定要导致悲剧。这个悲剧是内在的,这是信仰的悲剧。其外在表现是,别尔嘉耶夫有干犯圣灵的嫌疑。在谈到罗赞诺夫时,我们说过,他干犯了耶稣基督,但他没有干犯圣灵。别尔嘉耶夫从自由的直觉出发,将这个直觉落实到精神领域。在西方哲学史上,从近代开始,精神一词逐渐占据主导地位,黑格尔的哲学就是精神的凯旋。在这个意义上,近代西方哲学是中世纪基督教哲学的延续,因为无论怎么掩盖,精神一词的宗教含义都是无法彻底消除的。当然,哲学家们没有公开把精神与圣灵混淆起来,否则,教会不会宽容他们,大众也不能容忍他们对圣灵的亵渎。所以,在西方哲学里,精神一词最后成了似乎与圣灵无关的哲学专业术语。但是,在别尔嘉耶夫这里,作为哲学概念的精神又返回到宗教领域。他曾经明确地把精神与圣灵区分开,但实际上,他所理解的精神无论如何摆脱不掉圣灵所具有的含义。在他看来,精神就是自由,但不是外在的自由,而是内在的自由,就是人与生俱来的那个自由,是来自虚无的自由,这个自由不是神创造的,神对这个自由没有任何权力。因此,精神成了神所不能控制的东西。我们知道,在基督教的三位一体中,圣父、圣子和圣灵是绝对平等的,没有任何先后之分,没有任何外在和异在的特征。早期基督教异端阿利乌派的最大错误就在于贬低圣子的地位,认为圣子低于圣父。别尔嘉耶夫把圣灵置于圣父和圣子之上。阿利乌派异端没有干犯圣灵,但别尔嘉耶夫干犯圣灵的嫌疑无论如何是不能彻底排除的。在基督教历史上,大概只有他这样做。这是他的信仰,这也是他的信仰悲剧。

哲学的信仰之所以导致悲剧,是因为它深刻。肤浅的信仰不会有悲剧,深刻的信仰只能是悲剧的。只有深刻的信仰才与哲学相关,只有深刻的哲学才与信仰相关。有哲学参与的信仰,必然是悲剧的信仰。信仰的悲剧是俄罗斯宗教哲学的一个怪圈。不过,信仰的悲剧不仅仅存在于俄罗斯宗教哲学里,而且也存在于西方哲学传统里。但是,在西方哲学传统的内部,信仰的悲剧无法获得解决。

去世前不久,别尔嘉耶夫痛苦地写道:"我在欧洲和美国,甚至在亚洲和澳大利亚都非常有名,我的著作被翻译成多种语言,关于我写了很多东西。只有一个国家几乎不知道我,这就是我的祖国。"①六十年过去了,现在,别尔嘉耶夫在当代俄罗斯哲学界是最有影响的哲学家,他的著作一版再版,他的宗教哲学思想在任何一本关于俄罗斯哲学史著作里都占有非常显赫的位置。在中国,别尔嘉耶夫也有很多读者。

---

① Бердяев Н. А. Самопознание. Москва:Книга. 1991. С. 341.

参考文献

一、外文参考文献

(一) 别尔嘉耶夫原著

[1] Бердяев Н. А. Эрос и личность (философия пола и любви). Москва: Прометей. 1989.

[2] Бердяев Н. А. Философия свободы. Смысл творчества. Москва: Правда. 1989.

[3] Бердяев Н. А. Самопознание (Опыт философской автобиограф-ии). Москва. Книга. 1991.

[4] Бердяев Н. А. О назначении человека. Москва: Республика. 1993.

[5] Бердяев Н. А. Философия свободного духа. Москва: Республи-ка. 1994.

[6] Бердяев Н. А. О рабстве и свободе человека. Москва: Республи-ка. 1995.

[7] Бердяев Н. А. Новое религиозное сознание и общественность. Москва: Канон + . 1999.

[8] Бердяев Н. А. Н. А. Бердяев о русских классиках. Москва: Высшая школа. 1993.

[9] Бердяев Н. А. Субъектизм и индивидуализм в

общественной философии (Критический этюд о Н. К. Михайловском). Москва : Канон + . 1999.

[10] Бердяев Н. А. Духовный кризис интеллигенции. Москва : Канон + . 1998.

[11] Бердяев Н. А. Истоки и смысл русского коммунизма. Москва : Наука. 1990.

[12] Бердяев Н. А. Смысл истории. Москва : Мысль. 1990.

[13] Бердяев Н. А. Истина и откровение. Прелогомены к критике Откровения. Санкт-Петербург : Изд. Русского Христианского гуманитарного иститута. 1996.

[14] Бердяев Н. А. Русская идея. // Русская идея? Судьба России. Москва : Сварог и К. 1997.

[15] Бердяев Н. А. Н. А. Бердяев о русской философии. В двух томах. Свердловск : Уральский университет. 1991.

[16] Бердяев Н. А. Собрание сочинений Н. Бердяева. Том 3. Типы религиозной мысли в России. Paris : YMCA-PRESS. 1989.

[17] Бердяев Н. А. Из размышлений о теодицее. // Путь. №7. Апрель 1927 г.

(二)关于别尔嘉耶夫的研究著作

[1] Титаренко С. А. Специфика религиозной философии Н. А. Бердяева. Ростов-на-Дону : Ростовский университет. 2006.

[2] Силантьева М. В. Экзистенциальная диалектика Н. Бердяева как метод современной философии. Москва : Инженер. 2004.

[3] Силантьева М. В. Философия культуры Н. А. Бердяева и актуальные проблемы современности. Москва :

Инженер. 2005.

[4] Волкогонова О. Д. Н. А. Бердяев: Интеллектуальная биография. Москва: Московский университет. 2001.

[5] Н. А. Бердяев и единство европейского духа. Под редакцей Владимира Поруса. Москва: Библейско-богословский институт св. Апостола Андрея. 2007.

(三) 其他著作

[1] Мережковский Д. С. Атлантида-Европа. Тайна Запада. Москва: Русская книга. 1992.

[2] Мережковский Д. С. Больная Россия. Ленинград: Ленинградский университет. 1991.

[3] Мережковский Д. С. Собрание сочинений в четырех томах. Том IV. Москва: Правда. 1990.

[4] Розанов В. В. В темных религиозных лучах. Москва: Руспубли-ка. 1992.

[5] Розанов В. В. Религия. Философия. Культура. Москва: Республи-ка. 1992.

[6] Розанов В. В. В мире неясного и нерешенного. Москва: Респуб-лика. 1995.

[7] Розанов В. В. Собрание сочитений в двух томах. Москва: Прав-да. 1990.

[8] Лосский Н. О. История русской философии. Москва: Советский писатель. 1991.

[9] Записки петербургских религиозно-философских собраний 1901 – 1903. Москва: Республика. 2005.

[10] Зернов Н. Русское религиозное возрождение ХХ века. Париж: YMCA-PRESS. 1991.

[11] Н. А. Бердяев: pro et contra (антология). Книга 1. СПб. 1994.

[12] Гулыга Арсений. Русская идея и ее творцы. Москва: Алгоритм. 2003.

[13] Зеньковский В. В. История русской философии. В двух томах. Ленинград:ЭГО. 1991.

[14] Левицкий С. А. Очерки по истории русской философии. Москва:Канон. 1996.

[15] Мотрошилова Н. В. Мыслители России и философия запада. Москва:Культурная революция. 2006.

[16] Гайденко П. П. Владимир Соловьев и философия серебряного века. Москва:Прогресс-Традиция. 2001.

[17] Воронцова И. Русская религиозно-фиософская мысль в начале XX века. Москва:ПСТГУ. 2008.

[18] Емельянов Б. В. История отечественной философии XX века. Екатеринбург:Уральский университет. 2005.

[19] Маслин М. А. и другие. История русской философии. Москва:Республика. 2001.

[20] Ермичёв А. А. Религиозно-философское общество в Петербурге (1907 – 1917): Хроника заседаний. Санкт-Петербург:Изд. С. -Петербургского университета. 2007.

[21] Новинкова Л. И. , Сиземская И. Н. Русская философия истории. Москва:Аспект Пресс. 1999.

[22] Красиков В. И. Русская философия today. Москва: Водолей Pubklishers. 2008.

二、中文参考文献

(一)别尔嘉耶夫著作中文版

[1]别尔嘉耶夫:《论人的使命》,张百春译,上海人民出版社2007年版。

[2]别尔嘉耶夫:《论人的奴役与自由》,张百春译,中国城市出版社2002年版。

[3]别尔嘉耶夫:《精神与实在》,张百春译,中国城市出版社2002年版。

[4]别尔嘉耶夫:《末世论形而上学》,张百春译,中国城市出版社2003年版。

[5]别尔嘉耶夫:《人和机器:技术的社会学和形而上学问题》,张百春译,载《世界哲学》2002年第2期。

[6]别尔嘉耶夫:《当代世界的精神状态》,张百春译,载《问题》2003年第2期。

(二)关于别尔嘉耶夫的研究著作

[1]雷永生:《别尔嘉耶夫》,东大图书公司1998年版。

[2]舍斯托夫:《思辨与启示》,张百春译,上海人民出版社2005年版。

[3]郭丽双:《对客体化世界的反抗:别尔嘉耶夫思想研究》,上海社会科学院出版社2008年版。

[4]耿海英:《别尔嘉耶夫与俄罗斯文学》,上海书店出版社2009年版。

(三)其他著作

[1]弗洛罗夫斯基:《俄罗斯宗教哲学之路》,吴安迪、徐凤林、隋

淑芬译,张百春校,上海人民出版社2006年版。

[2]梅列日科夫斯基:《托尔斯泰与陀思妥耶夫斯基》两卷本,杨德友译,华夏出版社2009年版。

[3]索洛维约夫:《神人类讲座》,张百春译,华夏出版社2000年版。

[4]罗赞诺夫:《论宗教大法官的传说》,张百春译,华夏出版社2007年版。

[5]张百春:《当代东正教神学思想:俄罗斯东正教神学》,上海三联书店2000年版。

后　记

　　"别尔嘉耶夫宗教哲学研究"是本书的副标题,这是全书的主要内容。对书名"风随着意思吹"需要作些解释。这句话取自《圣经·约翰福音》第三章第八节。当我最初读到和合本《圣经》上的这句话时,并不喜欢这个译文,不理解这句话要表达什么意思。查找俄文《圣经》后了解到,在这句话里,"风"就是"灵"或"精神"。有趣的是,在写作本书的过程中,"风随着意思吹"和俄文"Дух дышит, где хочет"这两句话时常回响在耳边。全书结束时,我放弃所有其他方案,把"风随着意思吹"当做本书的书名。现在,我喜欢上这句话了,觉得它完全符合本书的内容,最能体现别尔嘉耶夫宗教哲学的全部内涵。

　　第一次听到别尔嘉耶夫的名字是 1988 年年底,那时我刚到苏联列宁格勒大学(现俄罗斯圣彼得堡大学)哲学系攻读博士学位。一天晚上,我和同屋的几位苏联同学聊起哲学。他们对中国哲学所知不多,不过都知道孔子和老子。但我对俄罗斯哲学几乎一无所知,就问了一个非常简单的问题,俄罗斯最伟大的哲学家有哪些。他们说了几位,都是我从未听说过的,比如索洛维约夫和别尔嘉耶夫等等。这是我第一次听到别尔嘉耶夫这个名字。从此,我开始留意俄罗斯哲学家们。隐约感到,这对我非常重要。但是,当时找不到他们的任何资料,因为索洛维约夫和别尔嘉耶夫等俄罗斯哲学家们的著作刚好从 1988 年才开始公开出版。苏联的出版体制属于计划经济模式,书店按订单售书,如果不预订,在书店里很难买到所需要的书,除非有预订者没有在规定时间内购买,剩下为数不多的书才公开出售,但需要在指定的日子早早地到书店门口排长长的队。为了弄到俄罗斯哲学家们的书，在同学的提示下，我开始去斯莫尔尼宫附近的一个书市寻找。每到周末起个大早去逛书市是我在圣彼得堡学习期间最难忘的事情之一。另外，在涅瓦大街开始的地方（靠近冬宫广场）有个旧书店，在那里我淘到不少好书。幸运的是，我在圣彼得堡留学期间恰逢俄罗斯哲学经典著作出版高峰。在短短的几年时间里，俄罗斯哲学家们的大部分主要著作都出版了，这些书几乎都被我通过各种途径淘到了。回国后的那些年，我利用各种机会几乎每年去俄罗斯，我个人的主要任务就是继续丰富我的藏书，另外就是品尝我特别喜欢的俄式大餐。时代不同了，现在很多俄文资料都可以直接从网上获取，俄罗斯的餐厅、咖啡厅和食品店在北京已经有好几家了。

1991年春天，我在旧书店买到别尔嘉耶夫的哲学自传《自我认识》(1990年版)，用了几天时间一口气把它读完。我从来没有在读哲学书中获得这样的快乐。这是我完整地阅读的第一本俄文书。此后我一有时间总要拿来翻看几页。时常在朦胧之中有一个想法，应该把别尔嘉耶夫的著作介绍给国内学界。1993年底回国后，继续研究俄罗斯哲学，阅读最多的还是别尔嘉耶夫的著作。我喜欢他的语言，读起来是那么轻松。他的思想在我的内心里引起共鸣。我开始尝试翻译别尔嘉耶夫的书。莫斯科共和国出版社于1993—1995年连续出版别尔嘉耶夫三卷本文集，我将收入其中的九本书全都翻译成汉语，目前大部分译稿已经出版，但还有几本依然是"自用"状态，包括写作本书前翻译的另外两本书《新的中世纪》和《真理与启示：启示批判导论》。算起来阅读别尔嘉耶夫已整整20年，我从他那里学到了很多东西。这本小书就是对我阅读别尔嘉耶夫的一个初步总结。书中的不足之处希望批评指正。

在这里，我要感谢黑龙江大学陈树林教授，黑龙江大学出版社社长、总编辑李小娟，正是在他们的积极努力下，本书和"俄罗斯哲学研究丛书"才得以面世。感谢在写作过程中为我提供了相关材料、建议和鼓励的俄罗斯学术界的朋友们，他们是俄罗斯科学院哲学研究所列克托尔斯基院士（自从 1996 年我们相识以来，他免费赠送我很多书，其中包括2008—2010 年出版的由他主编的"20 世纪下半叶俄罗斯哲学家文库"全部21 卷），斯焦宾院士（1996—1997 年，2001 年我在莫斯科访学期间，多次听过他的课，经常去他在救主大教堂对面的所长办公室打扰，他很健谈，讲课很有激情），斯米尔诺夫通讯院士（哲学所副所长，为我提供很多信息和资料），德米特里耶夫通讯院士，尼科利斯基教授，利谢耶夫教授，格罗莫夫教授（2001 年春夏之交我在哲学所做高级访问学者时的导师），布洛夫教授（我们于 1991 年相识在圣彼得堡，他几乎每年都带团到中国来访问，每次都给我带大量的书和杂志），基亚欣科教授，卡拉－穆尔扎教授，费多托娃教授，舍甫琴科教授，俄罗斯哲学协会第一副会长丘马科夫教授，俄罗斯国立人文大学的谢尔比年科教授，俄罗斯高级经济研究院的鲁特凯维奇教授，西伯利亚联邦大学的达旗升教授，当然还有我最欣赏的当代俄罗斯最具独创性的哲学家霍鲁日教授，目前在美国埃默里大学任教的爱普斯坦教授，等等。感谢我的导师索尔达托夫教授夫妇，他们一直关心我的学术事业。令人欣慰的是，上述各位院士和教授都曾应笔者邀请在北京师范大学作过学术报告，其中很多人不止一次。霍鲁日教授 2009 年夏天的系列讲座和达旗升教授 2010 年夏天的系列讲座至今让人难忘。从 2005 年起，我以北京师范大学俄罗斯文化研究中心的名义每年邀请多位俄罗斯学者来为我校师生作学术报告。每当与他们谈起笔者的写作计划以及在写作中遇到的问题时，他们都热心地提供指导。他们的帮助为本书增色不少。此外，众所周知，讲演是俄罗斯学者的长项，尤其是哲学家们。现在可以说，俄罗斯学者在我校的学术报告已经成为一个品牌和传统。在这里，我要特别感谢北京师范大学的校领导，他们有广阔的国际视野，鼓励国际合作交流。还要感谢北京师范大学哲学与社会学学院、国际合作与交流处、研究生院的领导，没有他们在各方面的支持，特别是财政上的支持，上述很多报告无法举行。还要感谢我的硕士和博士研究生们,他们把每次俄罗斯学者的报告组织得井井有条。

最后要感谢我的家人,他们是我的坚强后盾。首先感谢我年逾古稀的老父亲,他性格开朗豁达,胸怀坦荡,乐天知命。感谢我的爱人和女儿,她们永远是我做学问的源动力。

谨以此书献给我的母亲吕相芝,她于 1988 年冬天去世,愿她的灵魂安息!

让"风随着意思吹"吧!

2011 年 3 月 18 日星期五

北京